le Guide du **routard**

Directeur de collection et auteur
Philippe GLOAGUEN

Cofondateurs
Philippe GLOAGUEN et Michel DUVAL

Rédacteur en chef
Pierre JOSSE

Rédacteurs en chef adjoints
Amanda KERAVEL et Benoît LUCCHINI

Directrice de la coordination
Florence CHARMETANT

Rédaction
**Olivier PAGE, Véronique de CHARDON,
Isabelle AL SUBAIHI, Anne-Caroline DUMAS,
Carole BORDES, André PONCELET,
Marie BURIN des ROZIERS, Thierry BROUARD,
Géraldine LEMAUF-BEAUVOIS,
Anne POINSOT, Mathilde de BOISGROLLIER,
Alain PALLIER, Gavin's CLEMENTE-RUÏZ
et Fiona DEBRABANDER**

LONDRES

2008

D0169631

Hachette

Avis aux hôteliers et aux restaurateurs

Les enquêteurs du *Guide du routard* travaillent dans le plus strict anonymat. Aucune réduction, aucun avantage quelconque, aucune rétribution n'est jamais demandé en contrepartie. Face aux aigrefins, la loi autorise les hôteliers et restaurateurs à porter plainte.

Hors-d'œuvre

Le *Guide du routard,* ce n'est pas comme le bon vin, il vieillit mal. On ne veut pas pousser à la consommation, mais évitez de partir avec une édition ancienne. Les modifications sont souvent importantes.

ON EN EST FIERS : www.routard.com

• *www.routard.com* • Tout pour préparer votre périple. Des fiches sur plus de 180 destinations, de nombreuses informations et des services pratiques : photos, cartes, météo, dossiers, agenda, itinéraires, billets d'avion, réservation d'hôtels, location de voitures, visas... Mais aussi un espace communautaire pour échanger ses bons plans et partager ses photos. Sans oublier *routard mag,* ses reportages, ses carnets de route et ses infos pour bien voyager. La boîte à outils indispensable du routard.

Petits restos des grands chefs

Ce qui est bon, n'est pas forcément cher ! Partout en France, nous avons dégoté de fameuses petites tables de grands chefs aux prix aussi raisonnables que la cuisine est fameuse. Évidemment, tous les grands chefs n'ont pas été retenus : certains font payer cher leur nom pour une petite table qu'ils ne fréquentent guère. Au total, plus de 700 adresses réactualisées, retenues pour le plaisir des papilles, sans pour autant ruiner votre portefeuille. À proximité des restaurants sélectionnés, 280 hôtels de charme pour prolonger la fête.

Nos meilleurs campings en France

Se réveiller au milieu des prés, dormir au bord de l'eau ou dans une hutte, voici nos 1 700 meilleures adresses, en pleine nature. Du camping à la ferme aux équipements les plus sophistiqués, nous avons sélectionné les plus beaux emplacements : mer, montagne, campagne ou lac. Sans oublier les balades à proximité, les jeux pour enfants... Des centaines de réductions pour nos lecteurs.

Avis aux lecteurs

Les réductions accordées à nos lecteurs ne sont jamais demandées par nos rédacteurs afin de préserver leur indépendance. Les hôteliers et restaurateurs sont sollicités par une société de mailing, totalement indépendante de la rédaction, qui reste donc libre de ses choix. De même pour les autocollants et plaques émaillées.

Le contenu des annonces publicitaires insérées dans ce guide n'engage en rien la responsabilité de l'éditeur.

Mille excuses, on ne peut plus répondre individuellement aux centaines de CV reçus chaque année.

© **HACHETTE LIVRE (Hachette Tourisme), 2008**

Tous droits de traduction, de reproduction
et d'adaptation réservés pour tous pays.

© **Cartographie** Hachette Tourisme.

TABLE DES MATIÈRES

COMMENT Y ALLER ?

LONDRES UTILE

HOMMES, CULTURE ET ENVIRONNEMENT

LE CENTRE TOURISTIQUE : SOHO, PICCADILLY, COVENT GARDEN ET OXFORD CIRCUS

PIMLICO (AUTOUR DE VICTORIA), WESTMINSTER ET SAINT JAMES'S PARK

BROMPTON, CHELSEA ET SOUTH KENSINGTON

EARL'S COURT, FULHAM ET WEST BROMPTON

HAMMERSMITH ET SHEPHERD'S BUSH

HOLLAND PARK ET KENSINGTON

NOTTING HILL (PORTOBELLO) ET BAYSWATER

PADDINGTON ET MARYLEBONE

BLOOMSBURY, KING'S CROSS ET EUSTON

SOUTHWARK, SOUTH BANK ET WATERLOO

BRIXTON

LES AUTRES QUARTIERS DE LONDRES

GREENWICH

HAMPSTEAD ET HIGHGATE

LE GRAND LONDRES

QUITTER LONDRES

Recommandation à nos lecteurs qui souhaitent profiter des réductions et avantages proposés dans le *Guide du routard* par les hôteliers et les restaurateurs : à l'hôtel, prenez la précaution de les réclamer **à l'arrivée** et au restaurant, **au moment** de la commande (pour les apéritifs) et surtout **avant** l'établissement de l'addition. Poser votre *Guide du routard* sur la table ne suffit pas : le personnel de salle n'est pas toujours au courant et une fois le ticket de caisse imprimé, il est difficile pour votre hôte d'en modifier le contenu. En cas de doute, montrez la notice relative à l'établissement dans le guide et ne manquez pas de nous faire part de toute difficulté rencontrée.

NOS NOUVEAUTÉS

BALI, LOMBOK (mai 2008)

Bali et Lombok possèdent des charmes différents et complémentaires. Bali, l'« île des dieux », respire toujours charme et beauté. Un petit paradis qui rassemble tout ce qui est indispensable à des vacances réussies : de belles plages dans le sud, des montagnes extraordinaires couvertes de temples, des collines riantes sur lesquelles les rizières étagées forment de jolies courbes dessinées par l'homme, une culture vivante et authentique et surtout, l'essentiel, une population d'une étonnante gentillesse, d'une douceur presque mystique.

Et puis voici Lombok, à quelques encablures, qui signifie « piment » en javanais et appartient à l'archipel des îles de la Sonde. La vie y est plus rustique, le développement touristique plus lent. Tant mieux. Les plages, au sud, sont absolument magnifiques et les Gili Islands, à deux pas de Lombok, attirent de plus en plus les amateurs de plongée. Paysages remarquables, pureté des eaux, simplicité et force du moment vécu... Bali et Lombok, deux aspects d'un même paradis.

TOKYO-KYOTO (mai 2008)

On en avait marre de se faire malmener par nos chers lecteurs ! Enfin un *Guide du routard* sur le Japon ! Voilà l'empire du Soleil-Levant accessible aux voyageurs à petit budget. On disait l'archipel nippon trop loin, trop cher, trop incompréhensible. Voici notre constat : avec quelques astuces, on peut y voyager agréablement et sans se ruiner. Dormir dans une auberge de jeunesse ou sur le tatami d'un *ryokan* (chambres chez l'habitant), manger sur le pouce des sushis ou une soupe *ramen,* prendre des bus ou acheter un *pass* ferroviaire pour circuler à bord du *shinkansen* (le TGV nippon)... ainsi sommes-nous allés à la découverte d'un Japon accueillant, authentique mais à prix sages ! Du mythique mont Fuji aux temples millénaires de Kyoto, de la splendeur de Nara à la modernité d'Osaka, des volcans majestueux aux cerisiers en fleur, de la tradition à l'innovation, le Japon surprend. Les Japonais étonnent par leur raffinement et leur courtoisie. Tous à Tokyo ! Cette mégapole électrique et fascinante est le symbole du Japon du IIIe millénaire, le rendez-vous exaltant de la haute technologie, de la mode et du design. Et que dire des nuits passées dans les bars et les discothèques de Shinjuku et de Ropponggi, les plus folles d'Asie ?

10

LUTON

A   B

voir plan
Camden Town

CAMDEN
TOWN

voir plan détachable

Regent's
Park

EUSTO

HAMPSTEAD

WEMBLEY

WILLESDEN

PADDINGTON

MARYLEBONE

OXFORD STRE
SQI

NOTTING
HILL

BAYSWATER

Hyde Park

PICCADIL

ACTON

KENSINGTON

Kensington
Garden

Green
Park

Holland
Park

A 4

WESTMINST

BROMPTON

VICTOR

HAMMERSMITH

HEATHROW

CHISWICK

WEST
BROMPTON

CHELSEA

PIMLIC

la Tamise

EARL'S
COURT

FULHAM

SOUTH
KENSINGTON

Battersea
Park

WANDSWORTH

Richmond

Park

Wimbledon
Common

WIMBLEDON

0   500   1000 m

A   B   GATWICK

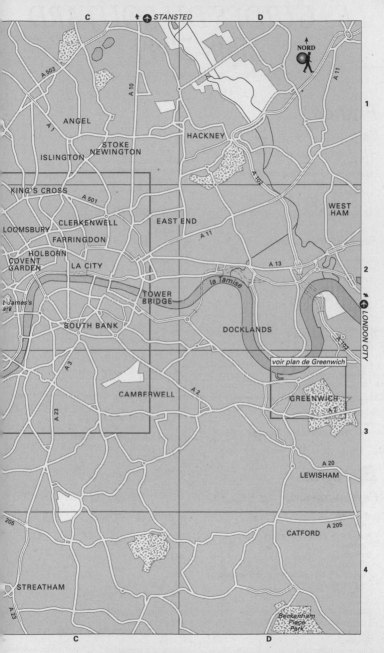

STANSTED

NORD

C

D

A 503

A 10

A 1

ANGEL

STOKE
NEWINGTON

HACKNEY

ISLINGTON

A 11

1

KING'S CROSS

A 501

A 102

CLERKENWELL

EAST END

WEST
HAM

LOOMSBURY

FARRINGDON

A 11

HOLBORN

COVENT
GARDEN

LA CITY

A 13

t-James's
ark

TOWER
BRIDGE

la Tamise

2

LONDON CITY

SOUTH BANK

DOCKLANDS

A 192

A 3

voir plan de Greenwich

CAMBERWELL

A 2

GREENWICH

A 23

A 2

3

A 20

LEWISHAM

205

A 205

CATFORD

4

STREATHAM

A 23

Beckenham
Place
Park

C

D

L'AGGLOMÉRATION DE LONDRES

LES GUIDES DU ROUTARD
2008-2009

(dates de parution sur **www.routard.com**)

France

Nationaux

- Nos meilleures chambres d'hôtes en France
- Nos meilleurs campings en France
- Nos meilleurs hôtels et restos en France
- Petits restos des grands chefs
- Tables à la ferme et boutiques du terroir
- Pays de la Loire
- Poitou-Charentes
- Provence
- Pyrénées, Gascogne

Régions françaises

- Alpes
- Alsace
- Aquitaine
- Ardèche, Drôme
- Auvergne, Limousin
- Bourgogne
- Bretagne Nord
- Bretagne Sud
- Châteaux de la Loire
- Corse
- Côte d'Azur
- Environs de Paris
- Franche-Comté
- Languedoc-Roussillon
- Lorraine
- Lot, Aveyron, Tarn
- Nord-Pas-de-Calais
- Normandie
- Pays basque (France, Espagne), Béarn

Villes françaises

- Bordeaux
- Lille
- Lyon
- Marseille
- Montpellier
- Nice
- Strasbourg
- Toulouse

Paris

- Junior à Paris et ses environs
- Paris
- Paris balades
- Paris exotique
- Paris la nuit
- Paris sportif
- Paris à vélo
- Paris zen
- Restos et bistrots de Paris
- Le Routard des amoureux à Paris
- Week-ends autour de Paris

Europe

Pays européens

- Allemagne
- Andalousie
- Angleterre, Pays de Galles
- Autriche
- Baléares
- Belgique
- Castille, Madrid (Aragon et Estrémadure)
- Catalogne, Andorre
- Crète
- Croatie
- Écosse
- Espagne du Nord-Ouest (Galice, Asturies, Cantabrie)
- Finlande
- Grèce continentale
- Hongrie, République tchèque, Slovaquie
- Île grecques et Athènes
- Irlande
- Islande
- Italie du Nord
- Italie du Sud
- Lacs italiens
- Malte
- **Norvège (avril 2008)**
- Pologne et capitales baltes
- Portugal
- Roumanie, Bulgarie
- Sicile
- **Suède, Danemark (avril 2008)**
- Suisse
- Toscane, Ombrie

LES GUIDES DU ROUTARD
2008-2009 (suite)

(dates de parution sur **www.routard.com**)

Villes européennes

- Amsterdam
- Barcelone
- Berlin
- Florence
- Lisbonne
- Londres
- Moscou, Saint-Pétersbourg
- Prague
- Rome
- Venise

Amériques

- Argentine
- Brésil
- Californie
- Canada Ouest et Ontario
- Chili et île de Pâques
- Cuba
- Équateur
- États-Unis côte Est
- **Floride (novembre 2007)**
- Guadeloupe, Saint-Martin, Saint-Barth
- Guatemala, Yucatán
- **Louisiane et les villes du Sud (novembre 2007)**
- Martinique
- Mexique
- New York
- Parcs nationaux de l'Ouest américain et Las Vegas
- Pérou, Bolivie
- Québec et Provinces maritimes
- République dominicaine (Saint-Domingue)

Asie

- **Bali, Lombok (mai 2008)**
- Birmanie (Myanmar)
- Cambodge, Laos
- Chine (Sud, Pékin, Yunnan)
- Inde du Nord
- Inde du Sud
- Indonésie (voir Bali, Lombok)
- Istanbul
- Jordanie, Syrie
- Malaisie, Singapour
- Népal, Tibet
- Sri Lanka (Ceylan)
- Thaïlande
- **Tokyo-Kyoto (mai 2008)**
- Turquie
- Vietnam

Afrique

- Afrique de l'Ouest
- Afrique du Sud
- Égypte
- Île Maurice, Rodrigues
- Kenya, Tanzanie et Zanzibar
- Madagascar
- Maroc
- Marrakech
- Réunion
- Sénégal, Gambie
- Tunisie

Guides de conversation

- Allemand
- Anglais
- Arabe du Maghreb
- Arabe du Proche-Orient
- Chinois
- Croate
- Espagnol
- Grec
- Italien
- **Japonais (mars 2008)**
- Portugais
- Russe

Et aussi...

- Le Guide de l'humanitaire

Nous tenons à remercier tout particulièrement Loup-Maëlle Besançon, Thierry Bessou, Gérard Bouchu, François Chauvin, Grégory Dalex, Fabrice de Lestang, Cédric Fischer, Carole Fouque, Michelle Georget, David Giason, Lucien Jedwab, Emmanuel Juste, Florent Lamontagne, Philippe Martineau, Jean-Sébastien Petitdemange, Laurence Pinsard, Thomas Rivallain, Déborah Rudetzki, Claudio Tombari et Solange Vivier pour leur collaboration régulière.

Et pour cette nouvelle collection, nous remercions aussi :

David Alon et Andréa Valouchova
Bénédicte Bazaille
Jean-Jacques Bordier-Chêne
Nathalie Capiez
Louise Carcopino
Florence Cavé
Raymond Chabaud
Alain Chaplais
Bénédicte Charmetant
Cécile Chavent
Stéphanie Condis
Agnès Debiage
Tovi et Ahmet Diler
Céline Druon
Nicolas Dubost
Clélie Dudon
Aurélie Dugelay
Sophie Duval
Alain Fisch
Aurélie Gaillot
Alice Gissinger
Adrien et Clément Gloaguen
Romuald Goujon
Stéphane Gourmelen
Claudine de Gubernatis
Xavier Haudiquet
Claude Hervé-Bazin
Bernard Hilaire
Sébastien Jauffret

François et Sylvie Jouffa
Hélène Labriet
Lionel Lambert
Francis Lecompte
Jacques Lemoine
Sacha Lenormand
Valérie Loth
Philippe Melul
Delphine Ménage
Kristell Menez
Delphine Meudic
Éric Milet
Jacques Muller
Alain Nierga et Cécile Fischer
Hélène Odoux
Caroline Ollion
Nicolas Pallier
Martine Partrat
Odile Paugam et Didier Jehanno
Xavier Ramon
Dominique Roland et Stéphanie Déro
Corinne Russo
Caroline Sabljak
Prakit Saiporn
Jean-Luc et Antigone Schilling
Laurent Villate
Julien Vitry
Fabian Zegowitz

Direction : Nathalie Pujo
Contrôle de gestion : Joséphine Veyres et Céline Déléris
Responsable éditoriale : Catherine Julhe
Édition : Matthieu Devaux, Magali Vidal, Marine Barbier-Blin, Géraldine Péron, Jean Tiffon, Olga Krokhina, Virginie Decosta, Caroline Lepeu et Delphine Ménage
Secrétariat : Catherine Maîtrepierre
Préparation-lecture : Alexandra Pasteris
Cartographie : Frédéric Clémençon et Aurélie Huot
Fabrication : Nathalie Lautout et Audrey Detournay
Couverture : Seenk
Direction marketing : Dominique Nouvel, Lydie Firmin et Juliette Caillaud
Responsable partenariats : André Magniez
Édition partenariats : Juliette Neveux et Raphaële Wauquiez
Informatique éditoriale : Lionel Barth
Relations presse France : COM'PROD, Fred Papet. ☎ 01-56-43-36-38. ● info@com prod.fr ●
Relations presse : Martine Levens (Belgique) et Maureen Browne (Suisse)
Régie publicitaire : Florence Brunel

Remerciements

– Lionel Lambert, pour sa sagacité footballistique.

– Florence Valette et toute l'équipe de l'office de tourisme de Grande-Bretagne, pour leurs précieux conseils.

LES QUESTIONS QU'ON SE POSE
LE PLUS SOUVENT

➤ *Quel est le meilleur moyen pour circuler ?*
Londres est gigantesque. Prendre le bus (économie d'énergie) ou le métro, propre et sûr, pour aller plus vite. Le taxi reste une solution un peu plus onéreuse, mais traverser Londres en *Karma Kabs*, les taxis londoniens saturés en couleurs, version Bollywood, ça en jette ! Oublier vélo et deux-roues, trop dangereux. Quant à votre voiture, n'y pensez pas ! Conduite à gauche, embouteillages et taxe quotidienne pour les véhicules circulant dans le centre-ville... bref, l'horreur !

➤ *La vie est-elle chère ?*
Londres est la capitale la plus chère d'Europe. Prévoir un bon budget car les prix sont entre 40 et 50 % plus élevés qu'en France. Les hôtels n'ont pas un bon rapport qualité-prix ; on s'en tire bien mieux côté restos. Enfin, bonne nouvelle, tous les musées nationaux sont gratuits (sauf ceux dirigés par le royaume).

➤ *Quel est le coin des auberges de jeunesse ?*
Il y en a partout dans Londres. Nos préférées sont en périphérie (Earl's Court, Southwark). Mais on en trouve aussi dans le centre touristique, à Paddington, à Bloomsbury... Ne pas oublier les dortoirs des universités, répartis à travers toute la capitale ; de vrais bons plans, surtout pendant les vacances scolaires.

➤ *Où trouver un hôtel de charme ?*
Dans le quartier de Brompton, quelques-uns dans le centre touristique, à Notting Hill et à Paddington.

➤ *Jack l'Éventreur a-t-il vraiment existé ?*
Oui, le tueur en série sévissait dans le quartier de Whitechapel en 1888. Aujourd'hui des balades sont même organisées sur les traces de ses crimes, et Patricia Cornwell nous fait revivre l'enquête. Terrifiant !

➤ *Peut-on partir avec des enfants ?*
Bien sûr ! Londres plaira aux petits (à partir de 6 ans) comme aux ados. On a indiqué les sites qui leur plairont par ⚐. Les musées londoniens ont pensé à nos chères têtes blondes : plein d'activités manuelles sans la barrière de la langue (Tate Modern, Victoria & Albert Museum). Pas mal de parcs pour se défouler. Les restos de chaînes disposent le plus souvent de l'équipement nécessaire pour changer bébé.

➤ *Peut-on partir avec des animaux ?*
La quarantaine est levée officiellement. Mais, officieusement, Médor doit montrer patte blanche, avec puce électronique et carnet de santé conforme aux règles britanniques.

➤ *Peut-on encore voir des punks à Londres ?*
De moins en moins, hélas. Mais, en vous promenant du côté de Camden et dans l'East End, vous apercevrez encore quelques crêtes ébouriffantes.

➤ *Les prises de courant sont-elles différentes des prises françaises ?*
Oui. Le courant est de 240 V. Les prises sont plus grosses et toutes munies de fusibles. N'oubliez pas votre adaptateur (en vente dans toutes les bonnes quincailleries en France et en Grande-Bretagne).

➤ *Les Anglais acceptent-ils l'euro ?*
Dans les grands magasins comme *Harrod's* ou *Fortnum & Mason* ou dans certains grands hôtels, la devise européenne est acceptée. En revanche, les petits commerces n'acceptent que la livre sterling.

➤ *Quelle est la meilleure période pour y aller ?*
Le printemps est idéal : peu de gens dans les musées, le beau temps est souvent de la partie, et les tarifs d'hébergement n'ont pas encore atteint les sommets de la période estivale. Ne pas oublier aussi les soldes de janvier et du début de l'été, très avantageux.

➤ *La reine est-elle souvent à Londres ?*
Le plus simple pour le savoir : regarder le drapeau au-dessus de Buckingham Palace. S'il flotte au vent, la reine est là. En berne, elle est en vadrouille.

➤ *Partir un week-end, n'est-ce pas trop court ?*
Non ! En 2h15 au départ de Paris et avec l'Eurostar, vous êtes au cœur de Londres, à la nouvelle gare de Saint Pancras (à partir du 14 novembre 2007). Sélectionnez un quartier en priorité, visitez-en les musées (deux ou trois), faites une balade dans un secteur et évitez de faire des zigzags dans tous les sens : grosse perte de temps. Dépaysement assuré en 2 jours !

➤ *Quel est le meilleur moyen de transport pour y aller ?*
L'Eurostar pour sa rapidité. Compter 2h15 au départ de Paris et 1h51 au départ de Bruxelles, dont 20 mn pour traverser le tunnel sous la Manche. Les traversées en ferry sont plus longues, mais ont plus de charme (notamment auprès des gosses) et sont surtout moins chères !

LES COUPS DE CŒUR DU ROUTARD

● **Manger des bagels 24h/24** à Brick Lane.

● **Regarder Mr Fortnum et Mr Mason sortir de l'horloge** de la célèbre boutique à chaque heure fixe sur le trottoir d'en face.

● **Attraper un torticolis** sous la résille de verre et d'acier de Norman Forster au British Museum avant d'**affronter les momies** en tête à tête.

● **Se balader un dimanche matin** sur les quais de la Tamise devant la Tate Modern et traverser le Millenium Bridge pour rejoindre Saint Paul's Cathedral.

● **Se rouler dans les jonquilles** de Green Park **et taquiner les écureuils** au printemps à côté du *Ritz*.

● Entrer dans la boutique *The Travel Shop* pour se **rejouer les meilleures scènes de** *Coup de foudre à Notting Hill.*

● **Marcher dans les pas des Beatles** sur Abbey Road.

● **Se perdre dans le Cyberdog déjanté de Camden Town** le dimanche matin.

● **Mettre un nom** (en moins de 30 s) **sur les chefs-d'œuvre de la National Gallery.**

● **Franchir un méridien** à Greenwich.

● **Manger le** *Sunday Carvery Lunch* **dans un pub d'Hampstead avec un Yorkshire pudding.

● **Faire une session** *shopping* **sur Oxford Street.**

COMMENT Y ALLER ?

EN TRAIN

En Eurostar

➤ Eurostar relie directement jusqu'à 17 fois/j. *Paris-Gare du Nord* à *Londres-Waterloo International* jusqu'au 13 novembre 2007. Eh oui ! À partir du 14 novembre 2007, vous arriverez à *Londres-Saint Pancras International* au centre de la ville, en 2h15, par le tunnel sous la Manche.
IMPORTANT : se présenter à l'enregistrement au moins 30 mn avant le départ muni d'une carte nationale d'identité ou d'un passeport en cours de validité.
Eurostar relie aussi :
➤ *Paris et Ashford* (1h40 de trajet).
➤ *Paris et Ebbsfleet* (à partir du 14 novembre 2007), une nouvelle gare qui dessert la péninsule à l'est de Londres.
➤ *Lille et Londres* (1h20 de trajet à partir du 14 novembre 2007).
➤ *Lille et Ashford* (environ 1h de trajet).
➤ *Calais-Frethun et Londres* (environ 1h de trajet à partir du 14 novembre 2007).
➤ *Bruxelles et Londres* (1h51 de trajet à partir du 14 novembre 2007).
Pour vous rendre en Eurostar à Londres ou Ashford au départ de la province, rien de plus simple : Eurostar propose des prix comprenant le trajet en train jusqu'à Lille ou Paris, puis le voyage en Eurostar. Des promotions pour des voyages allers-retours sont proposées au départ de nombreuses villes de province...
Les billets Eurostar sont disponibles à partir de 77 € aller-retour (tarif soumis à conditions).

Réductions

De nombreuses promotions tout au long de l'année au départ de Paris et de Lille avec aller-retour dans la journée, pendant le week-end, etc. Un tarif particulièrement avantageux de 60 € aller-retour (tarif soumis à conditions) vous est proposé si vous avez moins de 25 ans. Renseignez-vous.
– *Internet :* ● eurostar.com ● voyages-sncf.com ●
– *Ligne directe Eurostar :* ☎ 0892-35-35-39 (0,34 €/mn).
– *Téléphone :* ☎ 36-35 (0,34 €/mn).
– Également dans les gares, les boutiques SNCF et les agences de voyages agréées.

Pour préparer votre voyage

– *Billet à domicile :* commandez votre billet par téléphone, sur Internet ou par Minitel, la SNCF vous l'envoie gratuitement à domicile. Vous réglez par carte de paiement (pour un montant minimum de 1 € sous réserve de modifications ultérieures) au moins 4 j. avant le départ (7 j. si vous résidez à l'étranger).

En train, puis bateau

Les lignes ferroviaires ne desservent plus les gares maritimes françaises. On conseille donc cette formule aux habitants du Nord, aux claustrophobes (sous le tunnel) et à ceux qui ont vraiment le temps. Dorénavant, il faut prendre le

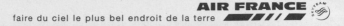

- Ecrans individuels
- Glaces pour les enfants
- Détente pour les parents

Découvrez Air France à petits prix.

train pour Calais, Boulogne ou Dieppe. À l'arrivée, des navettes sont assurées avec les gares maritimes d'embarquement. Pour les traversées, se reporter à la rubrique « En bateau ». Côté britannique, de nombreux trains relient les villes portuaires à Londres.

EN VOITURE

Avec la navette Eurotunnel via le tunnel sous la Manche

Le terminal français est situé à Coquelles, sortie n° 13 sur l'autoroute de Calais, et connecté directement aux autoroutes A 16, A 26, A 1 ; 50 km plus loin, le terminal anglais est à Folkestone, relié directement à l'autoroute M 20 qui mène à Londres.

La liaison *France-Angleterre* est assurée par des navettes ferroviaires qui transportent les véhicules. Il vous suffit de rester au volant à lire votre guide préféré et, 35 mn plus tard, vous ressortez sur la terre ferme.

Fréquence : jusqu'à 4 navettes par heure aux périodes de fort trafic. Les navettes fonctionnent tous les jours et 24h/24. Vous avez le choix : soit acheter votre billet directement à l'enregistrement le jour de votre voyage, soit le réserver à l'avance. N'oubliez pas de vous présenter à l'enregistrement 30 mn avant l'heure de départ mentionnée sur votre billet.

Tarifs selon la saison, l'heure de votre passage et la durée de votre séjour, quel que soit le nombre de passagers par véhicule. Réservez à l'avance pour obtenir les meilleurs tarifs et bénéficiez de 3 € de réduction en réservant sur Internet.

– *Rens et résa : auprès du centre d'appels Eurotunnel (lun-sam 9h-17h30),* ☎ *0810-63-03-04 (prix d'un appel local). Sur Internet : ● eurotunnel.com ● Ou encore dans votre agence de voyages habituelle.*

EN BATEAU

De France

▲ BRITTANY FERRIES

– *Rens et résa :* ☎ *0825-828-828 (0,15 €/mn). ● brittanyferries.com ● Ou dans les agences de voyages.*

Cinq lignes directes vers le sud de l'Angleterre :

➢ *Roscoff – Plymouth :* 6h de traversée. Jusqu'à 2 à 3 départs/j. Un autre navire, le *Pont Aven,* plus rapide (4h30, 1 à 3 départs par semaine).

➢ *Saint-Malo – Portsmouth :* 9h de traversée. Un départ/j.

➢ *Cherbourg – Poole :* 4h de traversée. Un départ/j. Egalement un bateau plus rapide (2h15 de trajet) de mai à octobre.

➢ *Caen/Ouistreham – Portsmouth :* 6h de traversée. Jusqu'à 3 départs/j. Un départ/j. en navire rapide le week-end en été (3h30 de traversée).

➢ *Cherbourg – Portsmouth :* du lundi au jeudi, 1 départ/j. Compter 4h45 de traversée.

Propose aussi des séjours à Londres : *B & B,* hôtels et AJ ; les cartes de transports ; le bus (compagnie *National Express*) ; et de nombreuses formules week-end et court-séjour tout compris.

▲ CONDOR FERRIES

– *Saint-Malo : gare maritime de la Bourse ou terminal-ferry du Naye, BP 99, 35412 Cedex.* ☎ *0825-160-300 (0,15 €/mn). ● condorferries.fr ●*

Navires à grande vitesse, pouvant contenir plus de 750 passagers.

➢ *Saint-Malo – Poole* (via Jersey) *:* 4h30 de traversée. Un départ le soir, et retour en début d'après-midi, de mai à septembre.

➢ *Saint-Malo – Weymouth (via Guernesey) :* 4h30 de traversée. Départ et retour le matin.

MIQUE-AUX-NOCES

HEUREUSEMENT,
ON NE VOUS PROPOSE
PAS QUE LE TRAIN.

Voyages-sncf.com, première agence de
voyage sur Internet avec plus de 600
destinations dans le monde, vous propose
ses meilleurs prix sur les billets d'avion et de
train, les chambres d'hôtel, les séjours et la
location de voiture. Accessible 24h/24, 7j/7.

MYKONOS,
TOUTE L'EUROPE
ET LE RESTE DU MONDE.

Voyages-
sncf.com

➤ *Saint-Malo* (via Jersey ou Guernesey) – *Portsmouth* (ferry standard depuis Jersey) : 9h30 de traversée. En soirée.

▲ NORFOLK LINE
– *Dunkerque : c/o Flandre Artois Tourisme, 57, bd Alexandre-III, BP 2089, 59376 Cedex 01.* ☎ *03-28-59-01-01.* ● *norfolkline.com* ●
➤ Propose des liaisons entre Dunkerque et Douvres en 1h45 : entre 11 et 12 départs/j., en fonction de la saison. Uniquement des passagers motorisés, pas de piétons ni de bus.

▲ P&O FERRIES
– *Résa centrale : lun-ven 9h-18h, sam 9h-17h30, fermé dim.* ☎ *0825-120-156 (0,15 €/mn).* ● *customer.services@poferries.com* ● *poferries.com* ●
➤ P&O Ferries assure jusqu'à 25 traversées/j. entre Calais et Douvres.

▲ SEAFRANCE
– *Paris : 1, rue de Flandre, 75019.* Ⓜ *Stalingrad.*
– *Calais : 2, pl. d'Armes, 62100.*
Pour tte la France, rens et résa pour les ferries et séjours dans votre agence de voyages ou au ☎ *0825-826-000 (0,15 €/mn).* ● *seafrance.com* ●
➤ SeaFrance est une compagnie de ferries qui assure la liaison entre Calais et Douvres avec 25 allers-retours/j. (traversée en 1h30, moins longue sur SeaFrance Rodin et SeaFrance Berlioz).
SeaFrance Voyages, c'est aussi un tour-opérateur qui propose des séjours en Angleterre, avec acheminement en ferry SeaFrance et en Eurostar.

De Belgique

▲ SEAFRANCE
– *Bruxelles : rue de la Montagne, 52, 1000, BP 1420.* ☎ *02-549-08-82.* ● *seafrance.fr* ●
➤ Liaisons au départ de Calais (25 allers-retours/j. ; voir ci-dessus). SeaFrance propose également des forfaits pour l'Angleterre et des traversées Landbridge pour rejoindre l'Irlande.

EN CAR

▲ EUROLINES
☎ *0892-89-90-91 (0,34 €/mn).* ● *eurolines.fr* ● *Vous trouverez également les services d'Eurolines sur* ● *routard.com* ●
Bureaux à Paris (1ᵉʳ, 5ᵉ, 9ᵉ arr.), La Défense, Versailles, Avignon, Bordeaux, Clermont-Ferrand, Dijon, Grenoble, Lille, Lyon, Marseille, Metz, Montpellier, Mulhouse, Nantes, Nice, Nîmes, Perpignan, Rennes, Strasbourg, Toulouse et Tours.
Deux gares routières internationales à Paris : Galliéni : ☎ *08-92-89-90-91* (Ⓜ *Galliéni*) ; *La Défense :* ☎ *01-49-67-09-79* (Ⓜ *La Défense-Grande-Arche*).
Leader européen des voyages en lignes régulières internationales par autocar, Eurolines permet de voyager vers plus de 1 500 destinations en Europe à travers 32 pays, avec 80 points d'embarquement en France.
– *Pass Eurolines :* pour un prix fixe valable 15 ou 30 j., vous voyagez autant que vous le désirez sur le réseau entre 40 villes européennes. Le *Pass Eurolines* est fait sur mesure pour les personnes autonomes qui veulent profiter d'un prix très attractif et désireuses de découvrir l'Europe sous toutes ses coutures.

▲ VOYAGES 4A
– *Saint-Jean-de-Luz : 203, rue des Artisans, 64501. Rens et résa :* ☎ *05-59-23-90-37.* ● *voyages4a@voyages4a.com* ● *voyages4a.com* ● *Lun-ven 10h-18h.*

LONDRES

et toute la
Grande-Bretagne

Voyages 4A propose des voyages en autocar sur lignes régulières à destination des grandes cités européennes, des séjours et circuits Europe durant les ponts et vacances, le carnaval de Venise, les grands festivals et expositions, des voyages en transsibérien, des séjours en Russie... Quelques destinations hors Europe comme le Sénégal, Cuba et le Brésil.
Formules tout public au départ de Paris, Lyon, Marseille et autres grandes villes de France.

En car via Eurotunnel

Toujours avec *Eurolines,* voir ci-dessus.

EN AVION

Les compagnies régulières

▲ AIR FRANCE

– *Rens et résa au* ☎ *36-54 (0,34 €/mn – tlj 24h/24), sur* ● *airfrance.fr* ●*, dans les agences Air France (fermées dim) et dans toutes les agences de voyages.*
– *Londres : 10, Warwick St, 1ᵉʳ étage.* ☎ *0870-142-43-43. Fax : 0207-34-78-79.* Ⓜ *Piccadilly. Lun-ven et hors vac scol 9h-17h30.*
➤ Air France dessert London City 7 fois/j. en semaine et 2 fois le week-end ; et London Heathrow 12 fois/j.
Air France propose une gamme de tarifs accessibles à tous :
– « Évasion » : en France et vers l'Europe, Air France offre des réductions. « Plus vous achetez tôt, moins c'est cher. »
– « Semaine » : pour un voyage aller-retour pendant toute la semaine.
– « Week-end » : pour des voyages autour du week-end avec des réservations jusqu'à la veille du départ.
Air France propose également, sur la France, des réductions jeunes, seniors, couples ou famille. Pour les moins de 25 ans, Air France émet une carte de fidélité gratuite et nominative, « Fréquence Jeune », qui permet de cumuler des *miles* sur l'ensemble des compagnies membres de *Skyteam* et de bénéficier de billets gratuits et d'avantages chez de nombreux partenaires.
Tous les mercredis dès 0h, sur ● airfrance.fr ●, Air France propose les tarifs « Coup de cœur », une sélection de destinations en France pour des départs de dernière minute.
Sur Internet, possibilité de consulter les meilleurs tarifs du moment, rubrique « Offres spéciales », « Promotions ».

▲ BMI-BRITISH MIDLAND

– *Résa :* ☎ *01-41-91-87-04 (lun-ven 8h-19h, w-e 8h-22h).* ● *flybmi.com* ●
➤ Au départ de Lyon et Bruxelles, vols pour Londres-Heathrow. Nombreuses correspondances à partir de Londres-Heathrow vers le reste de la Grande-Bretagne, l'Écosse et l'Irlande. Attention, horaires réduits le week-end.

▲ BRITISH AIRWAYS

☎ 0825-825-400 (0,15 €/mn). ● ba.com ●
➤ Au départ de Paris (Roissy-Charles-de-Gaulle), British Airways propose en moyenne 29 vols/j. à destination de Londres (Heathrow et Gatwick), mais aussi Birmingham, Manchester, Édimbourg, Aberdeen, Glasgow.
➤ British Airways dessert également Londres depuis plusieurs villes de province (Grenoble, Lyon, Nice, Marseille, Montpellier, Bastia, Ajaccio, Toulouse, Bordeaux, Nantes, Bâle-Mulhouse) ; Birmingham et Manchester depuis Lyon et Nice.
En complément d'un billet, British Airways propose aussi sur Londres et toute la Grande-Bretagne des séjours à la carte très compétitifs (du *B & B* aux

protégez-vous

AIDES

www.aides.org

cartes de métro, location de voitures, spectacles, etc.). Plus d'informations sur ● baholidays.com ● et des idées pratiques exclusives sur la capitale anglaise sur ● londoniscloser.com ●

▲ **KLM**
– *Paris : c/o Air France, 30, av. Léon-Gaumont, 75985 Paris Cedex 20.*
– *Résa :* ☎ *0890-710-710 (0,15 €/mn).* ● *klm.fr* ●
➢ KLM dessert Londres via Amsterdam-Schiphol. Plusieurs vols quotidiens au départ de Roissy-Charles-de-Gaulle, ainsi que de Bordeaux, Clermont-Ferrand, Lyon, Marseille, Nice, Strasbourg et Toulouse. KLM, c'est également 13 destinations au Royaume-Uni dont London-City, Heathrow et Stansted, Aberdeen, Birmingham, Bristol, Cardiff, Édimbourg, Manchester, Newcastle...

▲ **SN BRUSSELS AIRLINES**
– *Pour tt rens :* ☎ *0826-10-18-18 (0,15 €/mn ; depuis la France) ou 070-35-11-11 (en Belgique).* ● *flysn.com* ●
➢ Liaisons à destination de Londres (aéroports de Heathrow et Gatwick) via Bruxelles depuis Strasbourg, Nice, Lyon, Marseille, Paris, Toulouse, Zurich et Genève.

Les compagnies *low-cost*

Ce sont des compagnies dites « à bas prix ». De nombreuses villes de province sont desservies, ainsi que les aéroports limitrophes des grandes villes. Réservation par Internet ou par téléphone (pas d'agence et pas de « billet-papier », juste un n° de réservation) et aucune garantie de remboursement en cas de difficultés financières de la compagnie. En outre, les pénalités en cas de changement d'horaires sont assez importantes et les taxes d'aéroport rarement incluses. Ne pas oublier non plus d'ajouter le prix du bus pour se rendre à ces aéroports, souvent éloignés du centre-ville.

▲ **EASYJET**
☎ *0899-70-00-41 (1,34 € l'appel puis 0,34 €/mn).* ● *easyjet.com* ●
➢ Nombreux départs de Roissy-Charles-de-Gaulle, Nice, Lyon, Toulouse, Bordeaux, Grenoble, Marseille, Genève, Bâle-Mulhouse pour Londres-Luton, Londres-Stansted, Londres-Gatwick. Réductions intéressantes pour toute réservation faite sur leur site internet.

▲ **RYANAIR**
☎ *0892-23-23-75 (0,34 €/mn).* ● *ryanair.com* ●
➢ Billets à prix réduits vers Londres-Luton et Londres-Stansted avec des vols quotidiens et directs au départ de Nîmes, Grenoble, Montpellier, Perpignan, Brest, Dinard, Nantes, Biarritz, Limoges, Rodez, Carcassonne, Tours, Toulon, Poitiers, La Rochelle, Bergerac, Pau et Bruxelles.

EN STOP

On précise qu'il est désormais plus simple de se rendre vers les ports de la Manche en stop. En effet, il y a l'autoroute A 26, avec bifurcation sur Calais. Autrement, de Paris, s'arrêter à Cambrai puis prendre la N 39 pour Boulogne (ou l'A 26, puis N 42) ou la N 43 vers Calais (ou l'A 26).
Écrire « *Please* » sur sa pancarte, c'est augmenter substantiellement ses chances d'être pris.

LES ORGANISMES DE VOYAGES

– Ne pas croire que les vols à tarif réduit sont tous au même prix pour une même destination à une même époque : loin de là. On a déjà vu, dans un même avion partagé par deux organismes, des passagers qui avaient payé

40 % plus cher que les autres. De plus, une agence bon marché ne l'est pas forcément toute l'année (elle peut n'être compétitive qu'à certaines dates bien précises). Donc, contactez tous les organismes et jugez vous-même.
– Les organismes cités sont classés par ordre alphabétique, pour éviter les jalousies et les grincements de dents.

En France

▲ **BENNETT**
– ☎ 0825-12-12-36. ● bennett.fr ●
– Rens et résas : ☎ 01-56-93-43-40. Fax : 01-56-93-43-12. ● resairishferries@bennett.fr ● Brochures disponibles gratuitement.
Ancienne agence parisienne (depuis 1918), aujourd'hui marque de Vacances Transat, spécialiste de la Scandinavie, de la Finlande, de l'Islande, de l'Irlande, de la Grande-Bretagne. Séjours, circuits accompagnés et itinéraires spéciaux pour automobilistes.
Bennett est aussi l'agent général des compagnies car-ferries : Irish Ferries (France-Irlande en direct ou via la Grande-Bretagne), et Viking Line (Suède-Finlande).

▲ **BOURSE DES VOLS / BOURSE DES VOYAGES**
– Informations : ● bdv.fr ● ou ☎ 0892-888-949 (0,34 €/mn), lun-sam 8h-22h. Agence de voyages en ligne, bdv.fr propose une vaste sélection de vols secs, séjours et circuits à réserver en ligne ou par téléphone. Pour bénéficier des meilleurs tarifs aériens, même à la dernière minute, le service de Bourse des Vols référence en temps réel un large panel de vols réguliers, charters et dégriffés au départ de Paris et de nombreuses villes de province à destination du monde entier ! Référence les offres d'une trentaine de tour-opérateurs spécialistes.

▲ **EXPEDIA.FR**
☎ 0892-301-300 (0,34 €/mn), lun-ven 8h-20h, sam 9h-19h. ● expedia.fr ●
Expedia.fr permet de composer son voyage sur mesure en choisissant ses billets d'avion, hôtels et location de voitures à des prix très intéressants. Possibilité de comparer les prix de six grands loueurs de voitures et de profiter de tarifs négociés sur 20 000 hôtels de 1 à 5 étoiles dans le monde entier. Possibilité également de réserver à l'avance et en même temps que son voyage des billets pour des spectacles ou musées aux dates souhaitées.

▲ **FUAJ**
– Paris : antenne nationale, 27, rue Pajol, 75018. ☎ 01-44-89-87-27/26. ● fuaj.org ● Ⓜ La Chapelle, Marx-Dormoy ou Gare-du-Nord. Mar-ven 10h-18h, sam 10h-17h.
– Rens dans toutes les auberges de jeunesse et les points d'information et de résa en France, et sur le site ● hihostels.com ●
La FUAJ (Fédération Unie des Auberges de Jeunesse) accueille ses adhérents dans 155 auberges de jeunesse en France. Seule association française membre de l'IYHF (International Youth Hostel Federation), elle est le maillon d'un réseau de 4 200 auberges de jeunesse réparties dans 81 pays. La FUAJ organise, pour ses adhérents, des activités sportives, culturelles et éducatives ainsi que des rencontres internationales. Les adhérents de la FUAJ peuvent obtenir gratuitement les brochures Voyages en liberté/Go as you please, Printemps-Été, Hiver, le Guide des AJ en France. Le guide international regroupe la liste de toutes les auberges de jeunesse dans le monde. Ils sont disponibles à la vente (7 €) ou en consultation sur place.

▲ **GAELAND ASHLING**
– Paris : 4, quai des Célestins, 75004. ☎ 0825-12-30-03 (0,15 €/mn). Lun-ven 9h30-18h30, sam 10h-17h.

– *Toulouse : 5, rue des Lois, 31000.* ☎ *0825-12-70-07. Lun-ven 9h30-18h30, sam (fév-oct) 10h-17h.*
– *Et dans toutes les agences de voyages.*
● *resa@gaeland-ashling.com* ● *gaeland-ashling.com* ●
Trois destinations phares pour ce tour-opérateur spécialisé sur l'ouest de l'Europe (la Grande-Bretagne, l'Écosse et l'Irlande). L'équipe est composée de fanas de la Grande-Bretagne, qui connaissent très bien la destination. En Grande-Bretagne, sélection rigoureuse d'hôtels en Angleterre, au pays de Galles ou en Écosse. Du week-end à Londres (hôtels toutes catégories) aux *B & B* ou manoirs de charme dans le reste du pays, les hôtels ont été sélectionnés en privilégiant le charme et la qualité, du plus familial au plus luxueux.

▲ LASTMINUTE.COM

Les offres lastminute.com sont accessibles sur ● *lastminute.com* ●*, au* ☎ *0899-78-5000 (1,34 € l'appel TTC puis 0,34 €/mn) et dans 9 agences de voyages situées à Paris, Nice, Toulouse, Bordeaux, Montpellier, Aix-en-Provence et Lyon.*
Lastminute.com propose une vaste palette de voyages et de loisirs : billets d'avion, séjours sur mesure ou clé en main, week-ends, hôtels, locations en France, location de voitures, spectacles, restos... pour penser ses vacances selon ses envies et ses disponibilités.

▲ NOUVELLES FRONTIÈRES

– *Rens et résa dans tte la France :* ☎ *0825-000-825 (0,15 €/mn).* ● *nouvelles-frontieres.fr* ● Les 13 brochures Nouvelles Frontières sont disponibles gratuitement dans les 210 agences du réseau, par téléphone et sur Internet. Plus de 30 ans d'existence, 1 400 000 clients par an, 250 destinations, une chaîne d'hôtels-clubs *Paladien* et une compagnie aérienne, *Corsairfly* : pas étonnant que Nouvelles Frontières soit devenu une référence incontournable, notamment en matière de tarifs. Le fait de réduire au maximum les intermédiaires permet d'offrir des prix « super-serrés ». Un choix illimité de formules vous est proposé : des vols sur la compagnie aérienne de Nouvelles Frontières au départ de Paris et de province, en classe Horizon ou Grand Large, et sur toutes les compagnies aériennes régulières, avec une gamme de tarifs selon votre budget. Sont également proposés toutes sortes de circuits, aventure ou organisés ; des séjours en hôtels, en hôtels-clubs et en résidences ; des week-ends, des formules à la carte (vol, nuits d'hôtel, excursions, location de voitures...), des séjours neige.
Avant le départ, des réunions d'information sont organisées. Intéressant : des brochures thématiques (plongée, rando, trek, thalasso).

▲ SEAFRANCE VOYAGES

– *Paris : 1, rue de Flandre, 75019.* Ⓜ *Stalingrad.*
– *Calais : 2, pl. d'Armes, 62100.*
– *Lille : 11, pl. du Théâtre, 59800.*
Pour tte la France, rens et résas pour les ferries et séjours dans votre agence de voyages ou au ☎ *0825-826-000 (0,15 €/mn).* ● *seafrance.com* ● *Minitel : 36-15, code SEAFRANCE (0,34 €/mn).*
Tour-opérateur spécialiste de la Grande-Bretagne, SeaFrance Voyages propose des séjours à Londres, en Angleterre, en Écosse : tous circuits, autotours forfaits en hôtels de 2 à 5 étoiles, *B & B,* manoirs, etc., avec acheminement en ferry SeaFrance, Eurostar ou avion.
SeaFrance propose également des forfaits pour la Grande-Bretagne et des traversées *Landbridge* pour rejoindre l'Irlande.
SeaFrance, c'est également la compagnie de ferries entre Calais et Douvres (1h30) qui assure jusqu'à 17 allers-retours/j.

▲ VOYAGES-SNCF.COM

Voyages-sncf.com, première agence de voyages sur Internet, propose des billets de train, d'avion, des chambres d'hôtel, des locations de voitures et des séjours clés en main ou Alacarte® sur plus de 600 destinations et à des tarifs avantageux.

Leur site ● voyages-sncf.com ● permet d'accéder tous les jours 24h/24 à plusieurs services : envoi gratuit des billets à domicile, Alerte Résa pour être informé de l'ouverture des réservations et profiter du plus grand choix, calendrier des meilleurs prix (TTC), mais aussi des offres de dernière minute et des promotions...

Et grâce à l'Éco-comparateur, en exclusivité sur ● voyages-sncf.com ●, possibilité de comparer le prix, le temps de trajet et l'indice de pollution pour un même trajet en train, en avion ou en voiture.

▲ VOYAGES WASTEELS

– Centre d'appels infos et ventes par téléphone : ☎ 0825-88-70-70 (0,15 €/mn). 65 agences en France, 140 en Europe. Pour obtenir l'adresse et le numéro de téléphone de l'agence la plus proche de chez vous, rendez-vous sur ● wasteels.fr ●

Voyages Wasteels propose pour tous des séjours, des week-ends, des vacances à la carte, des croisières, des locations mer et montagne, de l'hébergement en hôtel, des voyages en avion ou train et de la location de voitures, au plus juste prix, parmi des milliers de destinations en France, en Europe et dans le Monde.

▲ VOYAGEURS EN IRLANDE ET DANS LES ÎLES BRITANNIQUES

Le grand spécialiste du voyage en individuel sur mesure.

☎ 0892-23-61-61 (0,34 €/mn). ● vdm.com ●

– Paris : La Cité des Voyageurs, 55, rue Sainte-Anne, 75002. ☎ 0892-23-56-56 (0,34 €/mn). Ⓜ Opéra ou Pyramides. Lun-sam 9h30-19h.

– Bordeaux : 28, rue Mably, 33000. ☎ 0892-234-834 (0,34 €/mn).

– Grenoble : 16, bd Gambetta, 38000. ☎ 0892-233-533 (0,34 €/mn).

– Lille : 147, bd de la Liberté, 59000. ☎ 0892-234-634 (0,34 €/mn).

– Lyon : 5, quai Jules-Courmont, 69002. ☎ 0892-231-261 (0,34 €/mn).

– Marseille : 25, rue Fort-Notre-Dame (angle cours d'Estienne-d'Orves), 13001. ☎ 0892-233-633 (0,34 €/mn).

– Montpellier : 7, rue de Verdun, 34000. ☎ 0892-238-777 (0,34 €/mn).

– Nantes : 22, rue Crébillon, 44000. ☎ 0892-230-830 (0,34 €/mn).

– Nice : 4, rue du Maréchal-Joffre (angle rue de Longchamp), 06000. ☎ 0892-232-732 (0,34 €/mn).

– Rennes : 31, rue de la Parcheminerie, 35102. ☎ 0892-230-530 (0,34 €/mn).

– Rouen : 17-19, rue de la Vicomté, 76000. ☎ 0892-237-837 (0,34 €/mn).

– Toulouse : 26, rue des Marchands, 31000. ☎ 0892-232-632 (0,34 €/mn). Ⓜ *Esquirol.*

Sur les conseils d'un spécialiste de chaque pays, chacun peut construire un voyage à sa mesure.

Pour partir à la découverte de plus de 120 pays, 100 conseillers-voyageurs, de près de 30 nationalités et grands spécialistes des destinations, donnent des conseils, étape par étape et à travers une collection de 27 brochures, pour élaborer son propre voyage en individuel.

Voyageurs du Monde propose également une large gamme de circuits accompagnés (Famille, Aventure, Routard...). Voyageurs du Monde a développé une politique de « vente directe » à ses clients, sans intermédiaire.

Dans chacune des *Cités des Voyageurs,* tout rappelle le voyage : librairies spécialisées, boutiques d'accessoires de voyage, restaurant des cuisines du monde, *lounge-bar,* expositions-ventes d'artisanat ou encore dîners et cocktails-conférences. Toute l'actualité de VDM à consulter sur leur site internet.

En Belgique

▲ CONNECTIONS
– Rens et résa : ☎ 070-233-313. ● connections.be ● Lun-ven 9h-21h, sam 10h-17h.
Spécialiste du voyage pour les étudiants, les jeunes et les *Independent travellers*. Le voyageur peut y trouver informations et conseils, aide et assistance (revalidation, routing...) dans 22 points de vente en Belgique et auprès de bon nombre de correspondants de par le monde.
Connections propose une gamme complète de produits : des tarifs aériens spécialement négociés pour sa clientèle (licence IATA), une très large offre de « last Minutes », toutes les possibilités d'arrangement terrestre (hébergement, location de voitures, *self-drive tours,* vacances sportives, expéditions) ; de nombreux services aux voyageurs comme l'assurance voyage « Protections » ou les cartes internationales de réductions (la carte internationale d'étudiant ISIC).

▲ NOUVELLES FRONTIÈRES
– Bruxelles (siège) : bd Lemonnier, 2, 1000. ☎ 02-547-44-22. ● mailbe@nouvelles-frontieres.be ● nouvelles-frontieres.be ●
– Également d'autres agences à Bruxelles, Charleroi, Liège, Mons, Namur, Waterloo, Wavre et au Luxembourg.
Plus de 30 ans d'existence, 250 destinations, une chaine d'hôtels-clubs *Paladien* : pas étonnant que Nouvelles Frontières soit devenu une référence incontournable, notamment en matière de tarifs. Le fait de réduire au maximum les intermédiaires permet d'offrir des prix « super-serrés ».

En Suisse

▲ NOUVELLES FRONTIÈRES
– Genève : 10, rue Chantepoulet, 1201. ☎ 022-906-80-80. Fax : 022-906-80-90.
– Lausanne : 19, bd de Grancy, 1006. ☎ 021-616-88-91. Fax : 021-616-88-01.
(Voir texte dans la partie « En France ».)

▲ STA TRAVEL
– Bienne : General Dufourstrasse 4, 2502. ☎ 058-450-47-50.
– Fribourg : 24, rue de Lausanne, 1701. ☎ 058-450-49-80.
– Genève : 3, rue Vignier, 1205. ☎ 058-450-48-30.
– Lausanne : 26, rue de Bourg, 1003. ☎ 058-450-48-70.
– Lausanne : à l'université, bâtiment BFSH2, 1015. ☎ 058-450-49-20.
– Montreux : 25, av. des Alpes, 1820. ☎ 058-450-49-30.
– Neuchâtel : Grand rue, 2, 2000. ☎ 058-450-49-70.
– Nyon : 17, rue de la Gare, 1260. ☎ 058-450-49-00.
Agences spécialisées notamment dans les voyages pour jeunes et étudiants. Gros avantage en cas de problème : 150 bureaux STA et plus de 700 agents du même groupe répartis dans le monde entier sont là pour donner un coup de main *(Travel Help)*.
STA propose des voyages très avantageux : vols secs *(Skybreaker),* billets Euro Train, hôtels, écoles de langues, voitures de location, etc. Délivre la carte internationale d'étudiant ISIC et la carte Jeune Go 25.
STA est membre du fonds de garantie de la Branche Suisse du Voyage ; les montants versés par les clients pour les voyages forfaitaires sont assurés.

Au Québec

▲ STANDARD TOURS

Ce grossiste né en 1962 programme les États-Unis, le Mexique, les Caraïbes, l'Amérique latine et l'Europe. Spécialité : les forfaits sur mesure.

▲ TOURS CHANTECLERC

● *tourschanteclerc.com* ●

Tours Chanteclerc est un tour-opérateur qui publie différentes brochures de voyages : Europe, Amérique du nord au sud en passant par le Mexique, Asie + Pacifique sud, Afrique et Soleils de Méditerranée. Il se présente comme l'une des « références sur l'Europe » avec deux brochures : groupes (circuits guidés en français) et individuels. « Mosaïque Europe » s'adresse aux voyageurs indépendants (vacanciers ou tourisme d'affaires) qui réservent un billet d'avion, un hébergement (dans toute l'Europe), des excursions, une location de voiture. Également spécialiste de Paris, le grossiste offre une vaste sélection d'hôtels et d'appartements dans la Ville lumière.

▲ VACANCES TOURS MONT ROYAL

● *toursmont-royal.com* ●

Le voyagiste propose une offre complète sur les destinations et les styles de voyages suivants : Europe, destinations soleils d'hiver et d'été, forfaits tout compris, circuits accompagnés ou en liberté. Au programme Europe, tout ce qu'il faut pour les voyageurs indépendants : location de voitures, cartes de train, bonne sélection d'hôtels, excursions à la carte, forfaits à Paris, etc. À signaler : l'option achat/rachat de voiture (17 jours minimum, avec prise en France et remise en France ou ailleurs en Europe). Également : vols entre Montréal et les villes de province françaises avec *Air Transat* ; les vols à destination de Paris sont assurés par la compagnie Corsair au départ de Montréal et de Moncton (Nouveau-Brunswick).

▲ VOYAGES CAMPUS / TRAVEL CUTS

Pour contacter l'agence la plus proche : ● *voyagescampus.com* ●

Campus / Travel Cuts est un réseau national d'agences de voyages qui propose des tarifs aériens sur une multitude de destinations pour tous et plus particulièrement en classe étudiante, jeunesse, enseignant. Il diffuse la carte internationale d'étudiant (ISIC), la carte jeunesse (IYTC) et la carte d'enseignant (ITIC). Voyages Campus publie quatre fois par an le *Müv,* le magazine du nomade ● muvmag.com ● Voyages Campus propose un programme de Vacances-Travail (SWAP), son programme de volontariat (Volunteer Abroad) et plusieurs circuits au Québec et à l'étranger. Le réseau compte quelque 70 agences à travers le Canada, dont 9 au Québec.

LONDRES UTILE

> Pour se repérer, voir le plan général de la ville et les centres 1 (Soho, Covent Garden) et 2 (Earl's Court) en fin de guide.

Londres a franchi le millénaire en s'offrant une cure de jouvence comme elle n'en connaît que tous les trente ou quarante ans. Dans les années 1960, sa jeunesse avait secoué les oripeaux mités de la vieille Angleterre et imposé à la planète de nouveaux codes et références culturels. En 2000, dopée par la croissance économique, elle s'est même offert un lifting architectural spectaculaire, affirmant ainsi son rôle de mégalopole multiculturelle. Le cosmopolitisme et la tolérance, l'esprit d'entreprise, les hauts salaires et le (presque) plein emploi ont attiré une nouvelle vague d'immigration sans précédent. Un flot qui ne tarit pas, avec un taux de chômage au plus bas (5,5 % en 2007). Les jeunes *Frenchies* ne sont pas les derniers : ils sont près de 100 000 à avoir franchi le *Channel* pour tenter leur chance dans cet eldorado européen, devenu *de facto* la capitale économique et culturelle du Vieux Continent. Le PNB généré par la capitale britannique avoisine celui de la Suède ! C'est tout dire. De fait, le prix de l'immobilier dépasse celui de New York ou de Tokyo et chasse de nombreux Londoniens en banlieue lointaine. Imaginez, à Knightsbridge, en 2007, le mètre carré se négocie à 63 000 €. Oui, vous avez bien lu ! Record absolu de la capitale...

Tout bouge, tout change. Tenez, la cuisine par exemple : auparavant, c'était une activité que les Britanniques pratiquaient dans une relative discrétion. Séjourner en Angleterre relevait du cauchemar gastronomique. À présent, les saveurs exotiques, indiennes, chinoises ou antillaises ont chamboulé les habitudes gustatives des Britanniques et Jamie Oliver, coqueluche du renouveau culinaire londonien, fait fureur à la TV avec ses recettes toujours plus innovantes. D'ailleurs, décrocher une table au *Fifteen* (son resto ; voir « Où manger ? » à « Whitechapel, Spitalfields et Hoxton ») relève du défi, voire du miracle ! Le yuppie de la City, le branché de Soho, la vendeuse de Chelsea, le footeux du Yorkshire, l'employée chinoise de *B&T*, le rejeton de la *gentry,* le touriste du continent, tout le monde se retrouve au coude à coude dans des restos de sushis, de tandoori ou de carpaccio, jetant aux orties le gigot à la menthe et les *peas* avec *jacked potatoes*... Tous ne jurent plus que par les gastropubs, ces hybrides de bistrots de chef, où l'on sert une cuisine innovante dans un cadre décontracté. Une vraie révolution culinaire...

Question intégration, Londres aurait de quoi donner des leçons à n'importe quelle société contemporaine : la proportion de mariages mixtes est supérieure à toutes celles constatées en Europe et dans le monde (et surtout aux États-Unis). Plus de cinquante nationalités se côtoient à Londres, parlant, en tout, plus de 300 langues ! Mais le Conseil de l'Europe a tout de même dénoncé des « problèmes graves de xénophobie, de racisme et de discrimination » relayés par la presse populaire, peu favorable à ce métissage. Régénérée malgré elle par cet afflux de sang neuf, la société britannique découvre avec étonnement les mérites de la mixité. Tout n'est pas rose non plus pour les autochtones, les contrastes sont parfois criants : 44 % des enfants et un tiers des Londoniens vivent au-dessous du seuil de pauvreté et le taux de chômage atteint 15 % dans certains quartiers, alors qu'il n'est plus qu'à 4 % pour la moyenne nationale.

À 2h15 de trajet de la gare du Nord, le choc est réel : comment peut-on être, en effet, si proche de Paris et pourtant si différent ?

La capitale de la France semble plutôt calme comparée à Londres, cette ville-monde, métropole énorme, grouillante, éclatée, moderne, vibrante, chaude (bien que pas toujours chaleureuse) et qui n'est plus seulement anglaise, mais réellement cosmopolite. Mentionnez n'importe quel adjectif et vous êtes à peu près certain qu'il correspond à l'un des quartiers de Londres. Avec des musées et des galeries par centaines, des pubs par milliers et plus de 10 000 restos, il y en a vraiment pour tout le monde. Sans oublier les taxis qui semblent, comme les escargots, sortir avec la pluie. Et comme il pleut souvent... Ici, vous êtes sûr de trouver ce que vous cherchez : un super groupe de rock, un pub irlandais, de la porcelaine chinoise, de la cuisine indienne, un immeuble au design fou, les jouets les plus marrants du monde, le thé le plus raffiné, un disque introuvable, des tableaux impressionnistes, de l'art étrusque, des parcs immenses, des activités pour les mômes...
Seule ombre au tableau, la cherté de la ville et la relative dégradation des conditions d'hébergement pour les budgets modestes et moyens. On insiste sur ce point. Lisez attentivement nos conseils dans les paragraphes ci-dessous, ça vous aidera.

ABC DE LONDRES

- **Superficie :** 1 580 km^2.
- **Population :** 7,5 millions d'habitants.
- **Le Grand Londres est composé de 13 « boroughs », circonscriptions administratives :** Kensington, Chelsea, City of Westminster, Camden, Islington, Hackney, Tower Hamlets, Greenwich, Lewisham, Southwark, Lambeth, Wandsworth et City of London.
- **Densité :** 4 747 hab./km^2.
- **Langues :** anglais officiellement, mais plus de 300 dans la capitale !
- **Monnaie :** la livre sterling (£). En 2007, 1 £ = 1,50 €.
- **Maire :** Ken Livingstone, alias Ken le « Rouge », premier maire de la capitale élu (en 2000) sans étiquette, mais proche des communistes.
- **Taux de chômage :** 5,5 % en 2007.

AVANT LE DÉPART
Adresses utiles

En France

◘ **Office de tourisme de Grande-Bretagne :** BP 154-08, 75363 Paris Cedex 08. ☎ 01-58-36-50-50. ● visit britain.com/fr ● Pas d'accueil du public, informations par téléphone ou Internet. Envoi de documentation. Très pro, plein d'infos à disposition. Un site internet très riche avec des thématiques d'exploration du pays (jardins, sites de tournage de films, etc.). Également sur le site, vente de cartes de métro, billets Heathrow Express, Original London Sightseeing tours, Great British Heritage Pass et tickets pour Mme Tussaudús. Mais il est également possible d'acheter des billets de train du réseau national, des billets coupe-file pour les plus grandes attractions, des places de spectacles, des plans, des guides, des cartes, etc.
■ **Consulat de Grande-Bretagne :**

16, rue d'Anjou, 75008 Paris. ☎ 01-44-51-31-00. • amb-grandebretagne.fr • Ⓜ Concorde. Lun-ven 9h30-12h30, 14h30-16h30.

■ **The British Council** : 9, rue de Constantine, 75007 Paris. ☎ 01-49-55-73-00. • britishcouncil.fr • Ⓜ In-valides. Lun-ven 9h-17h30. Fermé les j. fériés, à Noël et début août. Pour son atmosphère feutrée et aimable, très anglaise. Pas de méthodes d'anglais ; il faut déjà parler la langue. Journaux, livres, références, discothèques.

Transports

■ **BMS Voyages** : 99, bd Hauss-mann, 75008 Paris. ☎ 01-42-66-07-07. • bms-travelshop.com • Ⓜ Saint-Augustin. Vente de billets Eurostar, Brittany Ferries, héberge-ments en hôtels, passes de transport et billets de bus et de métro. Billetterie de spectacles et d'attractions touristiques.

Loisirs

■ **W.H. Smith** : 248, rue de Rivoli, 75001 Paris. ☎ 01-44-77-88-99. • whsmith.fr • Ⓜ Concorde. Lun-sam 9h-19h30, dim 13h-19h30. La branche française de la célèbre librairie anglaise. On y trouve tous les classiques. Vente sur leur site internet.

■ **Keith Prowse** : 7, rue de Clichy, 75009 Paris. ☎ 01-42-81-88-88. • paris@keithprowse.com • Ⓜ Trinité. Agence de billetterie internationale de spectacles basée à Paris, Keith Prowse propose toutes sortes de billets : avant votre départ, vous pouvez réserver des billets pour des opéras, ballets, concerts, festivals, des coupe-files pour les grandes expositions temporaires, pièces de théâtre, comédies musicales, sports, concerts et tournées pop-rock, et cela dans tout le Royaume-Uni. Keith Prowse dispose également d'une vingtaine d'autres bureaux dans le monde entier.

En Belgique

🅸 **Visit Britain** : BP 48, Bruxelles 1050. ☎ 02-646-35-10. • visitbritain.com/be2 • Pas d'ouverture au public. Rens slt par téléphone, fax, Internet ou par voie postale, lun-ven 10h-17h. Informations touristiques par téléphone, ventes de passes (châteaux, jardins, manoirs) et de tickets pour les spectacles à Londres, sur Internet.

■ **Ambassade de Grande-Breta-gne** : rue d'Arlon, 85, Bruxelles 1040. ☎ 02-287-62-11. Service des visas : ☎ 02-287-63-72. Service consulaire : ☎ 02-287-62-70. • britishembassy.gov.uk • visa4uk.fco.gov.uk • Lun-ven 9h30-12h30, 14h15-16h.

■ **British Council** : Leopold Plaza, rue du Trône, 108, Bruxelles 1050. ☎ 02-227-08-41. • britishcouncil.be • Informations sur les cours d'anglais dans les écoles privées en Grande-Bretagne et en Belgique. Donne également des adresses d'organismes pour partir au pair, trouver un job.

En Suisse

🅸 **Visit Britain** : ☎ 0544-007-007. • visitbritain.com/suisse • Pas d'accueil public. Permanence téléphonique 10h-17h.

■ **Consulat de Grande-Bretagne** : 37-39, rue de Vermont, 1211 Genève 20. ☎ 022-918-24-00. • britishembassy.ch • Demandes de visa lun-ven slt 8h30-11h30.

Au Québec

■ *Consulat de Grande-Bretagne :* 1000, rue de la Gauchetière-Ouest, suite 4 200, Montréal, Québec, H3B-4W5. ☎ (514) 866-5863. Fax : (514) 866-0202. Lun-ven 9h-17h. Ne délivre pas de visa. Pour cela, les ressortissants étrangers doivent se rendre à Ottawa auprès du *Haut Commissariat de la Grande-Bretagne :* 80, Elgin St, Ottawa, Ontario, K1P-5K7. ● britainincanada. org ● Toutes les démarches d'obtention de visa sont possibles sur le site internet du consulat.

Formalités

– *Passeport* ou *carte nationale d'identité* en cours de validité (un permis de séjour en France ne suffit pas, il faudra demander un visa) et, pour les mineurs, un passeport en cours de validité et l'autorisation parentale de sortie du territoire s'ils ne possèdent que la carte d'identité. Les mineurs non accompagnés par un de leurs parents doivent présenter un passeport en cours de validité ; s'ils ne possèdent qu'une carte d'identité, ils doivent être munis d'une autorisation parentale de sortie de territoire.
Attention : pour rappel, la Grande-Bretagne ne fait pas partie de l'*espace Schengen,* donc formalités, contrôles et tracasseries habituelles qui n'ont heureusement plus cours dans le reste de l'Europe.
– *Pour la voiture :* permis de conduire national, carte grise, carte verte et n'oubliez pas le F (le B ou le CH) à l'arrière du véhicule.
– *Attention : les ressortissants hors Union européenne* doivent se renseigner au service des visas du consulat de Grande-Bretagne (voir plus haut) et à leur propre consulat... En cas d'urgence, s'adresser au consulat de Grande-Bretagne dans les ports.
– *La légendaire quarantaine des animaux* a été abolie en 2000. Malgré tout, votre Médor ou votre Féline adorés devront montrer patte blanche. Il faut avant tout faire implanter une puce (indolore) sous la peau de votre animal, puis refaire tous les vaccins nécessaires, notamment contre la rage (plus de renseignements auprès de votre véto) et ce IMPÉRATIVEMENT six mois avant le départ, ainsi qu'une prise de sang. Une attestation antipuces et antitiques effectuée 24 à 48h avant le départ vous sera également demandée. L'entrée des animaux en Grande-Bretagne n'est autorisée que par voiture, soit à bord des ferries, soit via le tunnel sous la Manche ; elle est donc interdite par l'Eurostar. Pour tout renseignement complémentaire, consulter le site internet du consulat de Grande-Bretagne (voir plus haut) ou appeler le ☎ 01-44-51-33-13 (juste pour les renseignements sur les animaux).
– Seuls les visiteurs de plus de 17 ans sont autorisés à importer ou exporter du tabac ou de l'alcool (800 cigarettes maximum).
– *Avoir un passeport européen, ça peut être utile !* L'Union européenne a organisé une assistance consulaire mutuelle pour les ressortissants de l'UE en cas de problème en voyage.
Vous pouvez y faire appel lorsque la France (c'est rare) ou la Belgique (c'est plus fréquent) ne disposent pas d'une représentation dans le pays où vous vous trouvez. Concrètement, elle vous permet de demander assistance à l'ambassade ou au consulat (pas à un consulat honoraire) de n'importe quel État membre de l'UE. Leurs services vous indiqueront s'ils peuvent directement vous aider ou vous préciseront ce qu'il faut faire.
Leur assistance est, bien entendu, limitée aux situations d'urgence : décès, accidents ayant entraîné des blessures ou des lésions, maladie grave, rapatriement pour raison médicale, arrestation ou détention. En cas de perte ou de vol de votre passeport, ils pourront également vous procurer un document provisoire de voyage.

Cette entraide consulaire entre les 27 États membres de l'UE ne peut, bien entendu, vous garantir un accueil dans votre langue. En général, une langue européenne courante sera pratiquée.

Adresses utiles sur place

Centres d'information

❶ Britain & London Visitor Centre (plan général E4) : 1 Regent St, SW1Y 4NR. ☎ 0208-846-90-00. • vi sitlondon.com • visitbritain.com • ⓜ Piccadilly Circus. Lun 9h30-18h30, mar-ven 9h-18h30, w-e 10h-16h (17h sam de juin à sept). Grand centre qui regroupe plusieurs services concernant Londres et toute l'Angleterre : kiosque de réservation de billets de train, de bus, d'avion, service de réservation d'hôtels et de B & B (payant), vente de billets de spectacles, très bonne librairie (infos sur Londres, le London Planner, le Time Out, hebdo recensant tous les spectacles, etc.). Personnel sympathique, multilingue. Accès Internet sur la mezzanine. Documentation générale gratuite, mais quelques documents spéciaux sont payants, comme le très pratique London Map, Bus Map & Guide for visitors pour 1,95 £ (3 €). Cabines téléphoniques et bureau de change. Demander une carte de la ville, indispensable (detailed bus map, très détaillée).

❶ Tourist Information Centres : ☎ 08701-566-366. • visitlondon. com • Ils ne s'occupent que de Londres. Le principal est au Britain Visitor Centre, cité ci-dessus. Tous les TIC possèdent un service payant de réservation d'hôtels, B & B et auber-

ges de jeunesse (AJ). Commission assez faible pour les AJ, plus élevée pour les B & B. En haute saison, ça vaut la peine.

■ Centre français Charles-Péguy (plan général F-G5) : Devonshire House, 164-168 Westminster Bridge Rd, SE1 7RW. ☎ 0207-437-83-39. • cei-frenchcentre.com • ⓜ Waterloo ou Westminster. Lun-ven 10h-16h30 (13h30-18h jeu). Dans les locaux du Centre d'Échange International, un endroit sympa où l'on aide les jeunes expatriés à Londres à trouver un job, un stage, un séjour au pair, un hébergement. Cours de langues. Donne aussi des renseignements sur la Sécu, les contrats de travail... Fournit des listes de B & B et toutes sortes d'autres infos. Borne Internet, photocopieuses, fax, etc. Pour obtenir tout cela, il faut prendre la carte du centre (50 £, soit 75 €, valable 1 an), avoir de 18 à 30 ans et avoir le projet de résider au moins 2 mois en ville.

■ Waterloo Station (centre 1, G5) : c'est le terminal d'arrivée de l'Eurostar (voir plus loin « Arrivée en Eurostar ») jusqu'au 13 novembre 2007. Vous y trouverez un centre de réservation pour les hôtels (avec commission) juste à la sortie, un point de vente des cartes de transport, etc.

Ambassades et consulat

■ Consulat de France (plan général A6, 4) : 21 Cromwell Rd, SW7 2EN. En face du Natural History Museum. Service des visas : 6 A Cromwell Pl, dans la rue perpendiculaire à Cromwell Road sur le côté du bâtiment. ☎ 0207-073-12-00. • con sulfrance-londres.org • ⓜ South Kensington. Lun-ven 8h45-12h (11h30 ven) ; sur rendez-vous, accueil jusqu'à 17h15 (15h30 ven).

Service culturel : 23 Cromwell Rd. Le consulat peut vous assister juridiquement en cas de problème.

■ Ambassade de France (plan général C5, 3) : 58 Knightsbridge, SW1X 7JT. ☎ 0207-073-10-00. • am bafrance-uk.org • ⓜ Knightsbridge.

■ Ambassade de Belgique (plan général C5, 5) : 17 Grosvenor Crescent, SW1X 7EE. ☎ 0207-470-37-00. ⓜ Hyde Park Corner. Lun-ven

9h-11h30 pour les visas.
■ *Ambassade de Suisse (plan général C3, 6) : 16-18 Montague Pl,*

W1. ☎ 0207-616-60-00. Ⓜ Baker Street. Lun-ven 9h-12h.

Santé

Voir les rubriques « Santé » et « Urgences » plus loin.

Infos transports

■ *Air France (centre 1, E4) : 10 Warwick St, W1 5RA. ☎ 0870-142-43-43. ● airfrance.com ● Ⓜ Piccadilly Circus. Au 1er étage. Lun-ven 9h-17h30.*
🚌 *Gare routière Victoria Coach Station (plan général D6) : sur Buckingham Palace Rd. En sortant de la* *gare, tourner à gauche.* Nombreux bus vers les autres villes anglaises. Bus toutes les heures avec *National Express (☎ 0870-580-80-80)* pour toute l'Angleterre. Autres bus pour l'aéroport de Stansted (8h-18h) et Paris (deux de nuit).

Consignes, objets trouvés

– *Consignes (Left Luggage) :* toutes les grandes gares possédaient des consignes automatiques mais, à cause des nouvelles normes de sécurité dues aux éventuelles menaces terroristes, elles sont désormais fermées. Reste la solution des consignes manuelles, où les bagages sont passés aux rayons X. On vous signale aussi que la plupart des musées acceptent les bagages peu volumineux. Si vous êtes peu chargé, c'est sans doute la solution la plus économique et la plus pratique.
– *Objets trouvés (Lost Property) :* rens au ☎ 0207-486-24-96 ou au Lost Property Office, 200 Baker St, NW1 5RZ. Tlj 9h30-14h.
– *Perte de cartes de paiement :* voir notre rubrique ci-dessous « Argent, banques, change ».

Carte internationale d'étudiant (carte ISIC)

Elle prouve le statut d'étudiant dans le monde entier et permet de bénéficier de tous les avantages, services, réductions étudiants du monde, soit plus de 37 000 avantages, dont plus de 8 000 en France, concernant les transports, les hébergements, la culture, les loisirs... C'est la clé de la mobilité étudiante ! La carte ISIC donne aussi accès à des avantages exclusifs sur le voyage (billets d'avion spéciaux, assurances de voyage, carte de téléphone internationale, cartes SIM, location de voitures, navette aéroport...).
Pour plus d'informations sur la carte ISIC et pour la commander en ligne, rendez-vous sur les sites internet propres à chaque pays.

Pour l'obtenir en France

Se présenter dans l'une des agences des organismes mentionnés ci-dessous avec :
– une preuve du statut d'étudiant (carte d'étudiant, certificat de scolarité...) ;
– une photo d'identité ;
– 12 €, ou 13 € par correspondance incluant les frais d'envoi des documents d'information sur la carte.
Émission immédiate.
Pour localiser un point de vente proche de vous : ☎ 01-49-96-96-49. ● isic.fr ●

■ *OTU Voyages :* ☎ 01-55-82-32-32. ● otu.fr ● pour connaître l'agence la plus proche de chez vous. Possibilité de commander la carte ISIC en ligne.

LONDRES UTILE

■ *Voyages Wasteels :* ☎ *0825-88-70-70 (0,12 €/mn).* ● *wasteels.fr* ● pour être mis en relation avec l'agence la plus proche de chez vous. Propose également une commande en ligne de la carte ISIC.

En Belgique

Elle coûte 9 € et s'obtient sur présentation de la carte d'identité, de la carte d'étudiant et d'une photo auprès de :

■ *Connections :* rens au ☎ 02-550-01-00. ● *isic.be* ●

En Suisse

Dans toutes les agences STA TRAVEL *(☎ 058-450-40-00),* sur présentation de la carte d'étudiant, d'une photo et de 20 Fs. Commande de la carte en ligne : ● *isic.ch* ● *statravel.ch* ●

■ *STA TRAVEL : 3, rue Vignier, 1205 Genève.* ☎ *058-450-48-30.*

■ *STA TRAVEL : 20, bd de Grancy, 1015 Lausanne.* ☎ *058-450-48-50.*

Carte FUAJ internationale des auberges de jeunesse

Cette carte, valable dans plus de 80 pays, vous ouvre les portes des 4 000 auberges de jeunesse du réseau Hostelling International réparties dans le monde entier. Les périodes d'ouverture varient selon les pays et les AJ. À noter, la carte est souvent obligatoire pour séjourner en auberge de jeunesse, donc nous vous conseillons de vous la procurer avant votre départ. En effet, adhérer en France vous reviendra moins cher qu'à l'étranger.

Pour tous renseignements et réservations en France

Sur place

■ *Fédération Unie des Auberges de Jeunesse (FUAJ) : 27, rue Pajol, 75018 Paris.* ☎ *01-44-89-87-27.* ● *fuaj.org* ● Ⓜ *Marx-Dormoy ou La Chapelle. Mar-ven 10h-18h, sam 10h-17h.* Montant de l'adhésion : 10,70 € pour la carte moins de 26 ans et 15,30 € pour les plus de 26 ans (tarifs 2007). Munissez-vous de votre pièce d'identité lors de l'inscrip-tion. Une autorisation des parents est nécessaire pour les moins de 18 ans (une photocopie de la carte d'identité du parent qui autorise le mineur est obligatoire).
– Adhésion possible également dans toutes les auberges de jeunesse, points d'information et de réservation FUAJ en France.

Par correspondance

Envoyez une photocopie recto verso d'une pièce d'identité et un chèque à l'ordre de « FUAJ » correspondant au montant de l'adhésion. Ajoutez 1,20 € pour les frais d'envoi. Vous recevrez votre carte sous quinze jours.

– La FUAJ propose également une *carte d'adhésion* « *Famille* », valable pour 1 ou 2 adultes ayant un ou plusieurs enfants âgés de moins de 14 ans. Fournir une copie du livret de famille. Elle coûte 22,90 €. Une seule carte famille est délivrée pour toute la famille, mais les parents peuvent s'en servir lorsqu'ils voyagent seuls. Seuls les enfants de moins de 14 ans peuvent figurer sur cette carte.

– La carte donne également droit à des réductions sur les transports, les musées et les attractions touristiques de plus de 80 pays. Ces avantages varient d'un pays à l'autre, ce qui n'empêche pas de la présenter à chaque occasion. Liste de ces réductions disponible sur ● *hihostels.com* ● et sur ● *fuaj.org* ● pour la France.

En Belgique

Son prix varie selon l'âge : entre 3 et 15 ans, 3 € ; entre 16 et 25 ans, 9 € ; après 25 ans, 15 €.

Renseignements et inscriptions

■ *À Bruxelles :* *LAJ, rue de la Sablonnière, 28, 1000.* ☎ *02-219-56-76.* ● *info@laj.be* ● *laj.be* ●
■ *À Anvers :* *Vlaamse Jeugdher-* *bergcentrale (VJH), Van Stralen-straat 40, B 2060 Antwerpen.* ☎ *03-232-72-18.* ● *info@vjh.be* ● *vjh.be* ●

– Votre carte de membre vous permet d'obtenir de 5 à 9 € de réduction sur votre première nuit dans les réseaux LAJ, VJH et CAJL (Luxembourg), ainsi que des réductions auprès de nombreux partenaires en Belgique.

En Suisse (SJH)

Le prix de la carte dépend de l'âge : 22 Fs pour les moins de 18 ans, 33 Fs pour les adultes et 44 Fs pour une famille avec des enfants de moins de 18 ans.

Renseignements et inscriptions

■ *Schweizer Jugendherbergen (SJH) :* *service des membres, Schaffhauserstr. 14, 8042 Zurich.*
☎ *01-360-14-14.* ● *bookingoffice@ youthhostel.ch* ● *youthhostel.ch* ●

Au Canada et au Québec

Elle coûte 35 $Ca pour une durée de 16 à 26 mois (tarif 2007) et 175 $Ca à vie. Gratuit pour les enfants de moins de 18 ans qui accompagnent leurs parents. Pour les juniors voyageant seuls, la carte est gratuite, mais la nuitée est payante (moindre coût). Ajouter systématiquement les taxes.

Renseignements et inscriptions

■ *Tourisme Jeunesse :*
– *À Montréal :* *205, av. du Mont-Royal Est, Montréal (Québec) H2T-1P4.* ☎ *(514) 844-02-87. Fax : (514) 844-52-46.*
– *À Québec :* *94, bd René-Lévesque Ouest, Québec (Québec) G1R-2A4.* ☎ *(418) 522-2552. Fax :*
(418) 522-2455.
■ *Canadian Hostelling Associa-tion :* *205, Catherine St, bureau 400, Ottawa (Ontario) K2P-1C3.* ☎ *(613) 237-78-84. Fax : (613) 237-78-68.* ● *info@hihostels.ca* ● *hi hostels.ca* ●

ARGENT, BANQUES, CHANGE

La Grande-Bretagne fait bien partie de l'Europe mais, au rayon des monnaies, les Britanniques font encore partie des réfractaires et s'accrochent à leur *Sterling Pound*. En attendant, la livre sterling est divisée en 100 *pence*.

Pièces de 50 p, 20 p, 10 p, 5 p et 1 *penny,* et pièces de 1 livre et de 2 livres avec plusieurs dessins symbolisant les différents pays composant la Grande-Bretagne.

En 2007, le cours de la livre sterling atteignait environ 1,50 €, 2,35 Fs et 2,27 \$Ca. Les cours croisés de la livre sterling et des monnaies du système euro ont tendance à évoluer assez nettement en défaveur de l'euro. Donc, s'attendre à un séjour onéreux en Grande-Bretagne.

– Les *banques* sont ouvertes de 9h30 à 16h30 de manière générale, parfois plus tard. Elles sont habituellement fermées le week-end, sauf certaines grandes banques qui ouvrent le samedi matin. Essayez d'éviter les bureaux de change dont les taux sont médiocres ; préférez les banques, ainsi que les postes. Ces bureaux de change sont nombreux. On les trouve dans les aéroports, les gares ferroviaires, certaines grandes stations de métro et dans quelques grands magasins. Ils sont ouverts plus tard que les banques, c'est là leur seul intérêt.

– *Retraits et paiements avec carte de paiement :* le système le plus simple et le plus pratique. Si vous possédez une carte de paiement internationale, vous pouvez retirer de l'argent dans un distributeur automatique de billets. Il y en a partout ! Révolution aussi dans le paiement par carte outre-Manche : on ne signe plus son ticket mais, comme en France, on compose son code. Les boutiques qui pratiquent ce nouveau système indiquent *« Chip and Pin Card ».* Assurez-vous avant le départ de connaître le montant maximum autorisé de vos retraits hebdomadaires. Bon à savoir aussi : quelle que soit la carte, chaque banque gère elle-même le processus d'opposition, et le numéro de téléphone correspondant ! Avant de partir, notez donc bien le numéro d'opposition propre à votre banque en France (il figure souvent au dos des tickets de retrait ; sur votre contrat ; ou à côté des distributeurs de billets), ainsi que le numéro à seize chiffres de votre carte. Bien entendu, conserver ces informations en lieu sûr, et séparément de votre carte. L'assistance médicale se limite aux 90 premiers jours du voyage.

Carte MasterCard : assistance médicale incluse ; numéro d'urgence : ☎ *(00-33) 1-45-16-65-65. En cas de perte ou de vol, composez le numéro communiqué par votre banque.* • *mastercardfrance.com* •

Pour la carte **American Express,** *téléphoner en cas de pépin au* ☎ *(00-33) 1-47-77-72-00. Numéro accessible tous les jours 24h/24, PCV accepté en cas de perte ou de vol.* • *americanexpress.fr* •

Carte Bleue Visa : assistance médicale incluse ; numéro d'urgence (Europ Assistance) : ☎ *(00-33) 1-45-85-88-81. Pour faire opposition, contactez le numéro communiqué par votre banque.* • *carte-bleue.fr* •

Pour toutes les cartes émises par **La Banque Postale,** *composer le* ☎ *0825-809-803 (0,15 €/mn) et pour les DOM ou depuis l'étranger le* ☎ *(00-33) 5-55-42-51-96.*

Également un numéro d'appel valable quelle que soit votre carte de paiement : ☎ *0892-705-705 (serveur vocal à 0,34 €/mn). Ne fonctionne ni en PCV, ni depuis l'étranger.*

– *Chèques de voyage :* les banques perçoivent un forfait assez important à l'encaissement de chaque chèque de voyage. Préférez les grosses coupures. Pour éviter les commissions excessives, essayez aussi de changer vos chèques dans la banque qui les a émis (*American Express, Thomas Cook* ou autre). En dernier recours, allez au bureau de change. Prendre ses chèques en *pounds.* Beaucoup de commerces les acceptent en rendant la monnaie. Pas besoin donc de se pointer dans une banque pour les convertir en liquide.

– *Western Union Money Transfer :* à Londres, se présenter à une agence *Western Union* (☎ *0800-833-833)* avec une pièce d'identité. En cas de besoin urgent d'argent liquide (perte ou vol de billets, chèques de voyage, carte de paiement), vous pouvez être dépanné en quelques minutes grâce à ce système. Pour cela, demandez à quelqu'un de vous déposer de l'argent en euros dans l'un des bureaux *Western Union* ; les correspondants en France de

Western Union sont *La Banque Postale (fermée le samedi après-midi, n'oubliez pas !☎ 0825-00-98-98)* et *Travelex* en collaboration avec la *Société Financière de Paiement (SFDP),* ☎ 0825-825-842. L'argent vous est transféré en moins d'un quart d'heure. La commission, assez élevée, est payée par l'expéditeur. Possibilité d'effectuer un transfert en ligne 24h/24 par carte de paiement (*Visa* ou *MasterCard* émise en France). • *westernunion.com* •

ARRIVÉE EN EUROSTAR

L'Eurostar vous amène directement dans le centre de Londres : auparavant, c'était à la gare de Waterloo, désormais, à partir du 14/11/07 à celle – infiniment plus belle – de Saint Pancras. Tout plein de services (*Visitor Centre,* consignes accessibles aux usagers, etc.).

ARRIVÉE AUX AÉROPORTS

Comment rejoindre le centre de Londres ?

De l'aéroport de London City (à 9 km du centre)

– *Informations :* ☎ *0207-646-00-88.* • *londoncityairport.com* •
Sa piste de 1 090 m n'est accessible qu'aux petits appareils et se situe au bord de la Tamise, à 4,5 km de Canary Wharf, le centre d'affaires implanté dans le quartier des Docklands.
➢ *En DLR puis métro : avec le Docklands Light Railway jusqu'à Bank (de 5h à 0h30 ; trajet en 22 mn) puis liaisons en métro. Prix : env 3 £ (4,50 €).*

De l'aéroport d'Heathrow (à l'ouest, à 24 km du centre)

– *Informations :* ☎ *0870-000-01-23.* • *baa.co.uk* •
Avant de choisir le métro ou le bus, sachez exactement où vous allez. Donc, un conseil : si vous n'avez pas réservé de chambre, passez vos coups de fil de l'aéroport. Le bureau Underground-Airbus vend tous les titres de transport ainsi que des *phone cards* (cartes téléphoniques). Prévoir une photo d'identité pour le forfait métro-bus à la semaine.
➢ *En métro :* de loin la solution la plus pratique. Métro direct pour le centre de Londres par la *Piccadilly Line.* Deux stations desservent l'aéroport : la première pour les terminaux 1, 2 et 3, la seconde pour le terminal 4. Départs toutes les 5 à 10 mn de 5h10 (dimanche 5h50) à 23h50 (dimanche 23h30) depuis les terminaux 1, 2 et 3 (quelques minutes avant pour le terminal 4). Durée : environ 50 mn pour Piccadilly Circus. Achat du billet soit dans le terminal d'arrivée, soit dans le hall du métro. Une passerelle souterraine relie l'aérogare à la station. Prix : 5 £ (7,50 €).
➢ *En train : Heathrow Express (*☎ *0845-600-15-15 ou* • *heathrowexpress. co.uk* •*),* 5h10-23h25 ; une rame toutes les 15 mn. Plus rapide que le métro (15 mn de trajet depuis les terminaux 1, 2 et 3, et moins de 25 mn depuis le terminal 4, le plus éloigné), mais plus cher. Prix : 14,50 £ (21,75 €). Aller-retour : 28 £ (42 €). Arrivée à la gare de Paddington. Mêmes horaires dans l'autre sens. Sinon, le *National Rail (*☎ *0845-748-49-50 ou* • *heathrowconnect.com* •*)* a également mis en place une liaison entre Heathrow et Paddington, toutes les 30 mn de 5h30 à minuit. Plus lent (nombreux arrêts) mais meilleur marché : 6,90 £ (10,35 €).
➢ *En bus :* avec la compagnie *National Express (*☎ *0870-580-80-80 ou* • *nationalexpress.com* •*).* Liaisons toutes les 30 mn entre la gare de Victoria et Heathrow, de 5h30 à 21h30 environ. Compter 10 £ (15 €) le trajet et au moins 1h30 de route.
➢ *En taxi :* environ 50 £ (75 €).

Services

– *Information Centre :* terminaux 1, 2 et 3.
– *Change :* dans tous les terminaux. Ce ne sont pas des banques, ils pratiquent donc des taux frisant l'escroquerie.
– *Consigne (Left Luggage) :* ☎ 0208-745-45-99. Terminal 1, 6h-23h ; terminal 2, 6h-22h30 ; terminal 3, 5h30-22h30 ; terminal 4, 5h30-23h. Assez cher (5,50 £, soit 8,25 €, par bagage).
– *Objets trouvés (Lost Property) :* au rez-de-chaussée du parking du terminal 2. ☎ 0208-745-77-27. Lun-sam 8h-19h, dim 8h-16h.
– *Où dormir dans une capsule ?* Terminal 4, au *Yotel*. ● yotel.com ●

De l'aéroport de Gatwick (au sud-ouest, à 45 km du centre)

– *Informations :* ☎ 0870-000-24-68. ● baa.co.uk/main/airports/gatwick ●
➤ *En train :* le *Gatwick Express* (☎ 0845-850-15-30) fonctionne 24h/24. Train à 4h30 et 5h20, puis toutes les 15 mn tous les jours 5h50-0h30, même le dimanche. Durée du trajet : 30 mn. Prix : 14 £ (21 €). Dernier train : 1h35 Un poil moins cher en prenant l'aller-retour (26 £, soit 39 €). On peut payer dans le train, sans supplément. Terminus à Victoria Station. Réduc (4 adultes pour le prix de deux). *One Day Travelcard* valable à partir de 9h30.
➤ *En bus :* un bus *National Express* (☎ 0870-580-80-80), assez cher (6,20 £, soit 9,30 €), va jusqu'à Victoria Station. Moins cher en prenant l'aller-retour. Un bus par heure le matin, deux par heure l'après-midi (1h15 de trajet). Fonctionne de 5h20 à 20h10. Aller-retour : 11,40 £ (17,50 €).
➤ *En taxi :* faudrait être fou ! Compter 60 £ (90 €) au moins.

Services

– *Consigne (Left Luggage) :* au terminal sud et nord. 6h-22h au terminal nord et 24h/24 au terminal sud. Compter 5,50 £ (8,25 €) par bagage et pour 24h.
– *Objets trouvés (Lost Property) :* ☎ 0129-350-31-62. Au terminal sud. Lun-sam 8h-19h, dim 8h-16h.
– *Où dormir dans une capsule ?* Terminal sud, au *Yotel*. ● yotel.com ●

De l'aéroport de Stansted (au nord-est, à 60 km du centre)

– *Informations :* ☎ 0870-000-03-03. ● baa.co.uk/main/airports/stansted ● Tlj 5h30-1h30.
➤ *En train :* le *Stansted Express* assure une liaison régulière directe avec la gare de Liverpool Street Station (à l'est du centre, près de la City) et avec la station de métro Tottenham Hale (sur la Victoria Lane). Un train toutes les 30 mn à 5h30 et 6h, puis toutes les 15 mn jusqu'à minuit. Horaires légèrement différents le week-end. Durée : 45 mn. Prix : 15 £ (22,50 €). Prendre un aller-retour valable un mois, qui comprend le trajet de métro (25 £, soit 37,50 €), plus économique que deux allers simples. *Rens :* ☎ 0845-850-01-50. ● stanstedexpress.com ● Un accord avec la *National Express* permet, avec son billet, d'emprunter le bus de nuit (n° 46 ou A 7) aux heures où le train ne circule plus. Plus rapide que le bus de jour, compter seulement 1h.
➤ *En bus :* depuis le Stop F, par la *Bishop's Gate,* service régulier pour Victoria Coach Station avec le *National Express A 6* (via Baker Street et Hyde Park) ou l'*A 7* qui, lui, ne circule que la nuit (via Liverpool Street). Différents arrêts en ville. Toutes les 15-20 mn, 24h/24. Attention, pas toujours à l'heure.

Durée du trajet : 1h40. Billet valable 3 mois. Compter 15 £ (22,50 €) aller-retour. *Rens :* ☎ *0870-575-77-47.*
➢ *En taxi :* beaucoup plus cher que les solutions précédentes évidemment. Compter 86 £ (129 €) pour 1 à 4 personnes et 1h15 de trajet.

Services

– **Consigne (Left Luggage) :** en zone G. ☎ 0127-966-32-13. *Tlj 4h-minuit. Compter 4 £ (6 €) par bagage.*
– **Objets trouvés (Lost Property) :** ☎ 0127-966-32-93. *Zone G pendant les premières 24h (à la consigne). Passé ce délai, il faut se rendre au sous-sol, au parking F.*

De l'aéroport de Luton (au nord-ouest, à 53 km du centre)

– **Informations :** ☎ 0158-240-51-00. • *london-luton.com* •
➢ **En bus :** le bus n° 757 de *Greenline* s'arrête à Oxford Street, Hyde Park et Victoria Station. Compter 12,50 £ (18,75 €) aller-retour. Réservations et achats sur le site internet de l'aéroport. Navettes pour les voyageurs de *Easy-jet* jusqu'à Baker Street à Bay 4, à l'extérieur du bâtiment principal ; prix mini. Autrement, *National Express* assure le service 24h/24. Compter 7 £ (10,50 €) par personne pour un aller. Le meilleur moyen. Idem pour le retour.
➢ **En train :** *Thameslink* (☎ *0845-330-63-33)* et *Midland Mainline* (☎ *0845-712-56-78)* vont jusqu'à King's Cross et London Bridge. Départ toutes les 15 mn. Tarif : 11 £ (16,50 €). Durée : 40 mn. Attention, au retour, prévoir la navette entre le métro et l'aéroport !
➢ **En taxi :** compter 35 £ (52,50 €) et de 30 à 60 mn de trajet.

Services

– **Consigne (Left Luggage) :** ☎ 0158-239-40-63.
– **Objets trouvés (Lost Property) :** ☎ 0158-239-52-19.

Liaisons entre les aéroports

Des services d'autocars desservent les différents aéroports entre eux :
➢ **Heathrow – Gatwick :** 1h20 de trajet.
➢ **Heathrow – Stansted :** 1h30 de trajet.
➢ **Gatwick – Stansted :** 2h15 de trajet (ou 2 j. de cheval...).

S'ORIENTER DANS LONDRES

Le découpage par quartiers que vous trouverez dans le guide procède à la fois d'une cohérence géographique et d'une homogénéité sociale. Mais comme tout découpage, il est arbitraire et certains coins auraient pu tout aussi bien glisser dans un autre ensemble de quartiers que ceux que nous avons choisis.
Partant du centre touristique, notre petit tour de Londres se poursuit par l'ouest et les quartiers chic du sud de Hyde Park, puis remonte vers le nord et progressivement se dirige vers l'est, pour finir avec la rive sud puis les villages un peu éloignés du centre, Greenwich et Hampstead.

Orientation et mode d'emploi de la ville

Attention, la ville est énorme, bien plus vaste qu'une capitale comme Paris, même si cela ne se voit pas sur une carte. Question d'échelle ! Les quartiers sont éclatés, les centres d'intérêt éloignés les uns des autres. L'agglomération s'étale sur quelque 1 200 km², contre 120 pour Paris. Quelques conseils :
– quand vous avez choisi de visiter un quartier, exploitez-en toutes les richesses dans la même journée plutôt que d'y revenir trois fois dans la semaine. Chaque coin possède ses particularités. Par exemple, Brick Lane et Petticoat Lane Mark se visitent le dimanche, le jour du marché, avant qu'on aille se « culturer » un peu à la Whitechapel Art Gallery ! Et ainsi de suite.
– Pour les restos, allez toujours au plus près, car les distances sont longues. De même pour les pubs. Tous les quartiers en abritent de formidables. Pas la peine d'user vos souliers à courir dans tous les sens, sauf si on vous indique un truc vraiment unique. Pour préparer votre visite, pensez à noter les jours de fermeture des musées et lieux publics.
– Vous aurez remarqué que toutes les adresses à Londres sont suivies de lettres et de chiffres (exemple : SW1, N10, etc.). Ces indications renseignent sur la position géographique du district dans lequel se trouve la rue. SW : South West ; N : North ; WC : West Central ; et ainsi de suite. Tout cela serait idéal si les chiffres avaient la même logique. Il n'en est rien. En gros, plus le chiffre accompagnant la lettre est important, plus on est loin du centre ! Il est donc indispensable de vous procurer une carte de Londres incluant un annuaire des rues. On a aussi pris le parti d'abréger Street en St, Avenue en Ave, Road en Rd et Grove en Gr. La bible des Anglais est le *London A à Z* qui décline toute une gamme de plans de Londres et de sa périphérie. Existe en version mini. Vraiment très pratique. Sachez que la plupart des stations de métro éditent des petits plans du quartier (très clairs et gratuits !). Il suffit de demander « *a street map* » au guichet.

Une capitale concentrique

Le charme de Londres se goûte dans ses contradictions. Pas de quartiers vraiment anciens puisque le Grand Incendie de 1666, nettoyant la peste de l'année précédente, les a presque tous liquidés. En revanche, peu de cicatrices de type barres de béton dans le cœur historique. Le plaisir de Londres, c'est aussi la fierté que prennent ses habitants au décorum et aux uniformes où le rouge anglais domine souvent, ce qu'ils appellent *pageantry*.
Londres est une ville concentrique. Un peu comme Paris. Dans le premier cercle s'inscrivent les centres touristiques et économiques et aussi 90 % des monuments célèbres.
Ensuite, ça se dégrade un peu jusqu'aux quartiers plus populaires de la première ceinture. Sans transition, on arrive dans les banlieues vertes et riches (surtout au nord et au sud). Plus loin encore se dessinent les villes-dortoirs. Contrairement à chez nous, elles sont construites horizontalement et pas verticalement. Tout le monde a sa petite maison de brique rouge. Dans ces conditions, il n'est pas étonnant que Londres soit la ville la plus étendue du monde et que le réseau du *Tube* (métro) soit deux fois plus vaste qu'à Paris ou New York.

Nos incontournables... et les autres

– *Les lieux où tout le monde va et qu'on ne peut décemment pas rater* : le centre touristique (Soho, Piccadilly, Covent Garden et Oxford Circus), Pimlico, Westminster et Saint James's Park, Brompton, Chelsea et South Kensington, Notting Hill et Bayswater, Southbank (pour la Tate Modern), la City (pour la Tour de Londres et la cathédrale Saint-Paul), Camden, Whitechapel.
– *Les lieux où tout le monde va, mais qu'on peut rater sans trop de regrets* : Paddington et Marylebone, Greenwich, Islington.

– *Les lieux peu fréquentés, mais que les routards découvrent avec ravisse-ment :* Hampstead, Hammersmith (pour les berges de la Tamise), She-pherd's Bush et Brixton.

ACHATS

MARCHÉS

C'est un aspect de Londres que les touristes connaissent peu, et pourtant il constitue une part essentielle de la vie de la capitale. De plus en plus d'ailleurs, notamment depuis que les néo-bobos ne jurent plus que par les produits estampillés « authentiques » ! Les légumes sous vide vendus au supermarché ne sont plus le seul *Graal* de la ménagère londonienne. Enfin ! Levez-vous de très bonne heure (si vous le pouvez !) et allez voir l'un des meilleurs spectacles gratuits de la ville. Vous y entendrez le plus pur accent cockney depuis *My Fair Lady* ! Et n'oubliez pas de faire une halte au pub du coin, histoire de profiter des meilleures brèves de comptoir. On indique les marchés dans chaque quartier traité par le guide.

SHOPPING

Que rapporter ?

– CD, disques vinyles (pour l'actu, bien sûr, mais aussi pour toutes sortes de raretés introuvables depuis belle lurette sur le continent).
– Parfums et produits de luxe, scotch et whisky. Attention, certains produits se révèlent plus chers à Londres en raison des taxes prohibitives perçues par le gouvernement. Relevez les prix avant de partir et faites vos emplettes hors taxe dans l'avion, ou bien dans un *duty-free shop* sur les bateaux ou à l'entrée du *Shuttle* lorsque vous effectuez la traversée du tunnel en voiture. Évidem-ment, ne ratez pas pour autant le flacon rare que vous ne dénicherez que chez le bon caviste de quartier.
– Les fameux bonbons *Quality Street,* les *toffees* bien moelleux et tout un tas de sucreries multicolores, la marmelade et le *lemon curd,* les sauces à la menthe ou barbecue (mais aussi tous les produits indiens), le thé, *of course,* dont le très aromatique *Fortmason* de la fameuse maison *Fortnum & Mason* (voir « Le centre touristique »).
– Les fromages, méconnus dans l'Hexagone et pourtant savoureux ! Com-ment résister au goût puissant d'un vieux *stilton* ou à l'onctuosité d'un *ched-dar* à point ?
– *Crumpets, muffins, scones...* les rayons alimentaires de *Marks & Spencer, Tesco, Sainsbury's* et *Harrod's* (pas si cher au demeurant, vu la qualité des produits) regorgent de produits uniques et que l'on trouve difficilement, voire pas du tout, en France.
– L'imperméable *Barbour,* adopté depuis des lustres par la famille royale : constitué d'un col de velours côtelé et d'un coton traité avec de la cire et de l'huile ; il est solide, pratique, indémodable et inusable, mais cher. Prévu à l'origine pour équiper pêcheurs et chasseurs, il habille aujourd'hui les ran-donneurs urbains.
– Les parapluies, élégants et de belle facture (grande spécialité britannique, mais fallait-il le préciser ?).
– Toutes sortes d'objets originaux ou classiques et pas trop chers dans les boutiques du *National Trust.* Recherchez-les pour la qualité mais aussi pour la B.A. : c'est une organisation publique où chacun s'associe pour préserver l'héritage britannique, parcs naturels, sentiers côtiers, châteaux, villages, falaises...

Horaires des boutiques

Les boutiques sont en général ouvertes du lundi au samedi de 9h30 à 18h, avec des nocturnes jusqu'à 19h ou 20h. De plus en plus, surtout dans le centre touristique, elles ouvrent également le dimanche de 10h à 18h. Autres exceptions, les épiceries qui font du non-stop 9h-22h. Les grands magasins ont, une fois par semaine, une nocturne jusqu'à 20h. Pendant la période des soldes *(sales)* – de fin décembre à fin janvier et début juillet –, les magasins des quartiers commerçants sont ouverts jusqu'à 20h, voire 21h.
Voici, en gros, les différents coins commerciaux : Oxford Street, Regent Street, Carnaby Street et les environs ; Covent Garden, un des repaires de la mode de luxe ; Knightsbridge et Brompton Road (plutôt luxueux) ; King's Road, Fulham Road et les rues avoisinantes.

Vêtements et chaussures

Le must de la mode anglaise est incarné par quelques créateurs qui, s'ils ont pignon sur rue à Paris, ont leurs boutiques phares et surtout des soldes permanents à Londres (ne rêvez pas trop, les prix restent élitistes). Parmi les incontournables, on citera *Vivienne Westwood,* excentrique, et *Paul Smith* pour les hommes.
– Certains grands magasins d'*Oxford Street (centre 1, D-E-F3)* et de *Regent Street* restent incontournables. On y trouve d'immenses boutiques pour faire le plein de fringues branchées, à prix très raisonnables. *TopShop* (pour femmes et hommes) est un grand classique, tout comme *Next, Miss Selfridge, River Island, Oasis* ou encore *Urban Outfitters,* une marque américaine bien implantée à Londres. Ces boutiques s'apparentent à *Kookaï, Zara* ou *Mango,* que l'on trouve aussi à Londres, mais à prix élevés.
– Quelques friperies bien british au fil des pages. Du jeune créateur dégriffé à la jupe écossaise pour punkette, on y trouve de tout (ou rien, c'est selon...).
– Les jeunes créateurs ont de nouveau pignon sur rue à *Carnaby Street.* On peut à nouveau y dénicher une perle rare à un prix (relativement) raisonnable.
– Tout *King's Road (plan général A-B6-7)* est couvert de boutiques, chères mais ô combien attirantes !
– La mode de luxe se trouve dans le coin de *Kensington High Street.* C'est cher. Vous pouvez aussi aller faire un tour chez *Harrod's, Liberty* ou chez *Harvey Nichols.* Un classique, *Burberry,* pas donné non plus. Cela dit, on vous indique plus loin l'adresse du stock (vers Whitechapel).

Correspondance des tailles

Vêtements pour femmes

France	38	40	42	44	46
Grande-Bretagne Robes	10	12	14	16	18
Grande-Bretagne Pulls	32	34	36	38	40

Pour les collants (*tights,* prononcer « taïts ») : le *small,* ou petit, est notre taille 1, le *medium* est notre 2, le *large,* ou *tall,* est notre 3.

Vêtements pour hommes

France	39	40	41	42	43
Grande-Bretagne Pulls/chemises	15	15,5	16	16,5	17

Pour les pantalons, les tailles sont celles que vous connaissez sur les jeans.

Vêtements pour enfants

Stature en centimètres	100	125	155
Âges	3-4	7-8	12
Stature en inches	40	50	60

Chaussures

France	37	38	39	40	41	42	43
Grande-Bretagne	4	5	6	7	8	9	10

Disques et vidéos

Les « galettovores » et autres « compactophiles » adorent Londres ! Normal, on y trouve de tout...

Chez les gros disquaires, véritables hypermarchés du disque, le choix est impressionnant, mais vous ne trouverez pas de vraies raretés (collectors). La place laissée au bon vieux vinyle y est d'ailleurs marginale. Prix intéressants uniquement sur les nouveautés. Le reste est pratiquement au même tarif, voire un peu plus cher qu'en France, contrairement à une idée reçue. Cherchez, en arrivant, les rayons *Best* (ou *Special Price*), qui proposent des produits en promo. À noter : ces magasins ont également des stocks importants de cassettes vidéo et DVD. Mais attention, la plupart ne comportent pas de version française, ni même de sous-titres.

Les petites boutiques de disquaires sont à échelle humaine et sont tenues par des passionnés. Généralement spécialisées par genre (rock, blues, électro, jazz ou classique). Certaines d'entre elles ne font que de l'occasion *(second hand)* : c'est là que vous trouverez d'authentiques collectors, comme ces vieux titres des *sixties* que vous cherchez sans relâche depuis une bonne décennie, ou les derniers tubes techno et house qui secouent les nuits londoniennes. Pensez à vérifier l'état du disque avant d'acheter... La ville regorge de petits disquaires. C'est surtout à Soho que vous les trouverez, entre autres dans Berwick Street (Ⓜ Tottenham Court Road, Oxford Circus ou Piccadilly Circus). Nous les avons répertoriés.

BUDGET

Londres est définitivement devenue la ville la plus chère d'Europe. Vous vous en apercevrez très rapidement. L'hébergement est littéralement hors de prix. La demande dépasse largement l'offre et la conséquence en est que, à prix moyens, le niveau des prestations hôtelières est globalement décevant : chambres exiguës, propreté limite, déco inexistante, salles de bains d'une autre époque, personnel sous-payé et peu motivé, petit déj riquiqui ; le tableau est assez sombre et fait la désolation des responsables officiels du tourisme. Des *B & B* convenables à prix modérés existent en grande banlieue, mais la perte de temps en déplacements et le coût des transports ne rendent pas ce choix avantageux. Il faudra donc faire une croix sur l'idée d'un séjour londonien cosy et élégant, à moins d'y mettre le prix. Finalement, et ce n'est pas vraiment notre *cup of tea* traditionnelle, si vous en avez les moyens, ce sont les hôtels affiliés aux chaînes (*Best Western, Comfort Inn, Express Inn, Premier Travel Inn,* etc.) qui offrent le meilleur rapport qualité-prix. Il est vrai qu'ils sont soumis à des critères de qualité assez rigoureux. Mais dans ce cas, le prix d'une chambre double démarre facilement à 80 £ (120 €).

Si vous voyagez à plusieurs, sachez que la plupart des hôtels proposent des chambres familiales, pour 2, 4 (appelées ici des « quads »), voire 6 personnes. Il arrive que cela soit à peine plus cher (voire moins cher) qu'une piaule en AJ où il faudra, de toute façon, compter 20 £ (30 €) par personne, pour des prestations très basiques et un confort des plus rudimentaires.

Hébergement

– **Vraiment bon marché** (auberges de jeunesse) : moins de 20 £ (30 €) par personne. Dortoirs d'auberges de jeunesse pas mal mais guère intime.
Sinon, quatre catégories : ces prix correspondent à celui d'une chambre double, petit déj compris.
– **Bon marché** : moins de 50 £ (75 €).
– **Prix moyens** : 50-75 £ (75-112,50 €).
– **Plus chic** : 75-100 £ (112,50-150 €).
– **Vraiment plus chic** : plus de 100 £ (150 €).

Restaurants

S'il est difficile de trouver un hôtel correct et pas cher à Londres, il est nettement plus simple de manger dans des restaurants sympas et bon marché.
Ne pas hésiter non plus, si le cœur vous en dit, à vous rendre dans les chaînes de restaurants qui vous garantissent une même qualité et des prix identiques aux quatre coins de Londres. Nos préférences vont sans hésiter à *Pret A Manger* ou *Eat* pour leur grand choix de sandwichs originaux, de salades et de soupes, tout frais du matin. Nous avons classé les restaurants en quatre catégories : ces prix correspondent à un repas pour une personne, sans la boisson ni le pourboire.
– **Bon marché** : moins de 10 £ (15 €).
– **Prix moyens** : 10-18 £ (15-27 €).
– **Plus chic** : 18-25 £ (27-37,50 €).
– **Très chic** : plus de 25 £ (37,50 €).

Visites

Les principaux musées sont gratuits *(National Gallery, British Museum, Tate Modern...),* sauf ceux du royaume et les musées privés. Dans ce cas, les tarifs sont élevés. Possibilité d'acheter le *London Pass,* qui sera vite rentabilisé ! Avec les *passes* de transport, quelques coupons de réductions également pour les sites touristiques.

CLIMAT

De tous les pays situés sous la même latitude, c'est la Grande-Bretagne qui a, dans l'ensemble, la température la plus égale. Les chutes de pluie à Londres restent inférieures à 604 mm pour l'année entière (525 mm à Paris). Même si le volume des précipitations est assez faible, il pleut en moyenne dix jours par mois. Un petit peu mais souvent, quoi ! Un dicton précise qu'un vrai Londonien ne se fait jamais surprendre par la pluie. Cirés et grandes capes de pluie seront parfois plus appréciés que le K-way. Prévoir également petites laines et chaussures demi-saison.
N'oubliez pas qu'à Londres, les étés (juin-août) sont frais. La moyenne des températures maximales atteint près de 21 °C. L'hiver, les températures descendent rarement en dessous de 0 °C, climat océanique oblige.

DANGERS ET ENQUIQUINEMENTS

– **Drogues** : les Britanniques ne sont pas vraiment coulants avec ce genre de pratique. Si vous vous faites prendre avec de la drogue, qu'importe que

vous ne soyez pas sujet de Sa Majesté, vous serez soumis aux lois du pays. Vous encourrez une peine de prison allant de cinq à quatorze ans. En revanche, un assouplissement des lois a été voté en ce qui concerne les personnes arrêtées en possession de faibles doses de cannabis.
– Ne pas se trimbaler avec une *bombe lacrymogène* dans sa voiture ou, à plus forte raison, sur soi. Ici, c'est un délit et vous risquez de gros ennuis pour port d'arme dangereux : c'est arrivé à une lectrice ; la police n'a pas été tendre avec elle. À bon entendeur...

DÉCALAGE HORAIRE

La Grande-Bretagne est à l'heure du méridien de Greenwich (quoi de plus normal ?) de fin octobre à fin mars, puis GMT + 1. Pendant ce temps, en France il est GMT + 1, puis GMT + 2. En clair, on a toujours 1h d'avance sur eux. Ce n'est pas qu'ils veulent nous embêter à tout prix, mais leur ouest est vraiment plus à l'ouest. Qui parle d'un pur esprit de contradiction ?

ÉLECTRICITÉ

240 V. Les prises sont différentes, plus grosses et toutes munies de fusibles. Adaptateurs peu encombrants, faciles à trouver chez les quincailliers et les électriciens. On peut aussi en acheter deux ou trois sur le bateau pendant la traversée ou à l'aéroport. Sinon à Londres, dans la plupart des magasins.

ENFANTS

Nombreux sont les parents qui débarquent à Londres avec leurs rejetons de tous âges et qui se trouvent perdus devant la diversité que la ville leur propose. On ne va pas vous énumérer toutes les pistes à suivre, mais vous suggérer pour quatre jours quelques spots intéressants par quartier et par tranche d'âge et vous renvoyer vers les pages concernées au cœur du guide. Cela vous permettra de concocter pour vos chères têtes blondes (ou rousses ou brunes) un programme adapté à leurs centres d'intérêt (vous les connaissez mieux que nous) et à votre budget (Londres est hyper-cher).
Avant tout, quelques petits conseils pratiques.
– Ne pas trop charger la journée : Londres, c'est grand ! Attendre le bus ou le métro, arpenter les parcs, faire du lèche-vitrine ou courir toutes les salles d'un musée, ça fatigue beaucoup ; pas la peine d'ajouter les pleurnicheries d'enfants perclus de fatigue à vos propres courbatures.
– Préparez bien votre itinéraire avant le départ, pas de détours inutiles.
– Chaussures de marche et vêtements de rechange (et K-way) dans un sac à dos obligatoires.
– Les taxis peuvent s'avérer économiques à quatre ou à cinq. Les prix sont corrects et les chauffeurs coopératifs.
– Les grands musées sont gratuits et les autres proposent toujours un forfait famille avantageux. La plupart disposent d'un itinéraire de visite et d'une scénographie spécialement adaptés aux enfants.
– Fréquentez les cafés et salons de thé, les mômes adoreront les *apple pies,* les *scones* et autres pâtisseries. Sans oublier les cafétérias de musées.

Suggestions

➤ *Le centre touristique et monumental (centre 1).* Ⓜ Charing Cross. Une journée. Consultez l'index pour lire les commentaires dans le guide.
Trafalgar Square et les unités de mesure britanniques scellées au bas de la colonne de Nelson ; en face, les trésors de la *National Gallery* (gratuit)

s'ils apprécient déjà la peinture (faire la visite express). Non loin de là se trouve **Saint James's Park** avec mise en jambes s'ils ont emporté leurs rollers pour contourner le lac où l'on peut nourrir les écureuils, les canards et les flamants roses et, un peu plus loin, le **Buckingham Palace** de Sa Majesté la reine. Venir à l'heure de la relève de la garde à 11h30 (un jour sur deux en hiver) ou pousser une pointe jusqu'à la caserne des **Horse Guards** pour essayer de dérider les deux impassibles sentinelles qui gardent l'entrée. Rejoindre **Westminster** et le Parlement pour entendre sonner Big Ben et éventuellement rejoindre l'autre rive de la Tamise pour profiter du panorama depuis les nacelles du **London Eye,** la grande roue qui borde le fleuve (renseignez-vous avant d'y aller pour savoir si les réservations ne sont pas complètes). Rejoindre **Piccadilly Circus** et trouver un resto dans Soho (peut-être au *Rainforest Café*). Les petits seront ravis d'aller se lover dans les bras de peluches géantes chez *Hamley's,* tandis que les plus grands iront se grimer au *Theatre Museum* ou faire des marionnettes. S'il reste du temps, les abords de **Covent Garden** et ses halles couvertes seront parfaits pour un plan « goûter » qui permet de profiter de l'animation commerciale et des nombreux chanteurs de rue.

➢ **La rive sud** *(plan général G-H4-5).* Ⓜ Waterloo Station. Une journée. Pourquoi ne pas faire un petit détour et s'y rendre via la ligne *Jubilee* (couleur grise) entièrement automatisée ? Cela amusera les gamins. Et **Children's Zoo** à Battersea Park, assez sympa, mais tout au sud-ouest *(plan général C-D7-8).*

Un petit tour en **London Eye,** si vous ne l'avez pas fait la veille, puis cap sur le cinéma **IMAX,** le plus grand du monde. Rejoindre alors **Queen's Walk** et le **Bankside** et entamer la longue promenade qui longe la Tamise jusqu'au **Tower Bridge,** avec autant d'étapes et de curiosités à choisir selon les goûts et les âges. La **Tate Modern** (gratuit) mérite un détour pour son architecture audacieuse et son intérieur spectaculaire, même si l'art contemporain les laisse aussi froids qu'une équation à deux inconnues. Le vieux navire **Golden Hinde** avec son côté bateau de pirate plaira aux petits aventuriers, et le **HMS Belfast** fera l'unanimité, à coup sûr, chez les filles comme chez les garçons, qu'ils rêvent ou non d'une carrière dans la Marine. Unique et incontournable ! Au **London Aquarium,** il y a moyen d'aller nourrir les requins-tigres et de faire guili-guili aux raies pastenagues. À propos de nourriture, essayez *The Anchor* pour le lunch. Pour un casse-croûte sur le pouce, préférer la **Hay's Gallery,** par ailleurs belle réussite architecturale avec haute verrière. Rayon frissons, le **London Dungeon** ravira tout ado amateur de *gore* et rêvant d'hémoglobine dégoulinante. Plus soft, mais nettement plus intéressant, le **Winston Churchill's Britain at War** recrée les conditions de vie des Anglais sous les bombes en 1940. Effets spéciaux très réussis. Revêtu d'un masque à gaz, on s'y croirait ; ils adoreront ! Le **Tower Bridge** reste un passage obligé de toute visite à Londres. Nous, on trouve cela un peu cher et surfait, mais à vous de juger. Une petite incursion dans **Butler's Wharf** ou **Saint Katharine Dock,** en face, permet de se rendre compte des résultats de l'aménagement des docks. Lieux également propices à un dîner, comme le *Dickens Inn.* Attention, prévoir là un budget adapté. Si vous avez brûlé les étapes en cours de route, vous pourrez peut-être profiter de la dernière visite de la **Tower of London** (16h ou 17h selon la saison) pour admirer les bijoux de la Couronne, la collection d'armes et partir sur les traces de Blake et Mortimer. Vous pouvez aussi programmer une croisière de 45 mn sur la Tamise de Westminster Bridge à Greenwich (retour en métro).

➢ **Autour de Hyde Park** *(plan général A-B-C4-5) :* parcours de musées et de shopping. On peut le prendre par n'importe quel bout, mais préférer le matin pour profiter – le vendredi et le week-end uniquement – des puces de Portobello. Ⓜ Notting Hill Gate. Sauts de puce en bus ou métro pour gagner du temps, surtout s'il fait mauvais.

Puisqu'on parle de ce quartier, autant commencer par lui et évoquer la petite librairie tenue par Hugh Grant dans *Coup de foudre à Notting Hill*. Votre fille de 15 ans exigera de se faire photographier devant la porte dont l'original a malheureusement été vendu à prix d'or. Tout autour, des tas de choses à acheter. Les fans de royauté iront visiter **Kensington Palace,** dernière résidence de lady Diana, qui cache aussi une belle et grande aire de jeux. Les enfants studieux, fans de sciences naturelles ou de technologie, franchiront **Hyde Park** jusqu'aux **Natural History Museum** (les dinosaures) et **Science Museum** (avions, maquettes de bateaux et ciné en 3D). Les fondus de shopping, eux, ne manqueront pas de s'extasier devant les étalages et l'immensité des rayons de **Harrod's.** Une halte au comptoir des douceurs pour s'offrir les inévitables caramels *(fudges)* et une incursion au rayon jouets raviront les petits. Le quartier regorge de magasins comme à **Beauchamp Place.** Au coin nord-est d'Hyde Park, le **Speaker's Corner,** occasion de donner, si l'on est dimanche, un petit cours aux ados sur la sacro-sainte liberté d'expression de la démocratie britannique. Marylebone Road héberge un must incontournable : le **Madame Tussaud's Museum** (très cher) et le **London Auditorium,** qui plairont à tous. À côté, le **Sherlock Holmes Museum** fera vibrer les fans transis du célèbre détective de Conan Doyle. Aux abords de **Regent's Park,** le **London Zoo,** un peu tristounet pourtant. On peut le rejoindre, en été, en navette fluviale depuis le charmant quartier de **Little Venice.** Pour se nourrir, se reporter à nos adresses par quartier, les restos et pubs étant légion.

Les autres musées et attractions qui plairont aux enfants et aux plus grands

En vrac et dispersés géographiquement :
– **Bethnal Green Museum of Childhood :** collections de jouets, de poupées, de maisons de poupée, de livres et de costumes d'enfants depuis le XVIIᵉ siècle.
– **National Maritime Museum :** à Greenwich. Les fastes glorieux de la marine à voile.
– **Legoland :** le monde reconstruit avec les petites briques danoises. À l'extérieur de Londres, du côté de Windsor.
– **British Museum :** momies égyptiennes et antiquités gréco-romaines pour illustrer les cours d'histoire des ados studieux.
– **Museum of London :** un superbe panorama de l'histoire de la ville depuis les Romains.
– **Kew Gardens :** pour ses plantations subtropicales.
– Les **croisières** sur la Tamise jusqu'aux écluses géantes de Thames Barrier.

FÊTES ET JOURS FÉRIÉS

– **Parade du 1ᵉʳ janvier :** de Parliament Square à Berkeley Square (dans le quartier de Mayfair) en passant par Whitehall, Trafalgar Square et Piccadilly, grand défilé costumé regroupant plus de 100 sociétés.
– **Nouvel An chinois à Chinatown (Soho) :** en janvier ou février, puisqu'on fixe la date en fonction de la lune. Pour plus d'infos : ● chinatown-online. co.uk ●
– **Tournoi de Rugby des 6 Nations :** de mi-février à fin mars.
– **Saint Patrick's Day :** le 17 mars. La fête du saint patron des Irlandais est particulièrement célébrée à Londres, qui compte la troisième plus grande population d'origine irlandaise du monde.
– **Oxford & Cambridge Boat Race :** le 1ᵉʳ samedi d'avril (attention ! parfois aussi le dimanche ou bien encore en mars... vérifier sur le site), sur la Tamise (vers Hammersmith et Mortlake). La fameuse course d'avirons entre les uni-

versités mythiques et rivales situées au nord de la capitale. ● theboatrace. org ● Pas non plus exceptionnel pour les spectateurs.

– *Floralies de Chelsea :* la dernière semaine de mai, près des jardins du Royal Hospital.

– *Mois des musées et des galeries :* en mai, nombreux événements spéciaux.

– *Trooping the Colour :* parade des *Horse Guards* au grand complet pour l'anniversaire de la reine, le samedi suivant le 6 juin. Elle se déroule entre Buckingham Palace et le quartier des gardes à Whitehall. Tous les fastes de la Couronne et les traditions anglaises sont déballés lors de ce défilé. Bonnets à poils, plastrons brillants et chevaux « bien garnis » sont au rendezvous de cet événement haut en couleur.

– *Wireless Festival :* 4 j. de musique fin juin avec des artistes rock, pop et variétés à Hyde Park. Programme sur ● wireless.co.uk ●

– *Festival d'été de Victoria Embankment Gardens :* de juin à juillet, une succession de festivals animent les bords de la Tamise. Danse en plein air, festival de mime, festival de poésie, etc. ☎ 0207-375-04-41. ● alternativearts. co.uk ●

– *The Proms :* en juillet, août et septembre. La musique s'empare du Royal Albert Hall. Très festif !

– *Carnaval jamaïcain de Notting Hill :* les dimanche et lundi (férié) du dernier week-end d'août. Créé à la suite des émeutes raciales qui ont secoué Londres dans les années 1950, c'est le plus grand carnaval jamaïcain d'Europe. *Steel bands* et DJs envahissent les rues autour de Portobello pendant 2 jours et l'on y danse aux rythmes de la *socca,* musique des Caraïbes, de la techno, du reggae, etc. Le carnaval de Notting Hill, c'est aussi et surtout un défilé de toute beauté à ne pas manquer. Le dimanche est généralement considéré comme « le jour des enfants », alors que le lundi, dernier jour de la fête, rassemble environ un million de personnes. Ambiance exotique garantie.

– *Spectacle et défilé du Lord Mayor* (le lord-maire) *:* le 2e samedi de novembre. Tradition qui remonte au XIIe siècle. Lord Mayor traverse la ville, de Guidhall aux Royal Courts of Justice, dans un carrosse digne de celui de la reine (qu'on peut admirer au *Museum of London*). Le soir, un feu d'artifice est généralement tiré d'une péniche entre Waterloo Bridge et Blackfriars Bridge.

– *Jours fériés :* Jour de l'an (le tout-Londres se donne rendez-vous à Trafalgar Square), *Good Friday* (vendredi saint), *Easter Monday* (lundi de Pâques), *May Day Holiday* (1er lundi de mai), *Spring Bank Holiday* (lundi de Pentecôte), *Summer Bank Holiday* (dernier lundi d'août), Noël et *Boxing Day* (26 décembre, le jour des étrennes).

HÉBERGEMENT

Il est très difficile de trouver un toit bon marché (voir « Budget »). Évitez de vous rendre directement, sans réservation, aux adresses que nous indiquons ; mieux vaut passer un coup de fil avant. L'été, la plupart des AJ ou adresses modestes sont complètes. Le mieux, évidemment, est de réserver depuis la France, par téléphone ou par écrit, si vous connaissez vos dates. N'oubliez pas d'exiger un reçu ou une réponse écrite officialisant votre demande pour éviter tout malentendu (comme les pratiques malhonnêtes de surbooking). Certaines AJ acceptent les réservations par téléphone et retiennent la somme sur votre carte de paiement. Pratique, mais évitez d'annuler votre réservation un ou deux jours avant, sous peine de voir le montant de la chambre débité de votre compte.

La situation du logement à Londres est dramatique. Les hôtels pratiquent des tarifs souvent prohibitifs pour un niveau de confort – parfois même de propreté – assez « limite ». Plus vous vous y prendrez à l'avance, moins vous paierez cher. Les différents offices du tourisme donnent la liste des AJ officielles et des AJ indépendantes.

Une bonne solution consiste à faire réserver un lit ou une chambre par les nombreux organismes dont c'est le métier. Tous les offices du tourisme *(LTB)* et le *Britain Visitor Centre* ont un service de réservation. Ils perçoivent une commission, moins élevée pour les réservations dans les AJ que dans les *B & B* (voir « Avant le départ. Adresses utiles sur place »).

Ne rêvez pas à la p'tite piaule romantique sur rue pavée où résonnent les cris joyeux des enfants ! De toute façon, les enfants ne sont pas nombreux dans le centre de Londres.

Enfin, petit détail : une chambre *en suite* dispose d'une salle de bains, une chambre *standard* non.

Voici les différents types d'hébergement.

Hôtels pas chers sur Internet

Parce qu'on en a assez de payer trop cher l'hébergement à Londres, voici quatre sites qui proposent des chambres à partir de 12 £ (18 €). Convient parfaitement aux jeunes routards : ambiance étudiante et festivités assurées !

- ● *accommodationlondon.co.uk* ●
- ● *backpackers.co.uk* ●
- ● *travelstay.com* ●
- ● *auberge.co.uk* ●

Les auberges de jeunesse indépendantes *(Independent Youth Hostels)*

Contrairement aux AJ officielles, elles ne possèdent pas le triangle vert. On s'en fiche. Elles sont moins chères que les AJ officielles, elles n'exigent pas de carte de membre et l'ambiance y est souvent bien meilleure. Elles se multiplient depuis quelques années dans Londres. Souvent situées dans des coins agréables et installées dans de fort belles maisons bourgeoises. Quand c'est le cas, on vous le signale. Parfois, il s'agit de petits hôtels déclassés. On loge en dortoirs de quatre à quinze lits. Pas de couvre-feu, cuisine et Internet à disposition. Les draps ne sont pas toujours aussi blancs que la robe de la Vierge Marie, mais on fait avec. Possibilité de réserver par téléphone. Elles restent ouvertes toute la journée. Les prix varient entre 12 et 20 £ (18-30 €) environ par personne.

Les auberges de jeunesse *(Official Youth Hostels)*

– Il n'y a pas de limite d'âge pour séjourner en AJ. Il faut simplement être adhérent.

– La FUAJ propose deux guides répertoriant toutes les AJ : un pour la France, un pour le monde (ce dernier est payant).

– La FUAJ offre à ses adhérents la possibilité de réserver en ligne depuis la France, grâce à son système de réservation international ● *hihostels.com* ● 6 nuits maximum et jusqu'à 12 mois à l'avance, dans plus de 800 auberges de jeunesse situées en France et à l'étranger (le réseau Hostelling International couvre plus de 80 pays). Gros avantage : les AJ étant souvent complètes, votre lit (généralement en dortoir) est réservé à la date souhaitée. Et si vous prévoyez un séjour itinérant, vous pouvez désormais réserver plusieurs auberges en une fois.

L'intérêt, c'est que tout cela se passe avant le départ, en français, et en euros, donc sans frais de change ! Vous versez simplement un acompte de 5 % et des frais de réservation de 2,25 € (non remboursables).

Vous recevrez en échange un reçu de réservation que vous présenterez à l'AJ une fois sur place. Ce service permet aussi d'annuler et d'être remboursé selon le délai d'annulation, qui varie d'une AJ à l'autre. Le système de réservation international accessible sur le site ● *hihostels.com* ● permet d'obtenir toutes informations utiles sur les auberges reliées au système, de vérifier les disponibilités, de réserver et de payer en ligne, de visiter virtuellement une auberge et bien d'autres astuces !

■ *Central Booking Office YHA :* Trevelyan House, Dimple Rd, Mat- | lock, Derbyshire, DE4 3YH. ☎ 0162-959-26-08. ● yha.org.uk ●

Les *student halls*

En principe réservés aux étudiants (avoir sa carte), mais ils acceptent souvent tout le monde. Ce sont des résidences universitaires sans aucun charme qui sont vides à Pâques et pendant l'été. Généralement, logement en chambres individuelles, avec douche extérieure. Pas vraiment donné mais bien entretenu. Certaines sont stratégiquement situées dans le centre, d'autres sont excentrées. Compter facilement 20-26 £ (30-39 €) par personne. On les indique au fil du texte.

Les *Bed & Breakfast*

Certains *B & B* ne sont pas plus chers que l'AJ quand on est trois, l'été, et qu'on n'a pas sa carte (des AJ). Ne pas écarter cette solution à priori, car l'AJ n'est pas par définition la solution idéale. Dans les *B & B,* hors saison, il y a toujours moyen de négocier 1 ou 2 £ (1,50 ou 3 €) pour une chambre si l'on reste deux ou trois jours. Le petit déj est toujours inclus, ce qui n'est pas négligeable, mais quelques *B & B* commencent à abandonner l'*English breakfast* au profit du *continental breakfast.* C'est pourtant l'une des principales différences qu'on adorait chez les British. Ils ne vont tout de même pas nous l'enlever ! Prix très variables. Toujours cher pour une seule personne. Le prix pour deux varie de 30 à 50 £ (45-75 €) environ, en fonction du confort. Il s'agit là de prix moyens. Les prix des *B & B* « plus chic » (avec douche à l'intérieur et déco un peu moins ringarde) atteignent tout de suite des niveaux incroyables : compter 70-100 £ (105-150 €). Du délire !

■ *The London Bed & Breakfast Agency Limited :* 71 Fellows Rd, NW3 3JY. ☎ 0207-586-27-68. ● londonbb.com ● Propose une belle sélection de *B & B* dans le centre de Londres, aux alentours de 85 £ (127,50 €) la chambre pour deux. Également des possibilités d'hébergement moins cher.
■ *Bed & Breakfast GB :* ☎ 01-34-19-90-00 (en France). ● bedbreak.

com ● À Londres, prix à partir de 13,50 £ (20,25 €) par personne. Des adresses dans tous les quartiers.
■ *Uptown Reservations :* 23, centre commercial Les Vergers, 95350 Saint-Brice-Sous-Forêt. ☎ 01-34-19-90-00. ● uptownres.co.uk ● Autour de 100 £ (150 €) la nuit, dans des chambres d'hôtes de charme uniquement, dans les beaux quartiers de la capitale.

Location d'appartements, de chambres et colocations

On trouve des locations à la semaine très correctes et à des prix intéressants pour Londres. Téléphonez à la première heure, car il y a beaucoup de demandes. Vous pouvez aussi passer gratuitement votre annonce. Une autre solution consiste à regarder les petites annonces dans les bureaux de tabac et parfois à scruter les petites annonces Bon tuyau, la colocation ! Sur ● colloc-london.com ● flatshare.com ● intolondon.com/flatshare/ ● studios92.com ● Attention, pas moins de 7 jours et pas plus de 6 mois. Mais rencontres sympas en perspective, ambiance *L'auberge espagnole* version anglaise !

■ *Phileas Frog :* 23, rue la Condamine, 75017 Paris. ☎ 01-45-22-60-00. ● travel-solutions.fr ● Ⓜ La Four- | che. Propose différents types de logements à louer ou à partager (chambres, studios, appartements) en zone 1 ou 2 du métro londonien, ou chez l'habitant en zones 1, 2, 3 et 4. Uniquement pour des séjours d'une semaine à un an. Réserve également des chambres d'hôtel (catégories 1 à 3) à partir de 2 nuits.

Les hôtels de chaîne

Ce n'est pas dans notre habitude de vous conseiller ce type d'hébergement. Ces hôtels se ressemblent tous ou presque de Londres à Honolulu. Mais ils sont soumis à des règles d'hygiène strictes, ce qui n'est pas un luxe à Londres ! Bien sûr, il faut y mettre le prix : rien au-dessous de 80 £ (120 €) – à part dans les *Travelodge*. Mais pour un week-end, on peut casser le petit cochon pour une virée sympa et romantique. Voici les coordonnées de chaînes qui proposent quelques adresses pleines de charme. Pour réserver depuis la France :

■ *Premier Travel Inn :* ☎ *(0044) 1582-56-78-90.* ● *premiertravelinn. com* ●
■ *Best Western :* ☎ *0800-914-001 (appel gratuit).* ● *bestwestern.fr* ●
■ *Comfort Inn :* ☎ *0800-912-424 (appel gratuit).* ● *comfort-inn.fr* ●

■ *Ibis :* ☎ *0892-686-686 (0,34 €/ mn).* ● *ibishotel.com* ●
■ *Express by Holiday Inn :* ● *ex pressbyholidayinn.fr* ●
■ *Travelodge :* résa par Internet. ● *travelodge.co.uk* ●

Les campings

On ne considère pas que le camping à Londres soit la meilleure solution. Bien qu'accessibles par le métro, les terrains sont éloignés du centre et pas toujours pratiques. Certaines AJ indépendantes (voir nos rubriques « Où dormir ? Bon marché ») ne sont pas plus onéreuses que le camping, le déplacement (cher) en moins et le temps épargné en plus. Seules les personnes disposant d'un véhicule pourront y trouver un avantage (et encore). Les deux campings suivants accueillent les camping-cars et les caravanes.

ⵊ *Lee Valley Campsite, Sewardstone :* Sewardstone Rd, Chingford, E4 7RA. ☎ 0208-529-56-89. ● leeval leypark.org.uk ● À env 19 km du centre de Londres. Prendre la ligne de métro Victoria et descendre à Walthamstow Central, puis bus n° 215 jusqu'à Chingford (terminus) ; le camping est à 1 km. En voiture, prendre l'A 406 North Circular, puis l'A 112 jusqu'à Sewardstone Rd ; le camping est à 4 km sur la droite. Ouv avr-oct. Env 15 £ (19,50 €) pour 2 pers et par nuit. Équipement super, beaucoup de places.
ⵊ *Abbey Wood Campsite :* Federation Rd, Abbey Wood, SE2 0LS. ☎ 0208-311-77-08. Fax : 0208-311-14-65. Au sud-est de Londres, près de Greenwich. De la gare de Charing Cross, prendre un train et s'arrêter à Abbey Wood. À 30 mn du centre. Ouv tte l'année. Compter 30 £ (45 €) pour deux avec une tente. Tout confort. Plus de 350 places.

INFOS EN FRANÇAIS SUR TV5

TV5MONDE vous accompagne : la chaîne TV5MONDE est reçue dans de nombreux hôtels du pays et disponible dans la plupart des offres du câble et du satellite.
Si vous êtes à l'hôtel et que vous ne recevez pas TV5MONDE dans votre chambre, n'hésitez pas à le leur demander ; vous pourrez ainsi recevoir 18 fois par jour des nouvelles fraîches de la planète en français.
Pour tout savoir sur TV5, connectez-vous à ● tv5.org ●

ITINÉRAIRES

Nous avons essayé de créer des itinéraires par quartier. Évidemment, ce ne sont que des propositions. N'hésitez pas à fureter et à vagabonder le nez en l'air... Assez tentant !

En un jour

– Pour commencer, allons flâner du côté de *Houses of Parliament* avec la fameuse *Big Ben.* Petit tour vers *Buckingham Palace* pour la relève de la garde à 11h30 (en été, on pourra même visiter le palais de la reine). Petite pause dans *Hyde Park* pour voir le fameux *corner* où s'époumonent hurluberlus et sérieux gentlemen de tout poil. Profitons-en pour croquer un bout (pas mal de marchands ambulants).

– Filons ensuite vers le *British Museum.* Ses momies, sa fameuse pierre de Rosette, un must. Les amateurs de peinture se rendront plutôt à la *National Gallery.* Rien que des chefs-d'œuvre !

– On redescend vers *Covent Garden* et ses animations de rue ou vers *Oxford Street* pour le shopping.

– S'il est encore temps, vous pourrez vous détendre le temps d'une croisière sur la Tamise. Pour cela, il suffit de prendre une navette fluviale au départ d'*Embankment* ou *Westminster* pour rejoindre la *Tower of London* et apercevoir au passage le *London Eye,* la *Tate Modern, Saint Paul's Cathedral* et le fameux *Globe Theatre,* qui a vu naître le talent d'un certain Shakespeare.

On finit la journée – sur les rotules – dans *Soho,* quartier chaud des nuits londoniennes, avec un détour par *Leicester Square* et les nombreux restos de *Chinatown.*

En trois jours

Premier jour

– Petit déj autour de *Green Park* et *Saint James's Park,* deux des poumons de Londres, au milieu des jonquilles, pour un bon bol d'air ! Un petit tour par *Buckingham Palace* pour la relève de la garde à 11h30. On n'oublie pas, en route, les *Houses of Parliament,* l'*abbaye de Westminster* et *Big Ben,* bien sûr.

– Pour se mettre en jambes, direction la *National Gallery* (pour les *Tournesols* de Van Gogh). Puis *Piccadilly Circus.* Tous les grands magasins sont concentrés dans cette zone : *Virgin, Fortnum & Mason, Harvey Nichol's* (qui abrite un *Wagamama* au sous-sol, chaîne de restos japonais bon marché, parfait pour déjeuner !), *Harrod's.* Les couturiers de renom sont légion sur Fulham Road, Sloane Avenue et Brompton Road. Quelques bonnes affaires sur King's Road. Ensuite, on file se promener du côté de *Covent Garden* avec ses animations de rue et son ancien marché.

– Ceux qui ne sont pas atteints de fièvre acheteuse fileront tout droit au *Victoria and Albert Museum* ou iront conter fleurette dans *Hyde Park.*

– On reviendra passer la soirée dans *Soho,* incontournable des nuits londoniennes. Bars branchés, théâtre, opéra, comédie musicale, demandez le programme... Sur place, on peut trouver des billets pas trop chers quelques minutes avant la représentation. Le mieux est encore de passer au kiosque *TKTS* (voir « Sports et loisirs »). Après le spectacle, il est de tradition de manger chinois à *Chinatown.*

Deuxième jour

– On démarre (tôt) la journée à *Notting Hill,* sur les traces de Hugh Grant et Julia Roberts, pour les *puces de Portobello,* le samedi matin.

– Allez, on retourne dans le centre et on prend un peu plus de hauteur avec le *London Eye* (réservez à l'avance !), la grande roue qui offre une vue sublime sur tout Londres.

– Ensuite, un peu de culture à la *Tate Britain,* pour les peintures classiques, et on file à la *Tate Modern,* ne serait-ce que pour en admirer l'architecture. Une navette fluviale (payante) relie les deux musées (gratuits) ; on peut donc enchaîner les deux sans trop de problèmes.

– On consacrera le reste de la journée à la découverte des *bords de la Tamise* dont les berges ont été aménagées. Les anciens docks de Southwark sont devenus le dernier endroit à la mode. Vos pas vous guideront jusqu'au *Tower Bridge* et vous pourrez même pousser jusqu'à la *Tour de Londres.* En route, plein de choses à voir, à faire. Pour dîner, on vous propose un *fish and chips* dans une belle verrière illuminée ou un voyage en Anatolie, à deux pas du *Shakespeare Globe Theatre.*

Troisième jour

– On commence par le *British Museum,* l'un des plus beaux musées du monde. Être là pour l'ouverture. Des momies en veux-tu en voilà, les fresques des Grandes Panathénées et l'*Homme de Lindow* qui fera frémir les plus fragiles. Une pause dans la *Great Court,* le nez en l'air sous la plus grande place couverte d'Europe. En repartant, coup d'œil sur la place où Marx a écrit *Le Capital* dans la *Library* centrale.

– Pour changer, on vous conseille une escapade à *Greenwich* (on peut y aller en Docklands Light Railway ou en bateau). Pour le déjeuner, tout simplement le meilleur *pie* de Londres, dans une adresse toute simple. On passera l'après-midi à flâner dans les rues de ce « village » incroyablement préservé et l'on prendra le temps de visiter le magnifique *Maritime Museum* et, qui sait même, d'aller jouer les funambules sur le méridien.

– Le soir, au choix, un concert au *Royal Albert Hall* ou une virée dans l'*East End,* où pulse le cœur de la ville.

En sept jours

Dites-vous bien qu'en une semaine, vous n'aurez toujours pas le temps de tout faire. Néanmoins, vous aurez tout loisir de composer, de broder autour de quelques incontournables.

L'idée est donc de reprendre l'itinéraire proposé pour trois jours et de l'enrichir en fonction de vos goûts, de vos envies et... de la météo ! Les parcs anglais, c'est bien beau mais en plein hiver et sous la pluie, c'est tout de suite moins bucolique.

Vous aurez enfin du temps à consacrer à des quartiers un peu éloignés qui témoignent d'un autre visage de Londres, souvent insolite, parfois excentrique.

– Au nord, par exemple, *Camden Town,* berceau de la culture punk, bien assagi aujourd'hui, mais dont les puces constituent l'un des incontournables des dimanches londoniens. Installé dans un ancien hôpital pour chevaux, le site ne manque ni de charme ni de cachet. Sur place, toutes sortes de stands proposent des spécialités du monde entier. De là, on rejoint sans problème (et pourquoi pas en bateau ?) l'ouest et *Marylebone,* pour découvrir *Little Venice* et ses canaux. Inattendu et délicieux. Visite éventuelle du *London Zoo,* l'un des plus grands et des plus vieux du monde. Pas loin, *Abbey Road,* la célèbre rue où enregistraient quatre garçons dans le vent. Un peu plus loin encore, *Primrose Hill Park,* que les « Beatles-maniaques » ne louperont pas.

– Autre jour, autre quartier : *Chelsea,* le Londres des artistes. *King's Road, Battersea, Royal Hospital...* Il réserve bien des surprises, à commencer par *Cheyne Walk,* aux délicieuses et multiples ruelles. Si vous avez déjà visité le

Victoria and Albert Museum, vous visiterez les autres musées de South Kensington, comme le ***Science Museum*** ou le ***Natural History Museum*** qui, eux aussi, valent le détour. On finira la journée par une balade dans le Londres résidentiel, à l'architecture victorienne, aux demeures cossues.

– Le nord et l'est sont deux quartiers populaires qui ne séduisent pas d'emblée pour leur architecture mais montrent une autre façon de vivre. De plus en plus branchés, de plus en plus bobos, peu de touristes s'y aventurent malgré tout. Les fêtards partiront à la recherche du dernier bar à la mode et les fans d'ambiance et de sociologie urbaines apprécieront la mixité culturelle qui caractérise le quartier. Rendez-vous donc à ***Islington, Stoke Newington, Whitechapel.*** Trois soirs par semaine, balade nocturne sur les traces de Jack l'Éventreur au départ du métro Aldgate.

– Même genre d'ambiance plus au sud, à ***Brixton,*** l'ancien quartier des *Clashs* et de la communauté jamaïcaine.

Vous pourrez également approfondir les quartiers du centre, tenter de sortir des sentiers battus.

– Prenez quelques heures pour flâner dans ***Covent Garden*** et, pourquoi pas, visiter ses musées. Celui des Transports, par exemple, est en tout point exceptionnel. À l'occasion de la visite du ***British Museum,*** vous découvrirez le quartier de Virginia Woolf, ***Bloomsbury*** l'intellectuel. Ne pas louper la ***British Library,*** vaste bloc de brique.

– Toujours au cœur de la ville, ***Saint Paul's Cathedral*** et la ***City.*** Si vous voulez croiser de beaux businessmen cravatés, évitez de vous y rendre le week-end : vous n'y croiserez alors rien, ni personne, car cette ruche ne bourdonne qu'en semaine.

– Ça paraît idiot comme ça, mais passer plusieurs jours à Londres permet aussi d'étaler ses visites dans les musées gratuits. Par exemple en consacrant 1h chaque soir, entre 17h et 18h (nocturne le mercredi) à la visite d'une aile de la ***National Gallery*** (qui présente l'avantage de se situer à *Trafalgar Square,* en plein centre donc). Si vous n'êtes pas un rat de musée ou si, au contraire, vous en avez déjà exploré un ou deux à fond dans la journée, cela vous permettra de mieux en apprécier les innombrables chefs-d'œuvre : Botticelli, Léonard de Vinci, Raphaël, Holbein, Titien, Van Gogh...

En une semaine, vous pourrez découvrir (sans pour autant faire le tour de la question) l'incroyable palette de cuisines étrangères qu'offre Londres. Après Chinatown, pourquoi ne pas allez manger indien, bengla ou pakistanais dans l'***East End*** du côté de ***Brick Lane*** ? Vous pourrez aussi vous initier aux cuisines japonaise, vietnamienne, thaïe, coréenne turque, africaine... et britannique ! Car il serait vraiment dommage de faire l'impasse sur des spécialités, certes roboratives mais souvent savoureuses. Que d'aventures !

LANGUE

Pour vous aider à communiquer, n'oubliez pas notre *Guide de conversation du routard* en anglais.

Politesse

bonjour (le matin)	*good morning ou hello*
bonjour (l'après-midi)	*good afternoon ou hello*
bonsoir	*good evening*
bonne nuit	*good night*
au revoir	*goodbye ou bye*
s'il vous plaît	*please*
merci	*thank you ou thanks*
pardon	*sorry*

Expressions courantes

je ne comprends pas	*I don't understand*
pouvez-vous répéter ?	*can you repeat ?*
pouvez-vous expliquer ?	*can you explain ?*
où ?	*where ?*
quand ?	*at what time ? when ?*

Vie pratique

pouvez-vous m'indiquer comment aller à... ?	*could you tell me the way to... ?*
poste	*post office*
office de tourisme	*tourist office*
banque	*bank*

Transports

navette	*shuttle*
metro	*subway, tube*
gare	*train station*
taxi	*cab, taxi*
aéroport	*airport*

Argent

combien ?	*how much ? how many ?*
trop cher	*too expensive*
payer	*to pay*

À l'hôtel et au restaurant

hôtel	*hotel*
auberge de jeunesse	*youth hostel*
restaurant	*restaurant*
boire	*to drink*
manger	*to eat*
dormir	*to sleep*
plus	*more*
eau	*water*
eau plate	*still water*
café	*coffee (black coffee)*
thé	*tea*
lait	*milk*
pain	*bread*
froid	*cold*
chaud	*hot*
saignant	*rare*
à point	*medium*
bien cuit	*well done*

Nombres

un	*one*
deux	*two*
trois	*three*
quatre	*four*
cinq	*five*
six	*six*
sept	*seven*
huit	*eight*

neuf	*nine*
dix	*ten*
onze	*eleven*
douze	*twelve*

LIVRES DE ROUTE

– **Guignol's Band I et II,** de Louis-Ferdinand Céline (Gallimard, coll. « Folio » n° 2112, 1944 et 1964). Que peut faire Ferdinand à Londres en 1915, alors que la guerre fait rage de l'autre côté du *Channel* ? Il a trouvé refuge auprès de la faune interlope de Leicester Square. Ce livre, qui grouille de trouvailles stylistiques, est un hymne lyrique au grand port que Céline adorait, pour avoir bien connu lui-même ce demi-monde londonien.

– **Ces corps vils,** d'Evelyn Waugh (10/18, n° 1538, 1930). Dans le quartier Mayfair des années 1920, un petit groupe d'aristocrates vit dans la frivolité. Intrigues amoureuses, couples qui se cherchent sans se trouver. On s'amuse beaucoup, même si parfois il y a des victimes, des exclus.

– **Sept mers et treize rivières,** de Monica Ali (10/18, n° 3885). Un Londres bigarré, à travers les yeux de Nazeen, jeune Bangladaise venue rejoindre son époux plus âgé et découvrir la vie occidentale.

– **Londres,** de Peter Ackroyd (Stock, coll. « Mots Étrangers », 2003). Voilà un ouvrage qu'on consultera avant ou après le voyage (près de mille pages !), mais un livre très original : c'est tout bonnement la biographie de Londres, de ses origines à nos jours, avec ses transformations architecturales et ses frasques de la vie quotidienne.

– **Panique à Londres,** de Pétillon (Albin Michel, 2004). Une B.D. où deux *Frenchies* débarquent à Londres pour souligner les légendaires différences franco-anglaises. Truculent, avec la reine *herself* en *guest star* !

– **L'Amant anglais,** de Laura Wilson (Albin Michel, 2005, 371 p.). Un roman effrayant ! Quatre meurtres. Des destins qui s'entrecroisent, Renée la prostituée, Lucy la secrétaire et Jim de la *Royal Air Force*. Le tout dans l'atmosphère londonienne de la Seconde Guerre mondiale. Par la nouvelle prêtresse du thriller.

– **Harry Potter,** de J. K. Rowling (Gallimard Jeunesse). Il existe déjà six tomes narrant les aventures de ce malicieux apprenti sorcier, aujourd'hui star mondiale. De son enfance tristoune chez son méchant oncle dans une banlieue anglaise à sa « scolarité » fantasque au collège Poudlard, on suit avec jubilation les joies et les peines du petit Harry. L'univers fantastique empreint de réalité *so British* décrit par Rowling changera votre regard sur Londres en le teintant d'espièglerie !

– **Journal d'un écrivain,** de Virginia Woolf (10/18, n° 3225, 1953, 576 p.). Le journal de Virginia Woolf est à la fois le témoignage d'un grand écrivain sur la littérature et un document irremplaçable sur l'Angleterre de l'entre-deux-guerres, sur la vie sociale et culturelle de Londres et, en particulier, du quartier de Bloomsbury, haut lieu de l'intelligentsia britannique.

– **Les Années anglaises,** d'Elias Canetti (Albin Michel, 2005, 280 p.). Des portraits (parfois au vitriol, comme celui d'Iris Murdoch avec qui il eut une liaison) du Prix Nobel 1981, intellectuel italien réfugié à Londres pendant la Seconde Guerre mondiale. Ici, Margaret Thatcher croise le balayeur des rues ou le peintre Kokoschka.

– **La Rose pourpre et le Lys,** de Michel Faber (éd. de l'Olivier, 2005, 1 142 p.). Une somme pour plonger au cœur du Londres victorien, où l'on suit Sugar, une jeune prostituée, et son homme, William. Mœurs, gouaille et passions toutes anglaises.

– **Soho à la dérive,** de Colin Wilson (Gallimard, coll. « Folio » n° 1307, 1961, 288 p.). À la fin des années 1950, le jeune Preston s'installe à Londres pour écrire le livre qui lui apportera gloire et fortune : erreur typique et que bien d'autres ont commise ! Ses rêves ne résistent pas longtemps aux filles et aux bistrots, compagnons de la dèche. Il croise une foule de personnages sympathiques et bigarrés. Le Soho d'autrefois avait bien du charme, même si d'autres quartiers ont aujourd'hui pris la relève.

– *Les Aventures d'Oliver Twist,* de Charles Dickens (Gallimard, coll. « Folio » n° 386, 1838). Dickens est sans doute le plus populaire des écrivains anglais. Au fil de ses quarante livres, il se fit le pourfendeur de l'injustice sociale. Entre espoir et désillusions, ce récit plein d'humour nous invite à suivre le jeune Oliver Twist dans le Londres de la canaille et des fripouilles au XIXe siècle.

– *Son âme au diable,* de Ruth Rendell (Librairie des Champs-Élysées, coll. « Club des Masques », n° 623, 1985, 220 p.). Un coin de la banlieue londonienne. Une voie de chemin de fer décrépite, envahie par les broussailles. C'est là que vivent Pup, sa sœur Dolly et leur père Harold. À Londres, un jeune homme un peu bizarre se terre dans une chambre. Son destin et celui de Dolly vont, au fil des ans, se rejoindre dans le crime.

– *La Marque jaune,* d'Edgar Pierre Jacobs (Blake et Mortimer, n° 6, 1994, 70 p.). La terreur s'abat sur la City ! Olrik, le génie du mal, transmué en un pathétique pantin par le maléfique Dr Septimus, signe ses crimes d'une énigmatique « marque jaune », dans un Londres des années 1950 minutieusement reconstitué. À la poursuite de leurs éternels adversaires, Blake et Mortimer, plus british que nature, entraînent le lecteur dans une époustouflante aventure fantastico-politique. Ce chef-d'œuvre de la B.D. classique est un monument de précision. De Scotland Yard à Park Lane, de la Tour de Londres aux sinistres docks de la Tamise, pas un détail ne manque pour retracer tous ces itinéraires, constituant une véritable image « archétypale » d'une Angleterre aujourd'hui en voie de disparition. À lire absolument.

LONDRES GRATUIT

Bonne nouvelle ! Si Londres est chère, elle vous fait quand même un petit cadeau : *tous les grands musées sont gratuits.* À vous la National Gallery, le British Museum, le Victoria & Albert Museum, la Tate Britain, la Tate Modern, le Natural History Museum, le Science Museum et la Wallace Collection. Autres sites gratuits : National Portrait Gallery, Theatre Museum, Photographer's Gallery, Saint Margaret's Church, Westminster Abbey lors de la messe du dimanche à 15h (tenue correcte exigée), Westminster Cathedral, National Army Museum, Sir John Soane's Museum, Old Curiosity Shop, Saint Bartholomew Church, Museum of London, Whitechapel Art Gallery, Bethnal Green Museum of Childhood, Imperial War Museum, Southwark Cathedral. À Greenwich : The Queen's House, National Maritime Museum, Eltham Place, Kenwood House.

– Réductions en téléphonant avant ou en réservant sur Internet pour The Tower of London, l'horriblement cher Madame Tussaud's ou le London Eye. Prix « cassés » à partir de 15h chez Madame Tussaud's.

– Pour les soirées et les boîtes de nuit, ramassez les *flyers* dans les bars. Épluchez *Time Out* pour trouver les bons plans et découpez-y le *Night Pass* qui vous offre des avantages (coupe-files, réductions ou gratuités).

– Réduc aussi dans certains pubs, bars et sympathiques restos, avec la carte disponible dans le *Eating and drinking Time Out London* de l'année.

– Ne pas oublier le *London Pass* (voir « Adresses utiles »), qui octroie quelques réduc sympathiques.

Et puis toutes les balades, les marchés, les quartiers ouverts à vos yeux écarquillés, sans débourser un *penny* ! Et n'hésitez pas à nous donner vos plans gratuits !

POIDS ET MESURES

Même si la Grande-Bretagne est maintenant *metric,* nos problèmes sont loin d'être résolus. L'ancien système, totalement abscons, continue à nous poser de sérieux soucis, notamment en ce qui concerne les distances et les superficies.

Longueur

– 1 pouce = 1 *inch* = 2,54 cm.
– 1 pied = 1 *foot* = 12 *inches* = 30,48 cm.
– 1 *yard* = 3 *feet* = 91,44 cm.
– 1 *mile* = 1 609 m (pour convertir les kilomètres en miles, multiplier par 0,62).

Superficie

– 1 *square foot* = 929 cm^2.
– 1 *are* = 0,404 ha.
– 1 *square mile* = 2,589 km^2.

Poids

– 1 *ounce* = 1 *oz* = 28,35 g.
– 1 *pound* (livre) = 1 *lb* (libra) = 0,454 kg.
– 1 *store* = 6,348 kg.

Volumes

Litres	Gallons	Gallons	Litres
1	0.220	6	27,276
2	0.440	8	36,368
4	0.220	10	45,460

Températures

Le Fahrenheit n'a pas été terrassé par la réforme. Trop compliqué d'expliquer ici les correspondances. Sachez qu'à 32 °F il gèle, à 77 °F il fait 25 °C et à 100 °F, vous pouvez aller vous coucher pour soigner votre fièvre !

POSTE

– L'affranchissement d'une *carte postale* pour l'Europe est de 0,44 £ (0,66 €).
– *Ouverture des bureaux de poste :* du lundi au vendredi de 9h à 17h30 et le samedi de 9h à 12h. Fermé le dimanche. Seule la *Trafalgar Square Post Office (24-28 William IVth St, London WC2N 4DL ; ☎ 0207-487-93-07)* est ouverte du lundi au vendredi de 8h à 20h et le samedi de 9h à 20h.
● royalmail.com ●
– *Poste restante :* voici ce qu'il faut écrire sur la lettre : le nom du destinataire et la mention « Poste restante » et, en dessous, l'adresse de la *Trafalgar Square Post Office,* mentionnée ci-dessus. Gratuit. Conserve les lettres pendant un mois. Apporter une pièce d'identité pour tout retrait.

POURBOIRE

La coutume veut que le client laisse environ 10 à 15 % de pourboire dans un restaurant. Ne dérogez pas à cette règle quasi légale. Un oubli vous ferait passer pour un grossier personnage. Bien sûr, si le service est mauvais, vous pouvez réduire cette somme, mais il faut alors faire part de vos remarques au responsable. Certains restaurants incluent le service dans l'addition. La règle des 10 % vaut également dans les taxis.

SANTÉ

Voir aussi la rubrique « Urgences » plus bas.

Carte européenne d'assurance maladie

Pour un séjour temporaire à Londres, pensez à vous procurer la carte européenne d'assurance maladie. Il vous suffit d'appeler votre centre de sécurité sociale (ou de vous connecter au site internet de votre centre, encore plus rapide !) qui vous l'enverra sous une quinzaine de jours. Cette carte fonctionne avec tous les pays membres de l'Union européenne (y compris les 12 petits derniers), ainsi qu'en Islande, au Lichtenstein, en Norvège et en Suisse. C'est une carte plastifiée bleue du même format que la carte vitale. Attention, elle est valable un an, gratuite, et personnelle (chaque membre de la famille doit avoir la sienne, y compris les enfants). Attention, la carte n'est pas valable pour les soins délivrés dans les établissements privés.

Avec les transports et l'éducation, la santé publique est le secteur le plus touché par les années de thatchérisme. C'est un des gros chantiers actuels du gouvernement britannique. En termes de qualité, les soins dispensés par les institutions hospitalières sont loin d'égaler ceux que l'on peut recevoir sur le continent. Sans compter les délais extensibles à l'infini avant d'espérer décrocher une place pour une consultation ! C'est pourquoi les Anglais sont de plus en plus nombreux à prendre l'avion ou le train pour venir se faire soigner en temps et en heure sur le continent.

Néanmoins, Europe oblige, consultation gratuite si vous venez de l'Union européenne, à condition que vous alliez chez votre *GP* (*general practitioner* : médecin), celui du quartier où vous habitez, ou bien étudiez. Demandez à quelqu'un du coin ou à l'opératrice téléphonique.

Les médicaments sont maintenant payants. Il faut souvent prendre rendez-vous à l'avance à la *surgery* (consultation) : insistez sur l'urgence pour que l'on ne vous soigne pas la semaine prochaine votre rhume d'aujourd'hui. Les urgences de nuit dans les hôpitaux sont bien entendu gratuites. On vous donnera gratuitement les médicaments nécessaires pour tenir jusqu'au lendemain, ainsi qu'une ordonnance pour aller chercher le reste dans une pharmacie.

Sachez aussi qu'en matière d'alimentation, les Britanniques détiennent le record du monde des infections alimentaires par *Salmonella enteridis,* bactérie très agressive transmise par les œufs et leurs dérivés non industriellement contrôlés (mayonnaise et diverses sauces maison).

Enfin, si vous vous faites mordre par un chien, vous n'avez aucun risque de rage, les îles Britanniques étant un des rares pays officiellement indemnes de cette maladie. Autrement, la méningite à méningocoque C est un grave problème de santé publique : de vastes campagnes de vaccination ont eu lieu dans toute la Grande-Bretagne avec grand succès. Si vous devez séjourner longtemps dans ce pays, nous vous recommandons de vous faire vacciner. Attention enfin à la pollution, le fameux *smog,* certes en diminution, mais parfois très mal supportée par les malades respiratoires, asthmatiques en particulier.

SITES INTERNET

Peu ou pas de sites en français. Il va falloir réviser ses classiques pour surfer...

Pratique

● *routard.com* ● Tout pour préparer votre périple. Des fiches pratiques sur plus de 180 destinations, de nombreuses informations et des services : photos, cartes, météo, dossiers, agenda, itinéraires, billets d'avion, réservation d'hôtels, location de voitures, visas... Et aussi un espace communautaire pour échanger ses bons plans, partager ses photos ou trouver son compagnon de voyage. Sans oublier *routard mag,* ses reportages, ses carnets de route et ses infos pour bien voyager. La boîte à outils indispensable du routard.

● *londontouristboard.com* ● Le site officiel du tourisme de Londres. Pas mal d'infos pratiques (les bons plans pas chers, les horaires d'ouverture, etc.), hélas pas toujours mises à jour.

● *bbc.co.uk/weather* ● On ne vous y reprendra plus : entre ciré ou chemise à fleurs, toujours vous saurez !

● *londonpass.com* ● La carte sésame, assez chère, pour pénétrer dans 1 001 lieux à tarif réduit. Possibilité d'achat sur le site.

● *londonmacadam.com* ● En français. Des tuyaux, des infos pour travailler, faire du sport, sortir, vivre à Londres, etc.

Transports

● *londontransport.co.uk/tfl/* ● Des plans de métro, de bus et des points de départs des navettes sur la Tamise. Également les prix des différentes cartes de transport.

● *megabus.com* ● Le site *low-cost* des bus qui relient Londres au reste de l'Angleterre, à des prix défiant toute concurrence. En anglais.

● *nationalexpress.com/neh.cfm* ● Tous les transports par bus, à prix très avantageux avec les grandes compagnies nationales.

● *rail.co.uk* ● Le site des chemins de fer. Même s'ils sont peu fiables et souvent en retard.

● *thetube.com* ● Le site du métro londonien : tous les prix, les horaires et... les avis de grève ! Des infos sur les bus et le *Docklands Light Railway* également.

Loisirs

● *londonfreelist.com* ● La liste des lieux gratuits ou à moins de 3 £ (4,50 €).

● *freelondonwalks.com* ● Pour organiser quelques promenades à la découverte de la ville.

● *londontheatre.co.uk* ● Toute l'actualité théâtrale de la capitale, y compris pour les comédies musicales. Horaires, lieux, places à acheter et disponibilités. Incontournable.

● *filmlondon.org.uk* ● Où Bridget Jones embrasse-t-elle Mark Darcy ? Où se trouve cet étrange building (le « Cornichon ») de *Basic Instinct 2* ? Tous les lieux de tournage à Londres.

● *officiallondontheatre.co.uk* ● Le site officiel pour le théâtre. Tout aussi incontournable. Achat en ligne possible, en lien avec *TKTS* qui propose à son guichet des places à moitié prix (voir « Hommes, culture et environnement. Sports et loisirs »).

• *timeout.com/london* • La bible incontournable pour vos sorties. Recense toutes les soirées, cinés, salles de concerts, de théâtres... Indispensable.

TÉLÉPHONE – TÉLÉCOMS

– Le téléphone est moins cher du vendredi midi au dimanche midi et en semaine de 20h à 6h.
– Les numéros en 0845 et 0870 ne sont pas gratuits mais coûtent respectivement de 3 à 7,91 £ (4,50 à 11,90 €) la minute. Moins cher les soirs et week-ends. Heureusement !
– *Pour téléphoner d'une cabine publique,* mettez les pièces, puis composez votre numéro. Si le bip-bip est lent, la ligne est occupée.
Vous remarquerez qu'il existe deux types de cabines. La plupart appartiennent à *BT (British Telecom)* et acceptent les cartes téléphoniques vendues par *BT.* Certaines prennent les pièces et les cartes de paiement. Pour les appels internationaux et interurbains, préférez les autres cabines, en général de couleur orange, exploitées par *Interphone.* Elles acceptent les cartes dont il faut gratter le numéro et les cartes de paiement. Les premières sont en vente dans les kiosques à journaux, les tabacs et les magasins de souvenirs (on voit le sigle dans la vitrine). C'est le moyen le moins cher d'appeler l'étranger. Un détail rigolo : les cabines publiques sont souvent tapissées de cartes de visite suggestives laissées par... des call-girls !
– *Pour téléphoner en France en PCV* (reverse-charge call) de n'importe quelle cabine, mettre 10 p pour la tonalité, puis composer le ☎ 0500-89-00-33 : on obtient directement un opérateur de *France Télécom.* Attention, ce service est très pratique, mais il faut savoir qu'il en coûtera à votre correspondant un min de 3 mn de communication, plus un forfait de 7,40 €. À utiliser avec modération !
– Pour téléphoner d'un endroit à l'autre en Angleterre, il faut avoir l'*area code* (indicatif) précédé du 0. Pour l'obtenir, composer le ☎ 192 (appel gratuit à partir des cabines) afin d'être renseigné par l'opératrice. Le code et le numéro de téléphone sont épelés chiffre par chiffre, et le zéro se prononce « o » comme la lettre. Ainsi 20 se dira « two o » et non « twenty ».
– *Grande-Bretagne → France :* 00 + 33 + numéro du correspondant (à 9 chiffres, sans le 0 initial).
– *France → Grande-Bretagne* (de gratuit à environ 0,22 €/mn selon votre opérateur) *:* 00 (tonalité) + 44 + indicatif de la ville (mais sans le 0, qui n'est utilisé que pour les liaisons à l'intérieur de la Grande-Bretagne) + numéro du correspondant.
– Renseignements internationaux : ☎ 153.

Indicatifs des villes

Ville	Indicatif	Ville	Indicatif
Birmingham	**0121**	Londres (banlieue)	**0208**
Brighton	**01273**	Liverpool	**0151**
Bristol	**0117**	Manchester	**0161**
Cambridge	**01223**	Newcastle/Tyne	**0191**
Cardiff	**029**	Oxford	**01865**
Guernesey	**01481**	Plymouth	**01752**
Jersey	**01534**	Sheffield	**0114**
Leicester	**0116**	Southampton	**023**
Londres (centre)	**0207**		

TRANSPORTS

État vétuste du secteur malgré la modernisation. Retards fréquents et mauvaise communication. Les lignes de banlieue n'ont pas été épargnées par les incidents, ni même les accidents meurtriers.

Le bus et le métro sont malgré tout les moyens idéaux pour se déplacer. Le trajet unique en métro est hors de prix : 4 £ (6 €) pour un billet adulte. Réduction pour les enfants de 5 à 15 ans. Réductions conséquentes avec l'indispensable *Oyster Card* (3 fois moins cher, voir ci-dessous).
Procurez-vous dès votre arrivée le plan du métro (Journey Planner) et celui des ***lignes de bus.*** Attention, il n'y a pas de tarif unique pour le métro : le prix du ticket varie en fonction de là où vous êtes et où vous vous rendez.
Attention : les tarifs de ce paragraphe sont ceux en vigueur en 2007. Et ça augmente chaque année !

Oyster Card

Mais qu'est-ce que c'est, cette « carte-huître » ? En fait, il s'agit simplement d'une carte de transport prépayée et magnétique pour les transports urbains (métro, bus, DLR et tram), qu'il faut passer devant un lecteur de carte à chaque trajet. Attention, il faut valider la carte à l'entrée du métro ou du DLR mais ***aussi à la sortie*** ! Si vous oubliez, le tarif max sera appliqué. Dans les bus, en revanche, on ne valide qu'à l'entrée.
D'abord, on achète cette carte 3 £ (4,50 €) puis on la crédite tant qu'on veut, et on obtient des réductions conséquentes en fonction des trajets. Par exemple, un billet simple zone 1 coûte 4 £ (6 €) sans carte *Oyster*, mais seulement 1,50 £ (2,25 €) avec ! De plus, un plafond journalier en fonction du nombre de trajets ne dépasse jamais le billet *One-Day Travelcard* et on voyage tant qu'on veut, gratuitement, même si le plafond est atteint. Pas mal ! Et dès que votre carte est vide, vous la recréditez d'autant que vous voulez, soit par Internet, soit dans certains points presse, soit encore directement au guichet.
L'*Oyster Card* est aussi utilisable pour les cartes saisonnières (*Travelcard* à la semaine, au mois). Dès que ce laps de temps est imparti, hop ! on recrédite sa carte.
Plus pratique (fini les tickets pour la semaine tout chiffonnés au fond des poches), elle permet aussi d'obtenir certains avantages (réductions sur certains sites) et la gratuité pour les moins de 16 ans (mais là, il faut une photo des enfants concernés). Réductions sympa également pour les plus de 18 ans.

Billets spéciaux

Bon à savoir : si vous avez un de ces billets spéciaux, le billet coûtera 1 £ (1,50 €) pour les enfants de moins de 11 ans.
– ***One-Day Travelcard :*** de 6,60 £ (9,90 €) pour les zones 1 et 2 à 13,20 £ (19,80 €) pour 6 zones. Moins cher hors saison. Prix réduit pour les enfants de moins de 15 ans : 3,30-6,60 £ (4,95-9,90 €) selon les zones.
– ***3-Day Travelcard :*** *Travelcard* valable le week-end (samedi-dimanche) à partir de minuit ou de 9h30 en semaine. De 16,40 £ (24 €) pour les zones 1 et 2 à 39,60 £ (59,40 €) pour 6 zones. Compter 8,20-19,80 £ (12,30-29,70 €) pour les enfants.
– ***One-Week Travelcard :*** carte hebdomadaire à partir de 23,20 £ (34,80 €) pour la zone 1 à 43 £ (64,50 €) pour les 6 zones. Elle permet de circuler à volonté dans les bus, le métro et les trains de banlieue. Moyen le plus économique de circuler à Londres – et de loin –, elle est plus avantageuse que la carte journalière au bout de quatre jours. Point important à préciser : la carte est valable pour une durée de sept jours à partir du jour même auquel vous l'achetez, et non uniquement du lundi au dimanche (comme c'est le cas à Paris par exemple).
– ***Group Day Ticket :*** si vous êtes plus de dix (adultes ou enfants), le billet quotidien à nombre de voyages illimité dans des zones prédéfinies est à 4 £ (6 €) par adulte et 1 £ (1,50 €) par enfant.

Le métro (*underground* ou *Tube*)

Il existe depuis 1863, c'est le plus vieux du monde et il compte 270 stations. Le métro de Londres est cher, comparativement à celui des autres capitales européennes. En plus il est peu fiable, les temps de trajet sont parfois élastiques. Il existe néanmoins des formules qui permettent de faire des économies (voir plus haut). Le tarif varie selon la distance (système de zones). Se munir de pièces de 1 £ (1,50 €) pour les distributeurs de billets (qui rendent la monnaie), sinon faire la queue aux guichets ou bien se procurer la nouvelle carte prépayée *Oyster* (voir plus haut). Une seule classe pour voyager.

Il y a douze lignes et six zones concentriques. Il y a des chances pour que la grande majorité de vos déplacements se fasse dans la zone 1. Vérifiez sur le plan dans quelle zone et dans quelle direction cardinale se trouve votre station d'arrivée. Dans les couloirs, les destinations sont regroupées selon la direction à prendre : *northbound* pour le nord, *southbound* pour le sud, etc.

Petit truc pour vérifier que vous êtes sur la bonne ligne : la plupart des wagons (les nouveaux) ont une déco (les tubulures) de la même couleur que celle attribuée à la ligne (enfin, en principe seulement !). Exemple : rouge pour *Central*, gris pour *Jubilee*, bleue pour *Piccadilly*, etc. La ligne jaune *(Circular)* est la plus pratique, car elle fait le tour du centre dans les deux sens et permet les connexions les plus rapides.

Attention : conservez votre billet, car il faut l'insérer dans le portillon à la sortie. Pas question de sauter par-dessus, il y a toujours des équipes d'employés du métro à la sortie.

Il est assez facile de se tromper : d'une même station et d'un même quai partent des métros allant dans diverses directions. Vérifiez la destination de la rame et le temps d'attente sur les panneaux indicateurs suspendus au-dessus du quai. Si vous vous êtes trompé, pas de panique, vous descendez à la première occasion et vous reprenez une rame en sens inverse ; tant que vous ne passez pas les portillons, votre billet ne sera pas contrôlé.

Dans les rames, une voix annonce la station suivante et les connexions. Renseignez-vous car, certaines stations étant fermées le week-end ou le soir, vous risquez de marcher beaucoup si vous vous trompez. D'ordinaire, un panneau manuscrit présenté à l'entrée des gares annonce également les stations fermées. Le métro démarre à 5h30 du lundi au samedi, à 7h le dimanche. Les dernières rames passent entre 23h et 1h. L'heure du dernier métro est affichée aux guichets de vente des billets. Attention : les dernières rames du dimanche soir circulent plus tôt qu'en semaine.

Depuis l'incendie de King's Cross en septembre 1987, il est interdit de fumer dans les métros, stations et couloirs.

– *Objets trouvés dans le métro :* Lost Property, 200 Baker St, NW1 5RZ. ☎ 0207-486-24-96 ou 0207-918-20-00. Ⓜ Baker Street. Lun-ven 9h30-14h.
– *Pour plus d'infos :* ● tfl.gov.uk/tube ●

The Docklands Light Railway (DLR)

Train aérien de banlieue. Il circule à partir de Bank ou Tower Gateway (près de la station Tower Hill). À partir de 10h, des trains spéciaux partent toutes les heures de Tower Gateway avec un guide touristique à bord. Intéressant pour découvrir les changements qui chamboulent l'est de Londres. Mêmes prix que pour le métro. Des billets DLR + bateau *Rail River Rover* permettent de profiter en même temps des joies de la Tamise (pour retourner dans le centre-ville, par exemple).

Le bus

Le bus est meilleur marché et bien plus sympa que le métro. Si vous voulez admirer au mieux le paysage, montez au 1er étage.

Demander à l'office du tourisme un plan du réseau de bus. Achat des billets et cartes dans les stations de métro. Le tarif du ticket de bus (aller simple) est de 2 £ (3 €) et de 1 £ (1,50 €) avec la carte *Oyster*. Forfait journée à 3,50 £ (5,25 €). Valable pour tout Londres de 1h du matin à 4h30 le lendemain matin. *Pass* d'une semaine à 14 £ (21 €) pour un adulte et 6 £ (9 €) pour un enfant selon les zones choisies.

– *Bus rouges :* pour Londres seulement.
– *Bus verts :* pour Londres et la banlieue.

Les bus les plus intéressants pour découvrir le Londres touristique sont ceux des lignes n°s 11, 15 et 38. Quelques grandes lignes de bus, partant de Londres et desservant la banlieue, fonctionnent toute la nuit. Elles ont un « N » devant le numéro et fonctionnent de minuit à 6h. Environ un bus par heure. Même prix qu'en plein jour.

Les bus de nuit partent tous de Trafalgar Square. En fonction de la destination vers laquelle vous allez, ils sont répartis autour de la place. Vous verrez qu'après 2h, le légendaire flegme britannique devient une notion assez floue et, plus tard, c'est une vraie expérience d'observer tous ceux qui rentrent chez eux après une nuit en boîte dans des habits de lumière un peu froissés. Intéressant. Les bus s'arrêtent automatiquement aux arrêts avec un panneau blanc et le signe du London Transport. Sonnez pour indiquer votre arrêt. Lorsque le panneau est rouge, il faut lever le bras (ou sonner si l'on est dans le bus).

Le taxi (*taxi* ou *cab*)

Aussi cher qu'en France, mais bien plus pratique car on en trouve partout et ils prennent jusqu'à cinq personnes (trois en France). Incontournables quand vous sortez de boîte et qu'il n'y a plus que quelques bus de nuit et aucun métro avant l'aurore. Les contacts avec le chauffeur sont limités, une vitre souvent aux trois quarts fermée le séparant des passagers. Ils sont libres quand le signal jaune « *For hire* » est allumé. Habituellement, on laisse 10 % de pourboire.

Vous pouvez également utiliser les *minicabs,* mais on vous le déconseille. Ce sont des taxis travaillant avec des agences privées, assez rudimentaires, localisés généralement près des *Tube stations* (stations de métro). Peu répandus et assez mal organisés, mais intéressants dans certains endroits. Prix de la course à négocier. On peut les prendre pour l'aéroport (moins cher qu'un taxi classique si l'on sait négocier). Mais, attention, arnaques fréquentes, ces taxis semi-clandestins baladent facilement le touriste qui ne connaît pas bien la ville.

– *Appel de taxi :* Dial a Cab, ☎ 0207-253-50-00. Radio Taxis, ☎ 0207-272-02-72. Computer Cabs, ☎ 0207-908-02-07. Pour les *minicabs,* une des compagnies les plus sérieuses est *Addison Lee,* ☎ 0207-387-88-88. *Lady Cabs,* qui n'emploie que des chauffeurs femmes, ☎ 0207-272-33-00, ou encore *Karma Kabs,* ☎ 0208-964-07-00, les taxis londoniens version Bollywood ! Et même le taxi d'*Ab Fab* !

– *Si vous avez perdu quelque chose dans un taxi :* appelez Lost Property, ☎ 0207-486-24-96 ou 0207-918-20-00. Lun-ven 9h-14h.

Bicyclettes et mobylettes

Le *Visitor Centre* édite des brochures (gratuites) proposant des circuits pour la balade, mais aussi la liste des pistes cyclables protégées.

Si vous venez avec votre mobylette, les formalités d'entrée sont les mêmes que pour un véhicule, c'est-à-dire :
– un permis de conduire national, international ou britannique ;
– une carte verte d'assurance que votre compagnie peut vous délivrer ;
– une immatriculation, même pour les moins de 50 cm^3 (ce qui n'est pas le cas en France). Des pneus de première qualité sont indispensables et la loi

exige des freins en parfait état. Les règlements concernant l'éclairage sont également stricts. Pour les mobylettes, le port du casque est OBLIGATOIRE. Ne l'oubliez pas ! Attention, les roues de 700-28 n'existent pas en Grande-Bretagne !

Il est indispensable, pour embarquer, d'avoir une étiquette avec nom, adresse et destination. La préparer avant le départ, plastifiée, nettement plus pratique. Il n'existe pas de pompe avec mélange. Donc prévoir un doseur d'huile.

Location de scooters et motos

■ **Scootabout :** 1-3 Leeke St, WC1. ☎ 0207-833-46-07. Ⓜ King's Cross. Lun-ven 8h30-18h, sam 9h-16h. Fermé dim. Loue scooters et motos, de 50 à 1 000 cm^3. Avoir permis de conduire, passeport et carte de paiement. Compter 40 £ (60 €) par j. de location.

Location de vélos

■ **On your Bike** (plan général I4, 20) : 52-54 Tooley St, SE1 2S. ☎ 0207-378-66-69. ● onyourbike. com ● Ⓜ London Bridge. Lun-ven 8h-19h, sam 10h-18h, dim 11h-17h. Location de vélos autour de 12 £ (18 €) la journée. Loue aussi les équipements de sécurité (gilet fluo, casque, loupiotes...).

Si vous êtes en voiture

– Vous devez être en possession de votre permis de conduire national, de la carte grise, de la carte verte d'assurance. Si vous louez une voiture (21 ans min, en général), il vous faudra la plupart du temps un permis international.
– **Taxe** depuis février 2003 pour les véhicules circulant dans le centre-ville entre 7h30 et 18h : 8 £ (12 €) à verser par jour. Système de scannérisation de vos plaques minéralogiques par caméra (plus de 700 dans le centre) dans toutes les zones marquées d'un grand « C » comme « *Congestion charge* ». Des zones de plus en plus nombreuses chaque année ! Paiement sur Internet, par bornes (dans les stations-service, par exemple), par courrier ou par téléphone.
– Attention, la priorité à droite n'existe pas : donc, à chaque carrefour, un stop ou des lignes peintes sur la chaussée indiquent qui a la priorité.
– Aux ronds-points, à prendre dans le sens des aiguilles d'une montre, les automobilistes déjà engagés sont prioritaires. On appelle ces ronds-points *roundabouts.*
– Les piétons engagés sont toujours prioritaires. Faites-y particulièrement attention, ainsi qu'aux *pelican crossings,* visuels et sonores, et aux *zebra crossings,* signalés par des boules jaunes lumineuses.
– Pour les véhicules équipés de GPL, dur, dur de trouver des stations équipées (uniquement en dehors du centre). Et les systèmes de remplissage sont incompatibles ! À éviter. De manière générale, il n'y a que 2 types de pompes, essence ou diesel.
– On ne badine pas avec les limitations de vitesse :
● en ville : 30 miles (48 km/h) ;
● sur route : 60 miles (97 km/h) ;
● sur les autoroutes *(motorways)* et routes à deux voies séparées *(dual carriageways)* : 70 miles (113 km/h).
– Le port de la ceinture de sécurité est obligatoire à l'avant et à l'arrière.
– ATTENTION AUX *CLAMPS* : ce sont ces mâchoires jaune vif que l'on referme sur vos roues si vous êtes mal garé. On voudrait bien vous expliquer comment les éviter à coup sûr, mais même les Anglais ne s'y retrouvent pas. En gros, deux lignes jaunes le long d'un trottoir veulent dire : « interdiction formelle de stationner ». Une seule ligne jaune permet de stationner à cer-

taines heures (en règle générale, le soir et le dimanche, parfois le samedi). Gare aux *resident permits,* places en apparence autorisées et gratuites, mais réservées aux résidents du quartier (et qui ont l'autocollant ad hoc sur le pare-brise ; impossible de s'en procurer, on a essayé). Dans ce dernier cas, des panneaux explicatifs doivent se trouver sur le trottoir. Les *clamps* sont placés par des sociétés privées qui se paient sur les amendes, donc il ne faut même pas essayer de leur inspirer de la pitié. L'adresse des *clampers* est inscrite sur un autocollant qu'ils collent sur votre pare-brise. Si votre voiture est « clampée » dans le centre-ville, appelez le ☎ 0207-332-30-30 (24h/24) et dites-leur que votre voiture est « *ponded* ». Ils vous indiqueront les moyens d'accès pour parvenir jusqu'à la fourrière (*Warton Road Car Pond*, Warton Rd, Stratford, au nord-est de Londres, au-dessus de Stoke Newington). Il vous suffira de payer l'amende à la dame. Vous pourrez hurler aussi fort que vous le voudrez, ils ont l'habitude et sont intraitables. Les bureaux sont entourés de grillage (recouverts de guirlandes à Noël). Vous devrez payer 155 £ (232,50 €) pour être débarrassé de l'encombrant ustensile en présentant votre permis de conduire. Mais votre problème n'est pas réglé pour autant, car on va vous promettre de « déclamper » dans les 4h et vous avez intérêt à rester près de votre voiture parce qu'à peine « déclampée », elle peut être à nouveau « reclampée » par une autre patrouille, et le circuit recommence et il vous faudra payer à nouveau... *So fun !* Reste que vous pouvez aussi vous retrouver sans véhicule : il sera alors garé dans la même fourrière. Mêmes procédures.

La meilleure solution pour se garer reste l'emplacement de parcmètre, horriblement cher dans le centre mais abordable en périphérie. De plus, c'est gratuit la nuit. En effet, de plus en plus de touristes garent leur voiture en périphérie de la capitale, souvent sur des places gratuites, et prennent un train pour rejoindre le cœur de Londres dans la journée. Par exemple, si vous arrivez de Folkestone ou Douvres sur la M 20 (grande autoroute desservant Londres), vous pouvez vous arrêter juste avant, comme à Greenwich par exemple, et prendre une *Travelcard* vite rentabilisée. Moins d'angoisse et moins de stress !

Quelques loueurs de voitures depuis la France, comme *Hertz* (☎ 0825-861-861), *Avis* (☎ 0820-050-505) ou encore *Budget* (☎ 0825-003-564).

■ *Auto Escape :* n° gratuit : ☎ 0800-920-940. ☎ 04-90-09-28-28. ● *info @ autoescape.com ● autoescape. com ● Vous trouverez également les services d'Auto Escape sur ● routard. com ● Résa recommandée. 5 % de* réduc aux lecteurs du Guide du routard sur l'ensemble des destinations. L'agence *Auto Escape* réserve auprès des loueurs de véhicules de gros volumes d'affaires, ce qui garantit des tarifs très compétitifs.

TRAVAILLER À LONDRES

Pour ceux que la capitale anglaise a séduits et qui voudraient rester un peu plus longtemps afin d'améliorer leur accent en gagnant quelques *pennies,* voici quelques conseils pour bien s'installer.

Les papiers

Bonne nouvelle : venant d'Europe, vous n'avez pas de restriction particulière pour travailler dans le royaume de Sa Majesté. Étant européen, seuls une carte d'identité ou un passeport en cours de validité vous sera demandé pour séjourner et travailler en Angleterre.

Les ressortissants vivant hors de l'Union européenne devront, quant à eux, obtenir visa et permis de travail. Se renseigner à l'ambassade de Grande-Bretagne du pays d'origine avant de partir.

Et mes valises, j'en fais quoi ?

Lorsqu'on part pour quelques mois, voire pour plus longtemps, on a forcément besoin d'un peu plus d'affaires. Problème : on a du mal à se séparer de ses chaussures préférées, de la jupe offerte par Tatie ou du pull fétiche de la communion... Comment faire un choix ? Ou ne pas en faire... Du coup, on emporte plein de choses et on fait appel à un groupeur en transport international, qui peut aussi faire fonction d'emballeur. Attention à ne pas oublier de régler les questions d'assurance : pensez à être couvert tous risques, à prendre les coordonnées de l'agent d'assurance local pour les avaries, etc.

■ *AGS Paris :* 61, rue de la Bongarde, 92230 Gennevilliers. ☎ 01- | 40-80-20-20. ● ags-demenagement. com ●

Maintenant, au boulot !

Chaque année, des dizaines de milliers de Français se rendent en Grande-Bretagne pour se lancer à la recherche de jobs ou de stages. Si, là-bas, le pourcentage de chômage est quasi deux fois moins élevé qu'en France, la concurrence est rude ! Qu'on se le dise, vous ne tomberez pas immédiatement sur le super job, mais en revanche vous trouverez sans problème un petit boulot de serveur dans un bar, un resto ou une sandwicherie. Les *salaires* ne sont pas élevés : 6 £ (9 €) brut de l'heure. Mais l'impôt est directement prélevé à la source... Tentez votre chance, les parcours atypiques sont bien mieux considérés qu'en France. Très important : n'oubliez pas d'emporter avec vous quelques *lettres de recommandation* de vos anciens employeurs. Cela ne donnera qu'un peu plus de relief à votre candidature.
Pour vous aider dans vos recherches :

■ Avant de partir, contacter la *maison des Français de l'Étranger :* ministère des Affaires étrangères, salle d'accueil, rez-de-chaussée, salle A, 244, bd Saint-Germain, 75303 Paris 07SP. ☎ 01-43-17-60-79. ● expatries.org ● mfe.org ● Ⓜ Rue-du-Bac. Lun-ven 14h-17h. Un service du ministère des Affaires étrangères. Des infos sur le pays, des petites annonces, des conseils et des astuces sur les filières liées à votre profil et à vos envies. Très utile.
■ N'oubliez pas non plus l'*Espace Emploi International,* émanant de l'ANPE : 48, bd de la Bastille, 75012 Paris. ☎ 01-53-02-25-50. ● emploi-international.org ● Ⓜ Quai-de-La Rapée. Lun-ven 9h-17h sf mar ap-m. Pour les annonces et les renseignements d'ordre social.
■ Vous pouvez vous adresser, une fois à Londres, aux *job centres,* équivalents de notre ANPE, qui sont gérés par le ministère du Travail britannique. Les services sont gratuits. Liste complète sur ● employmentservice.gov.uk ●

■ Sur Oxford St, vous trouverez pas mal de *temp agencies* (agences de travail temporaire). Aucuns frais d'inscription obligatoires. Mais attention, ce n'est pas là que vous dénicherez le job de vos rêves mais bien plutôt de la manutention.
– Autre possibilité, consulter la *presse :* le *Loot* (● loot.com ●) ou l'*Evening. Standard* (5 éditions/j. ; celle du matin est la plus riche, assurément), par exemple. N'hésitez pas à éplucher également The Guardian, The Independent, The Daily Telegraph, The Sunday Times, The Observer, The Overseas Job Express, TNT, Ici Londres, Metro ou encore Bonjour ! Londres et ● londonmacadam.com ●
– De nombreuses offres sont disponibles sur *Internet.* Voici THE sites : ● jobx.com ● stepstone.fr ●
■ Si vous cherchez un stage à Londres, vous pouvez vous adresser au *British Council* (● britishcouncil. fr ●) ou au *centre français Charles-Péguy :* voir les « Adresses utiles » plus haut dans la rubrique « Avant le départ ».

Et la santé dans tout ça ?

Une question qu'on oublie facilement. Votre job en poche, vous devez et pouvez demander une attestation de travail à votre employeur (même avant de décrocher un contrat définitif). Vous devez ensuite vous rendre au *Department of Social Security* ou à la *Benefit Agency* (● dss.gov.uk ●) de votre lieu de résidence pour obtenir un numéro de sécurité sociale *(National Insurance Number)*. Une fois encore, en attendant votre numéro définitif, demandez un numéro temporaire, ce qui vous permettra d'être moins prélevé sur votre salaire et d'avoir aussi accès, en cas de besoin, aux urgences anglaises sans payer. Attention, ce système est en train de changer en Angleterre sous l'impulsion de Tony Blair. Bien se renseigner avant votre départ au consulat de France à Londres (voir la rubrique « Avant le départ »).

Pour dormir, on fait comment ?

Plusieurs possibilités s'offrent à vous. Tout d'abord, si vous souhaitez louer un appartement, sachez que les loyers sont TRÈS chers et que le délai pour en trouver un est de deux à trois semaines. Galère !
Ici on paie en général son loyer d'avance, très souvent à la semaine (d'où un *turnover* plus important qu'en France), un dépôt de garantie est exigé (en moyenne six semaines) et les baux ne vont pas plus loin qu'un an.
La majorité des locations se font en meublé. Pour trouver votre bonheur, et si vous n'avez pas de relations à Londres, vous pouvez consulter les agences immobilières des quartiers qui vous intéressent, ainsi que les petites annonces sur les journaux et le Web. Pensez aussi à la colocation *(flat sharing)*, beaucoup plus développée à Londres que chez nous, l'idéal étant de trouver des *flatmates* (coloc') anglais, bien sûr ! N'oubliez pas ● routard.com ● : des petites annonces, des forums pour échanger vos tuyaux, et tout ça gratuit ! On compte aussi quelques sites spécialisés dans ce domaine : ● intolondon. com/flatshare/ ● canalexpat.com ●
Enfin, certaines adresses « bon marché » du guide peuvent aussi vous dépanner en attendant de trouver votre *home sweet home.*

Et mon compte en banque, alors ?

Ouvrir un compte en banque en Angleterre s'avère plus compliqué qu'en France. On demande beaucoup de garanties. Il est plus facile d'ouvrir un compte épargne *(savings account)* qu'un compte courant qui donne droit à une carte de paiement. Tout d'abord, vous aurez besoin d'une pièce d'identité – de préférence votre passeport –, mais aussi d'une lettre de votre banque en France et d'une attestation du lieu de résidence à Londres (une facture de téléphone suffit, ou même une lettre de votre hôtel). Enfin, on peut vous demander une attestation de votre employeur, ce qui facilite souvent l'ouverture du compte. En fait, les modalités peuvent différer d'une banque à l'autre ; certaines sont moins exigeantes. Oubliez vite les banques françaises qui ne s'occupent que des grandes entreprises. Quelques grandes banques anglaises auxquelles vous pouvez vous adresser : Barclays, Lloyds, Midlands...
En Angleterre, il existe deux types de cartes de paiement : la carte de débit *(debit card),* avec laquelle le débit est immédiat, et la carte de paiement *(credit card,* logique !), qui permet un débit différé. Petit truc : lorsque vous retirez de l'argent liquide à un distributeur, veillez à utiliser ceux des agences affiliées à votre banque (sinon on pourrait vous prélever une commission !).

Comment garder le contact *(keep in touch)* ?

Les téléphones portables français proposent la fameuse option « monde », qui vous permet d'appeler d'où vous voulez. Mais cela coûte très cher. En Grande-Bretagne, les opérateurs proposent l'équivalent de nos portables à carte du type *Pay as you talk* ou des cartes prépayées. Tous les kiosquiers proposent des cartes de téléphone prépayées assez avantageuses, utilisables partout. Enfin n'oubliez pas les vertus du Net pour joindre papa-maman. Ils seront ravis de s'y mettre aussi ! Maintenant, c'est à vous de jouer...

URGENCES

■ *Services de secours :* ☎ 999 (appel gratuit).

■ *NHS :* ☎ 0845-46-47 (appel gratuit). Pour obtenir 24h/24 des infos médicales urgentes, comme connaître l'adresse de l'hôpital ou du service de santé le plus proche de chez soi et le plus adapté en fonction du problème.

■ *Dispensaire français* (centre 2, K11, **7**) : 184 Hammersmith Rd, W6 7DJ. ☎ 0208-222-88-22. • dispensairefrancals.org.uk • Ⓜ Hammersmith. Tlj sf w-e 9h30-17h30. Sur rendez-vous. Inscription : 10 £ (15 €) pour l'année en cours, puis slt 10 £ (15 €) par consultation. Pour les premiers soins. Accueil compétent et dévoué. D'ailleurs, en cas de gros pépins financiers, ne pas hésiter à y aller quand même. On essayera toujours de trouver une solution adaptée.

■ *Charing Cross Hospital* (hors centre 2 par K11, **8**) : Fulham Palace Rd, W6. ☎ 0208-846-12-34. Ⓜ Hammersmith.

■ *Eastman Dental Hospital :* 256 Gray's Inn Rd, WC1. ☎ 0207-915-10-00. Ⓜ King's Cross. Lun-ven 9h-17h. Soins dentaires. Pas besoin de rendez-vous. Ou appeler le *Dental Emergency Care Service* qui saura vous indiquer un dentiste. ☎ 0208-748-93-65.

■ *Bliss Chemist :* 5 Marble Arch, W1. Pharmacie ouv jusqu'à minuit. ☎ 0207-723-61-16.

■ *Boots :* 75 Queensway, W2. ☎ 0207-229-92-66. Ⓜ Bayswater. Pharmacie ouv lun-sam 9h-22h, dim 10h-22h. De nombreux autres *Boots* dans Londres, notamment sur Oxford St et à Covent Garden.
– Attention, les pharmacies de garde n'ouvrent qu'une heure le dimanche et les jours fériés. Donc, bien planifier sa maladie !

VISITES GUIDÉES

À pied

Plusieurs sociétés proposent des balades *(walks)* commentées en v.o. dans Londres. Voir leurs coordonnées dans le chapitre « Hommes, culture et environnement », rubrique « Patrimoine culturel. Monuments et balades ».

En bus

■ *Original London Sightseeing Tour :* ☎ 0207-877-17-22. • theoriginaltour.com • Tlj : en été 9h30-17h ; en hiver 9h-19h. Compter 16,50-18 £ (24,75-27 €) par pers ; réduc. Pour visiter Londres en bus à impériale découvert. Sympa. Plusieurs circuits. Durée : 2h. Départs des différents arrêts : Victoria St, Grosvenor Gardens, Marble Arch, Baker St, Haymarket, Charing Cross Station, Charing Cross Pier.

■ *Big Bus Company :* ☎ 0207-233-95-33. • bigbus.co.uk • Départs ttes les 15-30 mn de Green Park et de Victoria. Tlj : en été 8h30-17h ou 18h ; en hiver 8h30-16h30. Compter 20 £ (30 €) ; réduc de 2 £, soit 3 €, si vous achetez votre ticket sur Internet. Sinon, ticket vendu à bord. Il comprend également une croisière sur la Tamise. *Blue Route* (commentaires en français), *Green Route* ou *Red Route*, d'une durée de 1 à 2h. Billets valables 24h, ce qui permet de monter et descendre du bus quand on veut.

■ *À nous deux Londres :* ☎ 0208-876-04-29. • anousdeuxlondres. co.uk • Visites en matinée ou en fin d'ap-m. Compter 10 €. Au choix,

LONDRES UTILE

découverte des quartiers de la capitale (Westminster, Covent Garden, Palais et traditions, etc.), mais en français !

À vélo

■ *London Bicycle Tour Co. :*
☎ *0207-928-68-38.* ● *londonbicycle. com* ● *Départs le w-e à 10h30, 11h30 et 14h. Rendez-vous au 1 A Gabriel's Wharf, 56 Upper Ground, SE1.* Ⓜ *Blackfriars. Durée : 3h30 env.*

Compter 17 £ (25,50 €) pour le parcours et 16 £/j. (24 €) pour la loc du vélo (possibilité de louer à l'heure : 3 £, soit 4,50 €). Visites du centre, de l'Est et de l'Ouest londonien. Se renseigner pour les horaires.

En taxi

■ *Black Taxi Tours of London :*
☎ *0207-935-93-63.* ● *blacktaxitours. co.uk* ● *Tours de 2h, pour 1 à 5 pers. Visite de jour (8h-18h) : 85 £ (127,50 €) par taxi. Visite de nuit (18h-minuit) : 90 £ (135 €). CB refusées.*

■ *Karma Kabs :* ☎ *0208-964-07-00.* ● *karmakabs.com* ● « Le voyage est plus important que la destination » : telle est la devise de ces taxis roses, jaunes, rouges, décorés façon Bollywood !

En bateau

Une façon originale et rapide pour visiter la ville. Une balade de 2h sur la Tamise permet de découvrir Londres sans se fatiguer. Choisir un jour où il y a du soleil, c'est quand même plus sympa.

■ Infos sur tous les circuits possibles auprès de *London River Services :*
☎ *0207-222-12-34.* ● *tfl.gov.uk* ● *Avr-oct, départs de Westminster Pier de 10h à 17h, voire 18h (départs supplémentaires à la belle saison et même des croisières de nuit en juil-août ; horaires plus restreints le reste de l'année).* Circuits variés sur la Tamise avec arrêts aux principaux points touristiques entre Hampton Court Pier et Thames Barrier. Les départs se font de Greenwich, Tower Bridge, London Bridge, Embankment, Waterloo ou Westminster (Westminster étant l'embarcadère principal).

Plusieurs compagnies se partagent le gâteau. Toutes ne proposant pas de commentaires à bord, renseignez-vous bien avant. Une seule va jusqu'à Thames Barrier (*Thames River Service* ; voir plus loin dans le chapitre « Les autres quartiers de Londres »). Une des balades les plus appréciées est celle vers Greenwich, même si, honnêtement, la balade en bateau est inégale et ne vaut le coup que si vous avez un but de visite à l'arrivée. Après Tower Bridge, la traversée du quartier des docks est longuette, même en faisant marcher son imagination pour se représenter l'activité intense qui devait régner ici au temps du commerce avec les Indes et de la splendeur de l'Empire britannique. Compter 8 £ (12 €) et 2h pour un aller-retour Westminster-Greenwich. Sinon, d'autres balades possibles vers Kew Gardens (1h30 aller), Richmond (2h aller), Hampton Court (3h30 aller)...

En voiture amphibie (toujours plus fort !)

■ *London Duck Tours :* juste derrière le London Eye. ☎ *0207-928-31-32.* ● *londonducktours.co. uk/* ● *Durée : 70 mn. Prix : 17,50 £* *(26,25 €) pour un adulte ; réduc (heureusement !).* Dans un véhicule amphibie, vous parcourez la Tamise et certaines rues de Londres.

HOMMES, CULTURE ET ENVIRONNEMENT

ARCHITECTURE

Depuis les Romains, Londres garde les traces de toutes les époques archi-tecturales. Mais comme les Anglais ne font jamais les choses comme les autres (heureusement, c'est cela qui nous plaît chez eux), la dénomination de ces différents styles échappe parfois à notre compréhension. Alors *let's go* pour un *travelling* sur l'histoire des bâtisseurs britons.

Les **Romains** sont restés 350 ans en Angleterre, mais Londres en a gardé peu de vestiges. Le tracé de la City conserve grossièrement la forme de l'enceinte fortifiée du IIe siècle. Au départ des légions en 418, *Londinium* est livrée aux barbares. Il faut attendre Alfred le Grand et ses princes saxons pour voir s'élever des remparts à l'emplacement de l'actuelle *London Tower*. Guillaume le Conquérant y élève la tour Blanche. Le **style roman** est arrivé dans les bagages des Normands qui utilisaient la pierre à la place du bois et du torchis. Dans le quartier de Smithfield, l'ancien porche de Saint Bartholo-mew the Great (XIIe siècle), surmonté d'une maison Tudor, en témoigne.

Le **style gothique** explose au cours du Moyen Âge avec la construction de maints édifices religieux de prestige. L'abbaye de Westminster, dont la cons-truction s'inspire de l'abbaye de Jumièges, en est le symbole le plus specta-culaire. Les Anglais distinguent trois époques gothiques : le *Early English* (vers 1100), style primitif caractérisé par de hautes fenêtres à lancettes se terminant en arc brisé aigu. Le *Decorated Style,* plus exubérant, vient orner les fenêtres de décorations végétales et couvre les voûtes de nervures fois-sonnantes au dessin complexe. À partir du XIVe siècle, retour du dépouille-ment avec le *Perpendicular Style,* qui n'a pas d'équivalent hors Angleterre : on pourrait décrire les édifices de ce style comme une cage aux voûtes en éventail et constituée de nervures de pierre pour permettre l'entrée de la lumière. On peut observer de cette époque la chapelle Henri VII de l'abbaye de Westminster, avec sa voûte dégoulinante de culs-de-lampe ouvragés.

À la rupture d'Henri VIII avec Rome, la floraison des édifices religieux s'inter-rompt pour faire place à la construction de demeures civiles. Les manoirs s'ornent d'encorbellements et de colombages. C'est l'émergence des **styles Tudor et élisabéthain** qui s'expriment particulièrement dans les théâtres où Shakespeare créa ses pièces (voir *The Globe,* la reconstitution de l'enceinte théâtrale de 1599).

La **Renaissance italienne** arrive tardivement en Angleterre via la France et la Hollande et apporte un souci de symétrie extérieure et l'usage des fenêtres à meneaux. Sous l'influence de Palladio, Inigo Jones *(Covent Garden Piazza)* est l'architecte qui introduit le **classicisme** dans les îles Britanniques. À Lon-dres, on peut admirer son sens des proportions harmonieuses dans la salle des banquets de *Whitehall* et à la *Queen's House* de Greenwich.

Après le Grand Incendie de 1666 qui ravagea une bonne partie de Londres, sir Christopher Wren fut chargé de reconstruire la ville et notamment *Saint Paul's Cathedral,* *Saint James's Church* et le *Greenwich Hospital.* C'est le triomphe du **baroque mêlé de classicisme** avec des concepteurs comme John Vanbrugh et Nicholas Hawksmoor à qui l'on doit la *Christ Church* de Spitalfields et *Saint Mary Wollnoth* dans la City. L'église de *Saint Martin-in-the-Fields* et sa magnifique bibliothèque datent aussi de cette époque.

À la fin du XVIIIe siècle, John Nash (plan de Regent Street), John Soane (voir sa maison-musée à Holborn), William Chambers et surtout l'Écossais Robert

Adam et ses frères revisitent l'Antiquité et imposent leur approche néoclassique en bâtissant profusion de maisons familiales vastes et confortables. À visiter : *Kenwood House* à Hampstead. À *Crescent Park*, on peut admirer l'harmonie de la vision urbanistique de John Nash avec l'arc de cercle formé par ces façades uniformes. Les maisons géorgiennes avec porches à colonnades blanches et parfois frontons triangulaires datent de cette époque, de même que, en décoration, les styles *Chippendale* et *Regency*.

Avec le XIXe siècle, la révolution industrielle et le long règne de la reine Victoria, on voit fleurir une nouvelle architecture de fer et de verre qui culmine avec le *Crystal Palace*. Entre-temps, le **Gothic Revival** renouait avec l'architecture médiévale. Le Parlement, le palais de Westminster, le *Tower Bridge* et *Saint Pancras Station* en sont les fleurons emblématiques. Dans le registre néoclassique, on trouve aussi le *Royal Albert Hall.* À la fin du siècle, en réaction contre la misère urbaine générée par la révolution industrielle, naît, sous la houlette de William Norris, le mouvement **Arts & Craft,** qui allie l'ornementation italianisante, le Moyen Âge français et les matériaux rustiques. Du début du XXe siècle datent les maisons qualifiées d'**edwardian.** Peu d'Art nouveau à Londres à cette époque mais, en pleine apogée de l'empire, un nouveau retour du classicisme avec les bâtiments de sir Edwin Luytens comme le cénotaphe de *Whitehall.* Après les cités-jardins de Hampstead, les premiers gratte-ciel apparaissent aux alentours de 1937 avec le Russe Bertold Lubetkin, qui construit à Highgate des immeubles dans le style de Le Corbusier.

Le modernisme fait suite aux destructions par les bombardements de la Luftwaffe. Le *Royal Festival Hall* voit le jour en 1951. Pour pallier l'afflux démographique, les cités-dortoirs sortent de terre dans les banlieues du Grand Londres. Quinze villes nouvelles sont édifiées dans un rayon de 30 à 50 km autour de la City. Les années 1960 et 1970 se caractérisent par l'émergence du **brutalisme,** voué au culte du béton tous azimuts. Pour exemple, le Barbican Center, que George Orwell n'aurait pas renié. En réaction à cette tendance et soutenu par un personnage public – et non des moindres, à savoir le prince Charles –, un groupe d'architectes privilégie la fantaisie et le ludisme des structures en maîtrisant le style **high-tech.** Le dernier exemple en date est l'immeuble de la *Swiss Re,* le « Gherkin », qui domine la City. Fascinant, spectaculaire et, bien évidemment, sujet à controverse. Les docks de South Bank sont réhabilités et de nouvelles tours assez réussies sortent de terre dans les quartiers de Canary Wharf et des Docklands : on peut en juger en contemplant la tour des télécoms britanniques, le bâtiment de la *Lloyd's* et surtout la pyramide postmoderne de *Canada Tower* conçue par Cesar Pelli, le plus haut gratte-ciel de bureaux d'Europe... qui sera détrôné sous peu par la superbe *London Bridge Tower* dessinée par Renzo Piano. À l'horizon 2015, ce sont une vingtaine de buildings qui sortiront de terre, tous aux formes plus ou moins incongrues. On trouve la Rape à Fromage ou encore le Toboggan ! D'autres projets architecturaux s'annoncent avec les Jeux olympiques de 2012, notamment du côté de Lea Valley. Pour plus d'infos sur le développement architectural de Londres, ● newlondonarchitecture. org ● (voir aussi plus loin le *New London Architecture* à Bloomsbury).

BOISSONS

– Le fameux **teatime** est l'un des à priori les plus anciens sur les Anglais. Si l'on en croit la légende, toute l'Angleterre s'arrête vers 17h pour prendre le thé. Désolé, mais c'est faux ! On ne prend pas le thé, on en boit. C'est effectivement une boisson nationale et les Anglais en boivent toute la journée. Demandez-le *white* (avec du lait) ou *black* (sans), avec ou sans sucre. Un nombre croissant d'hôtels chic et de salons de thé londoniens remettent à l'honneur les fameux *afternoon teas* avec un grand choix de thés aux arômes différents, des sandwichs et toute une cohorte de gâteaux. Parmi les plus connus, des hôtels prestigieux tels que le *Ritz*, le *Savoy*, le *Hyde Park Hotel*, le *Dorchester*, etc. Tous proposent un rituel souvent aussi drôle que leurs gâteaux sont bons, à grand renfort de vaisselle délicate, d'ustensiles compliqués et de règles à respecter (Comment coupe-t-on un *scone* ? Dans le sens de la hauteur ou de la largeur ?). Cependant, s'il n'y en avait qu'un seul à essayer, ce serait le salon de thé du 4e étage de *Fortnum & Mason*. Prévoir tout de même une grosse poignée de livres pour espérer participer au rituel !

— Mais les Anglais ne boivent pas que du thé ! Ils s'intéressent même de plus en plus au *café.* Vous trouverez pour preuve des centaines d'adresses où l'on sert des *espresso*, bien sûr, mais également des cafés spéciaux assez originaux. La chaîne *Starbucks,* notamment, s'est implantée massivement en Grande-Bretagne (et même en France).

— Pour les non-alcooliques, il existe aussi des *coffee shops.* On peut y boire du café ou du thé en mangeant un sandwich. Pas cher et ambiance populaire assurée. Mais, en général, méfiance vis-à-vis du café, qui s'apparente souvent à du jus de chaussette.

— Vous pourrez goûter aux délicieux *ciders* qu'on commande *dry, medium* ou *sweet,* tout comme le *sherry* (xérès), très apprécié des vieilles dames. Délicieux et pas très cher. N'oubliez pas le *port* (porto), très bien représenté par de prestigieuses maisons comme *Taylor's*, et évidemment les *whisky.* Du scotch tourbé au pur malt irlandais en passant par le bourbon américain, il y en a pléthore.

— Si vous aimez les *liqueurs* douces, goûtez le *Drambuie,* au whisky, ou l'*Irish cream,* au café. Si vous préférez les mélanges, essayez un *dry martini* ou une *vodka and lime* (prononcer « laïme »).

— Goûter au *Pimm's,* boisson à base de plantes et de quinine. Typiquement anglais, servi avec du concombre. Aurait des vertus digestives. Avec modération ! Très frais en été, et l'hiver, chaud avec du jus de pomme, ça passe pas mal non plus...

— Les amateurs de vin seront contents : l'Angleterre produit à nouveau du vin. Eh oui, dans le Kent... La production reste confidentielle, et sa consommation l'est encore plus. Quant à sa réputation, elle reste à faire ! Certains bars et restos londoniens l'ont inscrit à leur carte. On a trouvé le blanc, bien sec, très réussi. À essayer donc ! D'autre part, les *wine bars* sont à la mode, mais restent chers. En revanche, les cartes sont souvent bien montées, mêlant sans vergogne les crus classiques du Vieux Continent (France, Italie, Espagne...) aux domaines qui montent du Nouveau Monde. On trouve aussi dans tous les pubs branchés une sélection de vins au verre sérieuse. Ailleurs, la qualité n'est pas toujours au rendez-vous. Les Anglaises ont d'ailleurs majoritairement délaissé la traditionnelle pinte de bière pour un verre de vin blanc, plus délicat !

— Dans les pubs, ceux qui supportent mal l'alcool peuvent demander un *baby-cham* (soda au goût de poire), des *soft drinks* genre Coca ou un jus de fruits (souvent plus cher que l'alcool).

Conseils du même tonneau (de bière)

L'autre boisson « mythique », c'est la *bière.* Les non-amateurs goûteront à la *ginger ale,* plus douce. Mais on en connaît certains qui se sont convertis après quelques pubs. On différencie les *free houses* des autres pubs, ces derniers distribuant une marque de bière en particulier, les autres conservant toute liberté et proposant des petites bières locales plus originales. Parmi les bières les plus populaires : la goûteuse *London Pride,* ou la toute simple mais désaltérante *Carling.* Pour un demi, commander *half a pint* (prononcer « haffepaïnte ») mais, proportionnellement, une *pint* (demi-litre) coûte moins cher. Dans tous les cas, mieux vaut avoir repéré l'emplacement des w-c avant de se lancer !

Voici un petit topo sur les bières anglaises :
– *La bière au tonneau* : *draught* ou *on tap* (au robinet), tirée à la pompe traditionnelle, servie à température ambiante, est sans conteste la meilleure. La *bitter*, blonde amère, est la plus populaire, mais la *lager*, blonde traditionnelle, est aussi très bonne. Seul problème, les bières *on tap* se font de plus en plus rares. Tout fout le camp !
– *La bière en bouteille* : *pale ale* (bière blonde) et *brown ale* (bière brune, mais douce) et surtout la *stout*, dont le meilleur exemple est la *Guinness*, noire et crémeuse. C'est même obligatoire !
– *La bière à la pression* : on en trouve beaucoup, elle est servie froide, très gazeuse comme en France ou en Allemagne, où elle n'a cependant rien à voir avec la vraie bière anglaise, comme la *real ale*.
Les bières américaines et mexicaines envahissent peu à peu le marché anglais. On en trouve de plus en plus dans les pubs. Pas d'inquiétude toutefois, les Anglais tiennent trop à leur patrimoine.
Si vous voulez vraiment tout savoir sur les bières anglaises, allez dans un pub et parlez-en avec les habitués. Vous aurez peut-être la chance de tomber sur un passionné qui vous fera partager son enthousiasme.

Les pubs

De tradition typiquement britannique, le pub est le lieu de rencontre par excellence. On y vient avec ses copains, ses amis, ou tout simplement en famille (mais sans jeunes enfants) pour y passer un joyeux moment de détente et de discussion. Le pub, en général, offre plusieurs salons dont les différences sont de moins en moins sensibles : *public bar, lounge bar, saloon bar, private bar* (ce dernier est réservé à un club). On pratique une activité tellement peu française dans les pubs que le mot n'existe même pas dans notre langue : on « socialise ». On y parle de tout et de rien. Vous ressentirez cette extraordinaire atmosphère de fusion des classes ; ici, on laisse son origine sociale au vestiaire et on fraie avec l'ennemi. Au coude à coude, vous trouverez le cockney (titi londonien), le jeune cadre gominé, les groupes de minettes déchaînées (ambiance *The Snapper*), l'ouvrier lisant *Tribune* (journal de gauche du Labour Party), le vieux charclo plein de malice et... le touriste français, les yeux ronds comme des billes devant ce spectacle.

Un peu d'histoire

Cercles paroissiaux durant le Moyen Âge, plus opportunément situés sur les routes des pèlerinages, enfin lieux de réunion des ouvriers qui, au XIXe siècle, commencent à se syndiquer, les pubs ont souvent conservé leur vitrine en verre dépoli, de vieilles boiseries noircies et patinées, des lumières faiblardes, comme au temps de la bougie, et de beaux cuivres.
Les amateurs perspicaces remarqueront que certains noms de pubs reviennent souvent. Parmi ceux-ci, *King's Head,* en souvenir de Charles Ier que Cromwell fit décapiter, *Red Lion* qui rappelle les guerres coloniales, *Royal Oak* qui commémore la victoire de Cromwell sur Charles II qui se réfugia sur un chêne (!). Fin de l'intermède culturel.
La vague de modernisme a frappé durement et les *posh pubs* (littéralement : pubs luxueux) se sont multipliés. Des propriétaires peu respectueux du passé ont remplacé la patine du temps, la sciure, les vieilles pompes à bière avec manche de porcelaine par du clinquant, faux acajou, velours rouge, cuivre et barmen impec'. Évidemment, les comportements ne sont plus les mêmes dans un environnement aussi propre, aussi hygiénique, et l'âme du pub populaire a, dans ce cas, bel et bien trépassé. Les pubs que nous indiquons ont tous quelque chose qui les distingue de la masse. Cadre authentique, atmosphère originale, bonnes bières, tenanciers hors du commun, situation géographique, bouffe correcte et pas chère, musique, etc. ; tout, ou presque, à la

fois. Vous en trouverez encore avec des compartiments à porte ou des boxes afin que les dames boivent sans honte ; d'autres avec des tableaux à numéros au-dessus du comptoir qui indiquaient quelles tables ou quels boxes étaient assoiffés lorsque le consommateur tirait sur un cordon.

Horaires d'ouverture

Le gouvernement a pris la décision – qui peut paraître paradoxale – d'autoriser la vente d'alcool 24h/24. En laissant le temps aux clients de consommer leurs boissons, le gouvernement espère limiter l'absorption rapide et massive d'alcool. Ce pari risqué est d'ores et déjà critiqué par les services de santé et de sécurité du pays ; un autre son de cloche souligne que cette initiative permettra aux caisses de l'État de se remplir grâce à l'augmentation du prix des licences et des amendes délivrées aux consommateurs trop tapageurs... Noter que la plupart des pubs de la City sont fermés le week-end. Normal, tout est désert. Enfin, n'oubliez pas, on n'a plus le droit de fumer dans les lieux publics !

Jusqu'à la Première Guerre mondiale, les pubs étaient ouverts l'après-midi. Les ouvriers, qui n'avaient jusque-là connu que la pauvreté la plus abjecte, pour la première fois de leur vie gagnèrent un peu d'argent grâce à la fabrication d'armes en masse. Profitant de cette aubaine, ils allèrent au seul endroit procurant du plaisir à cette époque : le pub. Ils prirent l'habitude d'y rester la plus grande partie du week-end et d'être complètement « raides » le lundi matin. Le gouvernement légiféra alors, achetant tous les pubs (les nationalisant) et les frappant d'heures réglementaires. Résultat : les Britanniques apprirent à ingurgiter des quantités impressionnantes de bière en un temps record !

Pubs et coutumes

Outre le fait que l'on boive souvent sa bière sur le trottoir quel que soit le temps, les Anglais pratiquent beaucoup le *pub crawling*. Lorsqu'ils sortent à plusieurs, le premier paie une tournée dans un premier pub, le deuxième en paie une autre dans un pub différent et ainsi de suite. Le tout, c'est de se rapprocher de chez soi pour être sûr de pouvoir rentrer, surtout si l'on est quinze à payer sa tournée !

Par ici, pas de service alambiqué ; on va directement chercher sa consommation au comptoir et l'on paie de suite. Pas de contestation de fin de beuverie sur le nombre de tournées à payer : sitôt reçu, sitôt payé ! Quand le gosier est de nouveau à sec, il faut retourner au bar pour commander. Ne restez pas assis, vous pourriez attendre longtemps votre verre !

Par tradition, et sûrement par goût, les hommes commandent toujours une *pint* (environ un demi-litre) et les femmes, le plus souvent, une *half a pint* (la moitié) ou un verre de vin parce que « *it's more socially acceptable* », mais l'on se doit de préciser qu'elles en boivent deux fois plus. C'est ça aussi l'égalité des sexes !

Entre 14 et 18 ans, admission à la discrétion du patron (ils arrivent à faire la différence), mais interdiction cependant de consommer des boissons alcoolisées. En dessous, *sorry,* pas d'admission, même en compagnie des parents. Il existe cependant pas mal de pubs qui acceptent les enfants pour le lunch ou en début de soirée, avec une *family room* dévolue aux sorties... en famille.

À Londres

On recense plusieurs milliers de pubs dans la capitale. Il y a les grands classiques et ceux de tous les jours où se retrouvent les habitués. Ne pas oublier que nombre d'entre eux proposent quelques plats bon marché le midi. La distinction entre pubs, bars, clubs de musique live et boîtes n'est pas aussi nette en Angleterre qu'en France. Certains pubs accueillent des groupes plusieurs soirs par semaine ou des DJs pour animer la soirée. S'il y a de la place, on peut même y danser. L'ambiance peut donc énormément varier d'un soir à l'autre.

Certaines de nos adresses pourraient fort bien figurer dans nos rubriques « Où manger ? », « Où écouter de la musique ? » et même « Où danser ? », mais c'est tout de même l'aspect pub ou bar qui domine. L'après-midi, c'est le grand calme, malgré la présence de quelques éternels piliers de comptoir. Vous trouverez donc des adresses traditionnelles aussi bien que des endroits plus mode. Les pubs historiques sont la plupart du temps signalés par un écriteau bleu : « *This is an heritage pub* ».

CUISINE

Sujet de moquerie pendant de très longues années, la cuisine reste un point sensible pour tout Français se rendant en Angleterre. Nous nous demandons encore comment ils peuvent faire bouillir leur viande et la manger avec de la sauce à la menthe. Et ils sont toujours écœurés lorsqu'ils nous voient manger des grenouilles (ce n'est quand même pas notre plat national !), des escargots ou des huîtres. Mais pas de chauvinisme, la cuisine anglaise traditionnelle est loin d'être catastrophique, et le renouveau gastronomique amorcé par les gastropubs oblige les critiques à revoir leur copie.

– La vraie cuisine anglaise, traditionnelle et quasi mythique, vous la connaîtrez **en famille.** Malgré une énorme consommation de surgelés, les Anglais continuent souvent à soigner les plats. Un repas se compose généralement d'une viande préparée à la cocotte et de deux légumes, bouillis, avec une prédilection pour les pois vert fluo et le *cabbage* (chou), arrosés avec la sauce de la viande ou *gravy*. Il est parfois précédé d'un hors-d'œuvre (*pie,* soupe) et invariablement suivi d'un dessert cuisiné, parfois abominable (la *jelly* multicolore qui entre dans la composition du *trifle,* sorte de diplomate), mais généralement délicieux (*apple pie and custard* ou *and cream, carrot cake,* glaces...). Depuis l'épidémie de la vache folle, il est vrai, la *jelly* a du plomb dans l'aile. Ah ! nous allions oublier le *cheesecake* dont la base est du biscuit sur lequel on ajoute une sorte de mousse au fromage blanc et à la crème ainsi qu'un coulis de fruits. Mmm !

– Mais tout le monde ne peut pas s'inviter dans une famille anglaise pour dîner. Il reste donc les **restaurants,** dans lesquels il est difficile de très bien manger pour pas cher. D'une manière générale, un restaurant moyen sera plus cher qu'en France, la cuisine moins inventive, mais les portions plus copieuses. Ça n'est qu'une moyenne. Mieux vaut tenter sa chance dans les fameux **gastropubs,** établissements hybrides nés du désir de conserver l'atmosphère si riche et conviviale des pubs en proposant une cuisine plus élaborée qu'une saucisse-purée ! En quelques années, Londres a vu fleurir un peu partout ces néopubs souvent plus chers et toujours plus branchés que leurs grands frères. La grande tendance des nouveaux restaurants est aux influences méditerranéennes. Quelques bonnes surprises en perspective.

– Le midi, pour manger une nourriture saine dans une chouette ambiance tout en découvrant la cuisine anglaise, une solution : les **pubs** et leur *pub grub* traditionnelle (littéralement « boustifaille »), pas mauvaise du tout ! Pratiquement tous servent, entre 12h et 14h30, ces plats uniques très bons et abordables, parmi lesquels le *ploughman's lunch* (fromage servi avec des oignons ou du chutney et du bon pain frais) et le *shepherd's pie* (hachis parmentier). Essayez également le *carvery lunch* (traditionnel repas du dimanche), avec du *roast beef*, des *roast potatoes* et du *Yorkshire pudding*. Un coin au fond du pub ou à l'étage est réservé à la restauration. Une ardoise expose les plats du jour qu'il suffit de commander à la serveuse. Vraiment économique (ils proposent souvent des formules pas chères pour deux) et archi-copieux. On ne vous les indique pas tous, on insiste plutôt sur les snacks et les vrais restos, mais ne négligez pas cette formule le midi.

– Pensez aussi aux célèbres *fish and chips,* qui permettent de manger sur le pouce pour vraiment pas cher, même si parfois ça sent un peu le graillon.

– Du point de vue culinaire, Londres vous offrira une palette de choix comme nulle part ailleurs en Europe. Ce n'est pas pour rien qu'elle a été désignée comme capitale mondiale de la gastronomie (pour sa diversité) ! Il serait dommage de repartir sans avoir mangé *chinois, japonais, pakistanais, jamaïcain* ou *indien.* Ces restaurants offrent une cuisine de qualité inégale, comme partout, mais les meilleurs d'entre eux sont dignes d'éloges. Les meilleurs « chinois » ou « indiens » d'Europe sont à Londres et offrent un véritable dépaysement. C'est une cuisine épicée – au sens riche et non « arrache-gueule ». Elle mélange le sucré et le salé et se permet des associations surprenantes. Le poulet tandoori, mariné dans un jus de citron, cuit au four, est recouvert d'épices rouges et accompagné de riz ou de légumes aux épices et d'une galette de pain *(naan).* Mais vous pourrez aussi manger grec, hongrois, espagnol, italien...

À noter : dans ce domaine, les adresses sont souvent imprévisibles. Tel resto indien ou chinois s'avère génial à son ouverture puis, un an après, fort de son succès, se permet des pratiques peu commerçantes. C'est un des effets du libéralisme à outrance : rotation du personnel, concurrence, valse des étiquettes. On a un peu de mal à suivre d'une année sur l'autre, surtout dans les adresses pas chères.

– Il ne faut pas négliger non plus les *restaurants végétariens.* Dans un pays qui place les animaux en haute estime, il est légitime d'avoir 10 % de la population végétarienne. On admet que les Anglais ne savent pas faire cuire la viande, mais pour ce qui est des légumes et des épices (héritage des colonies ?), les gourmets français auraient beaucoup à apprendre. Il y a donc nombre de restos végétariens où l'on mange bien pour des prix plus que raisonnables... pour Londres. En outre, pratiquement tous les restaurants ont un menu végétarien toujours moins cher que les autres (normal, il n'y a pas de viande !). Au choix : pâtes, lasagnes, quiches, gratins, salades et sandwichs. Contrairement à une idée reçue, la cuisine « veggie » est diversifiée et souvent pleine d'inventivité.

– Sinon, il reste des petites adresses pas chères du tout, qui nourrissent son homme, qui laissent le porte-monnaie quasi intact mais qui s'avèrent un peu frustrantes pour les papilles. Ils servent en général un peu de tout (spaghettis à la bolognaise, steak bouilli-frites, soupe aqueuse, poisson pané, *beans...*). Faites quand même attention où vous mettez les pieds : vous avez déjà mangé du bacon qui ressemble à de la semelle ? Nous, il nous est arrivé de regretter que ça n'en fût pas ! Et puis il y a les grandes chaînes de qualité honnête et pas trop chères, comme *Pret A Manger.*

Quant à la cuisine française, vu le prix, mieux vaut vous payer un aller-retour chez maman, ça vous reviendra moins cher.

– Dernier conseil : si vous tenez vraiment à manger un steak saignant, demandez-le *rare* avec insistance au serveur. Et ne soyez pas trop dur s'il vous l'apporte à point. Les cuisiniers répugnent vraiment à laisser sortir de la viande saignante de leur cuisine...

ENVIRONNEMENT

Fini le temps du légendaire *fog* qui accablait les Londoniens de maladies pulmonaires, on ne chauffe plus guère au charbon et la Tamise est redevenue une rivière remontée par des espèces de poissons presque oubliées. On a même aperçu des dauphins dans l'estuaire. Si, si !

De plus, le centre de Londres est l'un des plus verts d'Europe, et les Londoniens entretiennent chaque arpent de gazon avec amour et petites cisailles. Sans compter qu'avec les mesures – prises par le maire de Londres, Ken Livingstone, depuis quelques années – qui taxent l'entrée des voitures dans la ville et ont permis la création d'un secteur piéton au nord de Trafalgar Square, on peut espérer que le taux de gaz carbonique dans l'air se réduise quelque peu.

Seule ombre au tableau, l'inéluctable accroissement démographique de cette cité tentaculaire qui n'a d'autre échappatoire que d'urbaniser certains sites protégés des berges de la Tamise... au grand dam des écologistes ! Un nouveau défi pour Ken le Rouge.

Parcs

En été, frémissants de feuilles ; en automne, curieux avec leurs tas de feuilles mortes ; en hiver, fantomatiques et inquiétants ; au printemps, ornés des premiers signes de la nature renaissante... Ne soyons pas trop lyriques, même s'il y a bien souvent de quoi l'être.

L'une des grandes fiertés de Londres réside dans ses parcs. Ils portent presque tous l'appellation de *Royal Parks* car ils appartiennent à la Couronne. Le plus célèbre est *Hyde Park,* en plein centre, le plus grand et le plus populaire (136 ha), prolongé par *Kensington Gardens* (110 ha). On peut s'y baigner et louer des barques en été. *Regent's Park,* au nord, *Green Park* et *Saint James's Park,* aux abords de Buckingham, sont les plus agréables. Ce dernier rappelle les jardins français dessinés par Le Nôtre, qui avait influencé Charles II lors de son exil en France. Petit détail : les beaux transats qui vous tendent les bras sont payants ! Le lac de Saint James's Park est, paraît-il, habité par le fantôme d'une dame sans tête : cette personne, qui était mariée à un sergent de la garde, était tombée amoureuse d'un de ses collègues. Le mari furieux lui coupa la tête (carrément) et jeta le corps de sa femme dans le lac du parc.

Dans la proche banlieue, vous pourrez vous rendre au jardin botanique de *Kew Gardens,* au parc de *Richmond* (pour y gambader avec des daims en liberté !) ou à *Hampstead Heath,* un superbe bois complètement préservé des promoteurs immobiliers. Très agréable pour un pique-nique lorsque le temps s'y prête (voir le chapitre « Les autres quartiers de Londres »). À conseiller aux routards écologiques et romantiques qui aiment respirer une bouffée d'air frais. Des espaces verts magnifiques.

HISTOIRE

Quelques dates importantes

– *55 av. J.-C. :* Jules César débarque en Angleterre et apporte la bonne parole romaine dans la Perfide Albion.

– *61 apr. J.-C. :* l'armée des Icènes, conduite par la reine Boadicée, pille et incendie la première cité romaine. Les Romains reconstruisent la ville et édifient le temple de Mithra (vestiges visibles près de Guidhall).

– *IIIe et IVe siècles :* les Romains ont toutes les difficultés à faire de ce coin paumé au nord de l'empire un endroit habitable et agréable à vivre pour eux.

– *796 :* après les Romains, les Anglo-Saxons occupent le pays. Londres devient pour la première fois résidence royale.

– *XIe siècle :* Londres acquiert le statut de capitale politique.

– *1066 :* Guillaume le Conquérant gagne la bataille d'Hastings et achève la conquête de l'Angleterre. Les Normands restent seuls maîtres à bord.

– *1215 :* par la Magna Carta, le roi Jean sans Terre reconnaît aux corporations londoniennes le droit de procéder à l'élection d'un lord-maire. Ce qui permet aujourd'hui à celui-ci de défiler une fois par an dans un joli carrosse.

– *XVIᵉ siècle :* création de l'Église anglicane par Henri VIII, histoire de pouvoir changer de femme. Il faisait bon être roi à l'époque.

– *1649 :* les Londoniens font leur révolution et décapitent Charles Iᵉʳ à Whitehall. Cromwell lui succède.

– *1665 :* plus de 100 000 Londoniens meurent de la peste. Et comme un malheur n'arrive jamais seul...

– *1666 :* durant quatre jours, le Grand Incendie détruit les quatre cinquièmes de la ville : 13 000 maisons et 90 églises, dont la cathédrale Saint-Paul, sont réduites en cendres. À la suite de cela, Christopher Wren lance la reconstruction de la ville dans un style qui lui est très propre.

– *1688 :* seconde révolution anglaise et avènement l'année suivante de Marie II Stuart.

– *1876 :* Victoria est proclamée impératrice des Indes. L'« ère victorienne » correspond au zénith de la puissance et de l'impérialisme britanniques.

– *1888 :* Jack l'Éventreur sème la terreur dans les rues de Whitechapel.

– *1897 :* la reine Victoria décide de déménager pour s'installer à Buckingham Palace.

– *1939-1945 :* les raids aériens allemands sur la ville tuent plus de 30 000 personnes et endommagent la City. En 1940, un certain Charles de Gaulle parle à la BBC... le 18 juin, en commémoration d'un certain 18 juin 1815 (Waterloo). Belle revanche sur l'histoire !

– *1952 :* Élisabeth II devient reine d'Angleterre et souveraine de l'Empire britannique. À l'époque, elle vivait encore dans le bonheur.

– *1968 :* grève des ouvriers et des dockers qui paralysent le commerce et le trafic pendant plusieurs mois. Même sans grève, le trafic est toujours bloqué aujourd'hui !

– *1979 :* Margaret Thatcher est nommée Premier ministre. Sale temps pour les Anglais !

– *1987 :* incendie à la station King's Cross. Il aura fallu trente morts pour qu'on interdise de fumer dans le métro.

– *1990 :* 300 000 personnes se retrouvent à Trafalgar Square pour protester contre la *poll tax* (impôt sur la communauté). Résultat : Maggie démissionne et l'impôt est réformé. John Major lui succède.

– *1992 :* élection surprise des conservateurs ; John Major est reconduit dans ses fonctions. Quatrième victoire d'affilée pour les conservateurs. Deux bombes de l'IRA explosent dans le centre de Londres.

– *1994 :* James Miller, un Américain de 30 ans, atterrit en ULM et à moitié nu sur le toit du palais de Buckingham. *Shocking !*

– *1997 :* l'élection de Tony Blair, leader du Parti travailliste (Labour), met fin à 18 ans de pouvoir conservateur. Mort de lady Diana dans un accident de voiture sous le tunnel du pont de l'Alma à Paris.

– *1999 :* mariage du dernier fils d'Élisabeth, Édouard, avec Sophie Rhys-Jones. Espérons que celui-ci dure longtemps.

– *2000 :* élection du travailliste très à gauche Ken Livingstone comme maire de Londres et centenaire de la *Queen Mum.*

– *Juin 2001 :* Tony Blair et le Parti travailliste sont réélus les doigts dans le nez !

– *Février 2002 :* Margaret, la sœur de la reine Élisabeth, décède.

– *Avril 2002 :* c'est au tour de *Queen Mum* de tirer sa révérence. Une queue de plus de 3 km part de Westminster pour se recueillir sur sa dépouille.

– *Mai 2002 :* la reine entame son jubilé. Le cœur n'est pas vraiment à la fête.

– *2003 :* Tony Blair engage militairement l'Angleterre dans le conflit irakien, aux côtés des États-Unis, malgré la vive opposition du peuple britannique et la démission de membres de son gouvernement. L'Angleterre est sacrée championne du monde de rugby.

– *2005-2006 :* Charles et Camilla se marient enfin. Tony Blair est réélu pour la troisième fois à Downing Street, du jamais vu pour un travailliste. Seulement 24h après que Londres a obtenu l'organisation des Jeux olympiques de 2012, des bombes explosent dans le métro et les bus de la capitale britannique, faisant de nombreuses victimes. Quelques jours plus tard, Jean-Charles de Menezes est tué par erreur dans le métro par la police britannique. L'Angleterre prévoit de retirer ses troupes d'Irak en 2008 ; parallèlement, *The Independent* note que la guerre aurait rapporté 1,6 milliard d'euros aux entreprises britanniques. Scandale : les tabloïds dévoilent les tortures infligées par l'armée anglaise aux Irakiens. La compagnie maritime phare anglaise *P&O* passe sous le contrôle de Dubaï. Ken Loach reçoit la Palme d'or pour son film *Le vent se lève*. L'ancien agent russe du KGB Litvinenko meurt empoisonné à Londres dans des conditions mystérieuses.

– 2007 : départ du prince Harry en Irak, quand on attend celui de Tony Blair du gouvernement, au profit de son dauphin Gordon Brown. Mika, jeune chanteur de 23 ans, qui a vécu aux États-Unis, en France, au Liban et en Angleterre, fait exploser les *charts* avec sa voix aux 4 octaves. Shilpa Shetty, indienne, remporte malgré tout la version anglaise de *Loft Story,* provoquant des émeutes dans son pays d'origine, après de nombreuses attaques racistes. Tony Blair quitte Downing Street après 10 ans aux manettes et annonce ses vœux de réussite à Nicolas Sarkozy sur YouTube – en français s'il vous plaît ! Gordon Brown, ancien Chancelier de l'Échiquier, prend la suite. Kate Moss crée une émeute devant la boutique *TopShop* d'Oxford Street : pour lancer sa collection qu'elle a elle-même dessinée, elle pose dans les vitrines ! Stephan Frears est président du jury du Festival de Cannes. Le Cutty Sark, clipper des mers, brûle : un symbole de l'Empire britannique s'éteint.

MÉDIAS

Presse

Tous les patrons de presse français restent pantois quand ils regardent les tirages des journaux anglais. Les Anglais lisent énormément, vous en aurez la preuve dans le métro. Il faut reconnaître qu'ils ont le choix. Le quotidien le plus célèbre et peut-être le plus sérieux est le *Times.* Si vous avez l'occasion, jetez un coup d'œil sur le courrier des lecteurs, ça vaut le coup. La presse dite « sérieuse », avec *The Daily Telegraph, The Independent, The Daily Express* (pas terrible), *The Daily Mail* et *The Guardian,* offre un large panorama des différentes tendances politiques du pays. Le *Financial Times,* imprimé sur papier saumon, est l'outil indispensable des businessmen et -women de la City. À côté, il y a les tabloïds ; le *Mirror* et le *Sun* en sont les têtes d'affiche. Ils disent rarement du bien de qui que ce soit et sont antieuropéens. Traditionnellement antitravailliste, tout comme le *Daily Mirror, The Sun* a apporté un soutien surprise à Tony Blair, leader du Labour Party, lors des élections du printemps 1997. Ragots, scandales tournant souvent autour de la famille royale, mannequins seins nus, c'est le menu quotidien de cette presse populaire aux tirages impressionnants. On citera pour mémoire la une du *Sun* alors que Jacques Delors faisait un discours au Parlement européen sur l'imminence de la monnaie unique : « On va te foutre Delors. » Il faut aussi dire que les prix des journaux sont deux à trois fois moins élevés qu'en France ; cela explique sûrement le fait que quatre millions de personnes achètent *The Sun* chaque jour...

– Pour tout savoir sur les événements qui ont lieu dans la capitale, vous devez acheter *Time Out,* un hebdo génial pour connaître les programmes des spectacles et les expos, mais aussi pour trouver des centaines de bonnes adresses de restos, de pubs, de boîtes... C'est l'outil indispensable du Londonien. Sort le mardi. • timeout.co.uk • Existe aussi sous forme de guide en version brochée.

– Pour les *Frenchies* qui se débrouillent mal en anglais, le mensuel *Ici Londres* est entièrement gratuit et plein de bonnes infos. Propose également des petits fascicules *Easy Londres* très bien faits. *The Diary House, Rickett St, SW6 1RU.* ☎ *0207-386-61-63.* ● *ici-londres.com* ●

Radio

Il y a bien évidemment la *BBC* (la *Beeb* ; ● bbc.co.uk ●) avec ses six programmes différents, dont un destiné aux enfants (Radio 5 sur 693 et 909 AM), et le World Service qui lance toutes les heures le fameux *This is London...* En tout, 120 millions d'auditeurs dans le monde écoutent des émissions diffusées en 35 langues. Sur Londres, *Capital Radio* (95,8 FM) est la plus écoutée des radios locales.

Télévision

Sans conteste la TV européenne qui s'exporte le mieux dans le monde, capable de produire le *Monty Python Flying Circus* comme les documentaires les plus sérieux. Deux chaînes pour la *BBC*. La première chaîne programme des séries, des variétés et du sport, la seconde est plus culturelle. *ITV* et *Channel 4* sont des chaînes hertziennes privées. Il y a également le satellite avec *MTV, BskyB...*

PATRIMOINE CULTUREL

Avant de partir à la conquête du patrimoine londonien, sachez que tous les musées nationaux sont gratuits, contrairement à ceux de Sa Majesté et aux attractions privées, souvent hors de prix. Le **London Pass** (voir « Adresses utiles »), assez cher tout de même, est avantageux sur plusieurs jours, car non seulement il vous fait faire des économies mais, en plus, il vous permet de couper les files d'attente !

Musées

Londres possède un nombre de musées considérable (près de 170 !) et parmi les plus riches du monde. Ils convaincront, sans doute, les plus réfractaires au tourisme culturel. Du British Museum à la Wallace Collection, de la Tate Modern à la Tour de Londres, tout le monde y trouvera son compte. Les enfants prendront également du plaisir, le maître mot étant souvent didactisme. Cela ravira petits et grands !

Les grands musées ont fait récemment peau neuve, bénéficiant de la manne céleste des recettes récoltées par l'État sur la *National Lottery Game*. Les espaces d'exposition ont été repensés, offrant aux visiteurs une meilleure lisibilité des œuvres et des objets présentés, et de nombreux outils audiovisuels étoffent désormais les anciens textes académiques. Parmi les grands chantiers, seul celui du Victoria and Albert Museum est encore en cours. Après avoir jalousé les Parisiens ou les New-Yorkais, les Londoniens se précipitent à nouveau dans leurs musées. Vous risquez d'être étonné par l'affluence.

La plupart des grandes collections publiques sont gratuites. D'autres musées sont très chers, voire hors de prix comme Madame Tussaud's ou Tower Hill. Tous les monuments gérés par la Couronne (Tour de Londres, Kensington Palace, Hampton Court Palace) sont assez chers. Il faut bien que la reine paie ses impôts et la facture des rénovations de Windsor, suite à l'incendie de 1992 !

Les vestiaires des musées sont gratuits (sauf au British Museum), mais une petite donation est encouragée.

Petite ombre au tableau, les horaires ! Ouverts vers 9h30, les musées ferment presque tous vers 17h30-18h. Rarement des nocturnes, ce qui compliquera l'organisation de vos visites.

À Londres, il ne s'agit pas tant d'essayer de voir tous les musées (c'est possible, mais en six mois !) que de réussir votre sélection en fonction de vos goûts. Il y a toujours des petits malins qui vous affirmeront avoir visité le British Museum, la National Gallery et la Tate Britain en une demi-journée. Même en patins à roulettes, il faudrait une bonne semaine. Petit conseil : les grands musées sont les moins aisés à explorer. Or, ce sont des musées de collections plus que de pièces uniques. Choisissez donc une ou deux sections qui vous branchent et tenez-vous-en là. Pour cela, demandez le plan en arrivant. Et puisqu'ils sont gratuits, inutile de risquer l'overdose en ingurgitant trop d'œuvres jusqu'à plus soif. Mieux vaut y revenir à plusieurs reprises si la durée de votre séjour le permet.

Monuments et balades

Comme New York et Paris, mais peut-être plus encore, Londres est un assemblage de quartiers distincts et d'anciens villages. Si un Londonien vous dit habiter South Kensington, dites-vous qu'à Paris ce serait le 16e arrondissement. S'il vient de l'East End, il y a fort à parier qu'il a du sang pakistanais. On schématise, bien sûr, mais il est important de comprendre les décalages d'un quartier à l'autre pour réussir à mieux cerner cette métropole aux ramifications complexes.

Chaque quartier du centre *(centre 1)* a quelque chose d'historique : les monuments, les musées, les bâtiments intéressants sur le plan architectural sont donc disséminés sur plusieurs kilomètres. À vous de choisir tel ou tel quartier à explorer en priorité, en fonction de vos goûts. Vous ne serez pas totalement perdu : les pubs vous serviront d'oasis en cas de fatigue, de soif ou de petit creux.

Si vous maîtrisez l'anglais passablement, il n'est pas inintéressant de choisir une promenade thématique d'une des nombreuses associations qui propose des balades guidées. C'est souvent très amusant et très bien préparé. Il y en a pour tous les goûts : *Jack l'Éventreur* dans Whitechapel ; le quartier juif ; les *Beatles* ; *Shakespeare et Dickens* ; *Diana, princesse de Galles* ; *Sherlock Holmes* ; les pubs de la Tamise ; les fantômes de la City ; Little Venice... Demandez le programme et le point de rendez-vous. Grosso modo, 2h de promenade et 6 £ (9 €) par personne.

■ *The Originals London Walks :* PO Box 1708, London NW6 4LW. ☎ 0207-624-39-78. ● *walks.com* ● ■ Plusieurs compagnies proposent ce genre de prestations : *Myste*-rywalk, ☎ 0208-526-77-55. ▯ 0795-738-82-80. ● *tourguides.org.uk* ● City Secret Walks, ☎ 0207-625-51-55. ● *shockinglondon.com* ●

Patrimoine encore mais... immobilier

Imaginez qu'à Paris le grand centre touristique, de l'Arc de Triomphe au Louvre en passant par l'Opéra, les quais de Seine et l'île de la Cité, appartienne à une poignée d'institutions et d'aristocrates fortunés. Eh bien, c'est exactement la situation des quartiers chic du centre de Londres. Depuis plusieurs siècles, quelques familles richissimes se partagent 70 % de ces « terres ». Parmi les mieux dotées, les Windsor évidemment (« à tout seigneur tout honneur »), les familles de lord Westminster et de lord Chelsea. L'Église anglicane, propriétaire de rues entières autour de Hyde Park, « ne donne pas sa part au chat » et fait aussi quelques envieux. Cette situation de quasi-féodalité ajoute à l'image de grande tradition aristocratique de la société anglaise, mais paraît de plus en plus désuète et anachronique. Aujourd'hui, dans ces quartiers, il est très difficile, voire impossible pour le simple quidam, d'acquérir à vie une maison ou un terrain, la durée de la propriété étant limitée à 99 ans !

Les quelques propriétaires milliardaires bénéficient, en plus, de toutes les activités commerciales effectuées sur leur terrain. Ainsi, quand un touriste achète fringues ou babioles dans les magasins chic de Regent Street par exemple, c'est aussi à la vraie patronne de la boutique, la reine d'Angleterre, que cela profite. La famille royale a encore de beaux jours devant elle...

Punks

Le punk n'est pas une invention du diable, mais bel et bien un phénomène social. Il ne serait pas né sans la crise qui frappa l'Angleterre après le premier choc pétrolier. À la différence de la plupart des hippies, les « keupons » étaient avant tout des fils de « prolos ». L'un d'eux, lucide, déclarait à la presse musicale : « Je n'avais que trois possibilités pour m'en tirer : braquer une banque, devenir footballeur ou chanter. Et comme je n'étais ni courageux, ni sportif... » Vers 1975, un nouveau genre musical apparaît à Londres, en réaction à la musique planante de l'époque : le pub rock, qui renoue avec l'esprit originel du rock'n roll. Parmi ses piliers (de bar) : Elvis Costello, Doctor Feelgood et le troubadour Ian Dury, inventeur de la maxime « *Sex And Drugs And Rock'n Roll* ». Devant le succès (surtout scénique) de la formule, des centaines de jeunes révoltés fourbissent leurs guitares en attendant de pouvoir eux aussi monter sur scène... Au même moment, à New York, le public rock découvre les jeans déchirés des Ramones, la poétesse Patti Smith et les provocants New York Dolls. Le manager des Dolls, Malcolm McLaren, dégoûté par le show-biz américain, revient à Londres, bien décidé à se venger. Il ouvre une boutique de fringues sur King's Road, sobrement baptisée *Sex*. Un jour, il surprend des petites frappes en train de chaparder ses T-shirts. Impressionné par leur look, McLaren a une intuition proche du génie : les manager pour révolutionner l'histoire du rock... Les Sex Pistols sont nés. Ils jouent comme des patates, mais leur allure, leurs slogans, leur énergie, la voix frénétique de leur chanteur (Johnny Rotten – « pourri » en français –) et le masochisme de leur bassiste (Sid Vicious) les propulsent immédiatement. Grâce à un concours d'injures lors d'une émission de la BBC TV, scandale dénoncé le lendemain par toute la presse, les ventes de leur 45 tours *Anarchy In The UK* font un carton. Dans la foulée, les maisons de disques signent avec tous les groupes punks qui leur tombent sous la main. Quelques-uns entrent aussitôt dans la légende : The Clash, The Stranglers, Buzzcocks, Damned...

Tous les musiciens amateurs du moment s'engouffrent dans la brèche. Le public imite l'attitude et le look de ces nouvelles idoles. La presse grand public s'en prend à ces « dégénérés ». Les conservateurs s'étranglent devant une subversion aussi populaire.

Musicalement, la vague punk aura eu le mérite de réinjecter une rébellion et une vitalité propres au rock des pionniers et que l'on croyait avoir perdues depuis longtemps... Autosabordée en 1978 (après le suicide de Sid Vicious), la scène punk anglaise généra aussitôt un autre genre, aussi créatif et excitant, quoique moins spectaculaire : la new wave, dont sont issus les groupes les plus intéressants des années 1980. Preuve que le slogan « *No Future* » était lui aussi dérisoire.

Enfin, en ce début de XXIe siècle, le mouvement électroclash (mélange de punk-rock et de techno, mâtiné de *revival 80's*) fait les beaux jours des... boîtes de nuit !

POPULATION

Être ou ne pas être anglais, ou généralités sur quelques différences...

Mais qui sont-ils ? L'ennemi héréditaire, la Perfide Albion, surnommée ainsi en raison de ses falaises blanches (*albus* signifie « blanc » en latin), a toujours eu le don d'irriter les continentaux. Son flegme dédaigneux a engendré chez les autres peuples à travers les âges des sentiments négatifs, parfois même agressifs. Pour leur part, les Britanniques pensent que le monde civilisé s'arrête à Douvres, et que l'Afrique commence à Calais !

Le Français est cartésien, tout doit s'expliquer, et deux et deux font toujours quatre... Les Britanniques pensent que les chiffres sont l'affaire d'un comptable et qu'il est de toute façon extrêmement vulgaire d'étaler son érudition. Un Anglais d'une éducation irréprochable répondra toujours à une affirmation par : « Vous croyez ? » Feindre de ne pas savoir que la Terre est ronde ou affirmer ne pas avoir tout à fait maîtrisé la table de multiplication par quatre a toujours été du meilleur ton.

Une nuit, à la fin des années 1950, il y avait un brouillard tellement dense que l'aéroport de Londres fut fermé et que même les *ferry-boats* n'osaient pas s'aventurer sur la Manche. Le lendemain matin, un grand quotidien populaire britannique titrait à la une : « Le continent est isolé... » ! Cette anecdote illustre bien le fait que si la Lune gravite peut-être autour de la Terre, le monde, selon les Anglais, tourne autour des îles Britanniques...

L'Anglais aime à cultiver l'absurde, l'humour à froid et l'irrationnel. C'est tout de même dans l'un des pays les plus pluvieux d'Europe qu'on a non seulement produit le plus de voitures décapotables, mais commercialisé la voiture « découverte », c'est-à-dire sans capote du tout !

Il fallait être anglais pour déclarer la guerre à l'Argentine et partir bille en tête défendre un bout de terre à plus de 10 000 km de l'Europe, sur lequel les moutons étaient la seule et unique richesse. Mais ils partirent aux îles Falkland derrière le fils de la reine *himself*, parce qu'on ne touche pas au sol royal. Ignorer la réalité pour imposer sa propre vision du monde est un pilier de la philosophie anglaise. Durant la Seconde Guerre mondiale, le toit d'une épicerie londonienne fut touché par un V1 allemand. Le lendemain, l'épicier accrocha un panneau sur lequel était écrit : « Plus ouvert que d'habitude »...

On retrouve l'origine de ces comportements jusque dans les légendes « arthuriennes ». La sublimation, la quête du Saint-Graal, le roi Arthur et ses chevaliers de la Table ronde, tout ça représente encore aujourd'hui les aspirations profondes de la noblesse anglaise et, par ricochet, celles de l'homme de la rue. Être mieux que ce qu'on est, le fair-play, lutter contre ses sentiments, bref, les Anglais pensent qu'à force de faire semblant d'être plus généreux et plus chevaleresque, on finit bien par le devenir ! Du conflit entre les petites mesquineries quotidiennes et les grandes envolées lyriques est né le goût de la dérision, et ce n'est pas sans raison que les Monty Python se sont attaqués au mythe arthurien dans l'un de leurs premiers films.

Si, dans d'autres pays, il faut se montrer extrêmement circonspect et prendre garde à la manière de formuler une critique individuelle ou nationale, les Anglais, eux, adorent être « vannés ». La seule vraie insulte que vous pouvez leur faire est de leur dire qu'ils n'ont pas le sens de l'humour. Un des plus grands succès de librairie britannique (trente éditions !) fut un livre extrêmement drôle et méchant sur le comportement anglais : *How To Be An Alien* (Penguin), écrit par George Mikes, un Hongrois. Il commence son livre ainsi : « Les continentaux pensent que la vie est un jeu ; les Anglais, eux, pensent que le cricket est un jeu ! » Et le reste à l'avenant...

La France aux Français ? Mais de quel droit ?

Si les Anglais éprouvent une véritable passion pour la France (ce sont eux qui ont découvert et « colonisé » la Côte d'Azur ; quant aux vins de Bordeaux, on peut dire qu'ils font partie intégrante de la culture anglaise depuis le Moyen Âge), le peuple français, en revanche, leur inspire plutôt des sentiments de méfiance. Les discussions politiques de comptoir en France remplissent d'effroi le cœur du touriste anglais. Comment faire confiance à cette nation où chacun croit savoir tout sur tous les sujets ? Les Français sont, à leurs yeux, un peuple frivole, gonflés de leur propre importance – comme Napoléon ! – et, pire encore : des révolutionnaires ! En gros, les Britanniques pensent que Dieu, dans un moment lyrique, a créé le plus beau pays du monde : la France ; puis que, pour rétablir un juste équilibre vis-à-vis des autres, il y a mis... le peuple français ! N'empêche, l'engouement pour la France ne se limite pas à la cuisine et aux grands vins : avec *Les Misérables, Notre-Dame de Paris* et *Napoléon,* les comédies musicales londoniennes affichent complet.

Le Britannique et le sens civique

L'Anglais est réputé pour son flegme, mais il ne faut pas trop gratter le vernis pour réveiller la fougue qui sommeille dessous. Aussi ne prenez pas sa place. Faire la queue est une institution sacrée. Il faut en Angleterre la respecter, bien qu'il soit parfois difficile de savoir où cette pratique convient. On fait la queue pour prendre le bus ou le train, aux guichets des cinémas et des théâtres, mais pas au bar à l'entracte. Somme toute, il faut bien observer la situation, puis décider s'il y a lieu d'être patient ou de défendre âprement sa place.

Si vous avez l'occasion de converser avec des Anglais, vous pourrez vous rendre compte que beaucoup croient en l'Europe, même si le tunnel sous la Manche représente un peu le viol de leur intégrité insulaire. Mais il y a plus grave. Depuis quelques années, les Anglais doivent changer de passeport, comme les autres ressortissants de l'Union européenne. Le renoncement au passeport bleu britannique est très mal perçu. D'ailleurs, savez-vous que certains Anglais déclarent que leur passeport a été volé pour éviter de le rendre ?

Y a-t-il un avenir au droit à la différence ?

Aujourd'hui, au XXIe siècle, la Grande-Bretagne s'apprête psychologiquement à timidement mettre un pied dans le XXe siècle ! D'ailleurs, la très chic *Manorial Society of Great Britain* met en vente les titres de noblesse des aristocrates fauchés. Tout fout le camp ! Les colonels en retraite – qui cultivent les roses en rêvant avec nostalgie à leurs chasses au tigre passées –, les fils de famille – dont personne n'attendait un autre comportement que d'avoir de l'esprit et de conduire des décapotables rouges afin d'épater les filles – ainsi que les vieilles dames à ombrelles – qui sirotent le thé dans des fauteuils en osier sur des pelouses millénaires –, tout cela s'estompe peu à peu pour rejoindre le grand album des « images d'Épinal » d'une Angleterre historique.

Avec « Ma'am Thatcher », l'Angleterre a appris qu'elle était au bord de la faillite. Avec l'arrivée massive d'immigrés en provenance des anciennes colonies, elle doit apprendre aussi à gérer, avec pas mal de difficultés, une société multiculturelle. Bref, la Grande-Bretagne est en pleine mutation.

Mais aussi radicaux que pourront être les changements, l'excentricité restera une caractéristique nationale. Car c'est bien dans ce pays encombré de petites maisons alignées et multicolores que le droit à la différence demeure une réalité. Que ce soient les modes extravagantes de la jeunesse britannique – qui se diffusent dans le reste du monde – ou les allures de ces vieux aristocrates qui siègent à la Chambre des lords avec leurs cheveux coiffés en queue-de-cheval et qui prônent la polygamie, le fait est là : l'Angleterre aime l'excentricité. Le droit d'être différent, que ce soit à titre individuel ou en tant que nation, fait partie de l'héritage culturel de cette petite poignée d'îles...

SAVOIR-VIVRE ET COUTUMES

– Il est désormais interdit de fumer dans les lieux publics.

– Sachez qu'on verse le lait *avant* le thé ! Le thé se sert dans un *mug,* ces tasses épaisses à anse large. Hormis dans les hôtels, les Anglais le servent rarement dans des tasses en porcelaine (anglaise). Pas pratique du tout.

Dans les bureaux, tout le monde a son *mug*. On ne trempe jamais ses toasts dans son thé et on se sert en confiture avec un couteau et non une cuillère. Sinon, *shocking !* Le sucre brun est réservé au café.
– Le fromage se prend souvent à la fin du repas, après le dessert (on rigole !)...
– On ne serre jamais la main d'un Anglais, sauf quand on le voit pour la première fois.
– Personnes handicapées : les Anglais ont pensé à vous bien avant nous et sont exemplairement équipés... Procurez-vous le *Guide Of Disabled Facilities,* dans les offices du tourisme.
– *Shoplifting is a crime.* Les Français sont très, très repérés dans les magasins et, vu notre propension élevée à piquer de jolies choses si tentantes, nous passons illico au tribunal. Tarifs dissuasifs !
– Souriez, vous êtes filmé ! Si l'avertissement précédent ne vous a pas convaincu, sachez que pas un cm^2 de la ville ne semble échapper à la vigilance des caméras. La vidéosurveillance est omniprésente, y compris dans le bus.

Homosexuels

Pas très difficile d'être homosexuel à Londres. Dans la ville qui a su accepter toutes les excentricités, tant vestimentaires qu'idéologiques, les gays et les lesbiennes sont fondus dans la masse. Cela tient au fait qu'il y a autant de manières de vivre son homosexualité à Londres que d'homosexuels. Certes, les quartiers de Soho et de Covent Garden sont les centres de la communauté gay de la capitale, mais n'est-ce pas tout simplement le cœur de la ville ?
Il n'y a pas de ghetto confinant à la clandestinité. Un esprit de tolérance mesurée règne ici. La vie nocturne est bien sûr très active et, comme il est impossible de tout recenser, ceux qui sont intéressés pourront trouver des *flyers* (invitations) dans les bars, dans les pubs et chez les disquaires. Indispensable aussi, l'hebdomadaire *Time Out,* avec toutes les sorties possibles. Vous saurez tout sur les programmes des boîtes. La plupart des boîtes *straight* (hétéros) réservent une ou deux soirées par semaine à leurs clients gays. Sympa, non ?
À noter que la manifestation annuelle des homosexuels, la *Gay Pride,* est l'occasion d'un grand concert à Hyde Park, le dernier dimanche de juin. George Michael, Elton John et bien d'autres sont souvent de la partie.

SITES INSCRITS AU PATRIMOINE MONDIAL DE L'UNESCO

Organisation
des Nations Unies
pour l'éducation,
la science et la culture

En coopération avec
le centre du patrimoine mondial de l'UNESCO

Pour figurer sur la Liste du patrimoine mondial, les sites doivent avoir une valeur universelle exceptionnelle et satisfaire à au moins un des dix critères de sélection. La protection, la gestion, l'authenticité et l'intégrité des biens sont également des considérations importantes.
Le patrimoine est l'héritage du passé dont nous profitons aujourd'hui et que nous transmettons aux générations à venir. Nos patrimoines culturel et naturel sont deux sources irremplaçables de vie et d'inspiration. Ces sites appartiennent à tous les peuples du monde, sans tenir compte du territoire sur lequel ils sont situés. Pour plus d'informations ● http://whc.unesco.org ●
– *Westminster Palace :* le Parlement britannique.
– *Westminster Abbey and Saint-Margaret's Church :* abbaye où se marient les grands hommes, où sont couronnés les grands hommes et où sont enterrés les grands hommes.
– *Tower of London (Tour de Londres) :* ancienne prison royale où sont conservés les bijoux de la Couronne.
– *Le quartier de Greenwich :* où se situe le fameux méridien.
– *Kew Gardens :* les jardins botaniques royaux.

SPORTS ET LOISIRS

Les Anglais aiment à croire qu'ils ont inventé tous les sports, ce qui est – il faut l'avouer – presque vrai. Une grande partie de l'activité scolaire y est d'ailleurs consacrée : il faut un esprit sain dans un corps sain, et non pas faire comme les continentaux qui fabriquent des intellectuels buvant du café jusqu'à 3h du matin, refaisant un monde dans lequel, de toute façon, aucun Anglais ne voudrait vivre...

Le sport en Angleterre est invariablement associé avec les paris : l'enjeu du roulage de fromage consiste en droits de pâturage ! Les Anglais sont prêts à parier n'importe quoi, et sur tout. Les *bookmakers* – une institution privée en Angleterre – prennent des paris sur le sexe du prochain enfant royal à naître, sur le pays qui accueillera les prochains Jeux olympiques ou, tout simplement, sur le temps qu'il fera demain. Dans ce dernier cas, les optimistes sont désavantagés ! Ce goût du pari montre aussi le refus profond des Anglais de croire qu'autre chose que les lois du hasard puisse régir la vie.

Football

Vous voulez assister à un match de foot ? Eh bien, il va falloir vous y prendre avec beaucoup d'avance et croiser les doigts très fort... Victimes de leur succès, les grands clubs londoniens affichent complet plusieurs mois avant la date des matchs et, la plupart du temps, les billets sont octroyés en priorité aux abonnés des clubs. Pas facile, la vie de supporter ! Si vous souhaitez tenter votre chance, voici la liste et les coordonnées des principales équipes de Premier League :

– **Arsenal Football Club :** ☎ *0207-704-40-00.* ● *arsenal.com* ● Le club du manager français Arsène Wenger et de notre buteur national Thierry Henry reste une équipe très populaire outre-Manche, même si les résultats sont décevants depuis quelques saisons malgré une finale de Ligue des Champions en 2006. Pour aller voir jouer les *Gunners,* c'est facile : prendre la ligne Piccadilly vers le nord, station Arsenal. Depuis septembre 2006, l'équipe joue à l'Emirates Stadium à Ashburton Grove, tout à côté. Ce nouveau stade de 60 000 places aura coûté la bagatelle de 520 millions d'euros !

– **Chelsea Football Club :** ☎ *0207-300-23-22.* ● *chelseafc.com* ● L'équipe du milliardaire russe Roman Abramovich est devenue l'une des meilleures du continent européen. Recrutés à coups de pétrodollars, le club compte dans ses rangs certains des meilleurs joueurs de la planète football : Didier Drogba, Andrei Chevtchenko, Michael Ballack mais aussi l'emblématique entraîneur portugais José Mourinho (payé 5 millions d'euros par saison !). L'équipe fut sacrée championne d'Angleterre en 2006. Pour se rendre au stade Stamford Bridge, la station de métro la plus proche est Fulham Broadway, sur District Line. Le plus simple est de prendre le métro jusqu'à Earl's Court et de changer de ligne, direction Wimbledon.

– **Tottenham Hotspur Football Club :** ☎ *0870-420-50-00.* ● *tottenhamhotspur.com* ● L'un des plus anciens clubs d'Angleterre (1882), ennemi juré d'Arsenal, est toujours à la recherche de son lustre d'antan. Son dernier titre de champion remonte à 1961. Pour se rendre au stade de White Hart Lane, la station la plus proche est Seven Sisters, sur Victoria Line. Ensuite, compter 20 mn de marche.

– **Fulham Football Club :** *Craven Cottage, Stevenage Rd.* ☎ *0870-442-12-22.* ● *fulhamfc.com* ● Le club du milliardaire égyptien Muhamed Al Fayed, propriétaire des célèbres magasins *Harrod's* à Londres. Un petit qui connaît beaucoup de difficultés pour faire partie des grands ! On y retrouve le milieu de terrain Sylvain Legwinski et le défenseur Philippe Christanval. Pour se rendre au stade Craven Cottage, prendre District Line jusqu'à Putney Bridge

Station, et continuer à travers le Bishop's Park, le stade est indiqué. Craven Cottage est sur les bords de la Tamise.

Spectacles et sorties
Musique

Une visite londonienne digne de ce nom inclut forcément un ou plusieurs concerts. Vous avez l'embarras du choix, vu le nombre de salles. L'excellent *Time Out* vous facilitera le travail grâce à son calendrier hebdomadaire, classé par genres musicaux. N'hésitez pas à aller découvrir des groupes inconnus : on a très souvent de bonnes surprises.

Quelques salles de notre sélection (forcément réductrice, mais en principe représentative) constituent la base du rock et du jazz à Londres. On n'y va pas pour danser, mais pour écouter de la musique. La plupart des boîtes où l'on danse accueillent également des groupes. On les a généralement classées dans « Où sortir ? », mais elles pourraient aussi bien figurer dans « Où écouter du rock, du blues, etc. ? » (quel casse-tête, *mamma mia !*).

Quant aux *boîtes* proprement dites, les plus à la mode disparaîtront avant que ces lignes ne soient imprimées. D'autres existent depuis des années et nous survivront sans doute. Il y en a pour tous les goûts. La plupart sont fermées le dimanche soir, mais pas toutes. Passez un coup de fil, car ce genre d'infos a la bougeotte. Et puis, n'oublions pas ce genre hybride de clubs, les *DJ-bars*, mi-bar, mi-boîte, qui pullulent. On s'y retrouve pour boire un verre, pour écouter un groupe ou un DJ. C'est cool, peut-être un peu plus chaleureux (on y parle vraiment pas mal, en se collant bien à l'oreille de son/sa partenaire) et puis surtout... c'est deux fois moins cher qu'en boîte, tout comme les consos ! Petit droit d'entrée.

Musique classique

Il existe quelques temples incontournables de la musique classique comme le Barbican Hall, l'English National Opera ou le Royal Albert Hall (vous les retrouverez dans l'index). Purcell Room, Queen Elizabeth Hall, Royal Festival Hall, Royal Opera House sont aussi d'autres temples. Certaines églises, dont Saint Martin-in-the-Fields, proposent une à deux fois par semaine des concerts de musique baroque (aux chandelles !).

Théâtre

La plupart des théâtres sont dans le West End. Ils jouent généralement du « boulevard », sauf quelques pièces qui ont percé dans les « Fringe Theatres » et qui accèdent aux honneurs du West End. Les pièces du West End sont les plus chères et leurs billets les plus difficiles à obtenir.

– Possibilité d'acheter des billets à moitié prix pour la plupart des théâtres le jour même. *TKTS (Half-Price Ticket Booth) :* Leicester Square, WC2 (sur la place, à côté du square). Le guichet est ouvert de 10h à 19h (attention, deux files différentes : l'une pour les représentations données en matinée, l'autre pour les soirées). On peut encore avoir des *standby seats,* places mises en vente 1h avant chaque représentation dans la plupart des théâtres. Attention ! Le *TKTS* est la seule agence « officielle » (commission de 2,50 £, soit 3,75 €, par billet). Deuxième guichet au métro Canary Wharf. Les autres agences, très nombreuses dans Londres, n'ont pas le droit de prendre plus de 25 % de commission. Si vous achetez votre billet dans l'une d'entre elles, vérifiez bien que l'on vous indique le prix d'origine et que la commission n'est pas plus importante. Surtout, n'achetez jamais un billet au noir. Il peut être le triple ou le quadruple du prix normal, voire carrément faux !

En plus de ceux qu'on indique, beaucoup d'autres petits théâtres, malgré les difficultés financières et les coûts de production, présentent des spectacles de tout premier ordre et font de Londres probablement la capitale mondiale du théâtre expérimental.

Cinéma

Signalons que les salles du centre sont plutôt chères. Les prix sont plus intéressants dans les cinés de la banlieue proche. Sachez tout de même que les cinés proposent des *early seances* moins chères. Cela dit, voir un film en v.o. non sous-titrée vous fera économiser des cours d'anglais !

UNITAID

« L'aide publique au développement est aujourd'hui insuffisante » selon les Nations Unies. Les objectifs principaux sont de diviser par deux l'extrême pauvreté dans le monde (1 milliard d'êtres humains vivent avec moins de 1 dollar par jour), de soigner tous les êtres humains du sida, du paludisme et de la tuberculose, et de mettre à l'école primaire tous les enfants du monde d'ici à 2020. Les États ne fourniront que la moitié des besoins nécessaires (80 milliards de dollars).

C'est dans cette perspective qu'a été créée, en 2006, UNITAID, qui permet l'achat de médicaments contre le sida, la tuberculose et le paludisme.

Aujourd'hui, plus de 30 pays se sont engagés à mettre en œuvre une contribution de solidarité sur les billets d'avion, essentiellement consacrée au financement d'UNITAID. Ils ont ainsi ouvert une démarche citoyenne mondiale, une première mondiale, une fiscalité internationale pour réguler la « mondialisation » : en prenant son billet, chacun contribue à réduire les déséquilibres engendrés par la mondialisation.

Le fonctionnement d'UNITAID est simple et transparent : aucune bureaucratie n'a été créée puisque UNITAID est hébergée par l'OMS et sa gestion contrôlée par les pays bénéficiaires et les ONG partenaires.

Grâce aux 300 millions de dollars récoltés en 2007, UNITAID a déjà engagé des actions en faveur de 100 000 enfants séropositifs en Afrique et en Asie, de 65 000 malades du sida, de 150 000 enfants touchés par la tuberculose, et fournira 12 millions de traitements contre le paludisme.

Le *Guide du routard* soutient, bien entendu, la réalisation des objectifs du millénaire et tous les outils qui permettront de les atteindre ! Pour en savoir plus : ● unitaid.eu ●

LE CENTRE TOURISTIQUE :
SOHO, PICCADILLY, COVENT GARDEN ET OXFORD CIRCUS

> Pour se repérer, voir le centre 1 (Soho, Covent Garden) en fin de guide.

Parcouru et reparcouru par les touristes du monde entier, ce grand centre de Londres regroupe quartiers célèbres (Soho, Covent Garden, Carnaby St...), musées prestigieux, ainsi que nombre de bars, restaurants et boîtes. La balade est certes plaisante, ne serait-ce que pour mettre des images sur les noms de tous ces lieux mythiques, mais ne limitez surtout pas votre séjour londonien à ces quartiers. Le charme agit sans doute, et l'avant-garde londonienne s'y est autrefois éveillée, mais, aujourd'hui, vous y croiserez beaucoup plus de touristes que de Londoniens. Hélas, très peu de bons hôtels également, à l'exception des AJ. Pour loger, préférer la périphérie.

Où dormir ?

Bon marché

🛏 *Oxford Street Youth Hostel* (YHA ; centre 1, E3, **50**) : 14 Noel St, W1F 8GJ. ☎ 0870-770-59-84. ● oxfordst@yha.org.uk ● yha.org.uk ● Ⓜ Oxford Circus ou Piccadilly Circus. Nuitée à partir de 23,50 £ (35,25 €). Cette AJ officielle idéalement située avait bien besoin d'une rénovation. C'est chose faite depuis 2007.

🛏 *Piccadilly Backpackers* (centre 1, E4, **65**) : 12 Sherwood St, W1F 7BR, au 4ᵉ étage. ☎ 0207-434-90-09. ● bookings@picadillybackpackers.com ● picadillybackpackers.com ● Ⓜ Piccadilly Circus. Compter 12-17 £ (18-25,50 €) par pers en dortoir (4-12 lits). Ajouter 3 £

(4,50 €) ven-sam. Pas mal de réduc sur Internet. Un monstre ! Pensez donc : près de 700 lits répartis sur plusieurs étages. Autant dire que l'intimité est illusoire et la propreté aléatoire. En revanche, la situation est remarquable, à deux pas de Piccadilly Circus, et l'atmosphère festive très propice aux rencontres. Côté infrastructures, c'est le minimum, surtout quand ça marche : douches et w-c communs, salle TV confortable, connexion Internet... mais pas de cuisine (juste un micro-ondes en dépannage). Manque parfois d'organisation. Une bonne affaire, donc pensez à réserver bien à l'avance.

Spécial coup de folie

🛏 *My Hotel* (centre 1, E3, **64**) : 11-13 Bayley St, WC1B 3HD. ☎ 0207-667-60-00. ● bloomsbury@myhotels. com ● myhotels.com ● Ⓜ Goodge St. De la double à la suite, compter 235-355 £ (352,50-532,50 €) la nuit, *petit déj même pas compris ; importante réduc le w-e et promos sur Internet.* À deux pas du British Museum, un nid douillet imaginé et conçu par l'incontournable designer anglais Conran. Sobriété, confort et ambiance cosy pour ces chambres uniques. Côté déco, couleurs *flashy* ou blancheur immaculée, au choix. Plein de gadgets, d'astuces et de technologie. Des meubles anciens également, gentiment incongrus dans ce cadre si moderne. Et, bien sûr, un bar digne d'un magazine spécialisé. Accueil exemplaire.

🛏 *Saint Martin's Lane (centre 1, F4, 74)* : *45 St Martin's Lane, WCZ N4HX.* ☎ *0207-300-55-00.* • *stmartinslane.com* • Ⓜ *Leicester Square.* Nuit à partir de 225 £ (337,50 €), petit déj non compris. Un hôtel que les fans d'architecture moderne et de design vont adorer. Du grand luxe, avec Starck aux manettes. Quelque 200 chambres, une porte-tambour jaune fluo, un jeu d'échecs détonant dans le non moins surprenant hall où sièges « molaires » de Starck côtoient sans vergogne bergères Louis XV. Fallait oser !

Chambres tout confort naturellement, splendides et décorées au minimum. Certaines avec vue sur un microjardin, d'autres avec de larges baies ouvertes sur Londres. Bar et resto cosy tout aussi élégants.

🛏 *One Aldwych (centre 1, F4, 55)* : *1 Aldwych, WC2B 4RH.* ☎ *0207-300-10-00.* • *reservations@one aldwych.co.uk* • *onealdwych. co.uk* • *Doubles à partir de 360 £ (540 €). Nombreuses réduc sur le site (rubrique « Special offers ») : les tarifs peuvent descendre jusqu'à 185 £ (277,50 €).* Si vous rêviez de dormir dans une galerie de peinture, votre rêve sera exaucé ! Un hôtel de charme malgré la centaine de chambres, où confort, luxe et œuvres d'art du propriétaire se mêlent à la pureté des matériaux, du bleu électrique de la piscine au moelleux des grands lits des chambres. Tous les services d'un grand hôtel (bars, deux restos), l'élégance en plus, aux détails mesurés et bien choisis (les petites fleurs, le tombé des rideaux...). Et toutes ces œuvres qui ornent les murs ! Pour un coup de folie ou un week-end en amoureux...

Où manger ?

Le choix ne manque pas dans ce secteur dévolu au tourisme (musées, monuments, commerces), mais aussi aux virées nocturnes traditionnelles des Londoniens (théâtres, concerts, cinoches, pubs et cafés...). À ce sujet, il faut savoir que les Anglais aiment rire, sortir et adorent les discussions à bâtons rompus... Résultat, il règne, en tout lieu et à toute heure, un joyeux brouhaha. Le week-end, à Soho et aux alentours, les décibels explosent et cela tourne vite à la cacophonie. Si vous êtes allergique au bruit et à la techno, changez de quartier ! C'est votre unique chance de dîner au calme...

Bon marché

🍴 *The Rock and Sole Plaice (centre 1, F3, 182)* : *47 Endell St, WC2H.* ☎ *0207-836-37-85.* Ⓜ *Tottenham Court Rd ou Covent Garden.* Tlj 11h30-23h (22h dim). À emporter, service jusqu'à 23h45. À partir de 5 £ (7,50 €) à emporter, frites comprises, mais 8-15 £ (12-22,50 €) sur place. Spécialiste du *fish and chips* depuis 1871 (avec toutefois plusieurs changements de propriétaires), autant dire que ce *« chipy »*

connaît son affaire. Enfin, ne rêvons pas non plus, à ce prix-là, il s'agit d'une adresse, certes sympa, populaire et typique, mais aussi un tantinet graillonneuse. Clientèle de curieux et de touristes, regroupés dans la petite salle carrelée ou en terrasse.

🍴 *Monmouth Coffee Company (centre 1, F3, 255)* : *27 Monmouth St, WC2H 9EU.* ☎ *0207-645-35-16.* • *beans@monmouthcoffee.co.uk* •

🅜 *Covent Garden ou Tottenham Court Rd. Lun-sam 8h-18h30. En-cas 3 £ (4,50 €) env.* Impossible de ne pas succomber à l'odeur inimitable du grain de café fraîchement moulu. Les papilles en alerte, on se laisse guider par les effluves émanant de cette charmante échoppe... où les gros sacs de café et le comptoir recouvert de gâteaux, de tartes et de quiches sont comme un coup de grâce pour les gourmands ! Seulement 3 tables au fond pour ceux qui souhaitent déguster sur place.

I●I **Breakfast club** *(centre 1, E3, 176) : 33 d'Arblay St, W1 8EU.* ☎ *0207-434-25-71.* 🅜 *Oxford Circus ou Tottenham Court Rd. Tlj sf dim 8h-18h. Compter env 5 £ (7,50 €).* Trois tables chinées, un parquet délavé et deux Mac pour surfer sur le Net, il n'en fallait pas plus pour attirer l'attention des étudiants et des bobos. Mais pour les fidéliser, ce sont les papilles qu'il faut séduire : avec ses cocktails de fruits délicieux, ses breakfasts copieux et variés ou ses gros sandwichs à la commande, c'est chose faite !

I●I **Café Mode** *(centre 1, F3, 154) : 57 Endell St, WC2H 9AJ.* ☎ *0207-240-80-85.* 🅜 *Covent Garden ou Tottenham Court Rd. Lun-sam 10h-minuit. Plats à partir de 5,50 £ (8,25 €).* Pas de défilé au *Café Mode,* sauf celui des affamés qui connaissent le bon rapport qualité-prix des petits plats à l'italienne. Bonnes pizzas, burgers « gourmets » et pâtes honnêtes, servies par une équipe dynamique dans un cadre très pop.

I●I 👫 **Ed's** *(centre 1, E3, 159) : 1 Old Compton St, W1.* ☎ *0207-439-19-55.* 🅜 *Leicester Square. Tlj 11h30-23h30.* Les fans de *Happy Days* vont être ravis ! Un vrai *diner* à l'américaine avec des super burgers autour de 5 £ (7,50 €) pour caler une fringale. Bonnes frites maison. On s'assoit autour du comptoir en zinc, et on sifflote sur un air de *Baby Love* en dégustant des milk-shakes renversants. D'autres adresses en ville, mais de toutes les manières, c'est cet *Ed's* qu'on préfère !

I●I **Taro** *(centre 1, E4, 157) : 61 Brewer St, W1F 9UW.* ☎ *0207-734-58-26.* 🅜 *Piccadilly Circus. Tlj 12h-*15h, 17h30-22h30 (21h30 dim). Plats 6-9 £ (9-13,50 €).* Resto de cuisine mi-japonaise, mi-« autres pays d'Asie » : sushis, nouilles et riz sautés, soupe de nouilles, *ramens,* bref, tout le monde y retrouve son plat préféré. Cuisine ouverte sur une petite salle simple tout en bois blond. Clientèle d'étudiants et de businessmen en pause déjeuner le midi. *Autre adresse à deux pas : 10 Old Compton St.*

I●I **Beatroot** *(centre 1, E3, 199) : 92 Berwick St, W1F 0QD.* 🅜 *Oxford Circus ou Piccadilly Circus. Tlj 9h (11h dim)-21h. Portions 3,50-5,50 £ (5,25-8,25 €) env.* Tenu par une jeune équipe souriante, ce minuscule self végétarien dévoile chaque jour un nouveau buffet plus coloré qu'une palette de peintre. Et puis, on peut goûter à tout, ou presque ! Il suffit de choisir le format de la boîte (la *medium* suffit largement) et de la faire remplir à ras bord de salades, de gratins, de tagines, ou encore de quiches. Reste à trouver une place autour des rares tables rondes orange. À moins d'aller déguster le tout dans le Soho Square, tout proche, ou autour du petit marché populaire dans la rue piétonne.

I●I **Masala Zone** *(centre 1, E3, 161) : 9 Marshall St, W1F 7ER.* ☎ *0207-287-99-66.* 🅜 *Piccadilly Circus ou Oxford Circus. Tlj 12h-15h30, 17h30-23h (en continu sam ; dim jusqu'à 22h30). Menus midi 8-10 £ (12-15 €), plats 7-10 £ (10,5-15 €). Pas de résa.* Une cantine indienne branchée, pour ne pas dire aseptisée, plébiscitée par bon nombre de jeunes Londoniens. Grande salle sur différents niveaux, à la déco épurée égayée de fresques naïves. Pas de la grande gastronomie, mais de quoi casser une graine exotique pour pas cher. Assez animé.

I●I **Pret A Manger** *(centre 1, E3, 150) : 54-56 Oxford St, W1.* ☎ *0207-580-98-09.* 🅜 *Tottenham Court Rd. Tlj 9h-20h (19h dim).* Le bon vieux sandwich a bien évolué depuis son invention par lord Sandwich... Les puristes, inconditionnels de la recette « Club », auront du mal à s'y retrouver, les autres se régaleront de recettes originales et exotiques. Le tout, frais du matin ou préparé à la minute en fonction du débit, à partir de produits d'excellente qualité et à prix très honnêtes. Le triangle de pain de mie a encore de beaux jours devant lui... Également de bonnes soupes, salades et sushis. Plus de 100 autres adresses dans Londres (dont la vaste succursale de Saint Martin's Place, juste derrière Trafalgar Square ; *centre 1, F4*).

|●| *Stockpot* (*centre 1, E4, 151*) : 38 Panton St, SW1Y 4EA. ☎ 0207-839-51-42. Ⓜ *Leicester Square ou Piccadilly Circus. Tlj 7h-23h30 (22h dim). Breakfast 4-6 £ (6-9 €). Le midi, compter 4,50 £ (6,75 €) pour 2 plats ; le soir, 7,50 £ (11,25 €) pour 3 plats. Stockpot a toujours la cote ! Forcément, sa popote en stock est une aubaine : spaghettis-escalope napolitaine, omelettes, paella et autres salades ne font pas dans le grandiose, mais le tout est copieux et à des prix plancher. Alors ça dépote, et dès l'heure du petit déj. Jouez des coudes ! Autres Stockpot : à Chelsea, 273 King's Rd, SW3 5EN ; à Knightsbridge, 6 Baril St, SW3 1AA ; et à Soho, 18 Old Compton St, W1.*

|●| *Govinda's* (*Rada Krishna Temple ; centre 1, E3, 155*) : 9-10 Soho St (à 20 m de l'angle avec Oxford St), W1. ☎ 0207-437-49-28. Ⓜ *Tottenham Court Rd. Tlj sf dim 12h-20h. Buffet 5-6 £ (7,50-9 €). Une oasis à deux pas de la rue commerçante la plus stressante de Londres ! Un self végétarien très bon marché, tenu par des Hare Krishna. Ambiance et clientèle un peu flower power, ça va de soi. Très bonne cuisine, notamment les fameux thalis, ou plus simplement le veggie burger. Bref, une sympathique adresse, simple et sans prétention. Et n'oubliez pas : love and devotion...*

|●| *Food for Thought* (*centre 1, F3, 156*) : 31 Neal St, WC2H 9PR. ☎ 0207-836-90-72. Ⓜ *Covent Garden. Lun-sam 12h-20h30, dim 12h-17h. Plats 3-6 £ (4,50-9 €) ; un peu plus cher sur place. Une référence, voire une petite légende du circuit végétarien londonien. Les gens s'écrasent dans l'escalier ou font la queue dehors pour déguster une nourriture abondante, délicieuse et*

différente chaque jour : fines quiches aux légumes, copieuses salades composées, etc. Un resto qui prouve bien que végétarien ne signifie pas fade. Peu de tables dans le petit sous-sol, mais ça tourne vite (ou possibilité de vente à emporter).

|●| *The Chandos* (*centre 1, F4, 158*) : 29 Saint Martin's Lane (au 1er étage), WC2N 4ER. ☎ 0207-836-14-01. Ⓜ *Leicester Square. Lun-jeu 11h-19h, ven-sam 12h-18h. Plats principaux 6-7 £ (9-10,50 €) et sandwichs autour de 5 £ (7,50 €). Le pub anglais comme on l'imagine, avec ses vitraux, ses rideaux à fleurs, ses petits recoins cosy à souhait et ses habitués. Plats classiques et roboratifs, genre feuilleté de viande avec sa petite sauce... à la bière, fish and chips, etc. Pas d'une grande finesse, mais accompagné d'une lager (bière légère) maison, le tout passe plutôt bien. Venir tôt pour être sûr de dénicher une place assise. Pour manger, on vous recommande plutôt de vous installer à l'étage (Opera room).*

|●| *La Locanda* (*centre 1, E4, 160*) : 35 Heddon St, W1. ☎ 0207-734-66-89. Ⓜ *Piccadilly Circus. Tlj jusqu'à 22h. Plats 7-12 £ (10,50-18 €). Café offert sur présentation de ce guide. Le petit italien sans esbroufe, dont la carte classique ne mérite pas un détour mais justifie une halte si on se balade dans le coin. C'est en tout cas bien meilleur que les chaînes de pizzerias qui pullulent dans ce quartier ô combien touristique. Devanture rouge pétard, tables nappées, carte de trattoria en pierre rappelant l'Italie natale du patron, atmosphère chaleureuse due au four à pizzas et aux clients festifs : cette adresse ne change pas sa formule gagnante depuis de nombreuses années. Service agréable.*

|●| *Fresh and Wild* (*centre 1, E4, 163*) : 69-75 Brewer St, W1F. ☎ 0207-434-31-79. Ⓜ *Piccadilly Circus. Lun-ven 7h30-21h, sam 9h-20h, dim 11h30-18h30. Compter 4-8 £ (6-12 €). Café ou thé offert pour tout repas pris, sur présentation de ce guide. Grande épicerie bio où tout est vendu au poids et au détail. Sandwichs, soupes, salades et plats à emporter ou à consommer sur place*

(quelques tables à peine). Légumes et soja, jus de fruits accommodés de 1 000 manières, tofu et quinoa rissolés, *cheese pie* (et même *chicken pie* pour les allergiques à la cuisine vég'). Attention : pas de w-c. Succursales à Camden Town, Stoke Newington, la City et Notting Hill.

l●l *Café Emm* (centre 1, E3, *164*) : 17 Frith St, W1D 4RG. ☎ 0207-437-07-23. ● *cafeemm@dircon.co.uk* ● Ⓜ *Leicester Square ou Tottenham Court Rd. Tlj 12h-14h30 (13h-16h sam), 17h30-22h30 (23h30 ven et sam). Menus 7-9 £ (10,50-13,50 €) avt 18h30. Plats 6-12 £ (9-18 €). Min exigé de 7 £ (10,50 €) par pers*. Précédé par une aimable devanture bleue, ce petit bistrot mignon comme tout distille une atmosphère conviviale avec son équipe souriante et une poignée d'affiches de ciné pour la déco. Menu international qui mettra tout le monde d'accord : burgers, poulet cajun, *falafels*, ou plus traditionnel, *fish and chips* et *ale pie*. Copieux et convenable.

l●l *Kulu Kulu Sushi* (centre 1, E4, *165*) : 76 Brewer St, W1F 9TX. ☎ 0207-734-73-16. Ⓜ *Piccadilly Circus. Tlj sf dim 12h-14h30 (15h30 sam). Assiettes 1,20-3,60 £ (1,80-5,40 €)*. L'un de ces bars japonais au concept industriel tiré des « Temps modernes » : les convives se répartissent le long d'un tapis roulant et piochent à leur guise parmi les miniportions qui défilent. Tous les sushis sont garantis « maison ». Quelques plats végétariens. Un inconvénient toutefois : durant les « heures de pointe », on ne peut rester plus de 45 mn ! Pas très glamour...

l●l *Bar-Chocolate* (centre 1, E3, *167*) : 27 D'Arblay St, W1 8EN. ☎ 0207-287-28-23. Ⓜ *Oxford Circus ou Tottenham Court Rd. Tlj 12h-23h (13h-22h30 dim). Plats 8-10 £ (12-15 €)*. Café-bar-resto au look soigné (chocolat !), fréquenté par des trentenaires gentiment intellos branchés. Déco minimaliste plutôt réussie et gros fauteuils pour rêvasser, petite terrasse aux beaux jours. Petite cuisine dans l'air du temps, convenable (*mezze,* tortillas, breakfasts...). Sympa pour une petite pause.

l●l *Belgo Centraal* (centre 1, F3, *179*) : 50 Earlham St, WC2. ☎ 0207-813-22-33. ● *info@belgo-restaurants.co.uk* ● Ⓜ *Covent Garden. Lun-jeu 12h-23h, ven-sam 12h-23h30. Express lunch 6,50 £ (9,75 €) servi jusqu'à 17h en sem, sans oublier l'opération « Beat the clock », au même prix, 17h-18h30 en sem. Sinon, plats principaux 9-18 £ (13,50-27 €)*. Super pour le décor : depuis une passerelle métallique, d'où l'on profite d'une vue plongeante sur les cuisines, on descend par un ascenseur transparent dans une salle mi-futuriste, mi-médiévale. Dans votre assiette, plusieurs variantes de moules-frites et des spécialités de viande ou de poisson cuisinées à la bière. Sans génie mais convenable. Plus de 100 bières, certaines très fortes.

l●l *World Food Café* (centre 1, F3, *169*) : 14 Neal's Yard, au 1er étage (accessible par Short's Gardens ou Monmouth St), WC2. ☎ 0207-379-02-98. ● *info@worldfoodcafe.com* ● Ⓜ *Covent Garden. Lun-sam 12h-17h. Fermé dim. Plats 6-9 £ (9-13,50 €)*. Bonne cuisine végétarienne internationale, du *mezze* turc aux plats mexicains en passant par les *falafels* égyptiens. Bons desserts également. Grande salle claire organisée autour d'une cuisine ouverte, avec un large comptoir pour savourer son en-cas. Vue plongeante depuis les tables communes sur la dénommée Neal's Yard, une véritable enclave new-age peinturlurée d'orange et de rose fluo. Accueil sympa.

l●l *Exotica* (centre 1, F4, *257*) : 7 Villiers St, WC2. ☎ 0207-930-61-33. ● *info@exotica.co.uk* ● Ⓜ *Charing Cross. Lun-mer 7h30-23h, jeu-ven 7h30-minuit, sam 11h-minuit. Fermé dim. Plats 4-7 £ (6-10,50 €). Réduc de 10 % avec la carte d'étudiant (non cumulable avec la promo du jour)*. Sorte de fast-food branché, ce petit bar à la déco minimaliste s'avère parfait pour un repas léger pendant la balade. Petits déj, salades, sandwichs, nouilles sautées, plats du jour aux saveurs du monde. Coriandre, citronnelle et gingembre sont d'un usage quasi systématique. Pas mal d'options végétariennes et même des recettes diététiques. Plusieurs autres snacks de qualité dans cette rue.

|●| Franx *(centre 1, F3, 172)* : 192 *Shaftesbury Ave, WC2H 8JL.* ☎ *0207-836-79-89. À côté du bistrot* Freud. *Tlj 6h30-18h. Rien qui dépasse les 5 £ (7,50 €).* Sorte de traiteur/fast-food bien achalandé : nombreuses variétés de salades de pâtes, sandwichs bien tassés, soupes, lasagnes et raviolis accommodés de différentes sauces... Sert aussi des petits déj. Le *latte* est extra. Une poignée de tables pour consommer sur place. Sans prétention, mais très correct et à des prix riquiqui.

|●| Café in the Crypt *(centre 1, F4)* : *dans la crypte de Saint Martin-in-the-Fields, l'église à droite en regardant la National Gallery ; entrée par* Duncannon St. ☎ *0207-839-43-42.* ● *cafeinthecrypt@smitf.co.uk* ● Ⓜ *Charing Cross. Lun-mer 8h-20h, jeu-sam 8h-22h30, dim 12h-20h. Sandwichs et plats du jour 4-8 £ (6-12 €).* Délicieusement décalé ! Sise dans une belle cave voûtée du XVIIIe siècle à nouveau ouverte aux visiteurs après 7 mois de travaux, cette cafétéria reposante bercée par de la musique classique prend ses aises sur un dallage... de pierres tombales. Cela ne coupe pas l'appétit, car les pâtes, sandwichs, soupes, salades et pâtisserles sont frais et appétissants. Idéal aussi pour un *tea* *break* par temps pluvieux, pour se réchauffer avec une part de gâteau et un thé. Très prisé des flâneurs de Trafalgar Square. Concerts de jazz certains soirs.

|●| La cafétéria de l'ICA *(Institute of Contemporary Arts ; centre 1, E4)* : The Mall. Ⓜ *Charing Cross. Tlj 12h-23h (22h dim). Sandwichs et plats du jour 4-10 £ (6-15 €).* Il faut prendre une *membership card* valable une journée pour y accéder (2 £, soit 3 €, en semaine, ou 3 £, soit 4,50 €, le week-end) mais on y mange d'excellents sandwichs et de copieuses salades, en compagnie de joueurs d'échecs et autres intellos révisant leurs classiques. La carte vous permettra même d'accéder aux 2 salles d'expos temporaires (plus d'excuse !). Cadre moderne convaincant, où les chaises orange tranchent sur la blancheur immaculée des murs. Une bonne mise en condition pour la visite...

|●| Tokyo Diner *(centre 1, E4, 185)* : 2 Newport Pl, WC2H 7JP. ☎ *0207-287-87-77.* Ⓜ *Leicester Square. Tlj 12h-minuit. Menus 5-10 £ (7,50-15 €).* Petite enclave nipponne en plein Chinatown, avec son horloge à sushis et ses nombreuses amphores. Sobre, service efficace, bref, impeccable pour avaler sur le pouce une formule *bento* sans prétention, avec du riz, des nouilles sautées, des sushis et une viande. Thé à volonté.

Prix moyens

|●| Wagamama *(centre 1, E3, 170)* : 10 A Lexington St, W1F OLD. ☎ *0207-292-09-90.* Ⓜ *Piccadilly Circus. Tlj 12h-23h (ven-sam minuit). Autre adresse, pas loin, juste derrière la National Gallery (14 A Irving St).* Voir le texte sur l'autre *Wagamama (centre 1, F3, 170)* dans la rubrique « Où manger ? » du chapitre « Bloomsbury, King's Cross et Euston ». Ne vous laissez pas impressionner par une éventuelle file d'attente, le *turnover* y est assez rapide. On est fans !

|●| Chowki *(centre 1, E4, 174)* : 2-3 Denman St, W1D 7HA. ☎ *0207-439-13-30.* Ⓜ *Piccadilly Circus. Tlj sf dim* 12h-23h30. Carte 13-16 £ (19,50-24 €) ; menu 12 £ (18 €). Les années passent et se ressemblent : salle comble chaque soir, comme au premier jour. Mais sa situation stratégique et ses prix doux n'expliquent pas tout. À l'inverse de la déco résolument moderne (grandes tablées de bois sombre et tabourets de moleskine), la cuisine du *Chowki* se veut familiale et traditionnelle. Pari gagné ! Pas de jaloux : en 12 mois le chef talentueux passe en revue la gastronomie de 36 régions indiennes ! Pas de quoi s'ennuyer en somme, d'autant plus que les plats sont beaux et bien maîtrisés dans l'ensemble (attention, assez épicé). Service impeccable.

|●| *Hummus Bros.* *(centre 1, E3, 195)* : 88 Wardour St, W1F 0TJ. ☎ 0207-734-13-11. Ⓜ *Piccadilly Circus. Lun-ven 11h-22h (23h jeu-ven), sam 12h-23h. Rien à plus de 6 £ (9 €)*. Plein d'humour chez ces deux copains de lycée qui, un soir, rêvaient de partager un plat généreux plein de goût et suffisamment nourrissant entre amis. L'idée de « l'hummus bar » était née. Si le cadre est branché à souhait (comprendre une minuscule salle minimaliste avec tables communes), c'est une recette ancestrale qui est servie ici, celle du *hommos* (hummus) : des pois chiches *(peas),* concassés avec du citron et des graines de sésame, le tout dégusté avec, dans ou sur (là est la question !) des pitas et de l'huile d'olive. Un délice pour végétariens comme pour gourmands, et les enfants ravis de manger avec les doigts. Différentes propositions de dégustations. *Give peas a chance !*

|●| *Itsu (centre 1, E3, 173)* : 103 Wardour St, W1F 0UQ. ☎ 0207-479-47-90. Ⓜ *Oxford Circus ou Piccadilly Circus. Lun-sam 12h-23h (minuit ven-sam), dim 13h-22h. Entre 2 et 3,70 £ (3-5,55 €) l'assiette-portion. Prévoir env 4 assiettes par pers. Plats env 6 £ (9 €)*. Beau bar à sushis avec une déco émaillée, acidulée et design. En fond sonore, une musique électro-jazz pour une fois pas trop assourdissante. Tous assis au coude à coude le long du tapis roulant, on n'a plus qu'à piocher les sushis et les sashimis que l'on voit défiler sous nos yeux. Attention, la gourmandise est un vilain défaut qui coûte cher... Beaucoup d'originalité dans les recettes, fraîches et colorées. Quelques soupes, grillades, plats chauds et barquettes à emporter également. On adore... mais les amoureux sont évidemment désavantagés.

|●| *Spiga (centre 1, E3, 171)* : 84-86 Wardour St, W1F 3LF. ☎ 0207-734-34-44. Ⓜ *Piccadilly Circus. Tlj 11h-23h. Plats 10-20 £ (15-30 €)*. Resto italien du genre branché, mais atmosphère détendue : mobilier ultramoderne, cadre épuré et musi-

que électro. Excellentes pizzas au feu de bois et plats italiens de bonne tenue. Carte des vins alléchante. Accueil à la hauteur.

|●| *Busaba Eathai (centre 1, E3, 152)* : 106-110 Wardour St, W1F 0TR. ☎ 0207-255-86-86. Ⓜ *Oxford Circus ou Piccadilly Circus. Tlj 12h-23h (23h30 ven-sam ; 22h dim). N'accepte aucune résa. Plats 6-10 £ (9-15 €)*. Une des adresses à la mode de Soho, où la clientèle branchée se réunit autour de larges tables en bois de rose sous des lumières tamisées. Aucune intimité, mais une déco sobre très réussie et surtout une excellente cuisine thaïlandaise à base de curry, viandes grillées, poissons et fruits, légèrement sucrée-salée, doucement assaisonnée de citronnelle. Plus sympa en soirée qu'au déjeuner ; en revanche, il faut souvent faire la queue : la rançon du succès !

|●| *The Punjab (centre 1, F3, 172)* : 80 Neal St, WC2H. ☎ 0207-836-97-87. • sital.maan@gmail.com • Ⓜ *Covent Garden ou Tottenham Court Rd. Tlj 12h-15h, 18h-23h30 (22h30 dim). Résa conseillée. Compter 8-15 £ (12-22,50 €) le plat, légumes et pain indien en sus*. Une fois n'est pas coutume, ce restaurant indien se démarque par un cadre soigné tout en boiseries et couleurs chaudes. Cela explique en partie sa surprenante longévité (la maison a fêté ses 40 ans en 2002), mais avant tout, c'est sa cuisine pleine de saveurs, de la région du Penjab, qui fidélise les amateurs.

|●| *Sarastro (centre 1, F3, 282)* : 126 Drury Lane, WC2B 5QG. ☎ 0207-836-01-01. • info@sarastro-restau rant.com • Ⓜ *Covent Garden. Tlj 12h-23h45 (dernière commande). Résa conseillée. Lunch 12,50 £ (18,75 €) et autre menu avec des mezze 23,50 £ (35,25 €). Sinon, compter dans les 20 £ (30 €) à la carte et 25 £ (37,50 €) pour les soirées « opéra », mais slt dim-lun soir*. Déco théâtrale délirante, rouge et dorée, composant un improbable patchwork de ballerines qui pendent aux lustres, de fresques et de moulures façon crème chantilly... On peut même manger sur les galeries ! Cui-

sine orientale (*hommos,* friands au fromage) et une bonne spécialité maison : le poulet *Sarastro* (raisins et sauce à l'orange). Mais ce qui fait vraiment le succès de la maison, ce sont ses extravagantes soirées « opéra » les dimanche et lundi soir, hélas trop courtes. Spectacle garanti. Vin cher.

I●I *Café Bohème (centre 1, E3, 283)* : 15-17 Old Compton St, W1D 5JQ. ☎ 0207-734-06-23. Ⓜ Leicester Square. À l'angle de Greek St et de Old Compton St. Tlj 8h-3h (23h dim). Petits plats le midi autour de 5 £ (7,50 €). Menu 13,50 £ (20,25 €) jusqu'à 19h. Sinon, plats 6-16 £ (9-24 €). Bonne cuisine de brasserie française : sandwichs, assiettes gourmandes, grosses salades, bœuf bourguignon... Ambiance et cadre chaleureux de bistrot chic, avec son lot de tables à plateau de marbre, beaucoup de bois et un éclairage à la bougie. Service rapide. Jeudi à 17h et dimanche à 16h, petit concert de musique jazzy.

I●I *Thai Cottage (centre 1, E3, 176)* : 34 D'Arblay St, W1. ☎ 0207-439-70-99. Ⓜ Oxford Circus. Ouv 12h-16h, 17h30-22h30 (23h ven-sam). Fermé sam midi et dim. Menus 9-12 £ (13,50-18 €). Petite cantine améliorée, fréquentée par une clientèle d'habitués pour ses petits plats honnêtes à prix raisonnables.

I●I *L'Artiste Musclé (plan général D4, 178)* : 1 Shepherd's Market, W1J 7PA. ☎ 0207-493-61-50. Ⓜ Green Park. Tlj 12h-15h, 18h-22h30. Fermé de Noël au Jour de l'an. Env 20 £ (30 €) à la carte. Dans un quartier piéton bourré de charme, peuplé de petits restos qui empiètent largement sur la rue aux beaux jours. La table est réputée dans le coin pour sa cuisine honnête et ses additions pas si musclées que ça. Décor de

vieux bistrot parisien, à l'image d'une carte gentille faisant la part belle aux grands classiques de l'Hexagone. Laissez-vous plutôt guider par le tableau noir qui indique le *special of the day* ou les soupes et quiches du jour. Deux petites salles, dont une au sous-sol (bruyante). Carte des vins honnête.

I●I ⚥ *Rainforest Café (centre 1, E4, 183)* : 20 Shaftesbury Ave, W1D 7EU. ☎ 0207-434-31-11. Ⓜ Piccadilly Circus. Tlj 12h (11h30 w-e)-22h (20h ven-sam). Plats 12-15 £ (18-22,50 €). Menu-enfants (bio) env 11 £ (16,50 €). Bienvenue dans l'univers impénétrable de la jungle. Vrais perroquets et animaux automates sont ici chez eux. Bruits mystérieux, fausse pluie, chaises en forme de zèbre, pas de doute, les enfants adoreront. Au fait, on est là pour manger aussi (plutôt moyennement) : salades safari, burgers, pâtes, sandwichs. Avec une addition salée et une boutique judicieusement placée à la sortie, les parents trouveront sans doute l'expérience un peu trop commerciale.

I●I *Crusting Pipe (centre 1, F4, 187)* : 27 The Market, Covent Garden, WC2E 8RD. ☎ 0207-836-14-15. ● info@davy.co.uk ● Ⓜ Covent Garden. Lun-mer 11h-23h, jeu-ven 11h-minuit, sam 10h-minuit, dim 10h-21h. Formule midi 10,95 £ (16,40 €), le soir 13,95 et 16,95 £ (20,90 et 25,40 €). À la carte, compter un bon 20 £ (30 €). En plus d'un séduisant bar à vin (voir « Bars à vin »), un resto au cadre chaleureux prolongé par une vaste terrasse en plein marché de Covent Garden (partie sud). Petites salles voûtées façon chais, avec des recoins intimes. Cuisine anglaise traditionnelle de bonne tenue, ou assiettes garnies pour les petits creux (charcuterie, salades...).

De prix moyens à plus chic

I●I *Browns (centre 1, F4, 188)* : 82-84 Saint Martin's Lane, WC2 4AF. ☎ 0207-497-50-50. Ⓜ Leicester Square. Servent jusqu'à 23h (22h dim). Menu d'avant-spectacle 10,95 £ (16,40 €) servi 16h-18h30.

Plusieurs autres menus 15-21 £ (22,50-31,50 €). À la carte, prévoir 20-25 £ (30-37,50 €). Dans le quartier des spectacles. Difficile à louper, de grandes torchères brûlent souvent en façade. Grande brasserie cosy, rétro et branchée à la fois, qui connaît toujours le même succès depuis toutes ces années. On vient vous placer aux petites tables disséminées au milieu des colonnes et des plantes vertes. Ballet virevoltant d'une armada souriante de serveurs en tablier blanc. Cuisine pas mal du tout : plats de brasserie à l'anglaise, copieux et non sans quelques touches d'originalité. Petit déj servi à partir de 9h, *lunch teas* et *sunday brunches.*

I●I The Mongolian Barbeque *(centre 1, F4, 192) : 12 Maiden Lane, WC2A.* ☎ *0207-379-77-22. ● mongo man.mbq@pipemedia.co.uk ●* Ⓜ *Covent Garden. Lun-sam 12h-23h, dim 12h-18h. Formules à partir de 7,95 £ (11,90 €) ; ajouter 6 £ (9 €) pour l'option « à volonté » et 2 £ (3 €) pour les entrées.* Inspirée d'un mode de cuisson mongol, remontant au XIIIe siècle et relaté dans ses mémoires par le plus célèbre de tous les routards, Marco Polo, la formule plaît beaucoup (même si ce plat est quasi inconnu en Mongolie !). On choisit ses ingrédients au buffet, on les confie aux chefs qui les cuisent à l'aide de grandes épées, on ripaille et... on recommence ! Pas d'une grande finesse, mais l'atmosphère est festive, idéale pour les bandes de copains ou les familles en goguette. Couloir aménagé en terrasse quand le temps le permet.

I●I The Gay Hussar *(centre 1, E3, 193) : 2 Greek St, W1D 4NB.* ☎ *0207-437-09-73. ● gayhussar@ corushotels.com ●* Ⓜ *Tottenham Court Rd. Tlj sf dim 12h15-14h30, 17h30-22h45. Formule à 16,50 £ (24,75 €) le midi ; compter 25 £ (37,50 €) à la carte. Résa conseillée. Réduc de 20 % sur présentation de ce guide.* Branché, *The Gay Hussar* ? C'est vrai que le nom pourrait prêter à confusion, mais ce vieux coucou a tout d'une pièce de musée... Plutôt *Old England* donc, avec ses lambris surchargés de bibelots, ses banquettes profondes et ses serveurs au garde-à-vous ! Quant à la cuisine, elle est définitivement hongroise. Copieuse, savoureuse et appréciée des Londoniens depuis déjà 50 ans. Arrosée d'un bon *tokay* et votre soirée sera à coup sûr réussie.

Très chic

I●I The Guinea Grill *(plan général D4, 166) : 30 Bruton Pl, W1J 6NL.* ☎ *0207-499-12-10.* Ⓜ *Bond St. Ouv 12h30-15h, 18h-23h. Fermé sam midi et dim. Pies 12,50 £ (18,75 €), plats 14-34 £ (21-51 €). Résa indispensable.* Une adresse de brasserie chic qu'on transmet du bout des lèvres, cachée dans une impasse, ou plutôt un *mews* comme on dit là-bas. D'un côté, le petit bar pour se mettre en appétit, de l'autre, les deux salles du restaurant, au décor typiquement anglais, très boisé, moquette au sol avec ses vieux tableaux champêtres aux murs et ses nappes damassées. Au programme des réjouissances, la meilleure *steak and kidney pie* d'Angleterre, rien que ça ! Et c'est vrai que cette tourte à la viande, avec sa sauce Worcestershire mitonnée aux petits oignons, c'est un délice. Les fruits de mer sont pas mal non plus ; quant aux desserts, faites un sort au *triffle,* gâteau spongieux comme jamais, mélangé à de la *custard cream,* des fruits rouges et une goutte d'alcool. Ça c'est l'Angleterre ! Carte des vins redoutablement sélectionnée, malgré sa longueur.

I●I Rules *(centre 1, F4, 196) : 35 Maiden Lane, WC2E 7LB.* ☎ *0207-836-53-14. ● info@rules.co.uk ●* Ⓜ *Covent Garden. Lun-sam 12h-23h30, dim 12h-22h30. Résa obligatoire le w-e et conseillée en sem. Menu d'avant-spectacle (sf déc) et menu déj 20 £ (30 €), ou 19 £ (28,50 €) après 22h. Addition autour de 40 £ (60 €) à la carte.* Inaugurée en 1798, cette vénérable institution a reçu la visite des acteurs les plus célèbres (Clark Gable, Charlie Chaplin, Buster Keaton, etc.) et de grands écrivains (Graham Greene, John Le Carré). Aujourd'hui encore, ils sont nombreux à ne pas concevoir un séjour londonien sans une halte rituelle au *Rules,* autant pour son cadre immuable d'auberge cossue que pour son excellente cuisine british : civet de lièvre, gibier, bœuf bouilli, sole de Douvres, le tout arrosé de savantes sauces sucrées-salées. En saison, c'est-à-dire d'août à décembre, ne ratez pas la *grouse,* volatile typiquement écossais qui fait le délice des Britanniques depuis des lustres... et dont la maison a fait sa spécialité.

I●I *Simpson's in the Strand* (centre 1, F4, *189*) : 100 Strand, WC2R 0EW. ☎ 0207-836-91-12. ● savoy@fairmont.com ● Ⓜ Charing Cross ou Covent Garden. Menu express 22,50 £ (33,75 €) avec 2 plats et 27,50 £ (41,25 €) avec 3 plats, servi 17h45-18h45 et... un peu trop express, pour le coup ! À la carte, beaucoup plus cher : compter 35-45 £ (52,50-67,50 €). Une des institutions londoniennes, opérant

depuis 1828. À l'époque, on y jouait aux échecs et l'entrée était interdite aux femmes. L'accès aux femmes fut la seule véritable révolution que connut l'établissement. Les trolleys, ces chariots de viande qui ont fait la réputation de la maison, sont toujours de rigueur. Un serveur hors d'âge les pousse de table en table et découpe avec maestria, qui de l'aloyau, qui de la dinde ou du gigot. Si vous aimez la viande à peine cuite, vous opterez pour ces derniers, qui supportent mieux les cuissons à l'anglaise. Rien que du traditionnel, mais non sans une pointe d'innovation qui nous a heureusement surpris. Quoi qu'il en soit, ne ratez sous aucun prétexte le *treacle sponge with custard,* un genre de baba à la crème anglaise. Pas vraiment *light,* mais un grand moment de bonheur. La maison est aussi célèbre pour ses petits déj. Quant à l'accueil, loin d'être pincé, il est adorable.

SOHO, PICCADILLY, COVENT GARDEN, OXFORD CIRCUS

Où manger chinois à *Chinatown* ?

Gerrard St, dans Soho *(centre 1, E4),* se révèle l'épine dorsale d'un mini-quartier chinois hyper-touristique. Pour plus de détails, se reporter plus loin dans la rubrique « À voir ». À tout hasard, vérifiez bien le détail de vos additions, petites arnaques possibles. Cela dit, ce n'est pas le meilleur endroit pour manger chinois : trop de débit, accueil souvent peu amène.

I●I *Mr Wu* (centre 1, E4, *197*) : 58-60 Shaftesbury Ave, W1D 6LS. ☎ 0207-287-88-83. Ⓜ Leicester Square. Tlj 12h-23h30. Buffet 8,50 £ (12,75 €), boisson non comprise. Pas de quoi fouetter un canard laqué, mais de quoi se ravitailler pour pas cher et à volonté. Nems, poulet, bœuf mijoté, le tout agréablement assaisonné de légumes. En dessert, fruits de toutes sortes. Évidemment, on ne s'attarde guère dans la salle proprette et lumineuse, mais cette petite cantine est sans doute la belle affaire du quartier.

I●I *Chinese Experience* (centre 1, E3-4, *201*) : 118 Shaftesbury Ave, W1D 5EP. ☎ 0207-437-03-77. ● in fo@chineseexperience.com ● Ⓜ Leicester Square. Tlj 11h-23h (22h30 dim). Env 15-20 £ (22,50-30 €) le repas. La déco sobre et moderne (murs rouge vif agrémen-

tés de quelques calligraphies) est à l'image de la cuisine : sérieuse. On ne ressort pas déçu après s'être laissé tenter par les bons *dim-sum,* les riz parfumés et les plats en sauce parfaitement maîtrisés et joliment présentés. Une des bonnes options dans ce secteur touristique où le pire l'emporte souvent sur le meilleur.

I●I *Golden Dragon* (centre 1, E4, *200*) : 28-29 Gerrard St, W1D. ☎ 0207-734-27-63. Ⓜ Leicester Square. Tlj 12h-23h30 (minuit ven-sam) ; dim-sum 12h (11h dim)-17h. Menus 13,50-35 £ (20,25-52,50 €). Le feu du *Golden Dragon* a perdu de son éclat. Très touristique, sa salle bruyante et passée de mode n'est pas le meilleur endroit pour un dîner en tête à tête, d'autant plus que le service manque franchement de chaleur. Malgré tout, la nombreuse clientèle chinoise garantit encore la qualité des plats : canard laqué délicieux et *dim-sum* parmi les meilleurs de Londres.

Bars à vin

L'Angleterre n'est certes pas un pays de vignes, mais, connaissant la passion des Britanniques pour le divin breuvage, les amateurs doivent s'attendre à de bien bonnes surprises !

Y **Gordon's Wine Bar** (*centre 1, F4, 350*) : 47 Villiers St, WC2N 6NE. ☎ 0207-930-14-08. ● gordonswinebar.com ● **M** Charing Cross. Lunsam 11h-23h, dim 12h-22h. Fermé j. fériés, ainsi que pdt vac scol. Plats 7-9 £ (10,50-13,50 €). Amateur de bons vins, amoureux du comptoir, cette adresse est pour toi. Les boiseries séculaires et les briques hâlées ne mentent pas, ce dédale de caves voûtées a bien vieilli dans son jus, à l'instar des meilleurs crus. À l'ardoise, les vins de la vieille Europe et du Nouveau Monde, à savourer au verre ou en bouteille pour les assoiffés. Y'a même du *sherry* au tonneau ! Idéal pour parfaire ses connaissances : sec, très sec ou doux comme le miel... Il fut un temps où cette atmosphère intime et brouillonne stimulait l'inspiration de Rudyard Kipling, tandis que Vivien Leigh et sir Lawrence Olivier y puisaient quelques forces entre deux représentations au *Player's Theatre* voisin. Aujourd'hui, les cols blancs profitent de l'aubaine, piochant dans les assiettes bien faites et bien pleines pour garder la tête sur les épaules. Et si les claustrophobes s'accommodent mal des bas plafonds, la terrasse disposée dans une ruelle piétonne leur fera les yeux doux dès les beaux jours !

Y **Crusting Pipe** (*centre 1, F4, 187*) : 27 The Market, Covent Garden, WC2. ☎ 0207-836-14-15. **M** Covent Garden. Sous les voûtes de l'ancien marché aux fruits et légumes. Bonne sélection, régulièrement révisée, de vins au verre ou à la bouteille. Également une partie resto (voir « Où manger ? »). Vaste terrasse.

Pubs, bars et cafés

Pas moins de 2 000 cafés dans le *West End*. On estime à 95 000 le nombre de piétons arpentant les rues de Soho le samedi soir ! Faut le voir pour le croire...

Y **Freud** (*centre 1, F3, 375*) : 198 Shaftesbury Ave, WC2H. ☎ 0207-240-99-33. ● freud.london @freudliving.com ● freudliving.com ● **M** Covent Garden ou Tottenham Court Rd. Lun-sam 11h-23h, dim 12h-22h30. Baissez la tête pour ne pas rater l'amorce du petit escalier métallique. Car cette espèce d'abri antiaérien sauce bobo, s'il est désormais archiconnu, a su rester diablement discret. Colonnes d'acier et expos d'artistes en font un repaire de choix pour grignoter le midi et siroter un de leurs fameux cocktails le soir.

Y **Le Mô** (*Tea Room and Bazaar ; centre 1, E4, 363*) : 23 Heddon St, W1H 4BH. ☎ 0207-434-40-40. **M** Piccadilly Circus. Tlj 12h-1h (22h30 dim). Pour qui voudrait fumer la chicha dans une atmosphère des *Mille et Une Nuits*. Décor de souk marocain réussi : lanternes, plateaux en cuivre, poufs en cuir brodé, tapis colorés au sol et même une ribambelle de babioles à vendre pour forcer le trait. Très agréable pour siroter un thé à la menthe ou le délicieux cocktail Mômo (avec ou sans alcool) et grignoter une pâtisserie.

Y **Absolut IceBar et Belowzero** (*centre 1, E4, 363*) : 31-33 Heddon St, W1B 4BN. ☎ 0207-478-89-10. ● enquiries @belowzerolondon.

com • belowzerolondon.com • Ⓜ *Piccadilly Circus. Ouv 12h30-23h45 (0h30 jeu-sam). Droit d'entrée : 12-15 £ (18-22,50 €) selon l'heure, une conso comprise.* Un bout de Scandinavie en plein cœur de Londres. L'*Absolut IceBar*, c'est un bar tout en glace (importée !) où l'on célèbre une certaine marque de vodka. Par – 5 °C toute l'année, on enfile sa doudoune, ses moufles (tout est prêté par la maison), et c'est parti pour 40 mn de frissons garantis (temps maximal imparti), un verre creusé dans la glace à la main. Clientèle de yuppies londoniens, assis sur des cubes glacés ou se trémoussant sur quelques accords tendance. Terriblement rafraîchissant ! Pour se réchauffer et prolonger la soirée, direction le *Belowzero*, *lounge bar* tout ce qu'il y a de classique mais nettement plus adapté pour conter fleurette.

Ⓨ *Annex 3 (centre 1, D3, 360) : 6 Little Portland St, W1W 7JE.* ☎ *0207-631-07-00.* • *annex3.co. uk* • ⓂⓂ *Oxford Circus. Tlj sf dim 17h (18h sam)-minuit.* Mauvais goût ou dernier cri ? Une chose est sûre, la déco délirante faite d'un assemblage de papier peint furieux, de lustres extravagants et de mobilier hétéroclite fait parler d'elle. Tout le monde veut voir la dernière création des célèbres *Trois Garçons*, qui n'en sont pas à une excentricité près... alors préparez-vous à faire la queue. Carte des cocktails soignée.

Ⓨ *Sherlock Holmes (centre 1, F4, 352) : 10 Northumberland St, WC2N 5DB.* ☎ *0207-930-26-44.* ⓂⓂ *Charing Cross. Lun-sam 11h-23h, dim 12h-22h30.* C'est ici que sir Arthur Conan Doyle écrivit bon nombre de ses romans. Plus qu'un pub, plus qu'un musée, c'est un véritable lieu de pèlerinage pour les fans de Holmes. Quelques objets personnels de l'auteur ont été rapatriés dans les murs. Résultat, tout rappelle le célèbre détective, de la collection de dessins et gravures à la reconstitution un peu poussiéreuse de son cabinet de travail au 1er étage. Pour le reste, l'atmosphère très touristique n'est pas la plus appropriée pour savourer sa pinte. La nourri-

ture, quant à elle, est très onéreuse. Vaut surtout pour le coup d'œil.

Ⓨ *Lamb and Flag (centre 1, F4, 399) : 33 Rose St, WC2E 9EB.* ☎ *0207-497-95-04.* ⓂⓂ *Covent Garden. Lun-sam 11h-23h, dim 12h-22h30.* Dans la ruelle reliant Garrick St à Floral St. S'appelait autrefois *The Bucket of Blood* (« Le Seau de Sang »), à cause des bagarres sanglantes qui s'y déroulaient. Construit en 1623, il n'a jamais désempli depuis. Concerts de jazz au 1er étage le dimanche à 19h30. Délicieuse atmosphère de vieille taverne, avec son parquet buriné, son comptoir patiné et ses verres dépolis. Accueil souriant. Propose un large choix de sandwichs et snacks à prix raisonnables. Aux beaux jours, tout le monde se retrouve dehors, un verre à la main !

Ⓨ *The Salisbury (centre 1, F4, 353) : 90 Saint Martin's Lane, WC2.* ☎ *0207-836-58-63.* ⓂⓂ *Leicester Square. Lun-sam 11h-23h, dim 12h-22h30. Cuisine 12h-21h ; plats autour de 7 £ (10,50 €).* L'un des pubs victoriens les mieux préservés de Londres, bâti en 1892. Certes, l'atmosphère à la Oscar Wilde s'est dissipée depuis longtemps, mais les vitres ciselées, les boiseries sculptées ou les plafonds ouvragés n'ont guère bougé... Cela n'en fait pas pour autant un musée ! Bonne humeur de rigueur, alimentée par les bières bien tirées et une cuisine honorable à prix doux.

Ⓨ *The Toucan (centre 1, E3, 356) : 19 Carlisle St, W1D 3BY.* ☎ *0207-437-41-23.* • *thetoucansoho@yahoo. com* • ⓂⓂ *Leicester Square ou Tottenham Court Rd. Tlj sf dim 11h-23h.* Quelques notes celtiques résonnent dans cette petite rue de Soho. Noir comme la Guinness et déjà patiné comme une vieille taverne, ce pub de poche n'a plus rien à envier à ses homologues irlandais. D'ailleurs, les nombreux adeptes du breuvage noir l'envahissent chaque soir, débordant largement dans la rue pour glaner un brin d'espace vital. Quand ce ne sont pas les amateurs de whiskys venus écluser l'une des 30 sortes proposées...

Ⓨ *The Coal Hole (centre 1, F4,*

354) : 91 Strand, WC2. ☎ 0207-379-98-83. Ⓜ Charing Cross ou Covent Garden. Lun-sam 11h-23h, dim 12h-22h30. Plats à partir de 7 £ (10,50 €). Fréquenté à l'origine par les rouleurs de charbon, ce pub centenaire accueille aujourd'hui les employés du quartier. Pas évident dans ces conditions de s'insérer dans la foule aux heures de pointe, c'est-à-dire au déjeuner ou à la sortie des bureaux. Les soirées sont à l'inverse très calmes. Il conserve par ailleurs une bonne part de sa déco fantaisiste, à l'image d'une frise kitsch à souhait aux nymphes girondes. Une bonne halte sur le chemin du quartier des théâtres.

🍸 *The Village* (centre 1, E3-4, **355**) : 81 Wardour St, W1D 6QD. ☎ 0207-434-21-24. Ⓜ Leicester Square ou Piccadilly Circus. Tlj 15h-1h (23h dim). Petit droit d'entrée le w-e. Un des meilleurs spots du circuit gay londonien, derrière sa façade bleu métallisé. Ambiance tout ce qu'il y a de plus branchée, avec DJs aux commandes tous les soirs et shows de *gogo dancers* les jeudi, vendredi et samedi soir. Et bien sûr une salle plus intime à l'étage, sorte de boudoir tamisé pour se raconter des petits secrets.

🍸 *O'Bar* (centre 1, E3-4, **357**) : 83-85 Wardour St (à l'angle de Brewer St), W1. ☎ 0207-437-34-90. Ⓜ Piccadilly Circus ou Leicester Square. Tlj jusqu'à 3h (22h30 dim). Happy hours 17h-20h. Situé en plein cœur de Soho, un vaste bar branché étiré sur 3 étages : piste de danse enflammée par un DJ au sous-sol, un *lounge bar* cosy à l'étage et le bar principal pris d'assaut pendant les *happy hours*

sous d'immenses lustres à pampilles. Surchargé le week-end.

🍸 *French House* (centre 1, E3, **359**) : 49 Dean St, W1D 5BG. ☎ 0207-437-27-99. Ⓜ Leicester Square. Tlj 12h-23h (22h30 dim). Murs patinés de vieux bar de province, mâtiné de pub à l'anglaise, doublé des inévitables stores estampillés *Ricard*. La devise du lieu ? « Si tu bois pour oublier, paie pour commencer ! » Même de Gaulle est venu trinquer ici (forcément, il s'agissait d'un lieu de réunion de la Résistance française pendant la Seconde Guerre mondiale !). Une ambiance conviviale d'habitués et de yuppies en mal d'exotisme.

🍸 *The Social* (centre 1, D3, **360**) : 5 Little Portland St, W1W 7JD. ☎ 0207-636-49-92. ● carl@thesocial.com ● thesocial.com ● Ⓜ Oxford Circus. Tlj 12h-minuit (1h jeu-sam). Entrée parfois payante. Plutôt pépère pendant la journée, ce bar-boîte sur 2 niveaux sort les griffes dès la nuit tombée : les meilleurs DJs du moment remplissent l'espace de décibels survoltés, aussitôt happés par une foule frémissante de jeunes Londoniens *trendy*. On a même vu les Chemical Brothers aux platines !

🍸 *Bar Italia* (centre 1, E3, **361**) : 22 Frith St, W1. ☎ 0207-437-45-20. Ⓜ Piccadilly Circus ou Leicester Square. Ouvert toute la nuit (jusqu'à 6h), mais c'est au petit matin qu'il faut prendre un cappuccino au comptoir ou en terrasse de ce minuscule snack indéboulonnable. Sandwichs et pâtisseries fort appétissantes pour calmer les petits creux. Rendez-vous nocturne bien connu de tous les *clubbers* de Londres.

Où prendre le thé ? Où manger des pâtisseries ?

🍸 |●| *The Parlour @ The Sketch* (centre 1, D3, **272**) : 9 Conduit St, W1S 2XG. ☎ 0870-777-44-88. Ⓜ Bond St. Tlj sf dim 8h (10h sam)-21h. Thé 15h-19h30. Le salon de thé nouvelle génération, ou la rencontre d'un multiple étoilé Michelin, Pierre Gagnaire, et de Momo, que les

oiseaux de nuit londoniens et parisiens connaissent bien. Le tout à prix presque démocratiques ! Plus branché, tu meurs : les têtes de cerfs sortent des tentures psychédéliques au milieu d'un mobilier rétro chic. Les gâteaux du chef sont divins, et l'*English tea* de base à 7,50 £

(11,25 €), avec toutes ses pâtisseries, comblera les plus réticents au changement.

⬤❘ The Chocolate Society (plan général D4, *178*) : *Shepherd's Market, W1J 7QN.* ☎ *0207-495-03-02.* ● *info@chocolate.co.uk* ● Ⓜ *Green Park. Lun-ven 9h30-20h30, sam 10h30-16h.* Sur une charmante petite place pavée, l'un de nos coins secrets préférés. Ici, la pépite est noire et l'or crémeux à souhait.

🍸 ❘⬤❘ Richoux (centre 1, E4, *364*) : *171 Piccadilly, W1.* ☎ *0207-493-22-04.* Ⓜ *Piccadilly Circus. Tlj 8h (9h* *dim)-22h30. Full English tea à 16,50 £ (24,75 €) et 30 £ (45 €) pour deux.* Une institution française in-dé-boulon-nable. Pensez donc, depuis 1909 les fidèles s'y retrouvent entre gens de bonne compagnie. Façade rouge pimpante, beau décor d'époque avec tapisseries à fleurs, lustres et alcôves pour se raconter des secrets, et bien sûr serveurs en tenue. Bref, les adeptes de ces lieux *old school* se contenteront d'un *cream tea* à 8,25 £ (12,40 €) avec des *scones* bien tièdes, accompagnés de confiture et de crème fouettée, mmm !

Où écouter du rock, du jazz, du blues, de la country... ?

♪ Ronnie Scott's Club (centre 1, E3, *450*) : *47 Frith St, W1D 4HT.* ☎ *0207-439-07-47.* ● *ronniescotts@ronniescotts.co.uk* ● *ronniescotts.co.uk* ● Ⓜ *Leicester Square ou Piccadilly Circus. Tlj 18h-3h (minuit dim). Entrée : env 25 £ (37,50 €).* Malgré la mort de Ronnie Scott, grand saxophoniste et fondateur de ce temple du jazz, et quelques récents travaux de rénovation signés Jacques Garcia, le lieu garde toute sa magie. Dès l'arrivée, on a un choc. C'est un club de jazz comme dans les films : tables rondes, lumière rase et une petite scène dans le fond. Malgré le prix des consommations, ça ne désemplit jamais. Même si le nom affiché dehors ne vous dit rien, on vous recommande vivement d'entrer. Parfois, des *jam sessions* démentes tout à fait improvisées, avec de grands musiciens. C'est là que Jimi Hendrix fit sa dernière apparition en scène, juste avant sa mort. Deux shows chaque soir : le premier vers 21h30, l'autre après minuit. Mais, en principe, l'ambiance est vraiment à point vers 22h. Bars et resto pour patienter. À ne pas manquer.

♪ Ain't Nothing But Blues Bar (centre 1, E3, *455*) : *20 Kingly St, W1B 5PZ.* ☎ *0207-287-05-14.* ● *aintnothingbut.co.uk* ● Ⓜ *Oxford Circus. Dans une rue parallèle à Regent St, dans le prolongement de* *Argyll St. Tlj 18h-1h (3h ven-sam, minuit dim). Droit d'entrée jeu-sam 3-7 £ (4,50-10,50 €).* Un bar comme on n'en fait plus, tout dédié au blues des origines. Murs patinés par la fumée, atmosphère embrumée et amplis saturés. Soirées régulières avec des groupes qui s'enchaînent toutes les 2h. Difficile alors de se frayer un chemin dans la foule des fans. La bière coule à flots. Ambiance garantie, à 1 000 lieues des clichés de Soho.

♪ 100 Club (centre 1, E3, *451*) : *100 Oxford St, W1D 1LL.* ☎ *0207-636-09-33.* ● *info@the100club.co.uk* ● *the100club.co.uk* ● Ⓜ *Tottenham Court Rd. Tlj à partir de 20h. Entrée : 10-20 £ (15-30 €), selon le groupe. Parfois moins cher.* Un des plus vieux clubs londoniens, longtemps réputé pour ses prestigieux concerts. On y croise moins de grosses pointures, mais ses concerts de jazz garantissent toujours de bonnes soirées. Ambiance chaleureuse et consommations comme dans un pub.

♪ La chaîne *Pizza Express* est non seulement spécialisée dans les pizzas, mais aussi dans la musique. Plusieurs salles présentent des groupes de jazz ou de blues tous les soirs. Très bonne programmation ; des « pointures » mondiales viennent y jouer. *Entrée : 10-20 £ (15-30 €), pizza non comprise. Y venir pour le spectacle plus que pour la* *pizza, vraiment pas terrible. Notre adresse préférée :* 10 Dean St, W1 (centre 1, E3). ☎ 0207-439-87-22. Ⓜ *Tottenham Court Rd. Ts les soirs (sf dim) dès 19h45. Programme en vitrine.*

♪ **12 Bar Club** *(centre 1, E3, 452) :* Denmark St, WC2. ☎ 0207-240-21-20. ● 12barclub@btconnect.com ● 12 barclub.com ● Ⓜ *Tottenham Court Rd. Prendre Charing Cross sur 100 m puis à gauche dans Denmark St, le club est dans un tout petit passage au bout à gauche. Concerts à partir de 19h30 (dim 19h). Compter 10 £ (15 €) l'entrée.* Dans une petite salle toute boisée, programmation de grande qualité qui oscille entre jazz, rock, blues, country folk et contemporaine. Également un café tranquillou au n°26 de la même rue, idéal en journée : le *12 Bar Café.*

♪ **Jazz After Dark** *(centre 1, E3, 184) :* 9 Greek St, W1D 4DQ. ☎ 0207-734-05-45. ● jazzafterdark@ btconnect.com ● jazzafterdark. co.uk ● Ⓜ *Tottenham Court Rd. Lun-sam 17h-2h (3h ven-sam), dim 19h-23h30. Entrée : 3 £ (4,50 €) lun-mer, 5 £ (7,50 €) jeu et 10 £ (15 €) le w-e. Menu 11 £ (16,50 €) et une carte pour les grosses faims.* Rien de très inventif sur le plan culinaire, mais l'ensemble est tout à fait honnête : tapas et tortillas, grillades, poissons et plats végétariens. Mais on ne vient pas pour cela. Car niveau son, ça accroche. *DJ sessions* ou concerts de jazz de haute volée, à savourer sans retenue dans une atmosphère *old school* sombre et enfumée à souhait. On y a même vu Pete Doherty, avec son groupe de rock, les Babyshambles.

Concerts classiques

♪ **English National Opera** *(centre 1, F4) :* London Coliseum, Saint Martin's Lane, WC2. ☎ 0207-632-83-00 ou 0870-145-02-00 (24h/24). ● eno.org ● Ⓜ *Charing Cross ou Leicester Square.* L'*ENO* a une politique plus démocratique que son royal concurrent : les premiers prix sont abordables et les mises en scène pas du tout élitistes. On est presque toujours bien placé. On y chante en anglais !

♪ **Royal Opera House** *(centre 1, F3) :* Covent Garden, WC2. ☎ 0207-304-40-00. ● royalopera. org ● Ⓜ *Covent Garden.* LA salle prestigieuse de Londres où passent les vedettes internationales. Prix en conséquence.

Où sortir ?

Prévoir un gros budget pour le *clubbing,* car même la vie nocturne à Londres est chère. Préférez les *venues* (mi-bars, mi-boîtes), plus sympas et où l'on fait d'agréables rencontres en musique. Ramassez les *flyers* dans les bars. Épluchez le *Time Out* de la semaine pour trouver les bons plans et découpez-y votre *Night Pass* qui vous offre des avantages (coupe-files, réductions ou gratuités).

♫ **Heaven** *(centre 1, F4, 379) :* The Arches, Villiers St, Charing Cross, WC2N 6NG. ☎ 0207-930-20-20. ● in fo@heaven-london.com ● heaven-london.com ● Ⓜ *Charing Cross ou Embankment. Fermé mar, jeu et dim. Entrée : 10-12 £ (15-18 €).* La 1re boîte gay de Londres a assis sa réputation sur une notoriété plutôt ancienne, mais toujours d'actualité.

À l'intérieur de salles ressemblant à des tunnels, on trouve un resto, plusieurs bars et 5 *dance floors.* Boutique de souvenirs (!), avec vente de *condoms* évidemment. Pour l'anecdote, la scène du film *Les Prédateurs* dans laquelle David Bowie distrait Catherine Deneuve a été tournée au balcon du 1er étage.

♫ **Fabric** *(plan général H3, 454) :*

77 A Charterhouse St, EC1M 3HN.
☎ 0207-336-88-98. • *fabriclondon.
com* • Ⓜ *Farringdon.* Slt ven-sam
et certains jeu, de 22h à l'aube.
Entrée : 12-16 £ (18-24 €). Installé
dans un ancien entrepôt à viande de
3 000 m², cet immense club voit
s'agglutiner par grappes les *clubbers,* qui ne se laissent pas rebuter
par la foule pour pénétrer dans l'antre
de la house, techno, ou *drum'n bass.*
L'une des 3 pistes, le *Bodysonic
dance floor,* est réputée pour vous
retourner les boyaux à force de basses assourdissantes ! À noter, hip-
hop et *drum'n bass* pendant les
Fabric Live du vendredi, techno
house le samedi (soirée homo).
♫ *Gay Bar (centre 1, E3, 283) : 30
Old Compton St, W1D 4UR. Tlj 12h-
minuit.* Le bar-club gay et lesbien qui
embrase la ville depuis que Madonna
y a choisi l'un de ses fans pour son
clip *Sorry.* De nombreuses stars de
la pop s'y retrouvent. C'est vrai que
ça pulse sec. Tout le monde y est le
bienvenu. C'est rose, c'est mauve,
c'est tamisé comme il faut et des
écrans vidéo déversent des tonnes
de clips à un niveau sonore proche
de la rupture. Attention, beaucoup de
monde en fin de semaine.
♫ *Madame JoJo's (centre 1, E3-4,
355) : 8 Brewer St, W1F 0SE.*
☎ 0207-734-30-40. • *paris@mada
mejojos.com* • *madamejojos.com* •

Ⓜ *Leicester Square ou Piccadilly Circus. Mer-sam 21h (22h mer et ven)-
3h. Entrée : 6-15 £ (9-22,50 €).* On
aime bien cet endroit au kitsch reven-
diqué. En plein cœur de Soho, en
marge du circuit *trendy,* un lieu branché soirées gothiques sur fond de
musique essentiellement électronique. Le décor rouge un peu tapa-
geur rappelle les cabarets et c'est
intentionnel. Pour commencer la soirée, spectacles de travestis et *drag
queens* le samedi. Certaines scènes
de *Eyes Wide Shut* ont été tournées
ici. Vers 23h, tout change et la nuit
prend une autre teinte, moins cabaret : on danse et on boit pas mal sur
des airs de deep funk (le vendredi) et
de soul, ou encore des *mixes* plutôt
underground, comme *ceux* d'Asia
Argento, fréquente invitée.
♫ *Bar Rumba (centre 1, E4, 456) :
36 Shaftesbury Ave, W1D 7EP.*
☎ 0207-287-69-33. • *barrumba.
co.uk* • Ⓜ *Piccadilly Circus. Entrée
sous les arcades, entre 2 boutiques.
Tlj 19h-3h. Entrée 5-10 £ (7,50-
15 €).* Petite boîte bien sombre et
toujours bondée, qui accueille une
clientèle aussi éclectique que la
musique : *drum'n bass, R & B,* disco,
rock, hip-hop, etc. À chaque soir sa
programmation ! Pour apprendre à
chalouper lascivement aux rythmes
de la salsa, rendez-vous le mardi soir
dès 19h. Chaud !

Théâtres

∞ *Saint Martin's Theatre (centre 1, F3) : West St, Cambridge Circus, WC2.* ☎ 0870-162-87-87 ou
0207-836-14-43. Ⓜ *Leicester
Square.* Un record à signaler au sujet
de ce théâtre : il joue la même pièce
– *The Mousetrap (La Souricière),*
d'Agatha Christie – depuis plus d'un
demi-siècle (mieux que *La Canta-
trice chauve* au théâtre de La
Huchette à Paris !) à 20h du lundi au
vendredi. Séances supplémentaires
mardi à 14h45 et samedi à 17h.
Allez-y, c'est drôle comme tout.
∞ *Soho Theatre (centre 1, E3) :
21 Dean St, W1D 3NE.* ☎ 0870-
429-68-83. • *sohotheatre.com* •
Ⓜ *Leicester Square.* L'avant-garde

londonienne et théâtrale se retrouve
sur cette scène expérimentale.
Comédies, tragédies, drames, tout
y passe. Que des jeunes talents
invités à résidence. Belle initiative.
Au rez-de-chaussée, un resto
indien-*fusion* pour se sustenter
entre 2 pièces.
∞ *Albery Theatre (centre 1, F4) :
Saint Martin's Lane.* ☎ 0870-950-09-
20. • *rsc.org.uk* • Ⓜ *Leicester
Square ou Covent Garden.* Ce théâtre est, entre autres, le siège à Londres de la très *Royal Shakespeare
Company* (d'octobre à mai, car le
reste de l'année, il faudra se rendre
à Stratford-upon-Avon, tout de
même !).

Cinémas

■ *Prince Charles :* Leicester Pl, WC2. ☎ 0207-494-36-54. Le cinéma le moins cher de Londres. Les films sont un peu moins récents, mais l'ambiance est sympa.

■ *UCI Empire :* Leicester Sq, WC2. ☎ 0870-010-20-30. Décor spectaculaire. Acoustique excellente. Séances moins chères dans la journée.

Shopping

Les grandes artères commerçantes

Promenez-vous sur *Oxford St (centre 1, D-E3)* et fouillez les rayons pulls chez *Marks and Spencer, TopShop, Selfridges, D.H. Evans, John Lewis.* C'est dans ces grands magasins que vous ferez des affaires. Évidemment, la qualité ne sera pas la même que chez les grandes marques. Autour de *Carnaby St,* le feu sacré commerçant a repris également (voir ci-dessous). *Diesel* (jeans, fringues), *Whittard of Chelsea* (thé), *Camper* (chaussures), etc. Et tout ce dont vous rêvez !

Vêtements et chaussures

⚜ *Pop boutique* (centre 1, F3) : 6 Monmouth St, WC2. ☎ 0207-497-52-62. Une ambiance acidulée, très rétro *seventies* pour cette boutique bric-à-brac, où vous trouverez T-shirts colorés, vestes de survet', pantalons en velours ou jeans rapiécés. Arrivages réguliers.

⚜ *The Loft* (centre 1, F3) : 35 Monmouth St, WC2. ☎ 0207-240-38-07. ● the-loft.co.uk ● Lun-sam 11h-18h, dim 12h30-16h30. Un petit magasin de fringues d'occase, mais attention, pas n'importe lesquelles : *Prada, Gucci, Vivienne Westwood, Paul Smith* et bien d'autres. De quoi se refaire une garde-robe de luxe sans se ruiner, enfin presque !

⚜ *Browns Labels For Less* (plan général D3) : 50 South Molton St, W1K 5RD. ☎ 0207-514-00-52. Des fins de série de très grandes marques encore assez chères (*Jil Sander, Pucci,* etc.). Mais qui valent le coup !

⚜ *London Fashion Forum Boutique* (centre 1, E3-4) : 1.12 et 1.13 Kingly Court sur Carnaby St, W1. ☎ 0207-434-23-29. Un petit espace commercial moderne et aéré, limité à quelques dizaines de boutiques, permet aux jeunes créateurs anglais de s'exposer à moindres frais et de vendre directement au public.

Résultat, on peut s'offrir une belle fringue griffée, en série limitée, à un prix tout à fait correct. Et comme la mode est, par définition, versatile, exposants et collections sont régulièrement renouvelés.

⚜ *Vivienne Westwood* (centre 1, D4) : 44 Conduit St, W1. ☎ 0207-439-11-09. Tlj sf dim 10h-18h. La vieille boutique *World's End* affiche toujours son horloge qui remonte le temps au 430 King's Rd, mais c'est dans la boutique de soldes que le faux-cul côtoie le T-shirt imprimé peinture et les chaussures à semelles insensées. Fins de séries à prix parfois très, très abordables.

⚜ *Paul Smith* (centre 1, F3-4) : 40-44 Floral St, WC2. ☎ 0207-493-12-87. Paul Smith est connu pour ses étonnants mariages de chic britannique et d'originalité dans ses imprimés presque kitsch. Soldes permanents des collections précédentes au 23 Avery Row, W1. Affaires à faire. Essentiellement pour les hommes, mais quelques pièces pour femmes.

⚜ *Agent Provocateur* (centre 1, E3) : 6 Broadwick St, W1. ☎ 0207-439-02-29. Lun-sam 11h-19h, dim 12h-17h. Digne fils de sa maman, Vivienne Westwood, et de son papa, Malcolm McLaren, Joseph Corre a conçu une boutique de lingerie glamour, sexy-rétro (dessous des années 1950) où se bousculent les top models et le monde de la mode de passage à Londres. Pour voir et

être vu. Rien de bien provocant toutefois, malgré une devanture rouge censée accrocher le regard.

Disques et DVD

❦ *FOPP* (centre 1, F3) : à l'angle d'Earlham St et de Shaftesbury Ave, WH2H PHL. ☎ 0207-379-08-83. Ⓜ Leicester Square. Lun-sam 10h-22h, dim 11h-18h. Sur 3 niveaux, une vaste boutique de disques, livres et DVD (zone 2, peuvent être visionnés en France). Prix au plancher pour des classiques. Quelques vinyles.

❦ *HMV* (His Master's Voice ; centre 1, E3) : 150 Oxford St, W1. ☎ 0207-631-34-23. Ⓜ Oxford Circus ou Bond St. Lun-sam 9h-20h30 (21h jeu), dim 12h-18h. Une boutique immense, bien agencée. Les disques sont au rez-de-chaussée et les DVD à l'étage. Plusieurs dizaines de CD bradés chaque semaine. Une trentaine de magasins dans Londres, notamment au 360 Oxford St ;

autre HMV dans le centre commercial Trocadero, à Piccadilly, ouv jusqu'à minuit (18h dim).

❦ *Virgin Megastore* (centre 1, E4) : 1 Piccadilly Circus, W1J. ☎ 0207-439-25-00. • virginmegastore. co.uk • Ⓜ Piccadilly Circus. Lun-sam 9h-23h, dim 11h30-18h. D'autres succursales dans différents quartiers. Un classique du genre, notamment grâce à son fameux patron, Richard Branson, l'homme qui lança Boy George avant de lancer ses clients dans l'espace. Choix important, réductions fréquentes, bien fouiller. Bons points pour les rayons *world music* (où sont classés les chanteurs français !) et la salle réservée au classique.

Les petits disquaires

Les boutiques pullulent, voici nos préférées :

❦ *Reckless Records* (centre 1, E3) : 26 et 30 Berwick St, W1. ☎ 0207-434-33-62 ou 0207-437-42-71. • reckless.co.uk • Ⓜ Oxford Circus. Tlj 10h-20h (19h dim). Une des meilleures adresses pour les occasions de CD et de vinyles, avec garantie. Spécialités de *transe*, électro, garage, soul UK et US, punk et dance. Vaste choix.

❦ *Sister Ray* (centre 1, E3) : 34-35 Berwick St, W1V 8RP. ☎ 0207-734-32-97. • sisterray. co.uk • Ⓜ Oxford Circus. Lun-sam 9h30-20h, dim 12h-18h. Immense boutique et très bonne sélection de CD anciens et fraîchement arrivés dans les bacs.

❦ *BM Soho* (centre 1, E3) : 25 D'Arblay St, W1. ☎ 0207-437-04-78. • blackmarket.co.uk • Tlj sf dim 11h-19h (20h jeu). Sur 2 étages, CD et vinyles de garage, *drum'n bass*, techno. Platines à dispo. Bons conseils pro.

❦ *Sound Of The Universe* (centre 1, E3) : 7 Broadwick St, W1F 0DA. ☎ 0207-494-20-04. Lun-sam 11h30-19h, dim 12h-18h30. Hip-hop, house et ethnique, à défaut d'être universel.

❦ *Rough Trade* (centre 1, F3) : 16 Neal's Yard, WC2H. ☎ 0207-240-01-05. • roughtrade.com • Ⓜ Covent Garden. Dans une ruelle perpendiculaire à Shorts Gardens, entre Monmouth et Neal St. Lun-sam 10h-18h30, dim 12h-17h. Une petite boutique très accueillante au sous-sol d'un magasin de vêtements pour *skaters*.

❦ *MDC Classic Music* (centre 1, F4) : 31 Saint Martin's Lane, WC2N 4ER. ☎ 0207-240-02-70. • mdcmusic.co.uk • Ⓜ Leicester Square. Tout près de Trafalgar Square. Lun-sam 10h-18h30, dim 12h-18h. Ouv plus tard les soirs de représentation à l'ENO. Spécialiste de l'opéra. Également une petite sélection de ballets. Disques et coffrets à bons prix.

⊛ *Harold Moores Records (centre 1, E3)* : 2 Great Marlborough St, W1. ☎ 0207-437-15-76. • hmre cords.co.uk• Ⓜ *Oxford Circus. Lun-* sam 10h-18h30, dim 12h-18h. Boutique à l'ancienne mode, spécialisée dans les disques classiques qui ne sont plus édités. Possède, de plus, un service de recherche.

Informatique

⊛ *Apple Store (centre 1, D3)* : 235 Regent St, W1B 2EL. ☎ 0207-153-90-00. • apple.com/uk • Ⓜ *Oxford Circus. Lun-sam 10h-21h, dim 12h-18h.* On adore ! Le bastion local tout blanc des farouches partisans du grand constructeur à la petite pomme. Des Mac du sol au plafond, sur différents niveaux, répartis selon différents secteurs : cinéma, musique, Internet (accès gratuit !)... et même un *I Pod Bar* et un espace conseils *(The Genius Bar)* pour résoudre les problèmes techniques. Car même chez Apple, les petits pépins, c'est pas de la tarte !

Instruments de musique

Grande concentration de magasins de guitares, basses, synthés, etc., sur Denmark St *(centre 1, E3),* une rue parallèle à Saint Giles High St, WC2. Ⓜ Tottenham Court Rd. Une rue mythique pour les amateurs de rock : ici se sont fournis tous les grands noms des *sixties* et des *seventies*.

Livres

⊛ *Hatchard's (centre 1, E4)* : 187 Piccadilly, W1J 9LE. ☎ 0207-439-99-21. Ⓜ *Piccadilly Circus. Lun-sam 9h30-19h, dim 10h30-17h.* S'il n'y en a qu'une à voir, c'est celle-ci : LA librairie anglaise par excellence, ayant pignon sur rue depuis 1797. Le nec plus ultra ? Repartir avec une édition signée *(signed copy)* par l'auteur de son bouquin préféré. Et pour le même prix qu'un simple bouquin ! Belle section complète d'ouvrages militaires.

⊛ *Foyles (centre 1, E3)* : 113-119 Charing Cross Rd, WC2. ☎ 0207-437-56-60. • foyles.co.uk • Ⓜ *Leicester Square. Lun-sam 9h30-21h, dim 12h-18h.* On y trouve absolument tous les genres de livres. Une ville dans la ville. Pour les musiciens : partitions en tout genre, bien moins chères qu'en France.

⊛ *Waterstone's Booksellers (cen-* tre 1, F4) : The Grand Building, Trafalgar Sq, WC2N. ☎ 0207-839-44-11. • waterstones.com • À l'angle de Northumberland Ave et The Strand. Lun-sam 9h30-21h, dim 12h-18h. Grande librairie proposant un choix intéressant dans tous les domaines : sciences, écologie, romans, voyages... Pas mal de réductions chaque semaine. Gros rayon de bouquins consacrés au rock, au jazz, etc. Et un café à l'étage pour ceux qui souhaiteraient affiner leurs recherches.

⊛ ⅋ *The European Bookshop* (centre 1, E4) : 5 Warwick St, W1B. ☎ 0207-734-52-59. Ⓜ *Piccadilly Circus. Tlj 9h30-18h.* Librairie européenne très bien achalandée. Pour ceux qui ont la nostalgie du pays, on y parle le français. Et on y trouve même une excellente section consacrée aux ouvrages pour la jeunesse.

Vin, fromage et autres douceurs

⊛ *Odd Bins (centre 1, E3)* : 180 Shaftesbury Ave. ☎ 0207-836-63-31. Ⓜ *Leicester Square. Lun-jeu 10h-20h, ven-sam 10h-21h.* Eh oui ! les British adorent le pinard. La chaîne *Odd Bins,* reconnaissable à ses devantures rouges (85 boutiques à Londres environ), propose des vins du monde entier, à tous les prix, mais pas vraiment bon marché (le vin est très taxé en Angleterre). Les Français ont réagi : *Nicolas* et ses magasins débarquent en force.

❧ *Neal's Yard Dairy (centre 1, F3) :* 17 Short's Gardens, WC2. ☎ 0207-240-57-00. Ⓜ *Covent Garden. Lun-jeu 11h-18h30, ven-sam 10h-18h30.* Eh non ! la France n'est pas seule à produire de bons fromages. Que les sceptiques entrent dans cette magnifique échoppe, où les vieux cheddars s'affinent aux côtés de stiltons crémeux à souhait... Sur une grande ardoise sont écrits l'âge et l'origine de ces joyaux, mais les fromagers prennent volontiers le temps de vous en expliquer les caractéristiques, et surtout de vous faire goûter ! Sans doute le meilleur fromager de Londres. Autre adresse à Borrow Market.

❧ *Carluccio's (centre 1, F3) : 28 A* Neal St, WC2. ☎ 0207-240-14-87. Ⓜ *Covent Garden. Lun-ven 8h-20h, sam 10h-19h, dim 12h-18h.* Le meilleur de l'épicerie italienne en plein Londres. Si vous avez un petit creux, tant mieux ! Quelques bons plats frais et autres *focaccie* garnies à emporter.

Les boutiques ultra-spécialisées

On trouve à Londres des magasins inimaginables ailleurs, spécialisés dans tout et n'importe quoi. Un régal. La plupart se trouvent dans le centre, notamment à Covent Garden. Neal St est une rue pleine de magasins spécialisés.

❧ 🚶 *Tintin Shop (centre 1, F3-4) :* 34 Floral St, WC2E. ☎ 0207-836-11-37. ● thetintinshop.uk.com ● Ⓜ *Covent Garden. Descendre vers le marché et prendre la 1re à droite. Lun-sam 10h-17h30. Fermé dim.* Tout sur Tintin, son fidèle compagnon Snowy et le professeur Calculus. On y trouve pulls, T-shirts, stylos et bien sûr B.D. en anglais (chères). On apprend ainsi que « Mille millions de mille sabords ! » se traduit par « *Blue blistering barnacles !* ».

❧ *The Tea House (centre 1, F3) :* 15 Neal St, WC2. ☎ 0207-240-75-39. Fax : 0207-836-47-69. Ⓜ *Covent Garden. Lun-sam 10h-19h, dim 11h-18h.* Boutique architouristique, mais ne boudons pas notre plaisir : des chinois aux indiens, des japonais aux russes, plus de 100 sortes de thés et tisanes à des prix inconnus en France. Vente par correspondance. Plein de théières originales, de belles boîtes métalliques et toutes sortes de gadgets rigolos.

❧ *Lillywhites (centre 1, E4) :* Piccadilly Circus, SW1. ☎ 0207-930-31-81. *Lun-sam 9h30-19h, dim 11h-17h.* Considéré par certains comme le meilleur magasin d'articles de sport au monde. C'est déjà une petite référence.

❧ 🚶 *Hamley's (centre 1, E4, 568) :* 196 Regent's St, W1. ☎ 0800-280-24-44. ● hamleys.com ● Ⓜ *Oxford* Circus. *Lun-sam 10h-20h, dim 12h-18h.* Un fabuleux royaume de 5 étages, le plus grand du monde dans son genre, où vous trouverez les jouets les plus traditionnels comme les plus révolutionnaires, les plus chers comme les meilleur marché. Il y a même une *Bear Factory,* pour faire fabriquer le nounours de ses rêves (et un resto au 5e étage pour patienter), une section Lego époustouflante et une collection de petites voitures à faire perdre la tête aux petits et aux grands enfants. Attention, les prix sont en général plus élevés qu'ailleurs.

❧ 🚶 *Forbidden Planet (centre 1, F3) : 179 Shaftesbury Ave,* WC2H 8JR. ☎ 0207-420-36-66. ● *for biddenplanet.com* ● Ⓜ *Tottenham Court Rd. À l'angle de Neal St. Lun-sam 10h-19h (20h jeu), dim 12h-18h.* Pour les fans de Steve Austin, de Mr Spock, de John Steed, de *Star Wars* ou du *Seigneur des Anneaux.* Figurines, cassettes vidéo, livres, B.D., collectors et objets divers tout droit sortis des séries cultes de la TV. On y a même trouvé une réplique du « commuteur » dont se sert le capitaine Kirk pour contacter l'Enterprise. Tout un programme... Organise régulièrement des séances de dédicaces avec des comédiens ou des auteurs de romans SF.

Les boutiques chères mais qui valent vraiment le coup d'œil

❧ *Fortnum & Mason* (centre 1, E4) : 181-186 Piccadilly, W1. ☎ 0207-734-80-40. ● fortnumand mason.co.uk ● Ⓜ Piccadilly Circus. Tlj sf dim 10h-18h30 (horaires étendus pour les fêtes de fin d'année). Ce magasin de luxe est une véritable institution. À taille humaine, il est décoré avec un goût et un raffinement poussés à l'extrême : lustres en cristal, rayonnages en acajou et moquettes épaisses. Si vous avez vu l'étalage d'*Harrod's*, vous préférerez l'élégance de *Fortnum & Mason*. Faste inégalé au grand rayon alimentation, qui fait depuis le XVIIIe siècle la réputation de cette épicerie fine. On y trouve (presque) de tout. Thés divins en vrac et en sachets, considérés comme les meilleurs par des générations d'anglais, marmelades fruitées et miels pour les gourmets. Au sous-sol, rayon traiteur et bar à vin à se damner. Les vendeurs portent encore une queue-de-pie et parlent un anglais châtié. Les clients sont raccompagnés à leur taxi par un groom avec parapluie ! Y prendre simplement un thé complet *(cream tea, please !)* revient à présent à vider son compte d'épargne, raison pour laquelle on ne vous le recommande plus. En revanche, et c'est totalement gratuit cette fois, vous pouvez voir, à chaque heure, les automates de Mr Fortnum et Mr Mason se saluer. Pour cela, placez-vous face à l'horloge au-dessus de l'entrée principale. Un spectacle amusant !

❧ *Liberty* (centre 1, D3) : Great Marlborough St, W1 (donne dans Regent's St). ☎ 0207-734-12-34. ● liberty-of-london.com ● Ⓜ Oxford Circus. Lun-sam 10h-19h (21h jeu), dim 12h-18h. Tout le monde connaît cette immense boutique de luxe, sa superbe façade néo-Tudor hérissée de gargouilles et le style qu'elle a imposé au monde entier. La créativité de son mobilier et de ses tissus a influencé le mouvement Art nouveau au début du siècle passé, au point que les Italiens parlent de « Liberty » pour désigner cette période artistique. Spécialisé dans les produits haut de gamme, ce magasin est évidemment hors de prix. Cela vaut quand même le coup d'y aller au moment des soldes, ou juste pour le plaisir des yeux. Une salle est entièrement consacrée aux fins de séries, et ce à longueur d'année. En attendant, tous les créateurs se battent pour y accrocher ne serait-ce que quelques cintres. Viviane Westwood, Dries Van Noten... avec souvent quelques pièces « collector » en Liberty, spécialement créées pour la maison. Au rayon ameublement on trouve des rideaux en tissu Liberty vraiment super.

Marchés

– *Covent Garden* (centre 1, F4) : le samedi matin, marché de petit artisanat. Affreusement touristique.
– *Berwick Street Market* (centre 1, E3) : Berwick St, W1 (une petite rue descendant d'Oxford St). Lun-sam 8h-17h env. Situé au cœur de Soho, cerné de boîtes de strip-tease et de boutiques de CD d'occasion, ce petit marché de fruits et légumes est très animé et pas cher. On y trouve aussi des baguettes de pain (oui, oui ! des vraies baguettes !) et des petites crêpes pour manger sur le pouce entre deux boutiques.

Galeries et musées

🏃🏃🏃 *The National Gallery* (centre 1, E-F4) : Trafalgar Sq, WC2N 5DN. ☎ 0207-747-28-85. ● nationalgallery.org.uk ● Ⓜ Charing Cross. Tlj 10h-18h

(21h mer). Fermé 24-26 déc, 1ᵉʳ janv et Vendredi saint. Entrée gratuite (sf expos temporaires). Attention, on ne peut pas laisser de bagages volumineux au vestiaire. Prendre le plan du musée (floor plan) à l'entrée. Audioguides en français (don de 3 £, soit 4,50 €, souhaité). Visites guidées gratuites tlj 11h30 et 14h30, ainsi que mer 18h. Rendez-vous dans le foyer de l'aile Sainsbury. On peut également consulter le système multimédia du musée (nombreux espaces baptisés ArtStart) et se faire imprimer une visite guidée thématique concoctée selon ses goûts. Pratique. Expo « Sienne Renaissance » du 24 oct 2007 au 13 janv 2008.

L'un des plus beaux musées de peinture au monde, avec plus de 2 300 toiles peintes de 1250 à 1900. Toutes les grandes écoles occidentales sont donc représentées, même si l'essentiel de la peinture moderne a été confié à la Tate Modern. Mais si vous préférez Cézanne et Van Gogh à Fra Angelico ou à Rembrandt, soyez rassuré, la National Gallery leur consacre quelques salles éblouissantes. Compter au moins 6h de visite, que vous pourrez effectuer en plusieurs fois, aile par aile, période par période. Dans l'aile Sainsbury, agréable cafétéria et resto plutôt chic.

Aile Sainsbury (Sainsbury Wing) : de 1250 à 1500

Œuvres de l'école italienne du gothique tardif et du début de la Renaissance. Début des Renaissance allemande et flamande. Traverser les salles vers le *way out* en commençant par la salle 51.

– Primitifs italiens (salle 52), dont Duccio di Buoninsegna, le plus grand peintre siennois de la fin du XIIIᵉ siècle. Couleurs encore fraîches (bleu éclatant sur fond doré) de la *Vierge à l'Enfant avec saints* et des panneaux représentant des scènes de la vie du Christ. Intéressante transition du style byzantin un peu sévère vers le gothique plus doux et fluide (drapé de la Vierge, jeu des couleurs). Le premier à avoir d'ailleurs amorcé cette évolution stylistique est le grand Cimabue, formidable artiste florentin connu pour avoir été le maître du génial Giotto. On ne ratera donc pas la *Vierge à l'Enfant* du maître, sa seule œuvre conservée à la National Gallery.

– Magnifique *diptyque de Wilton* (salle 53), exécuté à la fin du XIVᵉ siècle par un artiste de nationalité inconnue, dans un style gothique très décoratif (le roi Richard II est la personne agenouillée sur le panneau de gauche). Superbe retable d'un autre primitif italien, Jacopo di Cione, le *Couronnement de la Vierge* (milieu du XIVᵉ siècle).

– Encore un *Couronnement de la Vierge* provenant d'un retable florentin, de Lorenzo Monaco, plus majestueux et coloré que le précédent (salle 54). De part et d'autre de la porte, comparer les madones de Masaccio et de Gentile da Fabriano, peintes à la même époque. Noter également le *Christ glorifié* de Fra Angelico, une œuvre à la fois sobre et pleine de béatitude, qui trahit les origines de l'artiste. Car Fra Angelico, de son vrai nom Guidolino di Pietro, était un moine qui utilisait son art pour exprimer sa foi, sans subir les assauts du monde extérieur.

– Le Florentin Paolo Uccello (salle 55) est superbement représenté avec deux genres différents : la fable avec *Saint Georges et le Dragon,* très fantasmagorique, et la représentation historique avec la *Bataille de San Romano* (vers 1440 et commissionnée par les Médicis). Comme de nombreux artistes de la Renaissance, il a bien maîtrisé la perspective et le raccourci audacieux (à l'image du cavalier mort en bas de la toile). Remarquez, malgré une chorégraphie un peu figée, l'agencement étudié des débris de lance jonchant le champ de bataille. Ce tableau fait partie d'un cycle dont les autres œuvres se trouvent aujourd'hui à Paris et à Florence (il s'agit tout de même d'une victoire florentine sur le duc de Milan !). De Pisanello, la *Vision de saint Eustache* (qui aurait aperçu le Christ en croix dans les bois d'un cerf lors d'une partie de chasse). Voir à côté le retable haut en couleur représentant *La Trinité avec les saints,* de Pesellino. Du même peintre, ne pas rater *Le Triom-*

phe de David et de Saül ou L'Histoire de David et Goliath. Sans oublier L'Annonciation et Les Sept Saints de Filippo Lippi, aux visages toujours aussi gracieux.

– Van Eyck (salle 56) nous fait entrer dans l'intérieur intime des Époux Arnolfini (1434). Un rendu très précis des couleurs lui permet, par exemple, de peindre le tableau en abîme dans le miroir du fond. Sur ce même miroir, on distingue, en plus du couple, les silhouettes de deux personnages : Van Eyck s'est probablement représenté. Superbe portrait d'un Homme au turban, vraisemblablement un autoportrait. Il a beaucoup influencé ses compatriotes Van der Weyden (Madeleine lisant) et Petrus Christus (Portrait d'un jeune homme, réalisé vers 1450).

– Salles 57 et 58, florilège d'œuvres d'artistes florentins (Philippino Lippi, Ghirlandaio, Verrocchio...), parmi lesquelles on distingue les compositions remarquables de la Nativité mystique et de Vénus et Mars (1485) de Botticelli. Vénus, légèrement insatisfaite, semble attendre que Mars daigne sortir de son sommeil d'amant repu.

– La salle 59 est entièrement consacrée à Crivelli, artiste atypique connu pour ses incrustations d'éléments de bois et de gemmes qui donnent du relief à la peinture. Voir notamment le somptueux Saint Michel, et une Vierge à l'Enfant (style gothique tardif). Par ailleurs, ses visages sont souvent représentés à la limite de la caricature pour mieux interpeller les spectateurs.

– Les écoles de Sienne (salle 60) et de Pérouse, avec comme chefs de file le Pérugin, Duccio et Signorelli.

– Introduction du culte de Cybèle à Rome (salle 61), admirable monochrome de Mantegna (1505). Cette déesse orientale était traditionnellement honorée par un bétyle, sorte de monolithe tombé du ciel ! Les Romains lui rendirent à leur tour un culte pour s'assurer la victoire contre les Carthaginois. Cette frise « à l'antique » donne l'illusion d'avoir été sculptée sur du marbre coloré. Une façon de répondre à la question cruciale : qui, du sculpteur ou du peintre, dépasse l'autre ? Plus classique, une superbe Madone à la prairie de Bellini (vers 1500), chargée d'émotion.

– L'Agonie au jardin des Oliviers (vers 1460) est une composition parfaite de Mantegna (salle 62). Giovanni Bellini, le beau-frère de Mantegna, a peint le même thème, mais d'une manière plus aérée et lumineuse. De Bellini également, le Portrait du doge Loredan, incarnation austère de la dignité du pouvoir. Salle 62 toujours, le fameux Saint Jérôme dans son ermitage (1475), d'Antonello de Messine, a longtemps été attribué à Van Eyck en raison de l'influence flamande qui le caractérise. Du même artiste, La Crucifixion (1475) et le Portrait d'un homme (sûrement un autoportrait) peint de trois quarts.

– Renaissance flamande (salle 63). Plusieurs œuvres de Hans Memling, dont le triptyque représentant la Vierge à l'Enfant avec saints (encore !). Comme souvent, le donateur s'est fait représenter sur le tableau.

– Renaissance allemande. Portrait du père de Dürer (1497). La finesse des traits du visage montre son grand talent de portraitiste (salle 65). Son Saint Jérôme impressionne tout autant par sa force dramatique.

– Pour conclure (salle 66), ne pas rater Le Baptême du Christ, de Piero della Francesca, aux couleurs si fraîches.

Aile ouest : de 1500 à 1600

Riche en œuvres des Renaissance italienne (écoles florentine, vénitienne et de l'Italie du Nord), flamande et allemande.

– Salle 2, deux œuvres de premier ordre de Léonard de Vinci : une Vierge aux rochers (1508), qui ne serait pas intégralement du maître, et surtout le superbe carton préparatoire de la Vierge à l'Enfant avec sainte Anne et saint Jean Baptiste.

Du Corrège, marqué par le travail de Vinci, voir *L'Éducation de l'amour* (début des années 1520), où le rendu des chairs est particulièrement réaliste. La grâce naturelle des poses annonce le maniérisme. Quelques œuvres du Parmigiano donnent également une idée de l'influence de Vinci sur ses contemporains.

LEONARD ET ŒDIPE

Dans sa Vierge à l'Enfant avec Sainte Anne et Saint Jean Baptiste, Léonard de Vinci aurait tenté de donner une image de la mère idéale, celle qu'il n'a jamais eue. Selon Freud, Léonard de Vinci serait le sujet même de cette composition. La Vierge et sainte Anne représenteraient ses deux mères (sa mère naturelle et sa belle-mère).

– La salle 4, l'une des plus belles du musée, célèbre la Renaissance allemande, bien représentée avec Hans Holbein le Jeune, peintre officiel d'Henri VIII. On y trouve son tableau le plus connu, *Les Ambassadeurs* (1533), représentant l'ambassadeur de François Ier en Angleterre, Jean de Dinteville, accompagné de l'évêque de Lavaur. Sur une étagère, des instruments scientifiques, un globe terrestre et un livre ouvert sur des citations bibliques symbolisent la puissance laïque et ecclésiastique appuyée sur les instruments du nouveau savoir de la Renaissance. Pourtant, quelque chose cloche : une des cordes du luth a sauté (signe de la discorde politique et religieuse en Europe) et, au pied des personnages, plane une menace sous la forme d'une tache incongrue, indéchiffrable. C'est une anamorphose : une forme tordue par l'élongation de la perspective. En se déplaçant sur la droite, on découvre ce que l'on ne veut regarder en face : la Mort, représentée par un crâne... La devise des Dinteville était : *Memento mori* (« Souviens-toi de la mort »). Quelques œuvres remarquables de Cranach l'Ancien.

– Salle 5, les amateurs de Renaissance flamande seront plus que comblés. De Gérard David (vers 1510), peintre qui fut actif à Bruges, superbe *Vierge à l'Enfant avec saints*, tout en délicatesse et lumière. Mais surtout un remarquable Jérôme Bosch : *Le Christ moqué* (ou *à la couronne d'épines*). Une œuvre bien sage quand on connaît le travail du peintre, caricaturiste coutumier des « déformations ». Mais à bien y regarder, tout son univers se retrouve dans le moindre sourire, le moindre regard de ses personnages. Et pourtant, nul doute que vous ne retiendrez qu'un seul tableau : cette *Femme grotesque* de Quentin Massys, terrible satire d'une vieille femme s'accrochant désespérément à sa jeunesse. Une « anti-*Joconde* ».

– Salle 6, plusieurs œuvres du Garofalo, grand représentant des écoles de Ferrare et de Bologne, dont le *Saint Augustin et la Sainte Famille*, une composition ouverte sur un grand paysage. Il signait ses toiles d'un œillet (*garofalo* en italien). Saint Augustin a aussi peu de chances de découvrir le mystère de la Sainte-Trinité que l'enfant de vider la mer à l'aide d'une cuillère ! Voir également une *Agonie au Jardin*, étonnamment optimiste, et les compositions poétiques de Dosso Dossi.

– Salle 7 : essentiellement consacrée au Florentin Pontormo. Œuvres de palais.

– Salle 8, deux toiles inachevées de Michel-Ange. Mais surtout plusieurs chefs-d'œuvre de Raphaël, dont le portrait du *Pape Jules II*, son grand mécène, une *Crucifixion, la Vierge et saint Jean Baptiste*, et, bien entendu, celle qui éclipse tous les autres, *Sainte Catherine d'Alexandrie*. De Bronzino, une *Vénus et Cupidon*, vraiment coquin, offert par Côme de Médicis à François Ier. Également une réjouissante composition d'Andrea del Sarto, où la Vierge, sainte Élisabeth, le Christ et saint Jean Baptiste ont l'air de passer un bon moment !

– Salle 9, superbe *Famille de Darius devant Alexandre le Grand* de Véronèse, l'une de ses grandes toiles mythologiques, là où il peut le mieux s'exprimer. Voir aussi l'*Adoration des mages* et la série des quatre *Allégories de*

l'*Amour* peintes vers 1570. On retrouve dans l'univers fantastique du *Saint Georges et le Dragon* l'habileté du Tintoret pour la mise en scène dramatique.
– Salle 10, nombreux Titien, dont le *Bacchus et Ariane* avec son bleu inimitable et son éclatante symphonie de couleurs.
– Portraits des peintres lombards Moretto et Moroni (salle 12), d'une grande minutie et d'une vraisemblance étonnante. Les spécialistes s'accordent à dire qu'ils ont renouvelé, voire réinventé le genre. Voir en particulier *Le Tailleur*. Également des portraits de Lotto, dont *Une dame avec un dessin de Lucrèce*, une allégorie de la Vertu, puisque Lucrèce a préféré se suicider après avoir été violée !
– Salle 14, école flamande du XVIᵉ siècle. De Jan Gossaert, un *Couple âgé*, empreint d'émotion et de résignation. Dans les autres œuvres exposées, c'est davantage son sens du détail, de la composition, ses couleurs chatoyantes qui frappent, notamment dans son extraordinaire *Adoration des mages*. En face, une version de Bruegel l'Ancien, très belle mais beaucoup plus rustique.

Aile nord : de 1600 à 1700

– On attaque cette nouvelle aile par la salle 15. Petite mais fort riche, puisqu'elle renferme des paysages de Turner et de Claude Lorrain (dont le *Port sur la mer*).
– Les Hollandais (salle 16) : Vermeer, avec *Jeune Fille devant un virginal*. En fait, il s'agit d'un diptyque, avec une version diurne et une version nocturne présentées côte à côte. Ce ne sont sans doute pas les plus belles œuvres de Vermeer mais, tout de même, quelle émotion ! Puis Pieter de Hooch, entre autres. La *Cour d'une maison* (de Hooch) surprend par son réalisme.
– Ne pas rater, salle 17, le *Peepshow* de Van Hoogstraten (vers 1650), une sorte de maison de poupée dont l'intérieur est peint. De chaque côté, un œilleton permet de jouer les voyeurs ! Des phénomènes d'optique restituent l'atmosphère d'un intérieur d'époque, avec des illusions de relief et de mobilité...
– Peintres français comme Simon Vouet, Pierre Mignard, Le Nain, ou encore le célèbre portrait de *Richelieu* par Philippe de Champaigne (salle 18).
– Salle Poussin (salle 19) : bacchanales et autres orgies pleines de vie côtoient une série figurant les sacrements et de nobles scènes bibliques, comme une sage *Annonciation*.
– Nombreuses œuvres de Claude Lorrain (salle 20) : *Psyché et le château de Cupidon*. Remarquez la similitude des décors et la différence de travail sur la lumière entre deux tableaux de Lorrain, *Un port sur la mer* (salle 15) et *Un port et l'embarquement de sainte Ursule,* son tableau le plus connu.
– On aime bien (salle 21) le ciel mouvementé et les éléments déchaînés de *La Meuse à Doordrecht dans la tempête,* de Cuyp.
– Autres peintres hollandais : Ruysdael et Hobbema (salle 22). La plupart des sujets traités sont des paysages, en raison du tarissement des commandes religieuses au lendemain de la Réforme.
– Une vingtaine de Rembrandt (salle 23). Quelle puissance dans le trait, quelle finesse dans les expressions ! Il portait sur les gens et les choses un regard à la fois tendre et sans concessions. C'est particulièrement évident dans son magnifique *Autoportrait*.
– De la peinture hollandaise, encore et toujours : remarquez la précision extrême de Ruysdael (jusqu'au regard du plus petit chien). Superbe *Jeune Homme tenant une tête de mort*, par Frans Hals (salle 25). Noter le mouvement de la main et du regard, le contraste du manteau et du crâne, la souplesse de la plume. Deux étonnantes natures mortes de Treck, aux reflets étudiés. Sinon, des portraits, des scènes de taverne (quel contraste !).
– Salle 28 : portrait saisissant de *Cornelis Van der Geest* par Van Dyck. On jurerait que le sujet va se mettre à pleurer !

– Salle 29, consacrée à Rubens. Plusieurs études poignantes, tout en cris, fureur, chair et femmes... Mouvement admirablement reconstitué dans l'*Enlèvement des Sabines*, scènes délirantes de *Paix et Guerre* (une femme fait gicler son lait dans la bouche d'un enfant !), déchirement des corps et sensualité des couleurs dans *Samson et Dalila*. Également un *Massacre des Innocents* d'une rare violence, avec un impressionnant déchaînement de nus.

– École espagnole (salle 30) : œuvres de Murillo, pleines de candeur (ses enfants sont craquants). Magnifique *Sainte Margaret,* peinte par Francisco de Zurbarán, orfèvre du relief et des couleurs chaudes. Plusieurs Velázquez, dont un portrait de Philippe IV et *La Toilette de Vénus,* plutôt osé pour l'Espagne de l'époque où l'Inquisition sévit encore. Émotion toujours aussi forte devant la modernité du Greco. Son *Adoration* nous semble encore ultra-contemporaine.

– De Van Dyck (salle 31), magnifiques portraits de cour, dont l'infortuné *Charles Iᵉʳ à cheval* (il sera décapité pendant la guerre civile).

– Les Italiens (salle 32 et 37) : Carrache, Caravage (très beau *Repas d'Emmaüs*), Il Guercino, etc. Dommage, la salle est un peu surchargée. On ne sait plus quoi admirer.

Aile est : de 1700 à 1900

– Peintres français du XVIIIᵉ siècle (salle 33) : autoportrait lumineux d'Élisabeth-Louise Vigée-Lebrun, Fragonard (dont le minuscule mais très célèbre *Verrou*), plusieurs Chardin, de beaux Pierre Peyron, Watteau, Greuze, etc.

– Plusieurs remarquables Turner (salle 34), qui annonce de façon évidente l'impressionnisme, mais aussi l'abstraction. La lumière, décomposée à l'extrême, devient l'objet même du tableau. Toute l'Angleterre a défilé au moins une fois devant l'une de ses toiles les plus fameuses, *The Fighting Temeraire*. La scène représente l'ultime voyage du *Téméraire* : le navire mythique de Nelson est remorqué par un vapeur pour être démantelé dans un chantier naval. Portraits de Gainsborough et Reynolds. Paysages anglais par Constable (voir la célèbre *Charrette de foin*), l'autre grand peintre anglais du XVIIIᵉ siècle.

– Hogarth, Stubbs (salle 35). Fameuse scène de chasse par Gainsborough, *Mr et Mrs Andrews.* Remarquez la tache sur les genoux de la jeune femme, sur lesquels aurait dû se trouver un faisan mort. Sherlock mène l'enquête... À noter aussi, une série désopilante de six tableaux par Hogarth, *Mariage à la mode* : une B.D. avant l'heure, pleine de rebondissements !

– Dans la rotonde (salle 36) : 4 portraits du XVIIIᵉ siècle, dont deux Reynolds.

– Les Italiens du XVIIIᵉ siècle : plusieurs Canaletto, avec, comme toujours, ses ravissantes vues de Venise. Pour nous changer, on trouve ici (salle 38) quelques vues londoniennes.

– D'autres Vénitiens (différentes vues de Guardi), mais aussi des portraits de Goya (salle 39).

– Salle 40, quelques jolis Tiepolo.

– Le XIXᵉ siècle (salle 41) : plusieurs Delacroix, des Courbet, Millet et Géricault. D'Ingres, le portrait de *Mme Moitessier,* magistralement exécuté (en douze ans !). On remarque bien sûr son reflet dans la glace mais, en prenant du recul, on voit aussi sa robe se détacher du fond...

– Des Corot, paysages d'hiver de Caspar David Friedrich (salle 42).

– Les impressionnistes (salle 43) : des chefs-d'œuvre en pagaille ! On est tout de suite surpris par cette *Exécution de Maximilien* par Manet, en quatre morceaux et toile apparente. À la mort du peintre, on le découpa ! Heureusement, Degas recolla les morceaux. Audacieux *Homme au bain* de Caillebotte. Admirez le geste de la serviette et les traces au sol. Splendides *House of Parliament* et *Gare Saint-Lazare* de Monet, même si l'on craque encore plus pour ses *Baigneurs à la Grenouillère*.

– Plusieurs beaux Seurat (salle 44), dont les célèbres *Baigneurs à Asnières,* contraste saisissant entre nature bucolique et paysage industriel. Beaux Pissaro, délicieux *Canotage sur la Seine* de Renoir et quelques impressionnistes comme Sisley et Puvis de Chavannes.

– L'apothéose ! D'abord, les *Tournesols* de Van Gogh et leurs jaunes en folie, sur lesquels tout le monde se précipite (salle 45). *Les Fermes à Auvers,* un de ses derniers tableaux (mais pas le plus raté !), côtoie deux autres œuvres moins célèbres. Nombreux chefs-d'œuvre de Cézanne (surprenant visage de *La Vieille Femme au rosaire*) parmi lesquels se démarquent les fameuses *Grandes Baigneuses,* tableau peint au tournant du siècle. Sans oublier quatre Gauguin et un très joli Maurice Denis.

– Ceux qui ont encore un peu d'énergie termineront la visite en beauté salle 46, où Degas, Toulouse-Lautrec, Picasso, Bonnard et Vuillard méritent bien plus qu'un coup d'œil.

– Pour découvrir la suite du XXᵉ siècle, il faudra se rendre à la Tate Modern.

🕯️🕯️ *Somerset House et la Courtauld Gallery* (plan général F-G4) *:* Somerset House, The Strand, WC2. ☎ 0207-848-25-26. ● *courtauld.ac.uk* ● Ⓜ *Charing Cross, Temple ou Covent Garden. Tlj 10h-18h. Les 24 et 31 déc : 10h-16h. Le 1ᵉʳ janv : 12h-18h. Fermé 25- 26 déc. Entrée : 5 £ (7,50 €) pour une collection, 8 £ (12 €) pour deux, ou 12 £ (18 €) pour les trois ; gratuit pour les étudiants résidant en Grande-Bretagne et les moins de 18 ans. L'accès à la Courtauld Gallery est gratuit pour ts lun 10h-14h, sf si férié.*

Édifié à partir de 1775, ce vaste édifice géorgien se déploie entre le Strand et la Tamise, à l'emplacement de l'ancien palais des ducs de Somerset. Ses ailes enserrent une belle cour intérieure restaurée avec goût, où les Londoniens aiment à flâner en paix parmi les jets d'eau... à moins qu'ils ne se laissent tenter par les joies du patinage l'hiver venu ! Conçus à l'origine pour accueillir des administrations comme la *Royal Academy of Arts* et certains services du ministère des Finances, les salons de Somerset House sont aujourd'hui entièrement dévolus à la culture. Trois lieux d'exposition se partagent l'espace : la prestigieuse *Courtauld Gallery,* l'intrigante *Gilbert Collection* et les *Hermitage Rooms* dédiées aux expositions temporaires. La **Courtauld Gallery** abrite une magnifique collection de peintures, provenant principalement de la donation Courtauld, enrichie depuis par diverses donations faites à l'université de Londres. Les œuvres exposées sont par conséquent présentées par collection, par respect pour les donateurs, mais au détriment d'une logique thématique ou chronologique. Elles sont toutefois régulièrement restaurées et éclatantes de couleur, de beauté, ce qui est rarement le cas des collections privées, et donc mérite d'être souligné. On ne regrette vraiment pas ses sous.

En guise de mise en bouche, la petite salle du rez-de-chaussée rassemble de belles œuvres de la Renaissance italienne. On apprécie notamment le triptyque de Bernardo Daddi (1338), magnifique exemple de tabernacle portable, ainsi que sa *Crucifixion et les Saints* (1348) traduisant la grande dévotion des écoles primitives italiennes. Voir encore une *Sainte Famille* du Garofalo (école de Ferrare et de Bologne) et un *Couronnement de la Vierge* de Lorenzo Monaco (enlumineur de talent, connu pour son travail sur les mouvements du corps).

Mais le clou du spectacle demeure les tableaux impressionnistes et postimpressionnistes d'une prodigieuse richesse ! Réunis au 1ᵉʳ étage, ils valent à eux seuls le déplacement. Salle 2, observez le jeu des couleurs d'un *Automne à Argenteuil* de Monet, à comparer avec la palette des *Bords de Seine à Argenteuil* de Manet. Le premier développe sans doute un style plus chatoyant, plus coloré. On ira détailler *Antibes* pour s'en convaincre. Alors que Degas s'intéresse à la scène et à ses danseuses, Renoir se tourne vers le public et peint dans une lumière étincelante la beauté d'une femme du monde, Nini, elle aussi en représentation *(La Loge).* Parmi les postimpressionnistes exposés salle 3, Cézanne est le mieux représenté avec notamment *Le Lac d'Annecy* et une version des *Joueurs de cartes,* où l'on saisit toute l'influence qu'a eu le vieux maître sur la peinture du jeune Van Gogh. À l'inverse des impressionnistes, les passages de couleurs ne lui servaient pas à décomposer la lumière, mais plutôt à souligner les formes. Deux superbes toiles de Gauguin, *Te Riora* et *Nevermore.* Enfin, arrêt obligatoire pour admirer *Un bar des Folies-Bergère* de Manet, aussi pétillant qu'une coupe de champagne malgré le regard perdu de la serveuse. Salle 4, un splendide nu de Modigliani arrache des larmes de joie à l'esthète, à moins qu'il ne soit séduit par la *Jeune Femme se poudrant* de Seurat. Plus loin, un autoportrait terrible de Van Gogh : il s'était coupé le lobe de l'oreille à la suite d'une brouille avec Gauguin ! Et tant d'autres (Renoir, Seurat, Toulouse-Lautrec...).

Le reste de l'étage rassemble les collections plus éclectiques des autres donateurs. Salle 5, la générosité d'un ami de Courtauld permet au visiteur de découvrir une curieuse *Sainte-Trinité* de Botticelli (1493). La taille disproportionnée de saint Jean Baptiste et de Marie Madeleine s'explique par les origines florentines de l'œuvre. L'Europe du Nord est bien représentée avec un *Adam et Ève* de Lucas Cranach l'Ancien (1526) et une *Fuite en Égypte* de Pierre Bruegel l'Ancien (superbe paysage montagneux et tourmenté). Toutefois, on ne se lasse pas d'admirer les toiles de Rubens, salle 6. Dans la *Mise au Tombeau* du Maître de Flémalle (Pays-Bas), on notera le souci du détail et les attitudes expressives des personnages. La salle 7, un tantinet fourre-tout, associe sans distinction Cézanne et Berthe Morisot à une *Vierge à l'Enfant* du Parmesan pleine d'élégance et de retenue, ou encore un paysage délicat de Guardi. Quelques belles œuvres de Van Dyck annoncent l'art du portrait, un genre où s'illustrèrent des Anglais comme Gainsborough et Reynolds.

Une surprise vous attend au dernier étage. Des prêts de longue durée par la *Fridart Fondation* permettent d'exposer des bronzes de Degas, des toiles de Derain, de Matisse, de Vlaminck, de Braque, de Dufy, etc. Et pas moins de... quinze Kandinsky, ce qui en fait actuellement l'une des, sinon la plus grande collection au monde.

Pour clore la visite, la Courtauld Gallery présente différentes expositions temporaires de qualité.

La Somerset House renferme également la **Gilbert Collection,** une extraordinaire collection de boîtes ornées de pierres précieuses, de micromosaïques italiennes du XVIIIe siècle et de tabatières en porcelaine estimée à 80 millions de livres. Le travail est si délicat qu'il faut parfois s'aider d'une loupe pour détailler les scènes ! L'aménagement est particulièrement réussi : boiseries chaudes et vitrines baignées d'une demi-pénombre mettent en valeur ces chefs-d'œuvre des Arts décoratifs. La galerie abrite également de magnifiques meubles (les compositions des marqueteries sont remarquables) et une fabuleuse collection d'argenteries.

Pour les insatiables, la Somerset House accueille aussi des expositions temporaires d'œuvres prêtées dans le cadre d'un partenariat avec le musée de l'Hermitage (Saint-Pétersbourg). Voir dans ce cas le programme des **Hermitage Rooms.**

🎬🎬🎬 **Royal Academy of Arts** *(centre 1, E4,* **550***) : Burlington House, Piccadilly, W1J 0BD.* ☎ *0207-300-80-00. •* royalacademy.org.uk *•* Ⓜ *Piccadilly Circus ou Green Park. Tlj 10h-18h (22h ven) pour les expos ; mar-ven 13h-16h, w-e 10h-18h pour les Fine Rooms. Entrée : payante pour les expos ; gratuite pour les Fine Rooms.* Prestigieuse institution fondée en 1768 pour favoriser le développement des arts plastiques. Elle a acquis depuis lors une réputation internationale et s'est installée dans un bâtiment à sa mesure, une énorme bâtisse de style palladien. Elle est soumise à l'autorité de la reine et gérée par un comité de cinquante académiciens, tous peintres, sculpteurs, graveurs ou architectes. Le peintre Reynolds en fut le premier président, et Gainsborough l'un des membres fondateurs. Appartenir à cette académie était un privilège rare, et de nombreux artistes anglais sont grâce à cela passés dans l'*establishment.* Elle possède une école d'art renommée, qui fut créée sur le modèle de l'école française des Beaux-Arts. Tout ce que la peinture anglaise compte d'artistes illustres est passé par là.

Le grand événement estival qui ponctue, depuis plus de 225 ans, la vie culturelle de la capitale est la *Summer Exhibition,* le grand salon d'art contemporain. Pour voir ou pour acheter, de début juin à mi-août. L'académie accueille le reste de l'année des expositions temporaires de grande qualité, thématiques ou liées à un artiste en particulier. Il est également possible de voir une sélection des *diploma works,* exposée dans les superbes *Fine Rooms* du XVIIIe siècle (visite guidée gratuite à 13h en semaine, 11h30 le samedi). Car depuis l'origine, les académiciens sont obligés de faire don d'une de leurs œuvres, condition nécessaire à l'obtention du diplôme. Toiles de Turner, Constable, Gainsborough et Reynolds, etc. Profitez-en pour jeter un coup d'œil au bâtiment : les plafonds ornés de fresques valent le détour.

🏃🏃🏃 *National Portrait Gallery (centre 1, E-F4) : Saint Martin's Pl, WC2 ; dans le prolongement de la National Gallery, à l'arrière.* ☎ *0207-312-24-63.* ● npg.org.uk ● Ⓜ *Charing Cross ou Leicester Square. Tlj 10h-18h (21h jeu-ven). Fermé les j. fériés et 24-26 déc. Entrée gratuite, excepté pour certaines expos. Audioguide en français (don de 2 £, soit 3 €, souhaité). Mignonne cafétéria au sous-sol et resto chic à l'étage (vue vraiment splendide, mais cher). Propose des conférences (parfois payantes) jeu soir, ainsi que des concerts gratuits ven à partir de 18h30. Également une galerie interactive pour découvrir chaque œuvre et son maître plus en détail.*

Avec plus de 1 300 portraits, cette galerie est l'une des plus complètes au monde. Tous les hommes et les femmes ayant compté dans l'histoire du royaume se doivent d'être représentés ici, sous quelque forme que ce soit : peinture, sculpture, photo et dessin (en incluant la caricature, dans laquelle les Britanniques excellent), sans oublier la vidéo ! Beaucoup de portraits des différentes familles royales (des Tudors – toute une aile pour eux – à lady Di), d'hommes et femmes politiques (Churchill, Margaret Thatcher), d'artistes (Oscar Wilde, Byron, Virginia Woolf, les sœurs Brontë), mais aussi de sportifs (Graham Hill), de chercheurs (Isaac Newton, James Watt) et d'explorateurs (Captain Cook). Idéal pour mettre un visage sur un nom célèbre (qui connaît la trombine de Walter Scott ?). Les portraitistes font également partie du gratin : Reynolds, Gainsborough, G. Sutherland, David Hockney et même cet incorrigible mondain d'Andy Warhol. Si vous vous intéressez surtout au XXe siècle, rendez-vous à la *Balcony Gallery.* Les expositions tournantes ne permettent pas toujours de voir ses artistes favoris, mais avec un peu de chance, on appréciera les portraits d'Elizabeth II par Andy Warhol, la photo de Margaret Thatcher par ce coquin et déjà regretté Helmut Newton (il a même réussi à la rendre facétieuse !), ou sir Paul McCartney par Sam Walsh. Les amateurs de photo ne manqueront pas les prestigieuses expos temporaires en sous-sol.

🏃 *Institute of Contemporary Arts (ICA ; centre 1, E4) : The Mall, SW1Y 5HA.* ☎ *0207-930-36-47.* ● ica.org.uk ● Ⓜ *Charing Cross ou Piccadilly Circus. Lun 12h-23h, mar-sam 12h-1h, dim 12h-22h30 (les galeries ferment à 19h30-21h jeu). Entrée : en fonction de l'expo.* Galeries d'expositions temporaires d'art « très » contemporain. Cinémathèque, théâtre, librairie et conférences accordant une grande place aux thèmes les moins habituels. À la pointe de l'avant-garde artistique anglaise et internationale, pour nos nombreux lecteurs à l'esprit large. Un café-bar également pour une pause plus prosaïque.

🏃🏃 🏃 *London Transport Museum (centre 1, F4, 552) : The Piazza, Covent Garden, WC2E 7BB.* ☎ *0207-565-72-99 (24h/24) ou 0207-379-63-44.* ● *It*

museum.co.uk ● Ⓜ *Covent Garden. Situé juste derrière le marché central. Réouverture fin 2007 après de gros travaux de rénovation.*
Ce vaste musée a pour vocation de retracer l'histoire des moyens de transport londoniens depuis 1800, avec comme corollaire l'évolution économique et sociale de la capitale : diligences, tramways, autobus et *Tube.*

🎭 **Photographer's Gallery** *(centre 1, F4, 553) :* 5 et 8 Great Newport St, WC2. ☎ 0207-831-17-72. ● *photonet.org.uk* ● Ⓜ *Leicester Square. Lunsam 11h-18h (20h jeu), dim 12h-18h. Entrée gratuite.*
Galeries réparties entre deux bâtiments voisins proposant des expos temporaires de photos de très bonne tenue, et qui changent à peu près tous les 2 mois. Le n° 8 accueille également une excellente librairie et le n° 5 un café-galerie agréable (ouvert jusqu'à 17h30) à prix cassés. Organise fréquemment des débats avec des photographes.

Monuments et balades

Le Londres commerçant : Piccadilly, Mayfair et Oxford Street

Cette balade décevra les fanas de bonnes affaires et réjouira les lécheurs de vitrines. Dans la plupart des boutiques de Piccadilly et Mayfair, le moindre petit plaisir est une grande folie ! Autant se contenter d'un regard de sociologue devant ces devantures luxueuses. Au fait, saviez-vous que *Piccadilly* vient du mot *pickadil,* qui désignait au XVIIᵉ siècle une sorte de col amidonné en vogue chez les jeunes aristocrates ? Un maître tailleur du coin s'en était fait une spécialité.
Sur Piccadilly, ne manquez pas *Hatchard's* (voir plus haut « Shopping. Livres »), la plus belle librairie de Londres ; lord Byron fréquenta cet ancien club littéraire et tous les grands auteurs viennent y dédicacer leur opus. Ne ratez pas non plus *Fortnum & Mason,* qu'il faut avoir vu au moins une fois dans sa vie de consommateur (voir plus haut « Shopping. Les boutiques chères mais qui valent vraiment le coup d'œil »). Les plus fortunés iront au 4ᵉ étage s'offrir un thé dans la plus grande tradition britannique, mais c'est hors de prix. Au moins pour l'avoir vu... Remarquer au-dessus de l'entrée principale une horloge : chaque heure, Mr Fortnum et Mr Mason sortent pour se saluer avec force courbettes !

🎭 **Piccadilly Circus** *(centre 1, E4) :* il suffit d'y passer pour dire que l'on a vu Londres. Cette place bruyante aux panneaux publicitaires tapageurs est connue dans le monde entier. On est loin de l'œuvre initiale de l'architecte John Nash, qui conçut au début du XIXᵉ siècle, à la demande du prince-régent et futur George IV, l'aménagement d'un axe triomphal reliant du sud au nord le Mall à Regent's Park en passant par Piccadilly Circus et Regent's St. Aujourd'hui, les néons des centres commerciaux, le brouhaha des taxis et des autobus ont eu raison de l'élégance des façades de stuc blanc. L'ange de bronze surplombant la fontaine paraît bien fragile et maniéré. Les Londoniens l'ont baptisé Éros. Il symbolise en fait la charité chrétienne, en souvenir du comte de Shaftesbury, qui se préoccupa au siècle dernier du sort de la classe ouvrière. À quoi servent l'arc et les flèches, alors ?

🎭 **The Quadrant :** cette grande courbe élégante part de Piccadilly Circus et prolonge **Regent's Street,** qui fut construite par Nash pour séparer l'aristocratie de Mayfair de la plèbe de Soho. La galerie du même nom abrite quelques boutiques chic et clinquantes. Les belles façades blanches de 1820 ont été refaites au début du XXᵉ siècle de manière fidèle. Elle est bordée de boutiques de mode aux prix plus ou moins abordables, comme le fameux grand magasin *Liberty* (avec un étage entier consacré à la mode anglaise de la plus sage à la plus déjantée) et sa façade Tudor (voir plus haut « Shopping. Les boutiques chères mais qui valent vraiment le coup d'œil »).

🏃🏃 *Saint James's Church (centre 1, E4) :* 197 Piccadilly, W1. Petite église anglicane à l'arrière d'un jardin accueillant, les vendredi et samedi, un marché artisanal. Bien qu'elle ait été en partie reconstruite après la Seconde Guerre mondiale, vous aurez reconnu la touche inimitable de notre ami Christopher Wren (1684), l'architecte de Saint Paul's Cathedral. Nef à voûte large en berceau sur des colonnes corinthiennes. Autel sculpté par Gibbons. Au-dessus des tribunes, buffet d'orgue résolument baroque.

🏃 *Les façades de Piccadilly (centre 1, E4) :* au n° 203, immeuble moderne de la librairie *Waterstone's* où l'emploi du verre tranche avec les autres édifices de l'avenue. Non loin, *Burlington House,* le plus vieil édifice de Piccadilly, bâti au XVIIe siècle et remanié au XVIIIe siècle à la mode palladienne, redécouverte un siècle plus tard après que l'architecte Inigo Jones a importé le style néoclassique d'Italie. Propriété du gouvernement britannique, il fut loué au siècle dernier à la fameuse Royal Academy of Arts pour une durée de 999 ans et un loyer symbolique (voir ci-dessus « Galeries et musées »).

🏃 Au n° 173 de Piccadilly, *Burlington Arcade,* prolongée en face par *Piccadilly Arcade,* est un superbe passage du XIXe siècle bordé de petites boutiques chic et personnalisées, qui perpétuent le bon goût british. C'est en fait une voie privée qui soumet les piétons à un règlement strict, datant du siècle dernier. Il est interdit de siffler, chanter ou jouer de la musique, même du Haendel !

🏃 En sortant de Burlington Arcade, prendre à gauche *Old Bond Street (centre 1, D-E4)* suivie par *New Bond Street,* l'artère principale de Mayfair. Voici le cœur de l'un des quartiers les plus chic de Londres, si ce n'est LE plus chic. Rien à envier à l'élégance parisienne du faubourg Saint-Honoré ! Son nom vient des grandes foires aux bestiaux qui animaient, au XVIIe siècle, les premiers jours de mai. Boutiques de l'époque victorienne, parmi lesquelles antiquaires, galeries d'art, bijoutiers et magasins de mode. Au niveau du n° 15, statues originales de Churchill et Roosevelt devisant tout simplement... sur un banc. Ces statues ont été offertes en 1995 par les commerçants de la rue pour célébrer les cinquante ans de paix en Europe. Au n° 35, *Sotheby's,* la salle des ventes la plus célèbre du monde, avec *Christie's* et *Drouot.*

🏃🏃 Possibilité de prolonger vers l'ouest de Piccadilly, direction *Green Park* (couvert de jonquilles aux beaux jours), pour le très luxueux *London Ritz.* Ouvert en 1906, cet hôtel fut le premier où les femmes célibataires pouvaient venir se loger ou tout simplement prendre un thé sans être accompagnées. Il fut construit par les mêmes architectes que son homologue parisien. Son salon de thé reste toujours très prisé, mais hors de prix. On continue avec l'une de nos places préférées, *Shepherd's Market.* Placettes, rue marchande, vieux cordonnier, fleuriste, chocolatier et une ambiance à la *Oliver Twist. So cute !*

🏃 Autre possibilité, vers le nord, New Bond St débouche sur *Oxford Street (centre 1, D-E3),* la rue commerçante la plus longue de Londres. Faites vos emplettes le long des 2,5 km de magasins ; plus abordable que tout ce que vous

---

ÇA CHÔME PAS...

30 avril 2007, les passants d'Oxford Street ont eu l'heureuse surprise de découvrir Kate Moss en vitrine, dans une petite robe rouge qu'elle avait dessinée elle-même pour TopShop. En présentant sa première collection réalisée avec la célèbre enseigne londonienne, la Brindille a attiré les foules : quasiment toutes les pièces de la collection se sont vendues le 1er mai !

venez de voir. Vous y trouverez *Marks & Spencer* et les grandes chaînes anglaises, comme *C & A, TopShop (où Kate Moss a créé quelques modèles) Miss Selfridge, The Body Shop,* et d'autres qui ne se sont pas encore exportées. La confection hommes et femmes est bien représentée. Au niveau d'Orchard St, voir la grande façade du début du XXe siècle de *Selfridges,* plus haut de gamme. Le samedi, grande cohue sur les trottoirs.

Le Londres « branché » : Soho et Covent Garden

Les ultrabranchés hurleront peut-être en lisant ces lignes : avant-gardistes, tribus rock et jeunes gens à la mode désertent leurs anciens quartiers pour d'autres (Camden Town et Islington, entre autres). Toujours est-il que Soho, Covent Garden et leur périphérie constituent encore, et depuis belle lurette, le centre de la vie nocturne londonienne. Normal, puisqu'on y trouve une concentration étonnante de théâtres, de cinémas, de restos et pubs à la mode ainsi que bon nombre de clubs rock et de boîtes de nuit. Sans conteste les quartiers les plus animés le soir, notamment aux carrefours stratégiques : Piccadilly Circus et Leicester Square. Pour le touriste, le choc principal d'une balade dans ces quartiers bondés est bien souvent occasionné par l'incroyable contraste des genres qui se côtoient ici : du jeune bourgeois au SDF, en passant par les rabatteurs de cabarets, les yuppies sortant du théâtre, les looks *gothic* (dérivés du punk), les hommes d'affaires éméchés et... les autres touristes.

🐾🐾🐾 *Soho (centre 1, E3-4) :* un peu l'équivalent de Pigalle à Paris. C'est pourtant l'un des plus petits quartiers de Londres, délimité au nord par Oxford St, au sud par Shaftesbury Ave, à l'ouest par Regent's St et à l'est par Charing Cross Rd. Il y a 300 ans débarquèrent des réfugiés venus de toute l'Europe, dont pas mal de protestants français, puis des royalistes chassés par la Révolution. La plupart d'entre eux firent ce que font en général les expatriés : ouvrir des bars, des cafés et des restaurants. Parmi les plus célèbres exilés à Soho : Karl Marx, qui échoua dans Dean St et y resta cinq ans. Mozart y passa aussi un petit moment, très exactement au 21 Frith St, ainsi que Canaletto (Beak St). Le quartier regroupe quelques sex-shops, peep-shows, *live shows* et autres bars gays. Mais le quartier s'assagirait-il ? Les boutiques de mode tendance grappillent ruelle après ruelle. C'est là l'autre pendant de Soho, qui s'est rendu célèbre grâce à la mode : à l'ouest du quartier se trouve **Carnaby Street,** associée dans la mythologie des *sixties* au *swinging London* puisque, ici, furent lancées les modes vestimentaires qui fascinèrent nos mamans. De jeunes créateurs ont investi les lieux et proposent des modèles vraiment chouettes, bien british, à prix encore raisonnables. Carnaby St retrouve aujourd'hui ses quartiers : les grandes marques de mode s'y précipitent. Tout près, au 7 Broadwick St, Brian Jones recruta deux jeunes gars, Mick Jagger et Keith Richards, pour « monter » un petit groupe qui allait devenir grand, *The Rolling Stones.* Plus à l'est, le Soho des musiciens, avec ses clubs rock mythiques (voir « Où écouter du rock, du jazz, du blues, de la country... ? »), ses soldeurs de disques, ses vendeurs d'instruments et les bureaux de quelques éditeurs de musique. À voir aussi, *Leicester Square.* Autour de cette charmante place, souvent animée par des fêtes foraines et repaire des cinévores, vécurent, entre autres, Newton et Charlie Chaplin (avec sa statue, son chapeau, sa canne et tout et tout !). Enfin, n'oublions pas le quartier des théâtres, dans le secteur Shaftesbury-Charing Cross. Quelques beaux spécimens de bâtiments typiquement victoriens.

🐾🐾🐾 🕴 Vous voudrez, bien évidemment, voir à quoi ressemble *Chinatown (centre 1, E4),* célèbre enclave chinoise qui mérite assurément le détour. Quelques rues à peine, en bas de Wardour St, autour de Gerrard St. Le grand portail un peu kitsch qui marque la frontière vient tout droit de Shanghai, et l'on est immédiatement frappé par cette volonté farouche de maintenir quoiqu'il arrive la culture et les traditions chinoises. Les inscriptions, y compris les noms de rues, sont en chinois. Depuis 1973, le Nouvel An chinois y est fêté en grande pompe, attirant les touristes plus nombreux chaque année. On est loin du ghetto sordide de la première heure. L'arrivée en « nombre » au début du siècle dernier (imaginez, ils étaient 400 à 500 Chinois en 1913 !) alimenta les pires fantasmes et rumeurs, tous liés à l'opium, au crime... À l'époque, ils se concentraient du côté de Limehouse, où le premier resto asiatique ouvrit ses portes en 1908. Au lendemain du grand *Blitz,* on relogea la communauté chinoise dans ce petit coin de Soho traditionnellement dévolu aux Italiens. Ils y vécurent en autarcie pendant quelques années, jusqu'à ce que les Londoniens décident de venir s'aventurer après la fermeture de leurs pubs dans ce qu'il convenait désormais d'appeler *Chinatown.* La proximité des grands théâtres n'est pas étrangère au phénomène. En 1984, le sud de Soho devint officiellement Chinatown et se vit reconnaître une existence juridique et administrative propre. On y compte aujourd'hui une soixantaine de restos asiatiques (pour 1 200 environ à Londres ; voir « Où manger chinois à Chinatown ? »), et c'est l'un des quartiers les plus visités. Y vivre surtout le matin, au moment des livraisons de marchandises : on se croirait au cœur de Pékin.

🦐🦐 *Covent Garden* (centre 1, F3-4) : à l'est de Soho. Lun-sam 10h-20h, dim 11h-18h. La plupart des restos et bars ferment à 23h.

Si Soho évoque Pigalle, Covent Garden fait vraiment penser aux Halles. Ça tombe bien : l'histoire est identique ! Les halles de Covent Garden, devenues trop petites, ont dû déménager à la fin des années 1970. Mais au lieu d'en confier la restauration à des démolisseurs (comme en France), les Anglais ont eu la bonne idée de conserver la structure, à savoir la grande verrière qui faisait tout le charme des lieux. Pas bête : c'est bien plus beau et moins cher... On y a installé des artisans, des petits commerces et des restaurateurs. C'est sûr, c'est moins pittoresque que le marché aux fruits et légumes d'antan, immortalisé à l'écran dans *My Fair Lady.* De plus, c'est devenu hypertouristique. Le marché aux fleurs, lui, a cédé la place au *London Transport Museum* (voir « Galeries et musées »). Le quartier conserve une atmosphère plaisante, notamment dans les rues commerçantes, comme *Neal St,* pleine de magasins spécialisés dans des trucs incroyables, ou *Neal's Yard,* place minuscule et colorée, accessible par Short's Garden.

Au XVIIe siècle, le comte Russell, nouveau propriétaire du terrain, décida d'en confier le réaménagement à un grand architecte. S'inspirant, entre autres, de la place Royale de Paris (future place des Vosges), celui-ci créa ainsi... le premier square londonien. Mais le Grand Incendie fit disparaître la piazza et ses beaux bâtiments, qui influencèrent tant l'architecture de la ville. Le marché ayant prospéré, on construisit la halle au début du XIXe siècle.

LE MARCHÉ DU COUVENT

Covent Garden est un lieu chargé d'histoire : comme son nom l'indique, ici se trouvaient les jardins d'un couvent (dépendant de l'abbaye de Westminster). Les moines, pour se faire un peu d'argent de poche, vendaient les produits de leur potager : d'où l'habitude que prirent les Londoniens de venir y acheter leurs légumes...

Le Londres politique

Voir le texte dans le chapitre « Pimlico, Westminster et Saint James's Park », à la rubrique « Monuments et balades ».

PIMLICO (AUTOUR DE VICTORIA), WESTMINSTER ET SAINT JAMES'S PARK

Berceau des institutions et de l'aristocratie, Westminster et Saint James's Park sont les tenants de la grande tradition anglaise. Ce n'est évidemment pas là que vous assouvirez vos pulsions festives, mais quelques étapes incontournables d'un voyage à Londres vous y mèneront forcément. En caricaturant, on pourrait résumer l'animation de ces quartiers au trafic de cars touristiques, à la relève de la garde et aux quintes de toux de la famille royale. La partie la plus résidentielle du quartier, autour d'Ebury St, regorge de demeures de stars de l'écran et de la littérature. Même Mozart y a vécu, au n° 180, et a composé là sa première symphonie. C'est dire... Sur Pimlico Rd, les architectes d'intérieur et autres designers perpétuent le style floral britannique. *Plus British*, tu meurs !

Où dormir ?

La plupart de ces adresses sont situées autour des stations de métro Pimlico, Victoria et Sloane Square. Quant à Ebury St, elle est connue pour regrouper en enfilade de nombreux hôtels assez bon marché. Rien de vraiment inoubliable dans le secteur, mais le quartier est central, tranquille, et convient parfaitement comme point de chute.

Vraiment bon marché

🏠 *Astor's Victoria Hotel* (plan général E6, *53*) : 71 Belgrave Rd, SW1 V2BG. ☎ 0207-834-30-77. ● victoria@astorhostels.com ● astorhostels.com ● Ⓜ Pimlico. Ouv 24h/24. Lits 13-22 £ (19,50-33 €) selon le dortoir (4 à 8 lits) et la période ; réduc fréquentes. De toutes les AJ de la chaîne, la plus propre, bien conçue et toute pimpante ! Dès l'entrée, salon TV avec 3 ordis connectés à Internet. Les autres pièces communes sont au sous-sol, principalement 2 vastes cuisines accueillantes et conviviales à souhait. Dortoirs classiques corrects (avec des couettes !), et ensemble bien tenu. Personnel jeune et sympa, souvent composé de globe-trotters se refaisant une santé financière entre 2 voyages. Pourquoi pas vous ? Une adresse parfaite pour jeunes routards et étudiants, à l'image des soirées à thèmes fraternelles et des activités qui sortent parfois de l'ordinaire (comme des cours de cuisine !). Oubliez les chambres doubles, rapport qualité-prix nul.

Prix moyens

🏠 *Colliers Hotel* (plan général D6, *56*) : 97 Warwick Way, SW1V 1QL. ☎ 0207-834-69-31. ● info@colliershotel.co.uk ● colliershotel.co.uk ● Ⓜ Victoria. Doubles 38-50 £ (57- 75 €) selon confort. Petit hôtel vraiment modeste qui conviendra aux routards peu exigeants, sauf au sujet de leur budget. Chambres basiques, la plupart sans douche et w-c privés, mais correctes pour un court séjour (il y a tout de même la TV !). Dommage que la literie soit un peu fatiguée. Accueil désintéressé et sympa.

🏠 **Elizabeth House** (plan général D6, **52**) : 118-120 Warwick Way, SW1 4JB. ☎ 0207-630-07-41. • elizabethhouselondon@yahoo.co.uk • elizabethhouse.co.uk • Ⓜ Victoria ou Pimlico. Doubles 45-65 £ (67,50-97,50 €), quadruples 60-85 £ (90-127,50 €), petit déj continental inclus. Petit hôtel en partie rénové, dont les chambres remises à niveau se révèlent tout à fait fréquentables. Les autres souffrent encore d'une literie sommaire. Surtout intéressant pour les chambres de quatre, petites, mais d'un bon rapport qualité-prix.

🏠 **Luna Simone Hotel** (plan général E6, **57**) : 47-49 Belgrave Rd, SW1V 2BB. ☎ 0207-834-58-97. • lunasimone@talk21.com • lunasimonehotel.com • Ⓜ Pimlico. Doubles à partir de 70 £ (105 €), English breakfast inclus (jusqu'à 8h30 maxi !). Familiales intéressantes à partir de 100 £ (150 €). Tenu par la même famille depuis deux générations, ce petit hôtel pimpant ronronne comme une mécanique bien huilée : accueil souriant et pro, petites chambres hyper-fonctionnelles et confortables, entretien impeccable de l'ensemble. Pas de charme, mais on n'en ressort pas fâché.

Plus chic

🏠 **B&B Belgravia** (plan général D6, **59**) : 64-66 Ebury St, SW1W 9QD. ☎ 0207-823-49-28. • info@bb-belgravia.com • bb-belgravia.com • Ⓜ Victoria. Doubles env 100 £ (150 €), petit déj compris. Ce petit bijou pourrait faire la une d'un magazine spécialisé. Car manifestement, les architectes d'intérieur se sont fait plaisir : beau salon contemporain équipé de matériel high-tech, insolite passerelle en verre pour rejoindre la salle de petit déj sobre et lumineuse, et différentes chambres de grand confort au design suédois très réussi. Accueil à l'image de la maison, à la fois chaleureux et sophistiqué.

Où manger ?

Bon marché

|●| **Relish** (plan général E6, **181**) : 8 John Islip St, SW1P 4PY. ☎ 0207-828-06-28. Ⓜ Pimlico. Lun-ven 7h30-15h30 (15h ven). Sandwichs 2-3 £ (3-4,50 €). Grand comme un mouchoir de poche... mais plus actif qu'une ruche. Car chaque midi, c'est la foule des grands jours qui assiège cette échoppe minuscule, pour ses énormes sandwichs préparés à la commande avec toutes sortes de pains et de bons produits frais. Plusieurs dizaines de choix, à déguster relishieusement !

|●| **Gastronomia Italia** (plan général E6, **194**) : 8 Upper Tachbrook St, SW1 1SH. ☎ 0207-834-27-67. Ⓜ Victoria. Tlj sf dim 9h-18h (17h sam). Sandwichs 1,50-3 £ (2,25-4,50 €). Une toute petite épicerie italienne sans âge, où se retrouvent chaque midi les inconditionnels de produits frais de la péninsule. Sandwichs à composer soi-même : 5 sortes d'olives, deux fois plus de fromages, de charcuterie, etc. Parts de pizzas délicieuses, espresso divin. Une paire de tables en terrasse.

|●| **Regency Café** (plan général E6, **186**) : 17-19 Regency St. ☎ 0207-821-65-96. Ⓜ Pimlico. Lun-ven 7h-14h30, 16h-19h30 ; sam 7h-12h. Menu env 4,50 £ (6,75 €). On joue des coudes entre les tables en formica de cette cantine populaire décorée de vieilles pubs et de photos anciennes, où l'ouvrier de chantier côtoie l'étudiant et l'employé de bureau du coin. On adore ! Plats basiques et roboratifs genre saucis-

se-petits pois, *black pudding* et bacon. On commande son plat et on vous appelle bien fort quand c'est prêt. En dessert, les crumbles noyés sous la *custard cream* finiront de vous rassasier pour 3 jours. Coup de cœur.

|●| The Green Café *(plan général D6, 208)* : 16 Eccleston St, SW1. ☎ 0207-730-53-04. **Ⓜ** *Victoria. Tlj sf*

dim 6h-16h. Compter 2-5 £ (3-7,50 €). C'est tout petit, ça n'a pas d'allure et c'est toujours plein. Forcément ! L'adresse est connue comme le loup blanc pour ses omelettes épaisses, ses *fish and chips* roboratifs et ses sandwichs minute. Et ça dure depuis 1955 ! Accueil jovial des propriétaires.

Prix moyens

|●| Blue Jade *(plan général D6, 204)* : 44 Hugh St, SW1V 4EP. ☎ 0207-828-03-21. **Ⓜ** *Victoria. À l'angle de Cambridge St. Fermé sam midi et dim. Menu env 11 £ (16,50 €) le midi, 17-22 £ (25,50-33 €) le soir.* Dans ce coin avare en bons restos, ce thaï charmant est l'une des meilleures options. Belle salle d'angle lumineuse, sobre et élégante avec ses tables joliment dressées, escortées par deux statues pour la petite touche exotique. Carte bien fournie, alignant tous les classiques du genre *(tom yum, phad thai)* et quelques spécialités plus originales préparées avec soin. Atmosphère paisible et service aux petits oignons.

|●| Jenny Lo's Tea House *(plan général D6, 251)* : 14 Eccleston St, SW1W 9LT. ☎ 0207-259-03-99. **Ⓜ** *Victoria. Lun-ven 12h-15h, 18h-22h ; sam 18h-22h. Plats 7-9 £ (10,50-13,50 €).* Une cantine chinoise branchée qui s'est fait une belle réputation pour ses soupes de *noodles* et spécialités au wok. Cadre minimaliste tout en bois clair et métal, avec une paire de grandes tables conviviales. Les cuistots s'activent dans le fond pour préparer la soupe de fruits de mer et le *beef hofun*, très prisés des habitués. Pour clore le repas, on peut s'offrir un thé thérapeutique conseillé par le Dr Xu ! Service efficace et souriant.

|●| Mekong *(plan général E6, 206)* : 46 Churton St, SW1V 2LP. ☎ 0207-834-68-96. **Ⓜ** *Pimlico. Tlj 12h-14h30, 18h-23h30. Fermé à Noël. Menus 13-17 £ (19,50-25,50 €) ; plats 4,50-10 £ (6,75-15 €). Café ou thé vert offert sur présentation de ce*

guide. On ne traversera pas tout Londres pour tester ce petit resto coloré, mais ceux qui logent dans le secteur apprécieront les spécialités vietnamiennes très honnêtes de la maison. Service gentil et efficace.

|●| The Vincent Rooms *(plan général E6, 203)* : 76 Vincent Square, SW1P 2PD. ☎ 0207-802-83-91. ● *res taurant@westking.ac.uk* ● **Ⓜ** *Victoria ou Pimlico. Horaires draconiens : lunch lun-ven 12h-13h15 ; dîner slt mar et jeu 18h-19h15 (dernière commande). Fermé pdt vac scol. Menu 20 £ (30 €) à l'Escoffier Room ; plats 6-10 £ (9-15 €) à la Brasserie.* Bienvenue dans les salles de travaux pratiques d'une célèbre école hôtelière, le *Westminster Kingsway College.* Il est plus que conseillé de réserver, car les habitués ayant flairé la bonne affaire sont nombreux. Le midi, on a le choix entre la *Brasserie,* une vaste salle sobre de bois blond, et *l'Escoffier Room,* salon coquet digne des plus belles tables. Le soir, service uniquement dans *l'Escoffier Room.* Dans les deux cas, les jeunes chefs du *college* ont la main experte, et vous ne serez pas déçu. Le service, certes un peu hésitant, est également assuré par des apprentis maîtres d'hôtel. Bref, profitez-en, car lorsque ces étudiants timides auront pris du galon, il faudra peut-être tripler la note pour goûter l'équivalent !

|●| The Seafresh Fish Restaurant *(plan général E6, 207)* : 80-81 Wilton Rd, SW1 V1DL. ☎ 0207-828-07-47. *Lun-ven 12h-15h, 17h-22h30 ; sam 12h-22h30. Plats env 9-12 £ (13,50-18 €).* Cette vieille enseigne, l'une des figures du quartier, a malheureusement fait peau neuve dans un style de brasserie marine impersonnel. Qu'à cela ne tienne, les *fish and chips* à emporter (comptoir attenant à la salle principale) et les spécialités de poisson sont toujours cuisinées dans les règles à base de bons produits frais. Simple et sans esbroufe.

Plus chic

|●| *The Quilon* (plan général E5, 284) : 41 Buckingham Gate, SW1E 6AF. ☎ 0207-821-18-99. ● info@quilonrestaurant.co.uk ● Ⓜ Saint James's Park. Tlj sf sam midi et dim 12h-14h30, 18h-23h. Formules midi 16-18 £ (24-27 €) ; plats 10-25 £ (15-37,50 €). Voici l'ambassade londonienne du groupe *Taj,* la chaîne d'hôtels la plus luxueuse et raffinée de l'Inde. Saviez-vous que Quilon est une ville du Kerala au bord des *backwaters* ? Les délicates spécialités de cette région mettront tous vos sens en émoi, mais l'addition saura vous faire redescendre sur terre ! Le restaurant est à la hauteur : décor classe et sophistiqué, personnel aux petits soins et l'un des meilleurs chefs du sous-continent aux commandes. Subtilités d'une cuisine épicée (sans excès, pour s'adapter aux palais occidentaux) où les saveurs des fruits, poissons, légumes ou viandes fusionnent en parfaite harmonie.

Shopping

⚙ *The National Trust* (plan général E5) : Caxton St, Blewcoat School, SW1. Ⓜ Saint James's Park. Lun-ven 10h-17h30 (19h jeu). Occupe une belle maison en brique et pierre construite en 1709, à 5 mn de Buckingham Palace. Pour acheter de bons produits naturels et quelques souvenirs *so British* en faisant sa B.A. (une partie des bénéfices permet l'entretien des monuments nationaux, parcs naturels et sentiers de balade).

Galeries et musées

❦❦❦ *Tate Britain* (plan général F6) : Millbank, SW1. ☎ 0207-887-80-08 (répondeur). ● tate.org.uk ● Ⓜ Pimlico. Bus nᵒˢ 88, 77A et C10. Un tuyau : un bateau relie la Tate Britain à la Tate Modern ; 12 navettes/j., dans chaque sens (pour les détenteurs d'une Travelcard : 2,85 £, soit 4,30 € ; 4,30 £, soit 6,50 €, sans ; réduc enfants). Tlj 10h-17h50 (22h le 1ᵉʳ ven du mois). Fermé 24-26 déc. Entrée gratuite (la grande expo temporaire est payante : de mi-2007 à mi-2008, elle aura pour sujet Millais). Visites guidées gratuites (à thème, ou bien, tour général), plusieurs fois/j. Sinon, audioguides indispensables (en français) à 3,50 £ (5,25 €). Ne pas manquer non plus les itinéraires thématiques bourrés d'humour « Create your own collection » (prospectus en anglais). Nos préférés : « Jours de pluie » (que des tableaux ensoleillés) ou « Je ne suis pas venu depuis longtemps » qui récapitule tous les chefs-d'œuvre de la collection. Parfait pour une visite rapide !
La Tate possède une grande cafétéria ornée de fresques au sous-sol et un resto un peu plus chic.
L'autre grand musée de peinture de Londres, rebaptisé ainsi depuis l'ouverture de la Tate Modern, fut créé en 1897 grâce à la donation du roi du sucre, Henry Tate. La Tate Britain se consacre désormais à la peinture et à la sculpture anglaises, de 1500 à nos jours. Parmi les artistes exposés : Turner, Hogarth, Gainsborough, Blake, Constable, les peintres préraphaélites, Henry Moore, Francis Bacon, James Tissot et également Mondrian, Calder, John Singer Sargent... On y verra également d'autres artistes moins emblémati-

ques, mais qui remportent un franc succès pour leurs compositions éminemment britanniques. Stubbs est l'un des favoris avec ses toiles animalières (les Anglais raffolent des *pets* !). Les collections tournent très régulièrement, et ce que vous verrez ne représente qu'une partie du fonds du musée. Impossible donc de citer les œuvres phares, sauf peut-être dans les salles consacrées à Turner (et encore !). Lors de votre visite, munissez-vous d'un plan et ne manquez pas les petites expos temporaires (gratuites), avec des artistes d'art contemporain souvent décapants ! Toutes les formes d'arts sont représentées (vidéos, assemblages...), et on peut y contempler les spécimens les plus représentatifs des derniers grands courants picturaux. C'est interactif, vif et très bien présenté.

– *Turner Collection :* sur 2 étages, plusieurs salles sont principalement réservées à Turner, l'un des plus grands peintres anglais ! Un ensemble magique de près de 300 huiles, aquarelles et dessins illustre l'immense talent de ce maître de la lumière, largement précurseur des impressionnistes. Voyez ses scènes pastorales du début du XIXe siècle où il se montrait, comme Constable, le digne successeur des paysagistes flamands, de Poussin, du Lorrain et autres favoris du XVIIIe siècle anglais. Les toiles sur Venise traduisent parfaitement l'évolution de son travail sur la perspective. En 1843, avec ses personnages effacés, ses jets de couleurs pastel, ses taches jaunes et bleues qui semblent gommer toute réalité, Turner est indiscutablement visionnaire. Quelle révolution après l'académisme de ses périodes anglaise et romaine ! On peut également apprécier toute la fougue romantique de ses débuts : scènes mythologiques, paysages fantastiques et grandioses, où l'orage gronde, la mer est déchaînée et l'homme menacé. Que de tourments chez ce peintre obsédé par les ciels torturés et les soleils éclatants ! Dans la dernière salle sont exposées ses toiles inachevées, tout aussi sublimes. D'ailleurs, Turner finira isolé de ses contemporains, livrant des œuvres aussi belles que dépouillées, incomprises des critiques. Dans les salles, des objets personnels du peintre, sa palette, ses carnets, etc. Un musée dans le musée !

🏛 *Queen's Gallery* (plan général D5) : à Buckingham Palace, Buckingham Palace Rd, SW1. ☎ 0207-766-73-00. ● royalcollection.org.uk ● Ⓜ Victoria, Green Park ou Saint James's Park. L'entrée est sur la gauche du palais. Tlj 10h (9h30 de fin juil à fin sept)-17h30. Fermé le 6 avr, ainsi que les 25-26 déc. Entrée : 8 £ (12 €) ; réduc. Possibilité de billet jumelé avec les Royal Mews (ouv de mars à oct) : 13,50 £ (20,25 €).

Ne vous attendez pas à visiter le palais de Buckingham. Seuls les gardiens en livrée, disponibles et courtois, vous rappelleront que vous êtes chez la reine. Mais la visite de la Queen's Gallery en vaut quand même la peine ! La galerie à taille humaine est située dans l'ancienne chapelle privée, qui fut gravement endommagée par les bombardements allemands de 1940 à 1944 mais a connu un vaste réaménagement pour le jubilé de la reine. Elle présente les œuvres d'art de la vaste collection royale selon des expositions thématiques renouvelées tous les ans. Modeste en taille, mais riche en qualité, les chefs-d'œuvre sont de premier ordre, et le trésor de la reine couvre tous les arts et toutes les époques ! En vrac, des Vermeer, des Van Dyck, des Rubens, des poignards moghols, des œufs Fabergé, de la porcelaine de Sèvres ou Wedgewood, des bijoux... Un délice de raffinement, et ce jusqu'aux toilettes !

🏛🏛 *Churchill Museum and the Cabinet War Rooms* (plan général E-F5, 554) : Clive Steps, King Charles St, SW1A 2AQ. ☎ 0207-930-69-61. ● iwm. org.uk ● Ⓜ Westminster. Tlj 9h-18h. Entrée : 11 £ (16,50 €) ; réduc ; gratuit moins de 16 ans. Audioguide (en français !) compris. Pour des raisons de sécurité, pas de vestiaires. Compter au moins 2h de visite.

Cachées sous des bâtiments administratifs et protégées des bombes par une couche de béton de plusieurs mètres, une trentaine de salles qui servirent de PC à Churchill et à ses conseillers militaires. Cette casemate labyrinthique, de dimension impressionnante, surprend aussi par son confort simple. Il faut dire qu'ils vinrent s'enterrer ici pendant près de cinq ans, du grand *Blitz* d'août 1940 à la reddition japonaise en 1945. Comme certains ne remontaient que très rarement à la surface, il fallait bien que la vie s'organise. C'est ainsi que l'on visite les fameux cabinets de guerre, comme le *Transatlantic Telephone Room* d'où Churchill communiquait directement avec Roosevelt à la Maison Blanche, la salle des cartes où il suivait les opérations sur tous les fronts à l'aide d'épingles et de fils de laine colorés, les salles de radio, les postes de gardes, etc. Mais aussi le volet plus intime de ce bunker, avec la chambre de Churchill, celle de sa femme, la cuisine, la salle à manger... Pas mal de détails amusants, comme la petite phrase de la reine Victoria affichée dans la salle du Conseil : « Les possibilités de défaite ne nous intéressent pas. Elles n'existent pas ! » ; ou les objets qui surgissent du passé, comme ce vieux Frigidaire calé derrière une porte. On aurait presque l'impression de gêner en pleine opération ! Des mannequins prêtent vie à l'ensemble, un audioguide fort bien fait nous compte mille anecdotes, et l'on revit avec intérêt et émotion les grands épisodes de la guerre.

Au cœur de la visite, le ***Churchill Museum*** s'intéresse d'abord aux années de guerre, puis on remonte le temps jusqu'à la naissance de ce personnage décidément hors du commun qui connut toutes les grandes mutations de la fin du XIXe et du XXe siècles, du premier téléphone à la conquête spatiale.

La scénographie est résolument moderne, avec comme épicentre une ligne de vie interactive qui permet d'avancer chronologiquement, d'année en année. Tactile, il suffit de l'effleurer avec le doigt pour voir défiler la vie de Churchill, replacée dans son contexte historique. Au fil des écrans et des vitrines d'une grande richesse iconographique, on découvre un personnage fascinant, tout en nuances, contradictions et paradoxes (un Anglais, quoi !). Il se dégage beaucoup de tendresse dans les témoignages. Il faut dire que l'on a du mal à ne pas craquer pour ce personnage haut en couleur, au look de star de ciné, un mélange de Droopy, de W. C. Field et de John Wayne. Matez donc l'incroyable photo où il pose, cigare vissé aux lèvres et mitraillette à la main. Un vrai Incorruptible !

Habile homme, il gérait son image avec un génie rare. Son cigare (qu'il ne fumait pas mais mâchonnait !), ses combinaisons excentriques et ses peignoirs exotiques font désormais partie du mythe, tout comme son incorrigible habitude de recevoir ses collaborateurs au lit ou son penchant pour le champagne Pol Roger (en vente à la boutique !).

Politiquement, il est tout aussi difficile à cerner. Fils d'un lord anglais et d'une riche héritière américaine, il démarra dans la vie en 1899 comme soldat au service de Sa Majesté, mais aussi comme journaliste et correspondant de guerre. Il fut fait prisonnier. Son évasion le rendit mondialement célèbre et lui permit de se faire élire député. Voilà pour le côté rocambolesque. Mais ce conservateur radical, qui prêchait l'ordre public, est aussi à l'origine de nombreuses lois visant à diminuer la précarité. Il participa, dans l'entre-deux-guerres, à la mise en place d'un État providence et fit promulguer de nombreuses lois sociales, tout en s'opposant fermement au démantèlement des colonies.

On lui reprochait souvent de jouer les Cassandre. Ainsi, il fut l'un des rares à alerter le monde du danger que représentait Hitler. Mais les Anglais, comme leurs dirigeants, faisaient la sourde oreille, s'accrochant à une paix illusoire. Malheureusement, la suite des événements lui donna raison et Neville Chamberlain, le Premier ministre, dut se résigner à l'appeler au gouvernement comme premier lord de l'Amirauté. Quelques jours plus tard, il lui céda même sa place ! L'Histoire fit de cet homme providentiel un héros de légende.

Cette immense popularité ne l'empêcha pas de perdre les élections en 1945. Les Anglais (ingrats, on peut le dire) étaient visiblement pressés de tourner la page et d'en finir avec les années de guerre. Personnage extrêmement

controversé, il connut ensuite une longue traversée du désert qu'il consacra à la littérature (prix Nobel pour son œuvre en 1953). Mais il continua à prendre ouvertement position et à jouer les agitateurs publics. Il fut finalement réélu en 1951. Il consacra la fin de sa vie à vouloir mettre un terme à la guerre froide. Il mourut en 1965, laissant une Europe plus divisée que jamais. Les fans poursuivront la visite par sa maison de Chartwell, dans le sud de l'Angleterre (voir le *Guide du routard Angleterre, Pays de Galles*).
– La porte à côté du musée est le HM Treasury, l'équivalent de notre ministère de l'Économie et des Finances. Bien gardé !

Monuments et balades

Le Londres politique : Trafalgar Square, Whitehall et Westminster

Cette balade rassemble quelques musts du tourisme londonien. Été comme hiver, vous ne serez pas seul à vous extasier devant l'uniforme des *Horse Guards* ou les sculptures funéraires de l'abbaye de Westminster. Mais c'est incontournable ! Quartier des ministères, du Parlement et de la résidence du Premier ministre, son importance dans le fonctionnement des institutions de la monarchie britannique se retrouve dans la solennité de l'architecture, presque exclusivement composée d'imposantes façades blanches à l'antique, agrémentées de tourelles dans le meilleur des cas.

À l'origine, le cardinal Wolsey, ministre d'Henri VIII, habitait le palais de Whitehall, à l'emplacement de l'actuelle avenue du même nom. Le roi, quant à lui, vit sa résidence, le palais de Westminster, anéantie par un incendie en 1513. Il profita de ses démêlés avec l'Église catholique pour confisquer la demeure du cardinal et en faire une immense résidence royale, qui s'étendait de Saint James's Park à la Tamise et de Charing Cross à Westminster Bridge. Les Tudors, puis les Stuarts y habitèrent pendant plus d'un siècle et demi. Un terrible incendie détruisit à son tour le palais de Whitehall en 1698. Seule *Banqueting House* fut épargnée. La Cour déménagea de nouveau, contrainte et forcée, mais le vrai pouvoir désormais acquis par le Parlement resta en place à Whitehall.

🎣 *Saint Martin-in-the-Fields Church* (centre 1, F4) : Trafalgar Square, WC2. ● *stmartin-in-the-fields.org* ● Ⓜ *Charing Cross ou Leicester Square. Tlj 8h-18h30.*
Église baroque construite en 1726 sur l'emplacement d'un premier sanctuaire, donnant directement sur la place la plus célèbre de Londres. Portique corinthien particulièrement pesant et clocher effilé à base carrée. À l'intérieur, péristyle corinthien sous un plafond en ellipse orné de stucs. À gauche du chœur, les armes royales au-dessus de la loge réservée à la famille royale rappellent que nous sommes dans l'église paroissiale de Buckingham Palace. Aujourd'hui, elle sert également de centre d'accueil pour les SDF *(homeless)*. L'Academy of Saint Martin-in-the-Fields est également réputée mondialement pour son orchestre mené par sir Neville Marinier (● asmf.org ● pour le programme). L'église est aussi célèbre pour sa chorale d'une grande qualité et une programmation musicale riche et variée. On peut voir répéter le chœur et écouter des chants liturgiques les mercredi matin et dimanche après-midi (sauf en août), ou assister à des concerts. Régulièrement, le soir à 19h30, concerts payants de musique classique ou baroque (large répertoire). L'église est alors éclairée à la bougie !
– Dans la crypte, le *Brass Rubbing Centre* (littéralement, « l'astiquage du laiton »). *Ouv aux mêmes horaires que la cafétéria.* Voici un loisir très prisé des Britanniques qui, en guise de passe-temps, s'amusent à faire reluire des

plaques cuivrées qui reproduisent différentes pierres tombales du Moyen Âge. Pour le prix de leur labeur, ils ont le droit de décalquer le dessin de leur gisant préféré pour l'encadrer et l'installer à la place d'honneur de leur salon familial. Compter 3-15 £ (4,50-22,50 €) selon la taille du modèle ; matériel fourni.

ФФФ *Trafalgar Square (centre 1, E-F4) :* sa colonne, ses lions et ses fontaines sont au hit-parade des cartes postales les plus vendues. Sa renommée lui vient non pas de sa beauté, qui est loin d'être rare, mais plutôt de sa situation centrale, à l'intersection du Mall royal, du quartier des ministères et des centres culturels du West End. La place est prise d'assaut par les pigeons, les touristes et les manifestants, les jours de revendication. À Noël, la Norvège offre un gigantesque sapin pour remercier la Grande-Bretagne de son aide contre l'ennemi nazi pendant la guerre. Avant de célébrer les hauts faits d'armes de l'Empire britannique, l'endroit était occupé par les écuries royales du palais de Whitehall. La place fut construite entre 1820 et 1840 selon les plans de l'architecte John Nash, qui aménagea le vaste quartier résidentiel s'étendant au nord jusqu'à Regent's Park. Plus que tout, la façade antique de la *National Gallery,* qui borde la place au nord, lui donne de l'allure. Beau point photo sous le portique du musée.

Ф *La statue équestre de Charles I* :er en hommage au dernier résident du palais royal de Whitehall, elle marque le début de cette large avenue. Œuvre d'un architecte français du XVIIe siècle, elle échappa miraculeusement à la destitution de l'autorité monarchique par Cromwell et réapparut tout aussi miraculeusement à la Restauration. À droite, la première façade bordant Whitehall est l'*ancienne Amirauté,* du XVIIIe siècle. En face, *Great Scotland Yard* donna son surnom à la fameuse police londonienne. Son état-major y résida jusqu'à la fin du siècle dernier, avant d'emménager sur Victoria St, dans un bâtiment moderne. Une rue plus loin, énorme masse blanche du *ministère de la Défense* terminée par de multiples tourelles et coupoles.

Ф *Banqueting House (centre 1, F4) :* Whitehall, SW1. ☎ 0870-751-51-78. ● hrp.org.uk ● **Ⓜ** *Westminster ou Charing Cross. En face de la caserne des Horse Guards. Lun-sam 10h-17h. Fermé dim et j. fériés, ainsi que du 24 déc au 1er janv. Entrée : 4,50 £ (6,75 €) ; réduc. Audioguide inclus (le demander) et film d'introduction à la visite, tous deux un peu longuets. Certains jours, à midi, concerts de musique classique et petits sandwichs pour 17,50 £ (26,25 €).*

La visite, pas passionnante, se résume à la splendide salle de banquets du 1er étage, seule rescapée de l'incendie de 1698 qui détruisit le palais royal de Whitehall. Son rôle initial a été maintenu, puisqu'elle sert aujourd'hui encore de lieu de réceptions. L'endroit est chargé d'histoire et intimement lié à la monarchie anglaise. Henri VIII y mourut, Élisabeth Ire y résida avant d'être emprisonnée à la Tour de Londres, puis James I (Jacques Ier), roi absolutiste à l'origine de l'union des royaumes d'Écosse et d'Angleterre, y festoya. Dans un autre registre, son fils Charles Iᵉʳ monta sur l'échafaud dressé pour l'occasion près de la porte d'entrée de la salle et, avec lui, six siècles de monarchie furent décapités. Vive la République ! Mais pas pour longtemps... L'architecture du début du XVIIᵉ siècle dans le style palladien est due à Inigo Jones, inspiré par un voyage en Italie. Superposition de deux ordres, comme sur la façade extérieure : ionique au premier niveau et corinthien au-dessus. Remarquez que les colonnes sont encastrées dans les murs pour gagner de l'espace et que la galerie est soutenue par des corbeaux. Ce style, qui était alors inédit en Angleterre, sera repris dans les façades aristocratiques au cours du XVIIIᵉ siècle (voir « Architecture » dans « Hommes, culture et environnement »). Le clou est bien sûr le plafond à caissons, peint par Rubens en 1629, qui tranche dans cet intérieur plutôt classique. Des scènes allégoriques hautes en couleur rendent un hommage complaisant au règne de James I et à sa sagesse.

🕯 🚶 *Horse Guards* (centre 1, F4) : caserne de la cavalerie royale à l'endroit même où s'élevait le corps de garde de l'ancien palais de Whitehall. Façade du XVIIIᵉ siècle dans le style palladien. L'entrée est gardée par deux beaux spécimens d'une impassibilité exemplaire. Petite cérémonie à 16h pour la fermeture des boxes des chevaux, mais le plus intéressant est la relève de la garde, de l'autre côté du porche, sur le terre-plein, tous les jours à 11h, à 10h le dimanche (y être un peu avant et vérifier les horaires, soumis à changements). Toutefois, spectacle franchement longuet et action limitée, puisque l'essentiel des opérations se résume à un dialogue (inaudible) entre les deux officiers. Bref, beaucoup moins spectaculaire que *Changing the Guard* à Buckingham Palace. Le samedi après l'anniversaire de la reine (le 6 juin), célébration en grande pompe de son anniversaire *(Trooping the Colour),* visible le long du Mall.

🕯 Attenante à la caserne des *Horse Guards,* la façade palladienne du *Cabinet Office* longe fièrement Whitehall. Belle exécution architecturale superposant les ordres. Frontons au-dessus des fenêtres, porches à colonnes et balustrade. Derrière siègent les ministères des Finances, du Commonwealth, des Affaires étrangères et de l'Intérieur. Bordant le Cabinet Office, *Downing Street* n'aurait été qu'une triste impasse bordée de maisons géorgiennes si George II n'avait pas décidé en 1735 d'en faire le « Matignon anglais ». Le Premier ministre habite au n° 10 et le chancelier de l'Échiquier au n° 11. L'accès est interdit au public et surveillé en permanence par des *bobbies* (agents de police). Plus bas, les voitures contournent le *Cénotaphe* érigé au milieu de la chaussée à la mémoire des victimes des deux dernières guerres. Le deuxième dimanche de novembre, le jour du Souvenir, la reine le fleurit.

🕯🕯🕯 Vue mythique sur la longue façade jaune du Parlement depuis *Westminster Bridge (plan général F5).* Magnifique de nuit. Par temps de brouillard, vous retrouverez la lumière que Monet a décomposée dans sa série de toiles ayant pour thème la Tamise, dont le fameux *Pont de Westminster et le Parlement de Londres.* De l'autre côté de la Tamise, le *County Hall* et sa façade néoclassique en demi-cercle. Il abrita pendant la première moitié du XXᵉ siècle le *Great London Council,* en charge du développement de la ville.

🕯🕯🕯 *Houses of Parliament et Big Ben* (plan général F5) : Bridge St, SW1. ☎ 0870-906-37-73. ● parliament.uk ● Ⓜ *Westminster. Pour des raisons de sécurité, les visites guidées n'ont lieu que du 31 juil au 3 oct (tlj sf dim). Entrée : 12 £ (18 €) ; réduc. Prévoir 1h15 de visite.*
Appelé aussi pour des raisons historiques le palais de Westminster, il est une preuve flagrante du goût de l'architecture victorienne pour l'art du pastiche. Cette énorme bâtisse de style néogothique n'en est pas moins un chef-d'œuvre. Les mêmes motifs architecturaux sont répétés sur chaque fenêtre,

tandis que les tours coupent, de-ci, de-là, l'horizontalité de la longue façade côté Tamise. L'architecte s'est inspiré de la chapelle Henri VII de l'abbaye de Westminster, qui a sublimé en Angleterre le gothique flamboyant. L'histoire du palais de Westminster est liée à la monarchie anglaise et aux incendies qui l'ont ravagé. Avant de devenir le siège du Parlement, il fut la résidence royale principale à partir du XIe siècle jusqu'à ce qu'il brûle presque entièrement en 1513. Plutôt que d'entreprendre des travaux coûteux, Henri VIII le rénova sommairement et préféra l'abandonner pour s'installer non loin de là, dans le palais de Whitehall. En 1605, Guy Fawkes, partisan catholique adepte des méthodes expéditives, projeta de faire sauter le Parlement et, avec lui, le roi Jacques Ier, lors de la cérémonie d'ouverture de la session. La *Conspiration des poudres* fut démasquée à temps. Aujourd'hui, plus par tradition que par peur d'un régicide, on fouille solennellement les sous-sols du palais avant chaque début de session.

Après un vaste incendie en 1834, le Parlement fut reconstruit dans un style Tudor médiéval où le classique se mêle au tarabiscoté. En tout cas, la pierre possède une superbe couleur jaune orangé. L'image la plus célèbre est la tour de **Big Ben,** évidemment.

À l'opposé de Big Ben, **Victoria Tower,** bien plus imposante, qui abrite les archives nationales. Le drapeau britannique flotte au sommet lorsque le Parlement est en séance. Chaque année mi-octobre, Sa Majesté la reine entre par cette tour pour prononcer son discours d'ouverture.

DING DONG BEN

Big Ben, en réalité, ne désigne pas la tour mais la grosse cloche de 13 t qui sonne toutes les 15 mn. Elle se règle chaque année en posant un penny sur le mécanisme si elle avance et en en enlevant un si elle retarde ! Technique ô combien efficace puisque le système ne connut sa première (petite) panne qu'en 1976... soit près de 120 ans après sa mise en service. Quant à son petit nom, il vient du haut fonctionnaire qui supervisa les travaux d'installation de la cloche, le désormais célèbre Benjamin Ben au physique sans doute... avantageux. Hélas, la visite est interdite aux ressortissants étrangers.

Si vous avez la chance de pouvoir entrer dans le Parlement, voici ce que vous pourrez voir :

Westminster Hall

On peut le voir de Saint Stephen's Entrance. Partie la plus ancienne du palais, datant de l'époque de Guillaume le Conquérant (XIe siècle), épargnée par les incendies. Superbe charpente en chêne du XIVe siècle. Entre les XIIIe et XIXe siècles siégèrent dans cette salle la Cour de justice et les tribunaux. Charles Ier y fut condamné à mort, tandis que Cromwell y fut proclamé lord-protecteur. Après la Restauration, la tête de Charles Ier se balança pendant 23 ans au bout d'une pique sur le toit de la salle. On y condamna également Guy Fawkes pour son coup manqué et Thomas More, lord-chancelier sous Henri VIII, qui refusa de reconnaître son roi comme chef de l'Église anglicane.

Chambre des communes

Elle accueille sur ses bancs capitonnés de cuir vert les *members of Parliament,* les membres du gouvernement à droite et l'opposition à gauche. Elle fut reconstruite en l'état dans l'après-guerre, après sa destruction par une bombe allemande. Lors des séances, la masse d'armes du président du Parlement est posée sur la table entre les deux tribunes, comme symbole du pouvoir parlementaire.

Chambre des lords

Somptueuse salle lambrissée construite dans le style gothique en même temps que le bâtiment. Dans la seconde chambre du Parlement, qui sert également de Cour suprême de justice, siègent les pairs, qui disposent d'un titre de noblesse. Elle est présidée par le fameux lord-chancelier, également ministre de la Justice. La reine s'assoit une fois par an sur le trône pour annoncer dans son discours les directives politiques, qui lui ont d'ailleurs été dictées par le Premier ministre.

🏃 En face du Parlement, *Jewel Tower,* carrée et trapue, est un autre reste du palais médiéval de Westminster. Construite vers 1365, elle abrita jusqu'à Cromwell les bijoux de la Couronne. Aujourd'hui, on y apprend tout sur le Parlement. Parfait si vous ne pouvez visiter ce dernier ! *Tlj 10h-16h. Entrée : 2,70 £ (4 €).*

🏃 ⓧ *Saint Margaret's Church (plan général F5) : dans l'ombre de l'imposante abbaye de Westminster, Saint Margaret's essaie de ne pas se faire oublier. Lun-ven 9h30-15h45, sam 9h30-13h45, dim 14h-17h.*
On passerait presque devant cette église sans la remarquer, au milieu de tous ces grands bâtiments. Édifiée au XIIe siècle, elle fut entièrement reconstruite de 1486 à 1523 dans un style gothique tardif, dont il ne reste plus grand-chose aujourd'hui. En 1614, elle devint église nationale, mise à la disposition de la Chambre des communes par la Couronne. Joli cadran solaire bleu sur son fronton. Depuis 1973, elle sert surtout pour des concerts, les parlementaires ne se bousculant plus à la messe. Ne manquez pas le vitrail flamand commandé par Ferdinand et Isabelle d'Espagne pour le mariage de leur fille Catherine d'Aragon avec le prince Arthur. Winston Churchill y épousa Clémentine Hozier en 1908. On y célèbre encore les mariages et les baptêmes de la plus haute aristocratie londonienne.

🏃🏃🏃 ⓧ *Westminster Abbey (plan général F5) : Parliament Square, SW1.* ☎ *0207-654-49-00.* ● *westminster-abbey.org* ● ⓜ *Westminster. En théorie, lun-ven 9h30-15h45 (18h ou 19h mer), sam 9h30-13h45. Fermé aux touristes dim, mais l'entrée est gratuite pour la messe de 15h : tenue plus que correcte exigée ! Dernier ticket vendu 1h avt la fermeture. Entrée : 10 £ (15 €) ; gratuit moins de 11 ans ; réduc. Audioguide en français : 4 £ (6 €). Visite guidée de la crypte du tombeau des rois et de la salle capitulaire, en anglais, à 5 £ (7,50 €). Entrée par la porte nord. Attention, longue attente en période d'affluence. Une brochure gratuite en français est à votre disposition.*
Magnifique abbaye où sont enterrés plus de 3 500 des hommes les plus illustres d'Angleterre et où se marient et se font couronner les rois et les reines depuis Guillaume le Conquérant. Foisonnement de sculptures, de plaques commémoratives et de sépultures royales rappelant l'histoire de la monarchie anglaise. Le nombre de pierres tombales est tel qu'il est impossible de ne pas marcher dessus. En quelque sorte, Notre-Dame de Paris et le Panthéon réunis. L'église originelle fut fondée au XIe siècle sur les restes d'un monastère bénédictin, le « monastère de l'Ouest », qui donna son nom au quartier environnant. Elle fut reconstruite deux siècles plus tard par Henri III et finalement achevée au XIVe siècle. Comme tous les grands édifices religieux, celui-ci n'a pas échappé à cette habitude anglaise de les mettre au goût du jour, même si le plan d'origine a été gardé. De ces remaniements successifs résultent des mélanges de styles : gothique primitif au XIIIe siècle, dont il ne reste plus grand-chose, flamboyant au XIVe siècle et enfin perpendiculaire à la fin du XVe siècle (la *chapelle Henri VII* en est le meilleur exemple de toute l'Angleterre). Il serait difficile de s'extasier devant la façade principale, pas vraiment élégante. La plus belle façade est celle du transept nord, près de Saint Margaret's Church, avec sa grande rosace et ses nombreux arcs-boutants.

Le transept nord

Le « coin des hommes d'État », rempli de statues pompeuses de politiciens célèbres comme William Pitt ou Disraeli... et d'autres qui le sont moins.

La chapelle Henri VII

Une véritable église dans l'église. On visite d'abord le bas-côté droit, où reposent sous un baldaquin de marbre les demi-sœurs ennemies Élisabeth Ire et Marie Tudor. Au fond, dans le « coin des Innocents », tombeaux disposés à l'envers des deux enfants d'Édouard IV, assassinés par leur oncle Richard III dans la Tour de Londres. Par un jeu de miroir, on aperçoit le visage sépulcral de l'un des enfants. Brrr... On entre ensuite dans la nef de la chapelle (le clou de la visite !), aux voûtes dignes d'une chapelle royale. Elles semblent dessinées dans du tissu et sont le plus bel exemple du style gothique perpendiculaire, qui s'est développé au cours du XVe siècle à partir du gothique flamboyant, uniquement en Angleterre. Les lignes verticales et horizontales sont mises en relief : les nervures des hauts piliers éclatent en éventail au niveau des voûtes et se ramifient pour se rejoindre en de lourdes clés pendantes. Les étendards et les casques finissent de nous éblouir. Derrière l'autel, tombeau d'Henri VII et d'Élisabeth d'York. Dans les chapelles rayonnantes, tombes des souverains Tudor et Stuart. La chapelle centrale est dédiée à la *Royal Air Force*. À l'entrée, une dalle rappelle qu'à l'origine Cromwell fut enterré à cet endroit. Son corps fut déplacé au moment de la Restauration.

La chapelle d'Édouard le Confesseur

Au centre, châsse en bois du XIIIe siècle contenant les cendres d'Édouard le Confesseur, sur laquelle il reste des fragments de mosaïque. Trône du couronnement encore utilisé de nos jours, avec l'emplacement d'une pierre volée à l'Écosse en 1296 pour marquer le pouvoir anglais sur cette partie du royaume. Cette même pierre, rendue en 1996, doit être renvoyée symboliquement pour le prochain couronnement !

Le transept sud et le coin des poètes (poets' corner)

Dédié aux poètes et aux écrivains anglais. Sous vos pieds, Charles Dickens, Rudyard Kipling et même le célèbre acteur Laurence Olivier. Sculptures allégoriques particulièrement chargées. Monument à la mémoire de Shakespeare, enterré loin d'ici, à Stratford-upon-Avon.

La nef

La longueur et surtout la hauteur de l'édifice sont impressionnantes. Le chœur et l'abside semblent avoir été étirés. Nef grandiose dans le style gothique flamboyant, avec de hautes voûtes nervurées et des piliers en marbre. La perspective est coupée par un beau jubé doré. Près de la sortie, dalle à la mémoire de Churchill et tombe du Soldat inconnu. Un peu plus loin à droite, une belle plaque de cuivre dédiée à Lewis Carrol. Sur le bas-côté nord, pierre tombale de Ben Jonson, poète et grand ami de Shakespeare, qui fut, selon sa volonté, enterré debout pour des raisons financières ! Plaques commémoratives de musiciens célèbres, comme Purcell ou Britten, parmi lesquelles une dalle dédiée à la mémoire de Darwin et une autre à Livingstone. Près du 2e tombeau en arrivant de la nef, lever la tête : une étrange pyramide choit.

Le sanctuaire

Au-delà du chœur, entre les transepts, s'ouvre le sanctuaire, lieu des couronnements orné de stalles en bois et d'un superbe maître-autel du XIXᵉ siècle. C'est ici que les mariages et funérailles royaux ont lieu. On y trouve le tombeau d'Anne de Clèves, l'une des six femmes d'Henri VIII. Superbe grille en fer forgé au-dessus du tombeau d'Éléonore de Castille, la courageuse femme d'Édouard Iᵉʳ, qui l'accompagna dans les croisades au péril de sa vie.

Le cloître de Westminster Abbey

Après tout cela, le cloître vous paraîtra un brin banal. Il est tout de même du XIᵉ siècle et des plaques commémoratives recouvrent les murs. La plaque la plus curieuse fut apposée en 1986 par *British Aerospace* à la mémoire d'Edmund Halley pour le retour de sa fameuse comète.

La salle capitulaire

Dans l'aile ouest du cloître. Lun-sam 9h30-17h de mi-mars à mi-oct (16h le reste de l'année). Magnifique salle octogonale de 20 m de diamètre, construite au XIIIᵉ siècle. Les fenêtres ornées des armoiries des généreux donateurs datent de 1951. Mais le must reste quand même le pilier central d'où partent les nervures des voûtes. Sublimissime.

Le musée de la Crypte

Direction l'aile est du cloître. Tlj 10h30-16h. Sarcophage romain ; vestiges de l'ancien monastère ; répliques d'objets du couronnement de Marie II et du trésor de la Tour de Londres (on voit bien que c'est du toc !) ; collection d'effigies en cire et en bois des rois, de leur famille et de personnages célèbres.

La chambre de la Pyxide

Située dans l'ancienne sacristie d'Édouard le Confesseur. Au XIIIᵉ siècle, elle devint salle du trésor royal. La lourde porte à l'entrée date de 1303.

🌂 On récupère sur les bancs des tranquilles *Victoria Tower Gardens,* le long de la Tamise. Vue en contre-plongée sur les tourelles du Parlement. Réplique des *Bourgeois de Calais* de Rodin qui, en 1347, s'étaient rendus à Édouard III pour sauver la ville assiégée.

🌂 Traversez Lambeth Bridge. En face, les deux tours crénelées en brique rouge marquent l'entrée de *Lambeth Palace (plan général F6),* résidence des archevêques de Canterbury depuis le XIIIᵉ siècle, construit en face du palais de Westminster. Il a gardé de l'époque son aspect Tudor moyenâgeux. Il ne se visite pas, mais on peut le contourner et flâner dans les superbes jardins archiépiscopaux. Ou alors, suivez les berges de la Tamise.

Le Londres royal : Saint James's

Le quartier aristocratique de Saint James's s'est épanoui pendant la Restauration, lorsque Charles II s'installa à Saint James's Palace avec tout le faste de sa cour. Les courtisans ont suivi le roi et se sont fait bâtir de belles demeures. Nombre d'entre elles ont été reconstruites au XIXᵉ siècle, mais l'élégance de ces rues tranquilles a traversé les siècles et les crises, maintenue entre autres par les fameux *clubs* si fermés qui font la solidité des traditions anglaises.

🍴 De Trafalgar Square, passez sous l'***Admiralty Arch,*** un monument triomphal en arc de cercle, à la gloire de la reine Victoria. Ici débute le ***Mall (centre 1, E4-5).*** Les processions royales passent inévitablement par cette avenue rectiligne, en partant de Buckingham Palace. À gauche, longue façade néoclassique de *Carlton House Terrace* construite par John Nash au début du XIXe siècle. Aussi austère que le Mall. Il créa ce nouveau style d'habitation formée d'un ensemble de maisons juxtaposées et unifiées par une couche de stuc. Trop blanc à notre goût ! Cet édifice comprenait à l'origine le palais du prince-régent. Ne manquez pas non plus cette excroissance architecturale tout en rondeurs, au début de Horse Guards Parade : la ***citadelle de l'Old Admiralty,*** construite durant la Seconde Guerre mondiale. Ses fondations iraient à plus de 9 m sous terre. Top secret ! Le toit, lui, ferait plus de 6 m d'épaisseur. C'est ici que devait se replier le gouvernement en cas d'assaut allemand.

🍴 Entre les bâtiments du Mall, un escalier conduit à *Waterloo Place* ornée de la ***colonne du duc d'York*** et de la ***statue d'Édouard VII,*** le seul enfant de Victoria qui régna sur le pays. Voici le début de l'axe triomphal dessiné par Nash, qui relie Carlton House à Regent's Park. À gauche, au n° 4 de Carlton Gardens, le général de Gaulle organisa le mouvement de résistance des Forces françaises libres et lança le 18 juin 1940 son célèbre appel diffusé sur la BBC. En face, la ***statue en bronze du général*** rappelle l'événement. Chaque année à cette date, les représentants diplomatiques français se réunissent pour lire le texte intégral du général.

🍴 Retour un peu plus haut sur ***Pall Mall*** *(centre 1, E4),* la rue des clubs privés les plus sélects de Londres. Il en existe une trentaine aujourd'hui. Les plus célèbres sont l'*Athenaeum Club* à l'angle de Waterloo Place, le *Traveller's Club* au n° 106 et le *Royal Automobile Club* au n° 89. Inutile de préciser que l'admission est réservée aux « gentlemen » et souvent très sélective. Mais on peut quand même en visiter quelques-uns : n'hésitez pas à frapper à la porte, on ne sait jamais... Pall Mall dérive du « paille maille », l'ancêtre du croquet, auquel jouait ici la cour de Charles II. Les *coffee houses* et les *chocolate houses,* qui sont apparues au XVIIe siècle avec l'importation des premiers grains de café et de cacao, sont les ancêtres de ces clubs où l'on parle politique, art, littérature et où l'on échange des potins dans un confort extrême.

🍴 Tournez à gauche dans ***Saint James's Square*** *(centre 1, E4),* une place carrée très *upper society,* qui fut aménagée à la fin du XVIIe siècle pour les courtisans du roi qui voulaient se rapprocher de Saint James's Palace. La statue centrale représente William III qui mourut à 52 ans d'un accident de cheval. Les jacobites (partisans de Jacques II), qui souhaitaient le retour des Stuarts sur le trône, portèrent alors un toast au « petit gentleman en velours noir ». Les maisons ont été refaites depuis, mais le caractère aristocratique est resté. Le n° 31 servit de quartier général à Eisenhower pour combattre les nazis. À l'angle opposé, la très *British London Library* fut fondée au XIXe siècle pour concurrencer la bibliothèque du *British Museum.*

🍴 Passer dans ***Mason's Yard.*** C'est dans cette rue, à l'*Indian Art Gallery,* qu'un couple célèbre allait se rencontrer : John et Yoko, bien sûr !

🍴🍴🍴 Prendre en face *Duke of York St* et tourner à gauche dans ***Jermyn Street*** *(centre 1, E4),* bordée de boutiques raffinées. Des magasins de mode pour hommes, des antiquaires, le célèbre fromager *Paxton and Whitfield* où l'on trouve aussi bien le meilleur des stiltons qu'un bon munster vosgien fait à point, le parfumeur *Floris* avec son décor d'herboristerie et le maître ès cigares *Davidoff* à l'angle de Saint James's St. Piccadilly est tout près, pour les lécheurs de vitrines. Tourner à gauche dans ***Saint James's Street*** *(centre 1, D-E4),* une autre rue distinguée du quartier. Elle abrite les plus vieilles boutiques de Londres, qui se sont fait une solide réputation depuis le

XVIIIᵉ siècle en fournissant la Cour. La plupart ont gardé leur allure de vieille échoppe, comme la cave à vin *Berry Brothers & Rudd* (depuis le XVIIᵉ siècle !), le chapelier *Lock's* ou le bottier *Lobb's*. Également quelques clubs très sélects. Ne vous amusez pas à les chercher, il n'y a pas de plaque, car peu importe qu'un non-membre puisse les localiser !

À gauche, au n° 8 de King's St, *Christie's.* Fermé aux mois d'août et septembre. La salle de vente aux enchères la plus renommée au monde, avec *Sotheby's* et *Drouot*. Les œuvres vendues atteignent souvent des sommes fabuleuses. C'est là qu'il faut acheter votre Rubens. L'authenticité vous en est garantie !

⚔ *Saint James's Palace* *(centre 1, E4-5) :* au bout de Saint James's St, façade anachronique avec ses tours octogonales crénelées et son horloge. Henri VIII fit construire ce palais pour sa deuxième femme, Anne Boleyn, au milieu du XVIᵉ siècle. Il est l'un des derniers représentants du style Tudor, et sa proximité avec des édifices plus récents ajoute au pittoresque de son allure médiévale. Après la destruction du palais de Whitehall lors de l'incendie de 1698, Saint James's Palace devint la résidence officielle du souverain jusqu'à ce que Victoria emménageât à Buckingham en 1820. Il fut maintes fois agrandi au cours des règnes. Ne se visite pas. Contournez-le en prenant à gauche la tranquille Cleveland Row, puis Queen's Walk à gauche, qui longe Green Park. Les résidences du XIXᵉ siècle qui bordent le Mall et appartiennent au palais sont *Lancaster House,* servant de résidence aux invités du gouvernement et *Clarence House,* encore une œuvre de Nash, autrefois habitée par la reine mère.

⚔⚔⚔ 🚶‍♂️* *Buckingham Palace* *(plan général D5) :* devant le mémorial pompeux dédié à la reine Victoria s'étend l'immense palais servant de résidence officielle au souverain. Victoria fut la première reine à y dormir. L'édifice date du XVIIIᵉ siècle et fut remanié par Nash dans le style néoclassique. Le drapeau royal au-dessus de la façade vous informe de la présence de la reine dans le palais. La bannière personnelle de Sa Gracieuse Majesté est divisée en trois : une harpe pour l'Irlande, un lion rampant pour l'Écosse et, sur l'autre moitié, trois lions d'or sur fond rouge symbolisant l'Angleterre. Pour les grandes occasions, elle salue le peuple du balcon central. *On peut visiter le palais 2 mois en été (de fin juil à fin sept) 9h45-18h (dernière admission 15h45). Entrée : 15 £ (22,50 €) ; réduc. Possibilité de billet jumelé pour la Queen's Gallery et les Royal Mews : 27 £ (40,50 €) ; réduc. Prendre son ticket dans Green Park ou résa sur le site ● royalcollection.org.uk ●*

Pas question de voir les 600 pièces, dont seulement quelques-unes sont dévolues à l'usage personnel de la famille royale. Seules 19 d'entre elles sont ouvertes au public, ainsi qu'une petite partie des jardins (la *Queen's Gallery* et les écuries royales se visitent aussi, lire plus haut « Galeries et musées »). Le prix d'entrée est exorbitant, mais il doit servir à la restauration du château de Windsor... La valeur architecturale du palais n'étant pas proportionnelle à son prestige, autant combiner la balade pour arriver à 11h30 et assister à la relève de la garde *(Changing the Guard),* qui a lieu tous les jours de mai à fin juillet, puis tous les deux jours en principe le reste de l'année. À noter : la relève n'a pas lieu les jours de très mauvais temps. Cérémonie longuette (environ 45 mn)... mais en musique ! Pour vérifier ces horaires soumis à de sérieuses variations : ☎ *0207-766-73-00 ou sur le site ● army.mod.uk ●*

⚔⚔ 🚶‍♂️* *Saint James's Park* *(plan général E4-5) :* le plus ancien des parcs royaux, puisqu'il date d'Henri VIII. Il fut aménagé sur un terrain marécageux. Au XVIIIᵉ siècle, Le Nôtre, le jardinier de Versailles, en fit un jardin à la française selon les vœux de Charles II. Le concept passa de mode dans l'Angleterre romantique du XIXᵉ siècle et l'inévitable Nash le remania à l'anglaise, tel qu'il est aujourd'hui. Berges bucoliques du lac artificiel peuplé de palmipèdes. Sur les abords, les conifères se mêlent aux feuillus. Des centaines d'écureuils batifolent. Du pont, vous aurez la meilleure vue possible sur Buckingham Palace. *Queen Anne's Gate* rappelle cette jeune reine qui fut 17 fois enceinte au XVIIIᵉ siècle, sans pour autant avoir de descendants.

༖༖༖ **Westminster Cathedral** *(plan général E5-6, 555) : Ashley Pl, SW1.* ☎ *0207-798-90-55.* ● *westminstercathedral.org.uk* ● Ⓜ *Victoria. Tlj 7h-19h (17h30 pdt vac scol). Accès restreint pdt les services.*

En 1850, le *Catholic Emancipation Act* rétablit la hiérarchie cléricale de l'Église catholique romaine. Il fallait donc une cathédrale pour l'évêque de Westminster. Sa construction commença en 1895. Le style byzantin primitif fut choisi pour des raisons pratiques : la construction était plus rentable et plus rapide que dans le style néogothique. Le résultat est pour le moins imposant : le colossal édifice en appareillage de briques et de pierres est surmonté d'un campanile de 100 m de haut, tandis que la nef est à ce jour la plus large de Grande-Bretagne et arbore un Christ en croix époustouflant de grandeur et de majesté. Des variétés de marbre du monde entier recouvrent les murs intérieurs, comme dans la nef centrale, où le marbre provient des mêmes carrières que celui de la basilique Sainte-Sophie à Istanbul. Cette teinte bleutée force le respect et les luminaires invitent à la méditation orientale.

Belles mosaïques dans les *chapelles du Saint-Sacrement* et *de Sainte-Marie*. Jeanne d'Arc est représentée dans le transept nord (pas banal en Angleterre !). À noter qu'il est possible de grimper dans le campanile pour admirer les toits de Londres (prévoir 3 £, soit 4,50 €).

BROMPTON, CHELSEA ET SOUTH KENSINGTON

Résidentiel, commerçant, luxueux, snob et « bohême-chic », autant d'adjectifs qui collent parfaitement à ces quartiers situés entre Hyde Park et la Tamise. La balade ravira aussi bien les fanas d'architectures géorgienne et victorienne, les amateurs de musées éléphantesques que les adeptes du lèche-vitrine et autres flâneurs en tout genre. Nous, on a un petit faible pour Chelsea, ses petites rues aux maisons basses et parfois colorées, ses boutiques branchées et sa vie nocturne animée.

Où dormir ?

Bon marché

🛏 *Halpin House* (plan général A6, 131) : 97 Queens Gate, SW7 5AB. ☎ 0207-373-41-80. ● alpin@london-hostels.co.uk ● london-hostels.co.uk ● ⓜ South Kensington. Compter 20 £ (30 €) par pers pour une double, 18 £ (27 €) en dortoir de 4 lits. Prix dégressifs en fonction de la durée du séjour. Cette vaste pension a bien choisi son emplacement, dans une rue victorienne très cossue à deux pas des grands musées de South Kensington. Rénovée dans un style fonctionnel, elle aligne plusieurs dizaines de chambres rustico-basiques traditionnellement louées aux étudiants au long cours... mais qui se révèlent impeccables pour d'autres étudiants en goguette sur Londres. Pas de couvre-feu. Sanitaires communs assez propres. Petites kitchenettes, laverie, salon TV et connexion Internet. Que demander de plus ?

Prix moyens

🛏 *Oakley Hotel* (plan général B7, 61) : 73 Oakley St, SW3 5HF. ☎ 0207-352-55-99. ● millenhotels@compuserve.com ● oakleyhotel.com ● ⓜ South Kensington ou Sloane Square. En plein cœur de Chelsea, mais loin du métro. Prendre l'un des nombreux bus qui empruntent King's Rd (le n° 11, par exemple, qui vient de Victoria). Doubles 50-80 £ (75-120 €) selon confort. Petit déj et 10 % offerts sur présentation de ce guide. Petit hôtel à l'atmosphère détendue tenu par des jeunes, mais surtout l'un des rares du quartier à prix à peu près abordables. Quelques chambres à l'ancienne mode avec salle de bains privée, très romantiques lorsqu'elles sont dotées d'un lit à baldaquin. Continental breakfast inclus dans le prix. Cuisine à disposition bien pratique et salon TV commun très cosy. Plus proche d'un B & B que d'un hôtel en définitive.

De plus chic à vraiment plus chic

Des adresses de luxe, à prix pas routards du tout. Mais pour un jeune couple en voyage de noces... ou un couple qui fête ses noces de diamant, l'amour n'aura pas de prix. *So romantic !*

🛏 *Aster House* (plan général A-B6, 62) : 3 Sumner Pl, SW7 3EE. ☎ 0207-581-58-88. ● asterhouse@btinternet.com ● asterhouse.com ●

Ⓜ *South Kensington. Doubles à partir de 155 £ (232,50 €), petit déj anglais compris.* Ce *B & B* de charme cache bien son jeu. De l'extérieur, certes cossu mais classique, on ne s'attend pas au délicieux *conservatory* envahi de plantes vertes, genre de jardin d'hiver lumineux où sont servis les breakfasts. Et ce n'est pas tout ! Car derrière la maison se cache un adorable jardinet, où il fait bon lézarder en surveillant les poissons du bassin. Quant aux chambres, elles sont à l'image de la maison : cosy, élégantes, fleuries, bref britanniques !

🏠 **Number Sixteen** *(plan général A-B6, 111) : 3 Sumner Pl, SW7 3EG.* ☎ *0207-589-52-32. •* sixteen@firmdale.com *•* numbersixteenhotel.co.uk *•* Ⓜ *South Kensington. Doubles à partir de 175 £ (262,50 €), petit déj anglais compris.* Le *Number Sixteen* joue à fond la carte des *Boutique Hotel*, cette nouvelle génération d'établissements qui misent tout sur le charme et l'intimité. Et c'est franchement réussi : 4 maisons réunies rassemblent des chambres contemporaines superbes, personnalisées par la main experte de la décoratrice Kit Kemp. Confort irréprochable, cela va sans dire, qui annonce les salons cosy

dont les œuvres d'art combleront d'aise les amateurs. Mais la vraie cerise sur le gâteau, c'est la véranda pour le breakfast donnant sur un vaste jardin luxuriant, planté de beaux arbres ombrageant fontaines et meubles de jardin. À Londres, cela tient presque du miracle.

🏠 **The Claverley** *(plan général B-C5, 63) : 13-14 Beaufort Gardens, Knightsbridge, SW3 1PS.* ☎ *0207-589-85-41. •* reservations@claverley.co.uk *•* claverleyhotel.co.uk *•* Ⓜ *Knightsbridge. Doubles 150-200 £ (225-300 €),* English breakfast *compris. Sur présentation de ce guide, 5 à 15 % de réduc.* Petit hôtel douillet caché au fond d'une impasse, à 2 mn de *Harrod's*. Très calme... et très pratique pour ramener les nombreux paquets ! Un vrai cocon à la déco fleurie style « vieille Angleterre » : plein de coussins, de tentures, de tableaux et de baldaquins. C'est plutôt chargé, mais étrangement de bon goût, chic et très cosy. Confort irréprochable et belles salles de bains. Toutes les prestations d'un hôtel de luxe. Dommage toutefois que les chambres de base, certes très coquettes, ne soient pas un peu plus grandes. Accueil impeccable.

Spécial coup de folie

🏠 **The Cadogan** *(plan général C5, 60) : 75 Sloane St, SW1X 9SG.* ☎ *0207-235-71-41. •* info@cadogan.com *•* cadogan.com *•* Ⓜ *Knightsbridge ou Sloane Square. Officiellement, doubles à partir de 255 £ (382,50 €) ; réduc fréquentes autour de 170 £ (255 €).* Un immeuble édouardien d'allure classique, qui fut pourtant le théâtre d'histoires peu banales : c'est ici, dans la suite n° 118, qu'Oscar Wilde a été arrêté. Reste de son passage ses plumes, sa veste toujours dans la penderie, son réveil... le tout dans des teintes mauves. Exquis ! C'est là aussi que Lily Langtry, actrice du XIXᵉ siècle, eut une liaison avec Edouard VII. Pour se retrouver, ils utilisaient le tunnel souterrain entre l'hôtel et le casino de Brompton Rd. Romanes-

que ! Un hôtel plein de charme, de mystères, avec des chambres tout confort naturellement (écran plat, peignoirs, sèche-cheveux, coffrefort, accès wi-fi...), soit très édouardiennes avec fleurs et mobilier d'époque, soit très contemporaines à la déco résolument moderne. Pour un week-end romantique ou bien familial (pas mal de chambres communicantes). Petit déj-buffet original et plus que copieux, malheureusement non inclus dans une addition déjà bien rondelette. Bar très cosy et resto élégant au rez-de-chaussée.

🏠 **The Durley House** *(plan général C6, 132) : 115 Sloane St, SW1X 9PJ.* ☎ *0207-235-537. •* durleyhouse.com *•* Ⓜ *Knightsbridge ou Sloane Square. Appartements à partir de 365 £ (547,50 €).* Face au

Cadogan Square, une adresse de poche au luxe discret, idéal en amoureux ou en famille. Le magnifique hôtel particulier rassemble une poignée d'appartements vastes et douillets, tous décorés avec un goût exquis (tableaux précieux, tentures savoureuses, lits moelleux, profonds sofas) et dotés de cuisines parfaitement équipées. Mais en cas de grosse fatigue, on peut bien sûr avoir recours aux services d'un chef de renom, cela va sans dire. C'est cosy, feutré, raffiné et bourré de charme : anglais quoi ! Parfait pour les familles (certains appartements comptent plusieurs chambres pour le même prix).

Où manger ?

Dans ces quartiers, pas mal de pubs, de restos étrangers, et quelques snacks qui proposent des lunchs de qualité à prix modeste. Les restos chic se concentrent autour de South Kensington et du *V & A Museum,* tandis qu'à Chelsea les petits bars et les restos animés jouent au coude à coude sur King's Rd.

Bon marché

|●| *Chelsea Kitchen (plan général C6, 209) : 98 King's Rd, SW3 4TZ.* ☎ *0207-589-13-30.* Ⓜ *Sloane Square. Tlj 8h-23h30. Plats 3,50-6,50 £ (5,25-9,75 €) ; menu 8,70 £ (13 €).* L'indéboulonnable cantine populaire de King's Rd, connue comme le loup blanc par tous les chineurs et étudiants du quartier. Cadre hésitant entre le troquet et la caf't', au diapason d'une cuisine très simple mais roborative. En cas d'affluence – ce qui est souvent le cas –, salle au sous-sol.

|●| *Greenfields Café (plan général B6, 210) : 13 Exhibition Rd (perpendiculaire à Cromwell Rd), SW7 2HE.* ☎ *0207-584-13-96.* ● *green fieldscafe@btconnect.com* ● Ⓜ *South Kensington. Lun-ven 7h-19h, w-e 10h-18h. Fermé à Noël et le Jour de l'an. Plats 3,50-5 £ (5,25-7,50 €).* Un petit *coffee shop* rétro très mignon avec sa grande devanture verte et ses banquettes en bois. Parfait pour manger sur le pouce sans se ruiner. *English breakfast,* salades, sandwichs variés préparés sous vos yeux, soupes, plats chauds et cakes. Sympa aussi pour le thé. À manger sur place dans sa minuscule salle ou à emporter. Pas de w-c.

|●| *The Stockpot (plan général B7, 211) : 273 King's Rd, SW3 5EN.* ☎ *0207-823-31-75.* Ⓜ *Sloane Square. Tlj 8h-23h. Formules lunch et dinner 5,50-9,50 £ (8,25-14,25 €).* La branche locale d'une petite chaîne de troquets connue pour son rapport qualité-prix imbattable, un peu plus coquette que ses consœurs (c'est le quartier qui veut ça ?). Cuisine ouverte au fond de la salle, pseudo-boiseries et petites expos de peintres ou de photographes locaux en font même un point de chute pas désagréable. À la carte, des plats britanniques et méditerranéens (paella, etc.) sans surprise pour le prix, mais on repart le ventre plein et les poches encore tout autant. Pour les lève-tard, *English breakfast* servi jusqu'à 18h. Service efficace et souriant.

|●| *New Culture Generation (plan général B7, 202) : 305 King's Rd, SW3 5EP.* ☎ *0207-352-92-81.* Ⓜ *Sloane Square (pas le plus simple !). Tlj 12h-23h. Plats 5-8 £ (7,50-12 €).* Si la déco minimaliste a quelque chose d'aseptisé, c'est sans incidence sur les savoureux *jiaogi* (raviolis) de la maison. Fourrées au poisson, aux légumes, à la viande, ces petites bouchées vantent l'équilibre naturel de la cuisine de la Chine du Nord. Que des produits bio, cela va de soi.

|●| *Organic Pizza (plan général A-B6, 212) : 20 Old Brompton Rd, SW7 3DL.* ☎ *0207-589-96-13.* Ⓜ *South Kensington. Tlj 12h-23h (19h dim). Pizzas et pâtes 6-10 £*

(9-15 €). Rien ne justifie un gros détour, mais ce petit resto fonctionnel fait l'affaire lorsqu'on s'attaque aux musées voisins. Bonnes pizzas aux produits bio (et même garantis sans OGM !), cuites au feu de bois, pâtes et légumes de 1ʳᵉ fraîcheur, le tout bien préparé. Sélection de vins italiens au verre. Font aussi des plats à emporter.

I●I ***Noura*** *(plan général C5, 223) :* 12 William St, SW1X 9HF. ☎ 0207-235-59-00. Ⓜ *Knightsbridge. Tlj 8h-23h (22h dim). Sandwichs et snacks autour de 4 £ (6 €) ; plats 9-12 £ (13,50-18 €).* La branche *deli* d'un restaurant libanais réputé. On s'y pose sur un coin de table ou en terrasse, pour manger au calme une assiette de *mezze,* un *falafel,* ou un *chawarma,* sans oublier les éternels *baklava* en dessert. Également quelques plats plus élaborés... mais les tarifs aussi. À retenir surtout pour déjeuner sur le pouce.

I●I 🍴 ***Ed's Easy Diner*** *(plan général A7, 214) :* 362 King's Rd, SW3 5UZ. ☎ 0207-352-19-56. *Pas de métro proche (descendre à Sloane Square). Tlj 12h-23h. Plats 4-6 £ (6-9 €).* L'un des rejetons d'une chaîne de *diners* US qui marche à fond : directement sorti de *Happy Days* ou d'*American Graffiti* avec ses chromes et formica, ses juke-box, ses vieilles photos aux murs et ses serveurs coiffés d'un calot en carton très *fifties.* Panoplie habituelle des *burgers,* auxquels s'ajoutent de bons milk-shakes et *sundaes* pour les mômes. Un peu graillonneux tout cela, mais ô combien pittoresque !

De bon marché à prix moyens

I●I ***The Pig's Ear*** *(plan général B7, 218) :* 35 Old Church St, SW3 5BS. ☎ 0207-352-29-08. ● thepigsear@hotmail.com ● Ⓜ *Sloane Square. Plats 7-10 £ (10,50-15 €) au pub, 10-15 £ (15-22,50 €) au resto.* On répète pour les durs de la feuille : *The Pig's Ear* n'est pas dans l'assiette mais plutôt dans la pinte. Quoique... Si cette rousse de bon aloi se boit bien, surtout accoudé au comptoir ou adossé à un vrai feu de cheminée (pas de ces pseudo-feux électriques !), elle s'accommode fort bien de toutes sortes de plats en sauce. Car ce beau pub de caractère doit aussi sa réputation à ses bons petits plats bien ficelés, entre risotto bien cuit et *penne* aux noix de Saint-Jacques de bon ton ou petites purées écrasées juste ce qu'il faut. Et si les habitués mettent un peu trop d'ambiance, les amoureux trouveront refuge dans la jolie petite salle à l'étage ! Une des meilleures adresses des parages, pleine d'authenticité et d'atmosphère. Pas étonnant dans ces conditions que dégoter une table ou agripper un bout de comptoir relève parfois de la gageure...

I●I ***Aglio e Olio*** *(plan général A7, 205) :* 194 Fulham Rd, SW10 9PN. ☎ 0207-351-00-70. Ⓜ *South Ken-* sington, Gloucester Rd ou Earl's Court. Tlj 12h-15h, 18h-23h30. Plats 7-10 £ (10,50-15 €).* Plats du jour affichés au mur. Décidément, la nouvelle génération d'italiens n'a plus rien à voir avec les trattorias de grand-papa. Mais ce n'est pas la déco minimaliste et branchouille de ce minuscule resto qui séduit les amateurs, ce sont encore et toujours les bonnes vieilles recettes de *pasta* préparées avec soin. Ouf !

I●I ***Daquise*** *(plan général B6, 220) :* 20 Thurloe St, SW7 2LT. ☎ 0207-589-61-17. Ⓜ *South Kensington. Tlj 12h-23h. Plats 6-12 £ (9-18 €).* Immuable et sans façons, ce minuscule bistrot polonais vieille école fait le plein midi et soir pour sa cuisine traditionnelle simple et bien faite. Et cela dure depuis plus de 50 ans ! *Pierogi, pelmeni,* galettes de pommes de terre, ou choux farcis n'ont rien de franchement diététique, mais la mixture ranime son homme les jours de frimas... sans compter l'alléchante sélection de vodkas au verre pour faire passer le tout !

I●I ***Jakobs*** *(centre 2, M10, 243) :* 20 Gloucester Rd, SW7 4RB. ☎ 0207-581-92-92. Ⓜ *Gloucester Rd. Tlj 9h-23h. Plats env 6-10 £ (9-15 €) ; moins chers en take-away.*

Un petit *delicatessen* arménien avec un vaste comptoir ensoleillé à l'entrée : tourtes aux légumes, lasagnes, gratins d'aubergines et *mezze* d'une grande finesse. Passez commande avant de prendre place dans l'une des petites salles au cadre soigné, avec murs ocre, meubles en bois inondés de bibelots et une agréable verrière. À savourer avec un jus de fruits frais ou un thé oriental. Et si c'est complet, on peut emporter le tout au Kensington Park voisin !

|●| *Food Court de Harrod's* (plan général C5) : Hans Rd, entrée 11. Ⓜ *Knightsbridge. Mêmes horaires que le magasin (voir plus loin).* Des sandwichs frais, des pizzas à la coupe, de la charcutaille en veux-tu en voilà, mais aussi un bar à huîtres, un stand japonais et un autre pour les tapas, tels sont les trésors de cette section du grand magasin qui permet de se rassasier à prix modérés en faisant un petit tour du monde culinaire. Quelques tables également pour se poser.

|●| *La Bouchée* (plan général A6, 215) : 56 Old Brompton Rd, SW7 3DY. ☎ 0207-589-19-29. ● mail@labouchee.com ● Ⓜ South Kensington. Tlj 12h-15h, 17h30-23h (en continu le w-e). Env 25 £ (37,50 €) le repas. La France et sa cuisine vous manquent ? Ici, les serveurs sont des compatriotes, la déco chaleureuse vous fera penser à un joli petit bistrot parisien, avec ses boiseries et ses tables patinées et, parmi les spécialités, la cuisse de confit de canard ou le jarret de porc fidélisent les expatriés du quartier. Atmosphère romantique en soirée avec ses petites bougies.

|●| 👫 *Buona Sera at the Jam* (plan général B7, 217) : 289 A King's Rd, SW3 5EW. ☎ 0207-352-88-27. Pas de métro proche, on s'y arrête après une virée shopping sur King's Rd. Tlj 12h-15h, 18h-23h (en continu le w-e). Plats 8-12 £ (12-18 €). On y va plus pour la déco fantaisiste que pour la cuisine, une carte de spécialités italiennes classiques et sans génie. Comme un grand Meccano en bois, les tables s'imbriquent de haut en bas, et des petites échelles permettent d'atteindre les plus hautes. Rigolo pour les clients, rentable pour le patron, mais peu pratique pour les serveurs !

De prix moyens à plus chic

|●| *Vingt-Quatre* (plan général A7, 213) : 325 Fulham Rd, SW10 9QL. ☎ 0207-376-72-24. Ⓜ *South Kensington ou Gloucester Rd. Ouv 24h/24.* Plats 8-12 £ (12-18 €). Un petit resto tout moderne, tout en longueur et très prisé des noctambules bourgeois-bohèmes qui gravitent à Chelsea le week-end. Décor assez chic, un peu aseptisé, musique tendance en fond sonore, avec murs et mobilier gris métallisé. Mais son principal intérêt, c'est de servir à toute heure burgers, salades et breakfasts.

|●| *Hugo's* (plan général B5, 224) : 51 Princes Gate, Exhibition Rd, SW7 2PG. ☎ 0207-596-40-06. Ⓜ South Kensington. Tlj 9h-23h (19h dim). Plats 8-15 £ (12-22,50 €). Bistrot chic doté d'une grande salle aérée aux murs blanc et rouge, de tables en bois brut, et prolongé par une cuisine ouverte. Tous les jours, découvrez les plats inscrits sur l'ardoise, genre tartes améliorées et burgers gourmands. Spécialités pas compliquées mais bien tournées, auxquelles s'ajoutent une sélection de salades et légumes frais, de sandwichs pour les plus pressés, et un *full English breakfast* servi à toute heure ! Service jeune pas toujours très pro, à l'image d'une clientèle bariolée assez turbulente.

De plus chic à très chic

|●| *Signor Sassi* (plan général C5, 219) : 14 Knightsbridge Green, SW1X 7QL. ☎ 0207-589-87-72. Ⓜ Knightsbridge. Tlj sf dim 12h-15h,

18h-23h30. Plats env 20 £ (30 €).
Vieille enseigne italienne qui compte
de nombreux fidèles : la réservation
s'impose. Cadre traditionnel chic un
peu désuet avec quelques clins d'œil
aux années 1920. Petites tables, serviettes bleues sur nappe blanche,
bougies le soir. Mais l'essentiel est
dans l'assiette. Savoureux plats de
pâtes fraîches, viandes et poisson
finement cuisinés. Atmosphère
agréable, mais tenue correcte exigée.

Pubs

The Nag's Head *(plan général C5, 365)* : 53 Kinnerton St,
SW1X 8ED. ☎ 0207-235-11-35.
Ⓜ *Knightsbridge. Petite rue à
laquelle on accède par Wilton Pl. Tlj
11h-23h.* Atmosphère, atmosphère... Amateurs de pubs, ne ratez
pas cette taverne de poche comme
on n'en fait plus ! Peu de fenêtres,
pour garder le secret ou ajouter à
l'excentricité des lieux, une 1re salle
bancale, racornie par les ans, puis
un genre de cambuse en sous-sol,
grossièrement dallée, lambrissée et
propice aux rendez-vous pour écha-
fauder quelque mauvais coup. Mieux
qu'au cinéma – d'ailleurs les portables sont interdits. Il y a de toute
façon tellement de monde qu'on
n'entendrait pas la moindre sonne-
rie. Un lieu de perdition où l'on se
perd avec délectation ! Coup de
cœur !

The Grenadier *(plan général C5,
366)* : 18 Wilton Row, SW1X 7NR.
☎ 0207-235-30-74. **Ⓜ** *Hyde Park
Corner. Dans Knightsbridge, prendre Old Barrack Yard (juste après
Wilton Pl), au bout tourner à gauche,
passer sous l'arche d'un immeuble
(private mews), le pub est au fond de
l'allée. Tlj 11h-23h.* Pas évident de
trouver cette curiosité à la façade
colorée, recouverte de plantes grim-
pantes et de fleurs. C'était originelle-
ment la cantine des soldats du duc
de Wellington. Difficile de ne pas s'en
apercevoir : une guérite veille à
l'extérieur et toute la panoplie du militaire est suspendue aux 4 coins de la
petite salle. En revanche, l'ambiance
donne plus dans le chicos, façon
carré des officiers, que dans la cacophonie enfumée des tavernes de
troupiers.

Anglesea Arms *(plan général A-
B6)* : 15 Selwood Terrace,
SW7 3QG. ☎ 0207-373-79-60.
Ⓜ *South Kensington. Du métro,
prendre Old Brompton Rd et tourner
dans la 4e à gauche, Onslow Gardens, prolongé par Selwood Terrace.* L'*Anglesea Arms,* c'est le
refuge secret de tous ceux qui ten-
tent d'échapper au trafic enfiévré de
South Kensington. En terrasse,
adossé à un vieux lampadaire, on
savoure la quiétude de cette rue
résidentielle où s'épanouit un joli
square, tandis que dans la salle à
l'ancienne, ornée de vieilles gravures, on partage sans façon sa pinte
avec les habitués. Et comme la maison sert quelques plats classiques,
c'est décidément l'endroit idéal pour
se refaire une santé entre deux
musées.

Où manger des pâtisseries ?

|●| 🏃 **Pâtisserie Valérie** *(plan
général B5, 280)* : 215 Brompton Rd, SW3 2EJ. **Ⓜ** *Knightsbridge
ou South Kensington. Tlj 7h (7h30
sam, 8h dim)-20h.* L'une des succursales de cette pâtisserie française chic bien implantée à Londres, mais celle-ci a ajouté une
corde à son arc : en plus des traditionnelles pâtisseries et viennoiseries *French style,* elle propose une
sélection de salades et de plats de
bistrot honnêtes. Grande salle tout
en longueur à la déco rétro. Ne
désemplit pas.

Concerts classiques

♪ *Royal Albert Hall (plan général A5)* : *Kensington Gore, SW7 2AP.* ☎ *0207-589-82-12 (box office).* ● *roya lalberthall.com* ● Ⓜ *Knightsbridge, High St Kensington ou South Kensington. Billets à partir de 5 £ (7,50 €) jusqu'à bien plus de 100 £ (150 €).* Très populaire surtout lors des *proms* en été, organisés par la BBC. Un concert est donné à cette occasion chaque soir de mi-juillet à mi-septem-

bre, retransmis en simultané sur la station « BBC Radio 3 ». On précise aux fauchés que la queue pour les places les moins chères (debout dans la fosse !) se fait derrière l'édifice et non pas devant. Assister à un concert, découvrir la fosse centrale monumentale, reste un grand moment. Organise aussi des visites guidées (voir « Monuments et balades » plus bas).

Shopping

À vous les boutiques ! On ne vous fera pas l'injure de vous citer une boutique plutôt qu'une autre, tant elles apparaissent en un clin d'œil pour disparaître quelques mois après. King's Rd, avec ses magasins de fringues, d'accessoires, de téléphones portables, de chaussures et autres marchands de beauté, vous ravira.

Librairies

⚜ *The French Bookshop (plan général A6, 11)* : *28 Bute St, SW7 3EX.* ☎ *0207-584-28-40.* ● *frenchbookshop.com* ● Ⓜ *South Kensington. Lun-ven 8h30-18h, sam 10h-17h.* Librairie française, comme son nom et son enseigne *made in France* l'indiquent, où l'on peut trouver les dernières nouveautés. Bonne sélection et bons conseils. On est sûr d'y croiser des compatriotes, avec le consulat et le

lycée français tout proches.
⚜ *La Page (plan général A6, 11)* : *7 Hamington Rd, SW7.* ☎ *0207-589-59-91.* ● *librairielapage.com* ● Ⓜ *South Kensington. Lun-ven 8h15-18h15, sam 10h-17h (horaires restreints pdt vac scol).* Une autre librairie française très bien fournie avec tous les classiques et les nouveautés. Mais aussi des DVD, des CD, des B.D., etc.

Produits de beauté

⚜ *Lush (plan général B7)* : *123 King's Rd, SW3.* ☎ *0207-376-83-48.* Ⓜ *Sloane Square. Lun-sam 10h-19h, dim 12h-18h.* Charmante « crémerie » de beauté. Cette boutique exhalant de bonnes odeurs vend ses secrets de beauté fabriqués mai-

son et uniquement à base de produits naturels préparés à la main. Masque à l'ananas, savon vendu à la coupe, shampoing solide, bain aux pétales de roses... Le tout présenté dans de jolis étals en bois de toutes les couleurs ; comme au marché !

Thé et cookies

⚜ *Whittard of Chelsea (plan général B5)* : *203-205 Brompton Rd, SW3 1LA.* ☎ *0207-376-49-86.* ● *whit tard.com* ● Ⓜ *Knightsbridge. Tlj 10h-19h.* Un classique à prix moyens proposant une grande variété de thés :

English breakfast, Assam, Ceylan, et d'autres plus exotiques, comme le thé à la mangue. Également une petite sélection de cafés et toute la gamme des tasses, théières et pots à lait pour déguster le tout. Des dizaines de boutiques à Londres.

❀ *Baker and Spice (plan général B6, 10)* : *47 Denyer St, SW3 2LX.* ☎ *0207-589-47-34. Tlj 7h-19h (8h-17h dim).* Boulangerie salon de thé de charme, dont les étagères en bois et le comptoir regorgent de pains à la croûte mordorée, de salades multicolores et de gâteaux aux fragrances démoniaques. Les mots nous manquent ! Un délice...

Les boutiques chères mais qui valent vraiment le coup d'œil

❀ *Harrod's (plan général B-C5)* : *87-135 Bromptom Rd, SW1.* ☎ *0207-730-12-34.* ● *harrods.com ●* Ⓜ *Knightsbridge. Lun-sam 10h-20h, dim 12h-18h. Horaires étendus en déc (Noël oblige) et pour les soldes. Fermé 25-27 déc.* Les fameux soldes commencent fin déc et la 1re sem de juil ; également les soldes d'intersaison début mai. À Noël, les décorations sont souvent spectaculaires. On ne porte ni short, ni jean déchiré pour entrer. Les sacs de voyage doivent être déposés à la consigne, les petits sacs à dos portés à la main. Ça rigole pas ! L'un de ces grands magasins de luxe comme on n'en fait plus. Pour la petite histoire, depuis les insinuations de Mohammed al Fayed, le propriétaire, sur le prétendu complot qui aurait tué son fils Dodi avec lady Di, la reine a renoncé à venir y acheter ses corn flakes. On a même retiré du fronton du magasin le blason officiel de « fournisseur de la Cour ». Tout a commencé avec Henry Charles Harrod, un négociant en thés, savons et bougies, qui ouvrit son magasin en 1849, avec deux aides. Aujourd'hui, *Harrod's* compte 4 000 employés. La devise du célèbre magasin est : *Omnia, omnibus, ubique* (« Tout, pour tout le monde, de partout »). Ainsi, jusqu'en 1976 on y vendait encore des ceintures de chasteté. Devenu monument à part entière, *Harrod's* possède des rayons qui sont des chefs-d'œuvre de décoration et de bon goût. Quelques exemples parmi d'autres :
– le rayon alimentaire *(Food Halls)*, avec l'incontournable sélection de thés, plus loin ses cochonnailles accrochées au plafond et de superbes rayons de biscuits et épices. Porte 11, quelques stands pour grignoter sans trop se ruiner (voir « Où manger ? »). On y trouve aussi les célèbres macarons français *Ladurée* ;
– le rayon animaux : au 2e étage ; et si vous venez avec votre toutou, il pourra sagement attendre dans le chenil ; plus dingue, Harrod's organise chaque année le *Canine Fashion Show*, rien de moins qu'un défilé de mode pour toutous de stars ;
– les orchidées et les bouquets somptueux du rayon des fleurs.
Et Harrod's n'en finit plus de surprendre, voire de déranger : au sous-sol du magasin, au pied du formidable escalator égyptien (il fallait bien leur trouver une petite place !), se trouve l'endroit le plus inattendu que l'on pouvait imaginer en un tel lieu : un mémorial dressé en hommage à lady Diana et Dodi al Fayed ! Rien de moins qu'une fontaine dorée d'un kitsch flamboyant, surmontée des photos des célèbres amants. Scellée dans le socle, la bague de diamants que Dodi offrit à la princesse la veille du drame et, on vous le donne en mille, le dernier verre dans lequel le couple mythique trempa ses lèvres ! Pathétique, émouvant ou ridicule, comme vous voudrez. En tout cas, les dons rejoignent les caisses d'une fondation qui finance une école pour enfants en difficulté.

❀ *Harvey Nichols (plan général C5)* : *109-125 Knightsbridge, SW1.* ☎ *0207-235-50-00.* Ⓜ *Knightsbridge. Lun-sam 10h-20h, dim 12h-18h.* Un des plus chic et chers des grands magasins de Londres. La déco n'a rien d'exceptionnel, mais jetez-y un coup d'œil si vous êtes dans le coin pour connaître les dernières tendances. On y trouve également un salon de beauté et de coiffure très apprécié des filles chic... et riches.

☸ Dans le triangle magique de Sloane Ave, Fulham Rd et Brompton Rd, on trouve entre autres *Chanel, JPG* (Jean Paul Gaultier, *of course* !), *Gucci, Paul Smith,* mais aussi *Joseph* et, en face, le *Conran Shop* dans le Michelin Building, sur Ful-

ham Rd *(plan général A-B6-7)*. Ces derniers sont – les uns pour les vêtements, les autres pour l'ameublement et la décoration – les magasins les plus beaux, fous, chers et snobs que vous ne verrez jamais. Mais c'est encore le prix qui est le plus renversant !

Galeries et musées

Victoria and Albert Museum *(plan général B5-6)*

♣♣♣ *Cromwell Rd, SW7 2RL.* ☎ *0207-942-20-00.* • *vam.ac.uk* • Ⓜ *South Kensington. Tlj 10h-17h45 (22h ven). Fermé 24-26 déc. Entrée gratuite. Accès payant pour les expos temporaires.*

Ces imposantes façades victoriennes abritent en réalité l'un des musées les plus dynamiques de Londres, débordant d'une telle énergie que les autres grandes galeries font figure de monolithes. Cette situation d'exception est due à une volonté farouche de rester fidèle à sa vocation première.

En 1851, l'Exposition universelle organisée à Hyde Park mettait en concurrence les technologies et les savoir-faire des pays du monde entier. Les Anglais purent constater amèrement que l'esthétique des produits manufacturés britanniques avait fait les frais de la production industrielle, alors que dans ce domaine les Français s'en tiraient bien mieux. Hic ! Le prince Albert, mari de Victoria, fit de la qualité esthétique l'un de ses défis culturels. Il présida en 1856 à la création d'un musée original : présenter un historique des beaux-arts et arts décoratifs de tous les pays occidentaux et orientaux, dans le but de stimuler l'inspiration des créateurs, former le goût du public et dynamiser la production industrielle...

Les collections se sont enrichies et comptent aujourd'hui quatre millions d'objets, répartis sur un espace d'environ 50 000 m² en plein chambardement ! Le *V & A*, comme l'appellent affectueusement les Londoniens, est d'une exceptionnelle variété et d'une très grande qualité. Autant dire qu'il y en a pour tous les goûts et pour tous les appétits. Mais pour continuer à faire vivre ce formidable savoir encyclopédique, le *V & A* s'est lancé depuis 2001 dans un ambitieux programme de rénovation. Un défi qu'il est en passe de relever avec panache ! Compter 2 à 3h de visite pour apprécier les principales collections, et vraiment 4h pour avoir une bonne vue de l'ensemble des sections.

Renseignements pratiques

– *Orientation :* en raison des travaux bouleversant l'organisation des collections, **SE MUNIR ABSOLUMENT DU PLAN** du musée pour s'y retrouver. Payant : 1 £, soit 1,50 € (mais il y a plusieurs pages et plein d'illustrations !).
– *Visites guidées :* au choix, visites générales sur des salles choisies *(introductory tours),* ou visites à thème *(theme tours).* En principe, plusieurs départs par jour. Se renseigner à l'avance ou consulter les écrans dans le hall d'accueil qui indiquent le programme du jour. Durée moyenne : 1h ; gratuit. Le musée organise également toutes sortes d'activités : démonstrations de peinture, sculpture, calligraphie, restauration d'œuvres d'art, etc., généralement tous les week-ends de 14h à 17h. Pour les passionnés, cours de dessin ou formation à mi-temps sur l'histoire de l'art.
– *Où manger ?* Les superbes salles Morris, Gamble et Poynter ont retrouvé leur fonction d'origine après une longue et minutieuse restauration. On y

déjeunera à nouveau dans un beau décor victorien (céramiques, vitraux, plafond à caissons Renaissance). Moins luxueux mais plus abordable, le café propose une cuisine informelle dans la galerie voisine ou sur la terrasse déployée dans la belle cour intérieure.

– Un lieu à signaler aux étudiants et spécialistes en histoire de l'art : les **Study Rooms and Stores.** Trois étages de l'aile Henri Cole accueillent des salles de recherches et d'archivage permettant d'accéder à plus d'un million de dessins et de manuscrits.

– *Événement :* riche de ses collections et de ses connaissances en design et art contemporain, le *V & A* organise chaque année plusieurs grands rendez-vous devenus incontournables. Les *Fashion in Motion,* par exemple, proposent un défilé des collections récentes des grands noms de la mode (J. P. Gaultier ou Castelbajac se sont prêtés au jeu). Plus régulières, les nocturnes du dernier vendredi du mois sont l'occasion de mettre à l'honneur une nouvelle tendance dans la mode, le design, la musique ou l'art. Enfin, le musée trouve encore le temps d'accueillir tout au long de l'année de prestigieuses **expositions temporaires**. En 2007, on verra notamment *James Athenian Stuart* ; *Lee Miller* ; le *New-York Fashion Show* et *The Golden Age of Couture : Paris-London 1947-1957.* En 2008, *Thomas Hope,* ou une expo ayant pour thème *China Design Now.*

Visite des collections

Les collections sont présentées en fonction de trois grands thèmes :
– selon les zones géographiques (Europe et Asie) ;
– selon un découpage chronologique (Moyen Âge, Renaissance, XXe siècle et contemporain) ;
– selon les différents techniques et matériaux (peinture, sculpture, architecture, mode, tapisserie, argenterie, céramique...).
Une journée ne suffirait pas pour tout voir. Si vous disposez de 4h, voici quelques indications pour ne pas rater l'essentiel. S'il vous reste du temps, complétez la visite par les collections « À voir éventuellement ».
Enfin, le musée étant sens dessus dessous jusqu'en 2009, les collections en attente d'une galerie définitive sont parfois transférées sans réactualisation des plans. Demandez votre chemin aux surveillants !

Niveau zéro (Sous-sol)

Europe : 1600-1800

– Récemment inaugurée, cette magnifique section s'intéresse à toutes les formes d'art et d'artisanat dans l'Europe de... 1600 à 1800 (vous l'auriez deviné !). Rien ne manque : instruments de musique délicats (superbe luth italien de 1650, ou une épinette incrustée, également italienne, de 1577), mobilier des principaux styles (de Louis XIV aux Arts déco), comme des marqueteries Boulle et des meubles en pierres dures florentines présentés individuellement ou dans le cadre de reconstitutions soignées (beau cabinet en panneaux peints du XVIIe siècle provenant d'un pavillon de chasse français), mais aussi des armes à foison, des biscuits délicieux (figurines en porcelaine) et une foule de charmantes boîtes à bijoux.

Niveau 1 (Rez-de-chaussée)

Art chinois

– Salle coiffée d'une grande structure en bois rappelant le dos d'un dragon. Mélange d'objets anciens et d'œuvres d'art contemporaines (tableaux, mobilier). Un dialogue artistique à travers le temps très intéressant. Sculptures en jade très anciennes, comme de très beaux disques uniformes, symboles du ciel sur la terre, remis aux souverains pour garantir l'équilibre entre les dieux et les hommes. Ce sont également de très puissants symboles d'immortalité, le jade étant une pierre impossible à tailler, qu'on ne façonne qu'à force d'usure. Également de superbes meubles en laque rouge des dynasties Ming et Qing sculptés avec de précieux détails, dont un trône impérial. Statue de Bodhisattva Guanyin en bois laqué du XIIᵉ siècle. Cette figure du boudhisme est si sainte qu'elle échappe au cycle de la renaissance après la mort et atteint directement le stade ultime du nirvâna. D'où cet air blasé ! Dans le couloir jouxtant la salle principale de cette section, une superbe pagode en porcelaine atteignant 2,70 m (!), des objets d'art fabriqués aux XVIIᵉ, XVIIIᵉ et XIXᵉ siècles pour être exportés vers l'Occident. On comprend la fascination exercée alors par l'Orient. Sculptures en ivoire, porcelaines, statuettes...

Art japonais

– Dimensions et simplicité toutes japonaises... Superbes paravents et boîtes en laque (la plus belle collection hors du Japon !). Très belle vitrine de tabatières sculptées, en ivoire, jade, nacre, argent... et jolie sélection de pipes à opium. Quelques sabres ouvragés, de magnifiques armures et un brûleur d'encens sur trépied avec deux paons monumentaux. Ils furent présentés à l'Exposition universelle de Paris en 1878. Notez aussi cette admirable collection de *netsuke*, objets ciselés comme de vrais bijoux qui permettaient de tenir les ceintures des kimonos, sans oublier les nombreux *inros,* petites bourses en bois laqué qui faisaient office de poche pour la menue monnaie, le tabac, les clefs...

Art coréen

Petite galerie intermédiaire mais non des moindres. Tombe des crémations aux traits finement ciselés dans la pierre et vase moderne en céramique tout aussi saisissant.

Moyen Âge, art gothique tardif et Renaissance

– À terme (fin 2009, sous réserve d'éventuels retards), ces collections devraient être regroupées au sein d'une même galerie. Faute de place, seules les œuvres les plus célèbres sont exposées dans les salles qui longent la cour intérieure. Pour les œuvres du Moyen Âge, on découvre beaucoup d'ivoires travaillés, représentant des scènes de la vie du Christ, ainsi que des sculptures en bois (chapeau pour la conservation des œuvres quasi intactes !) dont un superbe triptyque français de l'Annonciation. De la dentelle ! Ne manquez pas le *Chandelier de Gloucester* en bronze doré (XIIᵉ siècle), étonnamment compliqué, tout comme le *coffret reliquaire de Thomas Beckett,* décoré d'émaux champlevés et réalisé à Limoges. La scène, délicate, représente l'assassinat de l'archevêque dans sa cathédrale.

Dans la section consacrée à l'art gothique tardif, ne manquez pas l'incontournable *nef de Burghley,* conçue à Paris vers 1527. C'est une petite maquette de bateau en argent doré. Certains détails montrent le talent de l'orfèvre : la coque est en fait un coquillage et, sur le pont, on peut voir Tristan et Iseult jouer aux échecs... Une autre pièce d'orfèvrerie très originale : une coupe et son couvercle en forme de château de la Belle au bois dormant (fin du XVᵉ siècle).

La Renaissance italienne livre quelques beaux exemples disséminés dans les salles suivantes. Parmi les sculpteurs florentins du XVᵉ siècle, voir les bas-reliefs en marbre de Donatello représentant le Christ donnant les clés à saint Pierre. Belles œuvres de Della Robia également, ou encore la *Madone Chellini,* une pièce ronde en bronze dont le revers moulé en creux permettait de faire des copies en verre, sans oublier ce plafond peint en trompe l'œil ouvert sur le ciel... Plus loin, ce sont les œuvres excentriques de Bernard Palissy qui captent l'attention. Ce potier français génial renouvela le genre en décorant ses terres cuites avec des animaux moulés au naturel. Saisissant.

Art islamique

Cette section est consacrée à l'évolution de l'art islamique au Moyen-Orient à partir du VIIIe siècle. Selon la tradition, les artistes ne peuvent pas représenter Dieu et reproduire l'image de l'homme ou d'un animal pour décorer les mosquées. Ils se rattrapent largement sur les riches décorations des tapis et les boiseries exubérantes. Parmi les plus belles pièces, le *tapis d'Ardabil* (XVIe siècle) doit sa célébrité à la finesse du travail, qui nécessita près de 5 000 nœuds pour 10 cm^2, mais aussi à ses dimensions impressionnantes (11 m sur 5 !). Comparer avec le plus beau tapis du monde selon les experts : le *tapis de Chelsea* (XVIe siècle), tissé à Tabriz. Bien sûr, ils sont tous les deux persans. Étonnante chaire *(minbar)* du XVe siècle en bois incrusté d'ivoire, provenant d'une mosquée cairote. De très belles céramiques également, dont celles d'Iznik au rouge inimitable, ainsi que des pyxides (petites boîtes à malice) et des chandeliers finement travaillés. Également de belles vitrines illustrant les échanges et influences entre l'Europe et le Moyen-Orient, ainsi qu'une collection délicate d'instruments d'astronomie (astrolabes...).

Art indien

Représentation des arts hindouistes de l'Inde prémoghole à travers de nombreux bouddhas. Exemples remarquables de l'essor que connut l'art indien après l'invasion des Moghols et l'établissement de leur empire au XVIe siècle : peinture, ivoires sculptés, jades... Superbe coupe à vin en jade sculpté d'une finesse remarquable (1657), avec une tête de bouquetin ayant appartenu au grand shah Jahan. Au début du XIXe siècle, l'arrivée des colons britanniques apporta aux artistes indiens son lot de réalisme et de complaisance, traduit en peinture dans le style « Compagnie ». Nombreux textiles, subtils et fleuris. Curieux automate quasiment grandeur nature d'un tigre dévorant un colon anglais. À l'intérieur, un orgue reproduit les cris de la pauvre victime. Ce *Tigre de Tipu* fut offert par les Français au sultan du même nom, lui aussi ennemi déclaré des Anglais ! Élégant.

Costumes (Fashion) et instruments de musique

Intéressante rétrospective sur l'histoire de la mode de 1750 à nos jours, présentée en tableaux chronologiques, où les créateurs français sont à l'honneur : Dior, Balmain... mais aussi le Japonais Issey Miyake et de récentes créations de l'excentrique Viviane Westwood. Sur la mezzanine, belle collection d'instruments de musique.

Sculptures

Ce n'est pas le point fort du musée. Dans la grande galerie précédant la cour intérieure, on pourra tout de même comparer le coup de ciseau d'artistes aussi différents que Rodin (mi-XIXe-début XIXe siècle) et Jean de Bologne (XVIe siècle), Leighton (XIXe siècle) et Canova (XVIIIe siècle). Pour les accros, petit tour au 3e étage pour découvrir une exposition intéressante, plus centrée sur les techniques et les matériaux plébiscités par la profession que sur une exposition classique d'œuvres.

Cartons de Raphaël

L'une des gloires du musée. Honneur encore à la Renaissance italienne avec ces sept cartons peints par Raphaël. Ils ont servi de modèles pour une série de tapisseries que le pape Léon X avait commandées en 1515. Elles étaient supposées décorer la chapelle Sixtine pour les grandes occasions et sont aujourd'hui conservées au Vatican. L'artiste a choisi de représenter des scènes de la vie de saint Pierre et de saint Paul. Notez que les dessins sont inversés par rapport aux tapisseries, car ils étaient ensuite appliqués comme un calque pour exécuter le tissage.

Niveaux 2 et 4 (1er et 3e étages)

Les British Galleries

Un musée dans le musée ! Des fonds colossaux ont été investis pour cette immense section, dont les nombreuses salles détaillent l'histoire culturelle, artistique et sociale de l'Angleterre, des Tudors à l'époque victorienne. Une sélection d'objets représentatifs illustre l'évolution de tous les arts décoratifs pour chaque période, présentés le plus souvent de manière ludique et didactique. Certains meubles, sculptures, dessins ou autres pièces d'argenterie font même l'objet d'une étude aussi poussée qu'intelligente, au travers de montages vidéos, guides audio et animations informatiques. Pour en savoir plus sur la période en général, différents courts-métrages thématiques sont régulièrement projetés dans des petites salles annexes. Mais le plus impressionnant, ce sont sans doute les reconstitutions d'intérieurs d'époque, comme la *chambre lambrissée du château de Sizergh,* décorée de motifs mauresques, celle du *palais de Bromley-by-Bow,* ou le superbe salon de musique de *Norfolk House* (1756).

BROMPTON, CHELSEA ET SOUTH KENSINGTON

Niveau 3 (2e étage)

Tapisseries

Tapisseries des XVe et XVIe siècles très bien conservées. Les regards convergent bien sûr vers les quatre immenses *Devonshire Hunting Tapestries* (milieu du XVe siècle).

Les galeries de peinture

Tableaux de *John Constable,* paysagiste anglais de la fin du XVIIIe siècle et digne représentant de l'école anglaise. *La Cathédrale de Salisbury* et *Le Moulin de Dedham* sont particulièrement réussis. Ce n'est pas étonnant qu'il ait influencé les peintres de Barbizon. Voir également quelques beaux paysages de Turner et de Gainsborough. Occupant une salle entière, la *collection Ionides* présente des tableaux français de différentes époques, dont *Les Scieurs de bois* de Millet et quelques œuvres de Degas et Courbet.

À voir éventuellement

Si vous avez digéré le gâteau, voici la cerise. Au rez-de-chaussée, vous pouvez compléter la visite par les fabuleuses salles des **moulages** remplies dans leurs trois dimensions par des copies en plâtre de sculptures monumentales. Également quelques reproductions de bronzes célèbres. N'oublions pas que la mission du musée était à l'origine éducative : ces copies servaient au XIXe siècle (et encore aujourd'hui) à l'enseignement de l'histoire de l'art. À voir ou à revoir, donc : la colonne Trajan, le portail de la cathédrale de Saint-Jacques-de-Compostelle, une porte du baptistère de Florence ou encore le *David* de Michel-Ange, d'une taille colossale. Très impressionnant. On peut poursuivre cette visite avec la petite *galerie de photographies,* qui expose par roulement les fonds de la collection nationale conservés au *V & A* (300 000 images). Au 3ᵉ niveau (2ᵉ étage), la richissime collection de *bijoux* (réouverture en 2008) des premiers rois saxons jusqu'à Victoria. La plus belle pièce de la Renaissance est un pendentif en or, diamant et rubis à l'effigie d'Élisabeth Iʳᵉ. Des dizaines de bagues de tous âges et de toutes tailles. Dans le même secteur, les mordus de design ne rateront pas la rétrospective du *design anglais* de 1900 à nos jours. Mobilier présentant les grands courants du XXᵉ siècle (Charles Rennie Mackintosh, style Sécession à Vienne, style Art déco, atelier Oméga...). Toujours au même étage, la colossale *Silver Gallery,* grande comme une nef de cathédrale, époustouflante avec ses alignements de trésors brillant de 1 000 feux. On y verra notamment une châsse qui force le respect (lever la tête !), des ciboires, des ostensoirs, mais aussi des armes, de la vaisselle, et, plus inattendu, des vêtements ! Dans un autre genre, mais tout aussi minutieuses, les miniatures exposées dans la *Miniatures Gallery* acquièrent leurs lettres de noblesse avec des artistes comme Holbein, Oliver ou Cosmay. Plus rustique, mais non dénuée de charme, la *Ironwork Gallery* toute proche présente tout ce qu'il est possible de réaliser en fer forgé : cloches, mortiers, grilles...

Au 4ᵉ niveau (3ᵉ étage), la très originale *galerie d'architecture* présente les maquettes et collections du *Royal Institute of British Architects*. Photographies, dessins et plans, dont quelques-uns signés Le Corbusier, Palladio et Mies Van der Rohe. Au même étage, la *galerie du verre* a subi le lifting d'un designer. Pas mal du tout ! Miroirs au mur, balustrade en verre, glaces au plafond et structures en acier.

Enfin, pour finir, petit tour par la *galerie d'art sacré et d'art du vitrail,* qui achève cette longue et belle balade à travers le temps et les différentes matières et techniques.

🏃🏃🏃 🚶 *The Natural History Museum* (plan général A-B5-6) : *Cromwell Rd, SW7.* ☎ *0207-942-50-00.* ● *nhm.ac.uk* ● Ⓜ *South Kensington. Tlj 10h (11h dim)-17h50. Nocturne le dernier ven du mois (22h). Fermé 24-26 déc. Visites guidées gratuites des principales galeries tlj 11h-16h : se renseigner à l'accueil pour la disponibilité. Entrée gratuite. Expositions temporaires payantes. Musée gigantesque, prévoir 2 à 3h min.*

L'histoire naturelle fut le centre d'intérêt principal du British Museum jusqu'au milieu du XIXᵉ siècle. La collection privée de sir Hans Sloane, médecin naturaliste du XVIIᵉ siècle, était à l'origine de sa création. Mais l'archéologie prenant une place de plus en plus importante, on décida de transférer les collections d'histoire naturelle en 1860. La construction du nouvel édifice fut confiée à l'architecte Alfred Waterhouse qui conçut un superbe bâtiment de style néoroman, aux fenêtres géminées et recouvert de reliefs animaliers en terre cuite (à vous de les trouver !). D'ailleurs, les spécimens bizarres ne sont pas l'œuvre d'un sculpteur fantasque, mais rappellent les espèces aujourd'hui disparues ! Le musée est divisé en trois vastes sections : les *Life Galleries* (paléontologie, zoologie, entomologie, botanique), les *Earth Galleries* (minéralogie, vulcanologie, sismologie) et le *Darwin Centre.* Les collections comptent près de 70 millions de pièces différentes !

Si l'on s'attaque en premier aux *Life Galleries,* accessibles par le portail digne d'une cathédrale donnant sur Cromwell Rd, difficile de manquer le squelette de diplodocus dans le hall, qui accueille les visiteurs depuis plus de cent ans. À sa gauche, belles galeries des dinosaures à la scénographie soignée. Squelettes formidables, mannequins automates à faire frémir et vidéos sur la vie des dinosaures. Tout est dit sur ces petites bêtes de manière détaillée, ludique et passionnante. Un must pour les enfants. Sans oublier l'animation du T.Rex, plus vrai que nature et pour le moins saisissant ! Saviez-vous que le

T.Rex était plus haut et plus large qu'un *double decker* ? Que ses bras étaient si petits qu'il n'aurait même pas pu se laver les dents ? C'est peut-être un début de réponse à cette question existentielle posée à la fin de la visite : comment les dinosaures ont-ils disparu ? Plus loin, l'exposition sur le corps humain est un superbe voyage interactif à l'intérieur de soi : sang, muscles, cerveau, sens, hérédité, mémoire, etc. Et tout un parcours pour se mettre dans la peau des nouveau-nés (ouïe, vision, notion de l'espace...). Plusieurs salles consacrées au règne animal, avec toutes les espèces naturalisées et mises en scène en fonction de leur famille ou du milieu naturel. On peut ainsi découvrir un paon toutes ailes déployées, un immense anaconda, la carcasse titanesque d'une baleine dans la galerie des cétacés, sans oublier les macaques qui animent le 1er étage (lever la tête !). Ne manquez pas non plus l'exposition très pédagogique et bien conçue sur l'écologie : la Terre est bien notre plus beau trésor, au cas où certains en douteraient encore. Au 1er étage, belles collections de minéraux où se distingue un morceau de la *météorite de Cranbourne,* qui pèse quand même 3,5 t. Pour terminer, petite halte au 2e étage devant une coupe de séquoia vieille de plus de 1 300 ans !

Changement de registre avec les *Earth Galleries*. Dans un vaste hall plongé dans la pénombre, un escalator entraîne les visiteurs au centre de la Terre... Effets spéciaux et lumières tamisées dévoilent toutes les facettes de notre chère planète : son évolution depuis le big bang, avec force détails sur l'érosion des sols, les mouvements des plaques tectoniques et les catastrophes qu'ils engendrent, les volcans, etc. On peut même vivre en direct les effets d'un tremblement de terre dans une boutique japonaise ! Ailleurs, une muséographie moderne présente toutes les variétés de minerais connues, dont un fragment d'uranium exposé sous haute protection, radiations obligent, et de sublimes pierres précieuses. Différentes sections abordent encore le thème de l'énergie, avec comme corollaire celui de l'écologie, et bien sûr la grande question des origines de la vie et son évolution. Passionnant.

Enfin, la nouvelle aile du musée, le *Darwin Centre,* est le véritable nerf de la guerre du musée où les quelque 350 scientifiques de la maison font un formidable travail de sauvegarde des espèces. Malheureusement, les travaux concernant la *Phase 2* du centre (départements de botanique et d'entomologie), dont l'ouverture est prévue pour 2008, ont conduit les responsables à annuler les visites guidées du bâtiment. Il faudra par conséquent patienter un peu pour redécouvrir les 27 km de rayonnages où s'alignent environ 450 000 bocaux de tous diamètres, contenant un nombre incroyable de bestioles de toutes sortes – ourson nouveau-né, ver plat, fœtus d'antilope, chauves-souris, tête de fœtus d'éléphant, méduses, etc.

%%% 🏃 *Science Museum (plan général A-B5) : Exhibition Rd, SW7 2DD.* ☎ *0207-942-44-46. ● sciencemuseum.org.uk ● Ⓜ South Kensington. Tlj 10h-18h. Fermé 24-26 déc. Entrée gratuite, sf pour les expos temporaires et les activités proposées dans l'espace interactif (Wellcome Wing) : simulateurs de vol et cinéma 3D IMAX (prévoir 7,50 £, soit 11,25 €, la séance). Visites guidées à thème en anglais plusieurs fois/j. Bornes interactives en français avec un descriptif des salles. Musée gigantesque, prévoir 3 ou 4h. Plusieurs café' ludiques et bon marché pour faire une pause en cours de route. Plus d'excuses !*

Fondé en 1856, le Science Museum est une véritable mine de savoir. Avec plus de 10 000 pièces réparties sur sept niveaux, ses collections couvrent à peu près toutes les activités scientifiques, technologiques et médicales qui ont contribué à ce qu'il est convenu d'appeler le progrès. Mais le vrai tour de force, et de loin, c'est d'avoir réussi à rendre ludiques et attrayants des univers réputés obscurs. Ici, c'est le merveilleux qui l'emporte, réjouissant aussi bien petits et grands ! Petite visite au gré de ce que nous avons aimé.

– *Le rez-de-chaussée* abrite des pièces monumentales, avec une belle section sur la « construction du monde moderne ». On célèbre ici l'énergie sous toutes ses formes. La révolution industrielle est bien sûr à l'honneur, offrant un festival de machines à vapeur, hydrauliques ou diesel, dont les roues, engrenages et pistons s'enchevêtrent dans un ronronnement de colosse assoupi. La galerie sur les moyens de transport n'est pas en reste, avec une belle collection de voitures du début du XXᵉ siècle jusqu'à 1950 (la fameuse Ford T, une superbe Panhard et Levassor), *Puffing Billy*, la première locomotive à vapeur datant de 1814, ou encore la F1 de Mikka Hakkinen. Dans l'espace consacré à la conquête spatiale, réplique de la *capsule Apollo 10*, petite fusée et satellites. Il fallait vraiment avoir du courage pour aller sur la Lune avec ça. Section intéressante sur l'invention des fusées balistiques, avec comme principal sujet la Seconde Guerre mondiale et les fameux V2, ces missiles allemands qui ont terrorisé les Londoniens à la fin de la guerre. Également un accélérateur de particules au sélénium. Au sous-sol de la Welcome Wing, les enfants pourront se défouler au *Launch Pad,* une aire de jeux pleine d'expériences amusantes.

– *Au 1ᵉʳ étage,* une exposition passionnante sur les techniques de mesure du temps (du temps qu'il fait, du temps qui passe). De la pendule à eau utilisée dans la Haute-Égypte jusqu'à l'horloge atomique au césium, qui retarde quand même d'une seconde tous les trois siècles. Également un espace sur les télécommunications, plusieurs pièces sur l'évolution des techniques agricoles à travers les âges (de l'araire au tracteur) et une approche de la matière, en s'interrogeant tant sur la boîte à œufs en carton que sur les téléphones en plastique. Et cette question essentielle : pourquoi les matériaux sont-ils liquides, gazeux ou solides ?

– *Le 2ᵉ étage* constitue un havre de félicité pour les inconditionnels des bateaux. Les vitrines sont remplies de dizaines de maquettes. Superbe reproduction du *Queen Elizabeth* (1938), échoué à Hong Kong en 1972 et servant depuis de base pour les services secrets anglais. James Bond nous l'a dit alors qu'il cherchait *L'Homme au pistolet d'or*. Plus techniques, des coupes de turbines et les différents systèmes de radar intéresseront sans doute les amateurs. Ne ratez pas dans la section voisine les machines à calculer, ancêtres des ordinateurs contemporains, et les premiers *computers* des années 1970, qui ont déjà l'air d'antiquités. Enfin, une section qui honore l'énergie, dont on n'a toujours pas compris toutes les subtilités, avec en ligne de mire le mystérieux anneau central lumineux. Les enfants vont adorer ! Juste à côté, intéressante exposition d'un Spitfire entièrement désossé : pour tout savoir sur l'appareil mythique de la Seconde Guerre mondiale.

– *Au 3ᵉ étage,* collections d'appareils de mesure, comme les sismographes censés évaluer les risques de tremblements de terre à court terme. Quelques objets insolites du début du XXᵉ siècle sur les illusions d'optique. Également une petite section consacrée aux progrès de la médecine moderne et la collection scientifique du roi Georges III (beau globe terrestre en verre et une vis d'Archimède) ; introduction aux deux derniers étages. Sans oublier un immense espace consacré à l'aviation, avec une belle sélection d'appareils en parfait état (du biplan à l'avion à réaction), différents moteurs et plusieurs simulateurs de vol (payants) pour les amateurs de sensations fortes (et nauséeuses !).

– Aux derniers étages (uniquement accessibles via le 3ᵉ étage et l'aile consacrée à la médecine), toutes les évolutions et les progrès techniques de l'histoire médicale depuis l'ère romaine. Présentation ludique avec nombreuses maquettes et reconstitutions grandeur nature, notamment une boutique d'apothicaire de 1905 et une salle d'opération de la fin du XXᵉ siècle. En voyant comment on soignait un petit bobo aux yeux au XVIᵉ siècle (par « énucléation ») ou en visitant le cabinet d'un dentiste des années 1930, on est bien heureux de vivre au début du XXIᵉ siècle ! Le 5ᵉ étage est tout aussi bien présenté, avec une large section sur la médecine vétérinaire. Assez peu ragoûtant.

– Pour terminer, la nouvelle aile du musée (Wellcome Wing) s'intéresse aux toutes dernières technologies, à celles à venir, et à leur impact sur le quotidien... avec comme question récurrente ce qui fait la spécificité de chaque être humain. Nous ne sommes pas des numéros ! Une expo interactive à la fois très ludique et bougrement intelligente. C'est ici également que les amateurs de sensations fortes prendront leur ticket pour le simulateur ou, plus simple mais tout aussi passionnant, le cinéma en 3D. Les autres attendront à la cafét' ultramoderne.

🎭 **Saatchi Gallery** (plan général C6) : Duke of York HQ, SW3 4RY. ● saatchi-gallery.co.uk ● Ⓜ Sloane Square.
La célèbre galerie d'art contemporain de Charles Saatchi, mécène et promoteur de jeunes artistes britanniques dans les années 1990, a quitté avec fracas les berges de la Tamise pour le quartier très chic de Chelsea. Les amateurs y retrouveront dès novembre 2007 les grandes et belles expositions temporaires qui ont fait sa réputation.

🎭🎭 🏃 **National Army Museum** (plan général C7, 556) : Royal Hospital Rd, SW3 4HT. ☎ 0207-730-07-17. ● national-army-museum.ac.uk ● Ⓜ Sloane Square. Tlj 10h-17h30. Fermé 24- 26 déc, 1er janv, Vendredi saint et 1er mai. Entrée gratuite. À disposition, des dépliants très bien faits qui proposent toutes une palette de visites thématiques : les héros, les animaux pendant la guerre...
Passionnant ! Pour les amateurs, un régiment de mannequins en grand uniforme retrace l'histoire de l'armée britannique depuis la création des Yeomen of the Guards. Histoire militaire bien sûr, avec des faits d'armes, mais aussi d'intéressantes digressions sur les conditions de vie des soldats et la place peu enviable des femmes dans l'armée. On débute comme il se doit par une défaite française : Azincourt, en 1415, où 5 000 archers britanniques ont transformé les chevaliers français en pelotes d'épingles. On continue avec les Têtes rondes chères à Cromwell, pendant la guerre civile. Ensuite, Malbourough s'en va en guerre cousu de dentelles. L'ancêtre de Churchill, le duc de Bleinheim, caracole sur les champs de bataille européens. Les Américains prennent leur indépendance. Les guerres napoléoniennes sont illustrées par une vaste maquette de la bataille de Waterloo (pas moins de 70 000 figurines !). Le squelette de Marengo, un des chevaux préférés de Napoléon, pris à Waterloo, trône dans une vitrine. Au XIXe siècle, les tuniques rouges de Sa Majesté se battent sur tous les continents et la brigade légère sonne la charge au siège de Sébastopol. Il n'y a ni Redcoat ni panache au temps de la Grande Guerre. Histoire de se mettre dans le bain (de boue), une section de tranchée reconstituée permet d'entrevoir l'enfer de cette guerre mécanique. Si l'armement et les méthodes évoluent, la Seconde Guerre mondiale et les conflits suivants ne sont pas des plus romantiques... Et aujourd'hui ? La dernière section évoque le rôle de l'armée dans la société actuelle, ses missions, son recrutement de plus en plus féminin... presque une vitrine de propagande pour s'engager ! Un super musée, avec des reconstitutions pas bégueules pour deux sous et bien explicatif.

Monuments et balades

Le Londres résidentiel : South Kensington, Brompton, Knightsbridge et Belgravia

Au menu de cette longue balade entre Hyde Park et Chelsea : palais royal, parcs, musées, boutiques de luxe et les plus beaux représentants des architectures géorgienne et victorienne. De quoi entraîner les plus récalcitrants aux averses londoniennes dans une découverte des quartiers résidentiels les plus chic de la capitale : South Kensington, le quartier victorien dans le style et dans l'esprit ; Knightsbridge, le quartier animé des commerces de luxe ; Brompton, quadrillé de *crescents,* ces rues en croissant de lune, et de *mews,* ces allées qui débouchaient des anciennes écuries, bordées de belles demeures bourgeoises. Et enfin Belgravia, à l'est de Brompton, dont le niveau des loyers n'attire plus que les ambassades.

🦌 *South Kensington* est le résultat de l'urbanisation volontaire entreprise dans la seconde moitié du XIXe siècle par le prince Albert, l'époux de la reine Victoria, qui, sans cela, n'aurait pas tant marqué les mémoires. Les rues bordant le quadrilatère formé de grands musées et d'écoles élitistes, comme Prince Consort Rd, Queen's Gate ou Exhibition Rd, sont à la gloire de l'Empire victorien et de sa foi en l'élévation de l'esprit par les arts et le progrès scientifique. Le prince consort fut à l'origine de la fameuse Exposition universelle, la première du genre qui se tint durant le printemps et l'été 1851 dans le *Crystal Palace,* une gigantesque serre futuriste en verre et acier construite au sud de Hyde Park, remontée ensuite dans le sud de Londres et finalement détruite lors d'un incendie en 1936. Grâce aux recettes considérables de l'exposition, il fit aménager le quartier pour en faire un lieu consacré aux arts, aux techniques et à l'éducation.

🦌🦌 *Kensington Palace* (centre 2, M10) : en bordure est de Kensington Gardens, W8 4PX. ☎ 0870-751-51-70. ● hrp.org.uk ● Ⓜ Queensway ou High St Kensington. Tlj 10h-18h (17h de nov à fin fév). Entrée : 11,50 £ (17,25 €) ; réduc. Billet groupé pour Kensington Palace, Tower of London et Hampton Court Palace, valable 3 mois. Audioguides gratuits en français.
Le seul palais royal que l'on puisse visiter sans trop s'éloigner du centre. Pas aussi fastueux que Hampton Court mais dans un cadre très agréable, accolé à Hyde Park. Guillaume d'Orange acheta une belle demeure aristocratique à la fin du XVIIe siècle et confia son réaménagement à l'architecte baroque Christopher Wren. En 1722, à la demande de George Ier, le peintre William Kent décora luxueusement certains appartements jugés trop austères. Le palais servit de résidence royale pendant la première partie du XVIIIe siècle jusqu'à l'installation de George III à Buckingham. Au XIXe siècle, la future reine Victoria y naquit et y mena sa vie de princesse. C'est aussi le dernier lieu où vécurent Diana et Margaret, la sœur d'Élisabeth. Aujourd'hui, certains membres de la Cour y résident encore, mais aucune chance d'en voir le bout de la queue (de pie) !
– Au rez-de-chaussée, on visite les appartements privés de la princesse Margaret et son époux, Earl of Snowdon (au pays de Galles), photographe féru de technologie. L'occasion d'apprécier la salle de dessins bleu pétard. Au gré de la visite, reconstitution de cérémonies (bal des débutantes) avec mannequins en costumes d'époque. Vous pourrez aussi découvrir une belle collection de robes somptueuses, dont 14 ont appartenu à Diana. À noter aussi, la salle du tailleur (pour devenir incollable sur le pourquoi du comment du nombre de galons, de boutons et autres passementeries des courtisans).
Plus intéressant, le bel escalier décoré par le peintre de George Ier, orné d'une fresque figurant les courtisans du roi (flatteur !) et deux de ses plus fidèles servants (dans l'angle en haut à droite, depuis le sommet de l'escalier).
– Au 1er étage, les salles d'audience ouvrent le bal des appartements officiels. Belle cheminée dessinée par Gibbons et fresques de Mars et Minerve par Kent. La pièce la plus spectaculaire du palais est la *Cupola Room,* meublée d'une bien grosse horloge pour un si petit cadran. Le plafond, peint en trompe l'œil, n'est pas aussi haut qu'il paraît. Suivent les *appartements du roi,* majestueux et décoratifs. Salle du conseil privé *(Privy Chamber)* décorée dans le style palladien particulièrement prisé au XVIIIe siècle. Déco des plafonds un peu lourde par Kent. Dans le *King's Council Chamber* se trouve une collection de jouets ayant appartenu à la reine Victoria. Et la *King's Gallery* ne manquera pas de vous séduire avec ses murs rose fuchsia, sa collection de

tableaux mais surtout son anémoscope du XVIIᵉ siècle, au-dessus de la cheminée, relié sur le toit à une girouette dont il reproduit le mouvement sur ce tableau représentant l'Europe. Un petit détour par les appartements de Marie II, ornés de très belles porcelaines chinoises et japonaises (le décor actuel correspond à la fin du XVIIᵉ siècle), avant de découvrir une autre pièce de choix, la longue *galerie de la reine* lambrissée de panneaux de chêne. Le célèbre Gibbons a orné les miroirs de sculptures baroques en bois dorées. Tout est d'origine, bien sûr.

– Terminez la visite à l'*Orangerie,* sobre, toute blanche, construite pour la reine Anne en 1704. Aujourd'hui, on peut y boire un thé dans de la porcelaine anglaise. C'est royal et les prix sont raisonnables. (Voir plus loin « Où prendre le thé ? Où manger des pâtisseries ? » à Holland Park.)

🕯 🕯 Face au Kensington Palace, on trouve *Kensington Gardens,* le prolongement de Hyde Park. C'était, aux XVIIIᵉ et XIXᵉ siècles, le jardin privé de Kensington Palace, toujours aussi propret avec ses allées apprêtées, ses pelouses tirées au cordeau et sa grande quiétude. Allez dire un petit bonjour aux dizaines d'écureuils qui vivent aux alentours de la *statue de Peter Pan.* On y trouve aussi la *Serpentine Gallery.* En suivant Broad Walk, puis Flower Walk, on arrive devant l'*Albert Memorial,* en bordure sud du parc, érigé par la reine Victoria après la mort de son époux en 1861. Sous un baldaquin à l'architecture néogothique particulièrement indigeste, une statue en bronze à son effigie tient le catalogue de l'Exposition universelle, comme Moïse tiendrait les Tables de la Loi. Frontons, flèches dorées et mosaïques témoignent du goût victorien, carrément excessif, pour le Moyen Âge. Tout autour du large socle ont été immortalisées sur la frise les figures anglaises marquantes des arts et des sciences. Si vous avez des enfants, filez direct au *Diana Memorial Playground* (accès par Black Lion Gate ; parcourir quelques dizaines de mètres, c'est sur la droite), une luxueuse aire de jeux réservée aux moins de 12 ans, créée après la mort de la princesse Diana. Pas de doute, le lieu est à la hauteur ! Tout en bois (il y a un bateau de pirate échoué sur un banc de sable fin), joliment paysagée, l'aire est même surveillée. *Tlj 10h-19h. Entrée gratuite.*

🕯 Le prince Albert trône fièrement devant ses dernières créations, parmi lesquelles le *Royal Albert Hall (plan général A5),* une immense rotonde de plus de 5 000 places surnommée le « couvercle de soupière ». Sa façade de brique rouge est ornée d'une frise représentant l'histoire des arts et des civilisations. Ce haut lieu de la vie culturelle londonienne (malgré ses qualités acoustiques discutables) est surtout célèbre pour ses « concerts-promenades » (on dit plutôt *proms*) de grande qualité, qui animent les soirées d'été depuis un siècle. Le nom vient de la galerie supérieure de la salle, appelée « promenade ». *Visites ven-mar 10h-15h30 (téléphoner car, en cas de représentations, les visites peuvent être annulées).* ☎ *0207-838-31-05. Prévoir 6 £ (9 €) pour une balade de 45 mn env.*

À droite, le grand immeuble cossu en brique rouge et aux fenêtres blanches, *Albert Hall Mansions,* abrite de luxueux appartements au vu de leur taille et de leur situation. En face du Royal Albert Hall, belle façade néogothique du *Royal College of Music* ornée de tours et de poivrières. Contourner le bâtiment sur la gauche et descendre Exhibition Rd jusqu'à Cromwell Rd. Voici le quartier des musées gigantesques. À droite, ne manquez pas la longue façade néoromane du *Natural History Museum* décorée d'animaux en terre cuite (voir plus haut « Galeries et musées »). En revenant sur ses pas dans Cromwell Rd, on passe devant la façade imposante du *Victoria and Albert Museum,* musée exceptionnel à la gloire de toutes les techniques, toutes les civilisations et toutes les époques (voir « Galeries et musées »).

🕯 *Brompton Oratory (plan général B5) :* sur Brompton Rd, jouxtant le *Victoria and Albert Museum.* Première église catholique à avoir été érigée après

BROMPTON, CHELSEA ET SOUTH KENSINGTON

la Réforme anglicane (1531). Elle fut construite à la fin du XIXe siècle dans un pastiche du baroque italien qui n'aurait pas déplu à Christopher Wren. Nef ample et imposante, bordée des deux côtés de chapelles et décorée de manière somptueuse. Pour faire plus vrai, des œuvres d'art datant de la Renaissance italienne ont été achetées, comme les statues des douze apôtres, du sculpteur siennois Mazzuoli, qui ornent les pilastres. Dans la dernière chapelle de droite, autel de la Vierge en marbre polychrome très chargé, provenant de l'église de Brescia.

🏃 Prendre Brompton Rd à gauche, qui borde à l'ouest le quartier du même nom. Jolies **demeures bourgeoises** avec leur jardin côté rue. À gauche, Egerton Crescent présente des façades homogènes et ordonnées. Voilà un exemple des maisons que la bourgeoisie d'affaires en pleine ascension fit construire au XVIIIe siècle dans un style élégant quoiqu'un peu austère. Les façades sont souvent ornées de moulures blanches à l'antique. Les fossés séparés du trottoir par une grille en fer, sur lesquels s'ouvrent les pièces réservées aux domestiques, datent de cette époque.

🏃🏃 Un peu plus bas, Brompton Rd fait place à Fulham Rd, plus animée et moins sérieuse. À l'angle de Sloane Ave, superbe entrée Art déco de **Michelin House** (plan général B6).

🏃🏃 Faisons un crochet dans les rues chic et tranquilles du quartier de Brompton, en prenant à droite Draycott Ave juste après Sloane Ave, puis **Walton Street** (plan général B6), bordée de petites boutiques plus huppées les unes que les autres, de la bijouterie à l'orfèvrerie, en passant par les tissus d'ameublement. Prendre à gauche **Beauchamp Place** – on prononce « Bitcham » pour se faire comprendre –, repaire de restos chic, de boutiques de mode anglaise et d'antiquaires. Hors de prix, of course !

🏃🏃 Au bout de la rue, on retrouve Brompton Rd, moins intimiste puisque très commerçante dans le quartier de **Knightsbridge.** Mais pas n'importe quels commerces. Voyez plutôt aux nos 87 à 135 le magasin **Harrod's** (plan général B-C5) qui occupe tout le pâté de maisons. Dire qu'au XIXe siècle, ce n'était qu'une petite épicerie de quartier ! Visitez-le comme le musée du commerce de luxe (voir « Shopping. Boutiques chères mais qui valent vraiment le coup d'œil »).

🏃🏃 Poursuivons dans le huppé bien ordonné en flânant dans les rues de **Belgravia,** le quartier des squares et des terraces aristocratiques. Le terrain a été aménagé dans la première moitié du XIXe siècle par la famille Grosvenor, propriétaire terrienne. Architecture typique des terraces, ces rangées monotones de maisons géorgiennes en brique blanche ou crème ornées d'une colonnade et de frontons à l'antique. Prendre Hans Crescent, puis Sloane St à droite et tourner à gauche dans Cadogan St prolongée par Halkin St, qui débouche sur **Belgrave Square** (plan général C5), une réplique en miniature des grands exemples que créa l'architecte John Nash à la même époque autour de Regent's Park. On y tourna My Fair Lady.

🏃🏃🏃 🏃 Profitez d'une éclaircie pour terminer cette longue balade par une pause réparatrice sur les pelouses de **Hyde Park** (plan général A-B-C4-5), qui est tout proche en prenant Grosvenor Crescent. À moins que vous ne préfériez canoter sur la Serpentine ou plonger dans l'unique piscine du centre de Londres. Plus fréquentée que Kensington Gardens à l'ouest (peut-être parce qu'il est moins apprêté), Hyde Park forme avec ce dernier le plus grand espace vert de la ville. Il appartenait à l'origine à l'Église catholique et fut confisqué au moment de la Réforme par Henri VIII, qui en fit son terrain de chasse. Il devint finalement jardin public en 1635 sous le règne de Charles Ier. Mais les détrousseurs remplacèrent les bêtes sauvages. La sécurité n'était assurée que sur Rotten Row (« la rue Pourrie »), l'ex-« route du Roi » qui subit une malheureuse déformation de langage. Alors seule route éclairée de Londres, elle permettait au roi de se déplacer sûrement entre les palais de Kensington et de Saint James. Aujourd'hui, vous y croiserez vers 10h30 la garde à cheval montante, qui se dirige vers le quartier des *Horse Guards* près de Whitehall pour la relève quotidienne. Le reste du temps, ce sont les *posh girls* (les filles BCBG en VF) et leur progéniture qui caracolent sur les sentiers. Car, aussi surprenant que cela puisse paraître, on monte encore et toujours à cheval dans Hyde Park. À l'angle nord-est, **Speaker's Corner** *(plan général C4, 557),* le « coin des Orateurs ». Tout Britannique ayant un message à apporter au monde peut l'exposer devant une masse d'auditeurs anonymes. On peut dire n'importe quoi, n'importe comment, le dimanche seulement. Sinon, il faut garder sa salive pour les prochaines fois. Naturellement, une bonne maîtrise de l'anglais s'avère indispensable, ainsi qu'un bon sens de l'humour ! Super festival de musique fin juin, sur 4 jours, le *Wireless Festival,* avec plein d'artistes rock, pop et de variété.

🎯 En face, **Marble Arch** *(plan général C3),* un arc de triomphe en marbre blanc du début du XIXe siècle, qui fit office à l'origine de porte d'honneur à l'entrée de Buckingham Palace. Non loin de là, à l'entrée d'Edgware Rd, un triangle en pierre dans la chaussée nous rappelle qu'à cet endroit était jadis dressé le *gibet de Tyburn,* sur lequel les pauvres gens étaient exécutés, ceux du moins dont la condition n'autorisait pas une mort illustre à la Tour de Londres.

> ## AUX HÉROS DE LA NATION
> *La dernière curiosité du parc, récemment inaugurée en grande pompe, n'est pas la moins extravagante. On déniche sur Park Lane, au niveau de Brook St* (plan général C4)*, un mémorial de bonne taille en hommage aux animaux qui ont servi pendant les guerres. Ils y sont tous : mulets pour le transport, chevaux pour les reconnaissances, chiens de garde... et même les pigeons voyageurs ! L'amour des Anglais pour leurs* pets *est décidément le plus fort...*

Le Londres des artistes : Chelsea

Pendant des siècles, modeste village de pêcheurs loin de la capitale, Chelsea apparaît dans l'histoire de Londres au XVIe siècle sous l'impulsion de deux personnages : Henri VIII, qui s'y fit construire un manoir d'été, et Thomas More, un humaniste qui reçut nombre d'intellectuels et d'artistes de l'époque. Au XVIIIe siècle, l'installation de sir Hans Sloane, l'un des fondateurs du British Museum, et la construction du Royal Hospital contribuèrent à populariser Chelsea. L'endroit devint un lieu de promenade prisé des Londoniens qui fuyaient la vie (déjà) trépidante de la capitale. Véritable havre de paix, l'engouement s'amplifia encore au XIXe siècle, lorsque quelques artistes, comme le peintre Turner, le poète Percy Shelley, les écrivains Henry James et Oscar Wilde vinrent s'installer ici, suivis de George Bernard Shaw et de Virginia Woolf. Chelsea devint une sorte de refuge pour toute une série d'artistes maudits. Les stars de la musique (Mick Jagger), de la TV, du cinéma et de la politique (Margaret Thatcher) ont aujourd'hui remplacé les écrivains. Mais Chelsea a conservé son côté snob avant-gardiste. Il suffit de se promener sur King's Rd pour s'en apercevoir.

🎯 **Sloane Square** *(plan général C6) :* Chelsea commence sur cette place bordée d'arbres, ornée d'une fontaine (l'une des rares de la ville, Londres n'est pas Rome !) et grouillante de circulation. Profitez de la station de métro, vous n'en reverrez plus dans ce quartier. Les habitants en ont empêché la construction pour être tranquilles. Du coup, il faut tout faire à pied ou en bus.

🎯 **Holy Trinity Church** *(plan général C6, 558) :* sur Sloane St. Église sans grand intérêt architectural. À l'intérieur, vitraux de Morris représentant des scènes de l'Ancien et du Nouveau Testament, entourées d'une kyrielle de saints. Œuvre grandiose d'un des artistes emblématiques du mouvement préraphaélite en guerre contre l'académisme victorien et les maux de la société industrielle. Au fond, orgue romantique du XIXᵉ siècle que l'on peut entendre presque tous les jours. Traverser Sloane Sq et descendre Lower Sloane St jusqu'à Royal Hospital Rd.

🏃 *Chelsea Royal Hospital* *(plan général C6-7) :* *Royal Hospital Rd, SW3.* ☎ *0207-730-52-82.* ● *chelsea-pensioners.co.uk* ● Ⓜ *Sloane Square. Lun-sam 10h-12h, 14h-16h ; dim 14h-16h. Fermé dim d'oct à mars et pdt vac scol. Entrée gratuite.*
Bâtiment de brique rouge et de pierre blanche construit par Wren en 1682 sur le modèle des Invalides à Paris. Charles II voulait, comme Louis XIV, un hôpital destiné aux anciens de l'armée royale qu'il venait de reconstituer. Aujourd'hui encore, l'hôpital accueille près de 350 pensionnaires. Dans la cour, statue de Charles II en empereur romain par Gibbons. Le hall, imposant et lourd, célèbre la royauté. Aux murs, portraits des rois et des reines de Charles II à Victoria. On peut également visiter la chapelle en marbre blanc et noir orné de boiseries sculptées par Gibbons, et le petit musée rempli de photos, de médailles, d'uniformes, etc.

🏃 Bordant le Royal Hospital, les *Ranelagh Gardens* furent le siège de fêtes insensées au XVIIIᵉ siècle, où l'aristocratie se donnait rendez-vous en masse. Au centre, une rotonde décorée par Canaletto accueillit Haendel, qui créa *The Water Music,* ainsi que Mozart. Seul le *Chelsea Flower Show* subsiste au chapitre des festivités *(achat des billets par téléphone depuis la France :* ☎ *(00-44) 870-906-37-81, assez cher).* Durant 4 jours, la 3ᵉ semaine de mai, la reine inaugure ces floralies qui attirent une foule imposante.

🏃 *Tite Street* *(plan général C7) :* Oscar Wilde y vécut, au n° 34. Il y écrivit *Le Portrait de Dorian Gray,* son unique roman. Non loin d'ici, sur Sloane St, au Cadogan Hotel (voir « Où dormir ? Spécial Coup de folies »), il fut arrêté et emprisonné pour homosexualité en avril 1895. Aux nᵒˢ 44 et 46, remarquez ces deux maisons Art nouveau et leurs belles verrières.

🏃 Sur Embankment, point de vue idéal sur la *pagode de la Paix* de l'autre côté de la Tamise dans Battersea Park. Le bouddha d'or et de bronze de plus de 3 m fut construit en onze mois par cinquante moines venus du Japon. Prendre *Swan Walk.*

🏃🏃 *Chelsea Physic Garden* *(plan général C7, 559) :* *66 Royal Hospital Rd, SW3 4HS (entrée sur Swan Walk).* ☎ *0207-352-56-46.* ● *chelseaphysicgar den.co.uk* ● Ⓜ *Sloane Square. D'avr à fin oct, mer 12h-17h, dim 14h-18h. Visites guidées sur résa. Entrée : 6,50 £ (9,75 €). Diverses animations pdt 1 sem fin mai, pdt le festival de Chelsea fin juin et au cours de l'été.*
Fondé en 1673 par la Société des apothicaires, le plus vieux jardin botanique d'Angleterre (voire d'Europe, mais c'est un pléonasme !) fut sauvé puis offert à la ville par le célèbre médecin naturaliste sir Hans Sloane. Pas étonnant qu'on l'appelle « le Bienfaiteur de Chelsea ». On y planta les premiers cèdres de Grande-Bretagne. Les plants de coton introduits aux Amériques transitè-rent par ce jardin, tout comme les plants de thé de Chine qu'on envoya en Inde. C'est vrai que Pékin-Delhi via Londres, au XVIIIᵉ siècle, c'était direct ! Aujourd'hui, on trouve des centaines d'essences, des milliers de plantes aro-matiques, de fruits, de légumes. Un plaisir pour les yeux et pour le nez. Et pour ceux qui ont la main verte, possibilité d'acheter quelques boutures en souvenir !

🏃🏃 *Cheyne Walk* *(plan général A-B7) :* redescendre vers la Tamise. Cette rue symbolise bien Chelsea, son art de vivre et son architecture géorgienne. Au n° 23, une plaque rappelle l'emplacement du manoir construit par Henri VIII. Au n° 21, le poète et Prix Nobel de littérature (1948) Thomas Stearns Eliot rédigea *Meurtre dans la cathédrale,* une pièce qui relate l'assassinat de l'archevêque de Canterbury par Henri II. Moins historique, mais plus populaire, Mick Jagger habitait au n° 48. Allez vous perdre dans ces petites rues qui font tout le charme de Chelsea.

🏃 *Carlyle House* (plan général B7, *560*) : 24 Cheyne Row, SW3 5HL. ☎ 0207-352-70-87. Ⓜ Sloane Square. D'avr à fin oct, mer-ven 14h-17h, w-e 11h-17h. Entrée : 4,50 £ (6,75 €).
Maison du célèbre écrivain qui donne une bonne idée des intérieurs de Chelsea au XIXe siècle. Mobilier, souvenirs, documents, rien n'a changé depuis qu'il est mort dans son fauteuil en 1881.

🏃 Tout près, sur *Edith Grove* (plan général A7), Mick Jagger, Keith Richards et Brian Jones partagèrent un appartement au temps des vaches maigres et des balbutiements « stoniens ».

🏃 Prendre Old Church St pour remonter vers King's Rd. Vous passerez à côté de l'*ancienne église de Chelsea*, datant en partie du XIIe siècle. Thomas More est enterré dans la chapelle sud reconstruite au XVIe siècle.

🏃🏃 *King's Road* (plan général A-B-C6-7) : en remontant vers Sloane Square, vous découvrirez l'exubérance et l'insolence de Chelsea où se mêlent une faune avant-gardiste et les touristes qui veulent rester dans le coup. Toutes les modes de l'après-guerre sont nées ici, et le contraste est étonnant entre cette artère de folie et les petites rues, au sud, qui font figure de chic banlieues isolées.

🏃 Juste de l'autre côté de la Tamise, on ne peut pas manquer les quatre tours de l'*usine électrique de Battersea* (plan général D7, *561*). Célèbre car figurant sur la pochette de l'album *Animals* des Pink Floyd. Construite en 1932, elle est classée Monument historique. Certainement pour son hall d'entrée Art déco, le reste étant monstrueux. Parc sympa pour taper la balle ou se détendre tout simplement. Un peu moins pris d'assaut que les parcs du centre-ville. Un bon plan !
🏃 Il abrite un *zoo* pour les enfants, doublé d'un centre de conservation des espèces. ☎ 0207-924-58-26. Tlj 10h-17h (16h l'hiver). Entrée : 5,95 £ (9 €) ; réduc. Et, tout près, petit lac pour pagayer un peu et impressionner votre dulcinée. Location des barques auprès du Millenium Arena, centre de sport situé à côté du zoo.

🏃 *Wimbledon Lawn Tennis Museum* (hors plan général par B-C8) : The Museum Building, The All England Lawn Tennis & Croquet Club, Church Rd, Wimbledon, SW19 5AE. ☎ 0208-946-61-31. • wimbledon.org/museum • Ⓜ Southfields, puis bus n° 493 ; ou South Wimbledon, puis bus n° 493. Assez excentré. Tlj 10h-17h. Fermé pdt les compétitions (sf pour les spectateurs munis de billets). Entrée : 7,50 £ (11,25 €) ; réduc. Possibilité de visites guidées du site, qui incluent notamment le court central et les salles de presse : compter tout de même 14,50 £ (21,75 €), entrée du musée comprise.
Joueurs de fond de cours ou volleyers, spectateurs ou ramasseurs de balles, tous les fans du petit monde de la raquette attendaient de pied ferme la nouvelle mouture du musée, inaugurée en avril 2006. Plus grande, plus belle, mais surtout plus technologique que l'originale, la nouvelle exposition a tout misé sur des attractions interactives de haut niveau : visite des vestiaires avec McEnroe, extraits de matchs en 3D... sans oublier, bien sûr, une collection de trophées, de matériel, et un panorama complet de l'histoire du tennis (qui remonterait à 1555).

EARL'S COURT, FULHAM ET WEST BROMPTON

Pour se repérer, voir le centre 2 (Earl's Court) en fin de guide.

Quartier animé autour de deux grandes rues commerçantes : Earl's Court Rd et Old Brompton Rd, non loin de Chelsea. Au sud, la trépidante Fulham Rd, toujours très encombrée de voitures. Bien desservi par les transports en commun, Earl's Court est devenu l'un des meilleurs points de chute pour rayonner dans le centre. C'est pourquoi on y trouve de plus en plus de restos et des pubs bien chaleureux. Les rues résidentielles sont agréables, avec de belles maisons cossues et de jolis squares privés pour la touche de verdure. Et l'on rejoint Holland Park, South Kensington ou Chelsea en 10 mn à pied.

Où dormir ?

C'est un quartier connu pour ses nombreux hôtels. Attention cependant, certains sont assez mal tenus, voire complètement décatis.

De vraiment bon marché à bon marché

🛏 *Barmy Badger Backpackers* (centre 2, L11, **76**) : 17 Longridge Rd, SW5 9SB. ☎ 0207-370-52-13. ● barmybadger@hotmail.com ● barmybadger.com ● Ⓜ Earl's Court. Env 17 £ (25,50 €) en dortoir (4-6 lits) et 36 £ (54 €) la double en suite, *petit déj inclus*. Le temps a passé depuis son ouverture, et cette AJ de poche a trouvé son rythme de croisière dans un style brouillon et échevelé qui plaira sans doute aux routards bohèmes. Aucun gros défaut : petite AJ à taille humaine, donc très fraternelle, au calme mais proche du métro, dotée d'un mini-salon TV envahi de poufs, d'une cuisine bien équipée et de dortoirs pas trop mal tenus avec moquette et lits superposés en bois, dont certains avec salle de bains. Et c'est encore moins cher à la semaine ! Petit jardin pour apprécier les barbecues en été. Pour ne rien gâcher, accueil aux petits oignons.
🛏 *Earl's Court Youth Hostel* (YHA ; centre 2, M11, **66**) : 38 Bolton Gardens, SW5 0AQ. ☎ 0870-770-58-04. ● earlscourt@yha.org.uk ● yha.org.uk ● Ⓜ Earl's Court. Cette vaste AJ bien située complètement rénovée. L'un des fleurons de la chaîne : la rue résidentielle est agréable, la maison à *bow windows* ne manque pas de caractère, et les prestations sont à la hauteur de la rénovation, des sous-sols aux combles.
🛏 *Easy Hotel* (centre 2, M11, **54**) : 14 Lexham Gardens, W8 5JE. ● easyhotel.com ● Ⓜ Earl's Court ou Gloucester Rd. Résa slt sur Internet. Mise à prix : 25 £ (37,50 €) ; mais la chambre revient le plus souvent à env 40 £ (60 €). Après *Easy Rentacar, Easy Jet, Easy Internet*, voici *Easy Hotel* ! Sur le même principe que les autres filiales du groupe, plus vous réservez tôt et moins il y a de concurrence en lice, plus votre nuit est bon marché. Mais à prix mini, chambres riquiqui ! Dans une belle demeure à colonnades, les architectes ont réussi à caser un maximum de chambres orange pétard aux allu-

res de cabine de navire : confort minimum, déco sans fanfreluches, fenêtres pour les chanceux. Attention, ménage durant votre séjour, serviette et TV en option. Les Spartiates apprécieront.

🏠 *Curzon House Hotel* (centre 2, M11, *67*) : 58 Courtfield Gardens, SW5 0NF. ☎ 0207-581-21-16. ● in fo@curzonhousehotel.co.uk ● cur zonhousehotel.co.uk ● Ⓜ Gloucester Rd. Réception (au sous-sol) ouv 8h-23h, mais pas de couvre-feu (chacun sa clef !). Dortoir (4-8 lits) 17-19 £ (25,50-28,50 €) ; doubles 44-48 £ (66-72 €), petit déj compris. Une sorte d'AJ privée mal peignée plantée face à une placette tranquille où sommeille une église de quartier. Confort et propreté un peu bancals, mais les routards y trouveront l'essentiel : dortoirs basiques acceptables, petit salon TV avec sélection de films, consigne à bagages et cuisine à disposition. Pour être honnêtes, les équipements vieillots sont compensés par l'accueil très sympa, un peu farfelu et l'atmosphère bon enfant.

🏠 *Belvedere House* (centre 2, M11, *71*) : 6 Grenville Pl, SW7 4RT. ☎ 0207-373-57-01. ● belvedere@lon don-hostels.co.uk ● london-hostels. co.uk ● Ⓜ Gloucester Rd. Compter 20 £ (30 €) par pers pour une double, 18 £ (27 €) en dortoir de 4 lits. Prix dégressifs en fonction de la durée du séjour. Juste après Ashburn St, proche de Kensington Gardens. Ancien hôtel particulier tout droit sorti des romans d'Edith Wharton. Restauré et mis aux normes, il abrite aujourd'hui une résidence étudiante pleine de charme, propre et bien tenue, avec les sanitaires sur le palier, pas moins d'une douzaine de cuisines, une salle de TV et une laverie. Chambres fonctionnelles avec le minimum nécessaire. Ambiance pension de famille très agréable. Seul problème, il est presque impossible de loger en chambre double (elles sont louées à l'année par les expats) et il faut réserver longtemps à l'avance pour les dortoirs.

Prix moyens

🏠 *Manor Hotel* (centre 2, L11, *69*) : 23 Nevern Pl, SW5 9NR. ☎ 0207-370-60-18. ● manorhotel@btclick. com ● Ⓜ Earl's Court. Doubles 50-60 £ (75-90 €), avec ou sans douche et w-c privés. Un petit hôtel sans génie mais agréable, recommandable pour sa propreté et pour sa situation centrale dans une rue calme à deux pas du métro. Chambres assez spacieuses dotées de jolies salles de bains, tout à fait plaisantes lorsqu'elles donnent sur un jardin, à l'arrière. Coffres-forts à disposition. L'ensemble offre un intéressant rapport qualité-prix.

🏠 *The London Town Hotel* (cen tre 2, L11, *78*) : 15 Penywern Rd, SW5 9TT. ☎ 0207-370-43-56. ● in fo@londontownhotel.co.uk ● london townhotel.co.uk ● Ⓜ Earl's Court. Doubles 65-75 £ (97,50-112,50 €), petit déj continental inclus. Dans une maison victorienne typique aux tons pastel, des chambres conventionnelles confortables et agréablement aménagées. Toutes possèdent téléphone, TV et salle de bains. Certaines ont même un petit balcon. Au 1er étage, surplombant le jardin, bar équipé d'une TV et d'Internet. Accueil courtois et service irréprochable. Une bonne adresse.

De plus chic à vraiment plus chic

🏠 *Premier Travel Inn* (centre 2, M11, *133*) : 11 Knaresborough Pl, SW5 0TJ. ☎ 0870-238-33-04. ● pre miertravelinn.com ● Ⓜ Gloucester Rd ou Earl's Court. Doubles 77-87 £ (115,50-130,50 €) selon période. Juste derrière le mastodonte Marriott, cet hôtel de chaîne au calme présente de nombreux avantages et peu d'inconvénients. Un prix fixe déjà, valable pour deux ou pour une famille avec 2 enfants.

La situation aussi, pas mal non plus, à quelques stations du centre. L'accueil ensuite, la propreté et la déco nous ont bien plu avec des vastes chambres pimpantes quoique archi-conventionnelles, toutes de mauve vêtues. Une gageure ! Tout confort, salle de bains, TV, petit canapé (convertible), sèche-cheveux, bouilloire pour le thé à disposition. Resto et bar en rez-de-chaussée. Petit déj non compris, mais ce ne sont pas les bistrots qui manquent dans le quartier.

♜ *Henley House Hotel* (centre 2, L-M11, **79**) : 30 Barkston Gardens, SW5 0EN. ☎ 0207-370-41-11. • reservations@henleyhousehotel.com • henleyhousehotel.com • Ⓜ Earl's Court. Doubles 75-115 £ (112,50-172,50 €), petit déj continental compris. Réduc de 10 % sur présentation de ce guide. Belle maison victorienne en face d'un vaste square très paisible. Chacune des chambres a une décoration et des couleurs différentes... qui ne laissent pas indifférent. Si on adhère au bon goût à l'anglaise, caractérisé par ses papiers peints inimitables et ses doubles-rideaux à ramage, l'ensemble est très cosy et typique. Confort et propreté irréprochables. Douches et TV dans toutes les chambres, dont la taille comme la situation diffèrent : comparer. Buffet continental inclus dans le prix, dans une grande salle avec verrière. Accueil cordial, mais faites-vous confirmer le prix de la chambre avant de poser vos valises.

♜ *Base 2 Stay* (centre 2, M11, **70**) : 25, Courtfield Gardens, SW5 0PG. ☎ 0845-262-80-00. • info@base2stay.com • base2stay.com • Ⓜ Gloucester Rd ou Earl's Court. Doubles 90-110 £ (135-165 €). En voilà un qui n'a pas volé son nom. Cet établissement récent développe le concept hybride de l'hôtel et de la location : on y vit en totale indépendance dans des mini-studios bien conçus, décorés dans un style classique et contemporain agréable, tout en profitant d'un service hôtelier à la carte (ménage, petit déj, etc.). TV écran plat, wi-fi, cuisine d'appoint (frigo et micro-ondes), bref, confort assuré. Sans conteste un bon camp de base.

Où manger ?

De bon marché à prix moyens

|●| *Oh !* (centre 2, L11, **225**) : 172 Earl's Court Rd, SW5 9QQ. ☎ 0207-835-15-62. Ⓜ Earl's Court. Tlj 8h (10h dim)-21h30. Fermé pour les fêtes de fin d'année. Plats 3-7 £ (4,50-10,50 €). Oh ! Et même oh la la ! Car ce charmant *deli* libanais est une bonne surprise. Mignon comme tout, avec sa déco de salon de thé où l'on sent la patte féminine, il interpelle et retient les gourmands grâce à ses *falafels* et sandwichs frais, ses taboulés et *houmous* parfumés, ou encore une ribambelle de plats du jour savoureux. Le tout se déguste à petites cuillerées, bercé par quelques discrètes mélodies orientales.

|●| *Wagamama* (centre 2, L11, **225**) : 182 Earl's Court Rd, SW5 9QG. ☎ 0207-373-96-60. Ⓜ Earl's Court. Tlj 12h-23h (22h dim). Plats 5-9 £ (7,50-13,50 €). Signe du renouveau du quartier, la célèbre enseigne *Wagamama* s'est implantée à son tour sur Earl's Court Rd. Comme ses consœurs, elle arbore une déco minimaliste et aligne tous les petits plats japonais qui sont à l'origine de son succès : riz frit au wok, *pan-fried noodles, ramen* (soupes de nouilles chinoises au poulet, fruits de mer, légumes...). Portions copieuses et prix doux, la formule plaît : queue à prévoir. Wagamamamia !

|●| *Gourmet Burger Kitchen* (centre 2, L11, **233**) : 163-165 Earl's Court Rd, SW5 9RF. ☎ 0207-373-31-84. • gbk@gbkinfo.com • Ⓜ Earl's Court. Tlj 12h (11h sam)-23h (22h dim). Burgers 5-7,50 £ (7,50-11,25 €). Gourmet ? Et pourquoi pas un gastroburger tant qu'on y est ? Mais à y regarder de plus près, la liste interminable de spécia-

lités recèle de vraies surprises. Alors on se laisse tenter, et c'est avec un réel plaisir gustatif qu'on savoure l'étonnant *Veggie Stack* (une montagne de légumes frais grillés... avec deux tranches de pain pour la forme), ou le classique *Blue Cheese* (mais avec du stilton vieux, s'il vous plaît !). Excellent, d'autant plus que même les frites font l'objet d'une attention particulière !

|●| *Strada* (centre 2, M11, *222*) : 237 Earl's Court Rd, SW5 9AH. ☎ 0207-835-11-80. **Ⓜ** *Earl's Court.* Tlj 12h-23h (minuit ven-sam). Formule 7,50 £ (11,25 €) servie en sem jusqu'à 19h, avec pizza ou pâtes au choix et une boisson. Sinon, env 15 £ (22,50 €) le repas. La branche locale d'une chaîne qui a misé sur la qualité avec son vrai four à pizzas : déco minimaliste qui ne volera sûrement pas la vedette aux spécialités italiennes honnêtes, préparées avec de bons produits frais. Pizzas cuites au feu de bois, cela s'entend. On apprécie aussi la carafe d'eau fraîche dès l'arrivée. Bref, rien de grandiose, mais efficace et convenable.

|●| *Lou Pescadou* (centre 2, M11, *226*) : 241 Old Brompton Rd, SW5 9HP. ☎ 0207-370-10-57. **Ⓜ** *West Brompton.* Tlj 12h-15h, 19h-22h30. Le midi en sem, menu 11 £ (16,50 €) ; 15 £ (22,50 €) le soir et le w-e. Plats 9-18 £ (13,50-27 €). Un restaurant français coquet et élégant où l'on vous parlera dans la langue de Voltaire, pour ceux à qui cela manquerait... À la carte, des spécialités de poisson bien tournées voisinent avec une cuisine traditionnelle de bon aloi, mais les menus sont sans doute la vraie bonne surprise : rapport qualité-prix très compétitif pour Londres, et sans rogner sur la quantité. Accueil efficace et très sympathique.

De prix moyens à plus chic

|●| ♟ *The Atlas* (hors centre 2 par L11, *290*) : 16 Seagrave Rd, SW6 1RX. ☎ 0207-385-91-29. **Ⓜ** *West Brompton. Dans la 1ʳᵉ rue à gauche en sortant du métro.* Tlj 12h-15h, 19h-22h30 (22h dim) ; en continu pour le pub. Plats 9-14 £ (13,50-21 €). Avec sa charmante façade lie de vin envahie de plantes grimpantes, l'Atlas donne envie aux promeneurs de pousser la porte. Ils font bien ! À l'intérieur, on adhère aussitôt à l'atmosphère décontractée entretenue par un staff souriant et une clientèle gentiment bobo, occupée à lire son canard préféré ou à déguster une cuisine parfumée aux accents du Midi. Le cadre de vieux pub est chaleureux à souhait, mais dès le printemps, c'est évidemment en terrasse que se déroulent les agapes !

|●| ♟ *Kings Head* (centre 2, L-M11, *375*) : 17 Hogarth Pl, SW5 0QT. ☎ 0207-244-59-31. **Ⓜ** *Earl's Court.* Service jusqu'à 21h. Plats 6-10 £ (9-15 €). Dans ce quartier pauvre en pubs de qualité, le *Kings Head* fait partie des très bonnes surprises. Appartenant à cette race hybride des gastropubs nouvelle vague, il mêle sans vergogne cheminée à l'ancienne, mobilier disparate et expos temporaires des copains photographes. La formule plaît au voisinage, qui n'hésite plus à délaisser la cuisine familiale pour tester les plats généreux et bien faits de la maison : un *mix* entre carte classique de pub et spécialités franco-italiennes bien vues. Quizz le lundi soir, *roast dinner* de folie le dimanche et atmosphère fraternelle et échevelée tous les autres soirs.

Où boire un verre ?

♟ ∞ *Troubadour* (centre 2, M11, *232*) : 265 Old Brompton Rd, SW5 9JA. ☎ 0207-370-14-34. ● simo nandsusie@troubadour.co.uk ● trou badour.co.uk ● **Ⓜ** *West Brompton. Tlj 9h-minuit. Les soirs de spectacle, petit supplément.* Coup de cœur ! Vous ne pourrez pas rater sa vitrine

EARL'S COURT, FULHAM ET WEST BROMPTON

remplie de vieilles cafetières et sa porte sculptée extravagante aux couleurs criardes. Un *pub coffee house* de charme, avec deux petites salles très bohèmes et une courette verdoyante, pour une clientèle qui se la joue *borderline* tout en caressant le chat de la maison, peu farouche. Divers spectacles le soir (poésie, concerts jazz, rock...), dans un décor de brocante (instruments de musique, objets chinés, vieilles publicités, etc.) à l'atmosphère chaleureuse. À l'étage, expos temporaires d'artistes du quartier. Quelques plats à la carte, mais trop chers et sans intérêt gustatif. On se contentera des cocktails ou d'un bon café le matin.

☂ ∞ *The Atlas (hors centre 2 par L11, **290**) et Kings Head (centre 2, L-M11, **375**) :* voir « Où manger ? ».

HAMMERSMITH ET SHEPHERD'S BUSH

Situé à l'ouest du centre et de Hyde Park, ce coin n'a pas d'attrait particulier, si ce n'est ses hôtels parmi les meilleurs rapports qualité-prix de Londres et quelques belles terrasses déroulées le long de la Tamise. On dort ici, mais on n'y passe pas ses journées. En revanche, la vie nocturne et culturelle y est assez riche, avec quelques pubs bondés en fin de semaine, pas mal de petits concerts et des centres artistiques alternatifs, revigorants.

Où dormir ?

Vraiment bon marché

🛏 **Ace Hotel** (centre 2, K11, 68) : 16-22 Gunterstone Rd, W14 9BU. ☎ 0207-602-66-00. ● reception@ace-hotel.co.uk ● ace-hotel.co.uk ● Ⓜ Barons Court ou West Kensington. Dortoir 4 à 8 lits 15-22 £ (22,50-33 €), avec ou sans douche privée ; doubles ou non 45-58 £ (67,50-87 €). Petit déj inclus. Prix à la sem également. Coup de cœur ! Une AJ propre, moderne, avec un confort rarement vu ? Vous en rêviez ? Ace l'a fait ! Dans une rue résidentielle tranquille, quoiqu'un peu excentrée, 4 jolies maisons victoriennes au coude à coude rassemblent une brochette de chambres communes vastes, bien équipées (lockers, parfois la TV) et pas vilaines. Les touches déco vert pomme et gris métallisé donnent un petit côté acidulé très sympa à l'ensemble. Mais la vraie bonne surprise, c'est le grand jardin à l'arrière avec barbecue, bancs pour pique-niquer, et même un hot tub pour se délasser. Et toujours plus de petits plus : salle TV grand écran, bar cosy meublé de canapés en cuir, salle de jeux (billard, baby-foot, etc.) et une autre pour Internet. Accueil prévenant et de bon conseil. Pas de doute, c'est l'Ace des as !

🛏 **Globetrotters Inn** (hors centre 2 par K11) : Ashlar Court, Ravenscourt Gardens, W6 0TU. ☎ 0208-746-31-12. ● london@globetrottersinns.com ● globetrotterinns.com ●

Ⓜ Stamford Brook. Dans une rue calme en face du métro, parallèle à King St. Dortoir 4 à 6 lits 18-22 £ (27-33 €), avec ou sans douche privée ; doubles en suite ou non 48-55 £ (72-82,50 €). Petit déj inclus. Une vraie ruche ! Pensez donc, cette grosse AJ égrène ses chambres et dortoirs sur 3 étages, et rassemble une foultitude de services et activités : cuisine, épicerie, salle vidéo, bar (avec soirées), beer garden... Bref, ça bourdonne, ça chahute et ça rigole, mais on soigne quand même l'intimité des hôtes. Ici, par exemple, les lits sont isolés par des petits rideaux. Délicate attention.

🛏 **St Christopher's Shepherd's Bush** (centre 2, K10, 72) : 13-15 Shepherd's Bush Green, W12. ☎ 0207-407-18-56. ● st-christophers.co.uk ● Ⓜ Shepherd's Bush. Compter 15-20 £ (22,50-30 €) la nuit en dortoir. Pas le plus tranquille ni le plus confortable des St Christopher's londoniens, mais sa situation stratégique face au métro justifie sa sélection. Pour le reste, mêmes avantages que les autres hostels de la chaîne : pas de couvre-feu (carte d'accès magnétique), dortoirs corrects et bar souvent animé au rez-de-chaussée (concerts, jeux, soirées à thèmes). Pas de cuisine à dispo, mais des réducs sur les plats à la carte.

Prix moyens

🏠 **Star Hotel** (centre 2, K11, **82**) : 97-99 Shepherd's Bush Rd, W6 7LP. ☎ 0207-603-27-55. ● inquiries@star-hotel.net ● star-hotel.net ● Ⓜ Goldhawk Rd ou Hammersmith. Doubles 50-65 £ (75-97,50 €) selon durée du séjour. Également des triples et quadruples. Petit déj offert sur présentation de ce guide. Ce sympathique hôtel familial aligne une trentaine de chambres simples et sans extravagances, mais confortables, propres, toutes avec TV et salle de bains fonctionnelle. Certaines plus spacieuses, avec bow-window sur la rue... mais à déconseiller aux sommeils légers. Copieux petit déj à l'anglaise compris, dans une salle agréable avec briques apparentes sous la verrière. Accueil chaleureux. Une bonne petite adresse.

🏠 **Hotel Orlando** (centre 2, K10, **80**) : 83 Shepherd's Bush Rd, W6 7LR. ☎ 0207-603-48-90. ● enquiry@hotelorlando.co.uk ● hotelorlando.co.uk ● Ⓜ Goldhawk Rd. Doubles à partir de 55 £ (82,50 €), petit déj inclus. Réduc de 10 % sur le prix de la chambre, sur présentation de ce guide. Chambres très correctes et bien tenues, toutes avec douches, sanitaires privés et moquettes bien moelleuses. Rien de luxueux, certes, mais quelques souvenirs de moulures ou un linteau de cheminée par-ci par-là donnent parfois un petit peu de cachet à cet hôtel de poche à l'ancienne mode. Une des bonnes adresses de la rue.

🏠 **Windsor Guesthouse** (centre 2, K10, **83**) : 43 Shepherd's Bush Rd, W6 7LU. ☎ 0207-603-21-16. ● sales@windsorghs.co.uk ● windsorghs.co.uk ● Ⓜ Goldhawk Rd. Doubles env 60 £ (90 €), petit déj compris. Windsor ? Rien d'aristocratique ici, mais un gentil B & B simple et sans prétention. Les quelques chambres, sans chichis, se révèlent tout à fait fréquentables avec leurs couleurs gaies et leurs salles de bains nickel. Alors on pose volontiers ses valises, d'autant plus que l'accueil très sympa entretient une atmosphère familiale. Dans ces conditions, la réservation s'impose longtemps à l'avance...

🏠 **Dalmacia Hotel** (centre 2, K10, **81**) : 71 Shepherd's Bush Rd, W6 7LS. ☎ 0207-603-28-87. ● info@dalmacia-hotel.co.uk ● dalmacia-hotel.co.uk ● Ⓜ Goldhawk Rd. Fermé pour les fêtes de fin d'année. Doubles à partir de 55 £ (82,50 €), sans le petit déj. Une petite maison d'aspect modeste, mais d'un excellent niveau de confort. La déco des chambres adopte un style un peu trop conventionnel (comprendre sans fantaisie), mais tout est régulièrement entretenu et par conséquent nickel : literie récente, TV (satellite), salle de bains en suite, thé et café à disposition... Une bonne option.

🏠 **Adria Hotel** (hors centre 2 par K11, **84**) : 44 Glenthorne Rd, W6 0LS. ☎ 0207-602-63-86. ● info@adria-hotel.co.uk ● adria-hotel.co.uk ● Ⓜ Hammersmith. Fermé 15 j. pour les fêtes de fin d'année. Doubles à partir de 55 £ (82,50 €), sans le petit déj. Négocier les prix hors saison. Sur présentation de ce guide, 10 % sur le prix de la chambre. Petit hôtel niché dans une maison de ville typique aux escaliers tarabiscotés. Chambres exiguës, mais parfaitement tenues et d'un niveau de confort correct (moquette bien épaisse, TV, bloc douche et w-c, double vitrage sur rue). Bref, rien d'inoubliable, d'autant plus que le secteur n'a rien d'excitant, mais convenable pour un court séjour.

Où manger ?

Bon marché

🍴 **Cooke's** (hors centre 2 par K10, **231**) : 48 Goldhawk Rd, W12. ☎ 0208-743-76-30. Ⓜ Goldhawk Rd. Tlj sf dim 10h30-16h30 (15h jeu).

Env 4 £ (6 €). Une véritable institution dans le quartier. C'est l'un des derniers *pie, mash & eel shops*, petit, bancal et usé jusqu'à la trame. Mais certains jours, les gens font la queue pour emporter les délicieuses anguilles *(eels)* de Mr Cooke. Ici, vous trouverez également le vrai *steak and kidney pie* et de savoureuses tourtes aux légumes. *Cooke's :* une visite conseillée chez l'un des derniers témoins du vieux Londres !

I●I *Bush Garden Café (hors centre 2 par K11) : 59 Goldhawk Rd, W12 8EG.* Ⓜ *Goldhawk Rd. Tlj sf dim 7h30-19h (17h sam).* Mi-salon de thé, mi-épicerie bio, cette minuscule salle à la déco bohème a de quoi satisfaire petites et grosses faims. Derrière un comptoir appétissant, des quiches, des tourtes, des tartes et de bons gâteaux maison, le tout pour quelques *pennies* (qui a dit Annie ?). Terrasse et jardin de poche aux beaux jours.

I●I *The Food Hall (hors centre 2 par K11) : 156 A King St, W6 OQU.* ☎ *0208-741-99-70.* Ⓜ *Hammersmith. Tlj sf dim 7h (8h sam)-18h. Env 4 £ (6 €).* Des *ciabattas* et des sandwichs taille XXL qui débordent de produits frais (guacamole, crevettes, tomates séchées, jambon, mozzarella, etc.) et un patron heureux de vous accueillir dans sa minuscule salle toute blanche. On aime !

I●I *Sagar (hors centre 2 par K11) : 157 King St, W6 9JT.* ☎ *0208-741-85-63.* Ⓜ *Hammersmith. Service jusqu'à 14h45 et 22h45 (23h30 ven-sam), en continu le w-e. Menu 5 £ (7,50 €) le midi en sem,* lunch box *à emporter 3,50 £ (5,25 €), ou plats 4-7 £ (6-10,50 €).* Ce digne ambassadeur de la cuisine de l'Inde du Sud devrait convertir les carnivores les plus irréductibles. Ses délicates spécialités végétariennes comblent d'aise les papilles gustatives, ballottées entre les saveurs épicées ou sucrées des *paneer, dosai* ou autres *dhals*, tous préparés avec de bons légumes du jour. La petite salle aux lignes sobres et modernes est tout à fait accueillante (panneaux de bois blonds, alcôves pour statuettes et bibelots), mais les *lunch boxes* compartimentées offrent un véritable festin aux amateurs de pique-niques au bord de la Tamise. Une certitude : au Sagar, on ne s'égare pas !

Prix moyens

I●I *Los Molinos (centre 2, K11, 293) : 127 Shepherd's Bush Rd, W6 7LP.* ☎ *0207-603-22-29.* Ⓜ *Hammersmith. Lun-ven 12h-15h, 18h-22h45 ; sam slt 18h-22h45. Tapas 4-7 £ (6-10,50 €).* Toujours bon pied bon œil, ce joli bar à tapas 100 % espagnol compte les années sans prendre une ride. Les nombreux fidèles envahissent régulièrement sa petite salle chaleureuse, ornée de quelques objets typiques pour faire couleur locale. Au sous-sol, salle intime avec vue sur un petit coin de jardin à l'arrière. Un cadre idéal pour faire honneur au festin : olives fraîches et pain à tremper dans l'huile à l'apéro, puis une large sélection de tapas savoureuses préparées dans les règles (parfois originales), et une carte des vins bien fournie pour achever de nous griser. Olé !

I●I *The Havelock Tavern (centre 2, K10, 228) : 57 Marsbro Rd, W14 0LS.* ☎ *0207-603-53-74.* ● *in fo @thehavelocktavern.co.uk* ● Ⓜ *Shepherd's Bush ou Kensington Olympia. Tlj 12h30-14h30 (15h dim), 19h-22h (21h30 dim). Plats 8-15 £ (12-22,50 €). CB refusées.* Complètement isolé au cœur d'un quartier assoupi... mais toujours bourré à craquer ! Il faut dire qu'ils étaient nombreux à ronger leur frein en attendant sa réouverture. Car on l'aime, ce charmant gastropub, pour son atmosphère chaleureuse, son staff souriant, son *beer garden* coquet, mais aussi pour sa cuisine originale et bien ficelée qui évolue chaque jour au gré du marché et des saisons. Bref, tous les ingrédients nécessaires pour faire du Havelock une excellente adresse. Pour vous en convaincre, *just have a look !*

Où boire un verre ? Où sortir ?

Riverside Studios *(hors centre 2 par K11, 376)* : Crisp Rd, W6 9RL. ☎ 0208-237-10-00 ou 11-11. ● online@riversidestudios.co.uk ● riversidestudios.co.uk ● Ⓜ *Hammersmith.* Vaste centre artistique idéalement situé au bord de la Tamise. Il abrite quelques anciens studios de la BBC, une salle de cinéma d'art et d'essai et de spectacles contemporains (théâtre, musique...), des expos temporaires et un petit resto-bar coloré aux lignes sobres et modernes. Aux beaux jours, on profite de la terrasse sur la berge, avec vue sur Hammersmith Bridge. Souvent des avant-premières très courues.

Old Ship *(hors centre 2 par K11)* : 25 Upper Mall, W6 9TD. ☎ 0208-748-25-93. ● info@oldshipw6.co.uk ● oldshipw6.co.uk ● Ⓜ *Hammersmith.* Besoin de calme ? À 10 mn à pied du métro, le promeneur abandonne la tumultueuse métropole pour les charmantes berges de la Tamise... où les terrasses du Old Ship lui tendent les bras avec bienveillance. Car c'est la grande force de ce pub traditionnel : si la déco nautique un brin consensuelle ne retient pas l'attention, sa situation privilégiée en fait un point de chute de tout premier ordre par beau temps. Une fois installés sur le balcon ensoleillé, sous la véranda fleurie, ou à l'ombre des frondaisons du jardin attenant, même l'horloge du fronton ne devrait plus distraire les visiteurs du spectacle apaisant des mouettes flirtant avec les ondes. Et quitte à bien faire, ses plats classiques se révèlent bons et généreux.

The Dove *(hors centre 2 par K11)* : 19 Upper Mall, W6 9TA. ☎ 0208-748-54-05. Ⓜ *Hammersmith.* Quel point commun entre Hemingway, Julien Green, ou même Charles II ? Tous sont venus au moins une fois dans ce pub hors d'âge. Ses plafonds bas, ses poutres noircies, son bar minuscule (inscrit au *Guinness Book*), sa vigne grimpante et sa cheminée ronflante ont tout de la taverne à matelots, tandis que sa terrasse rustique et pittoresque suspendue au-dessus des flots offre l'un des meilleurs points de vue sur la Tamise. Une vraie carte postale !

The Bull's Head Barnes *(hors centre 2 par K11, 236)* : 373 Lonsdale Rd, SW13 9PY. ☎ 0208-876-52-41. ● jazz@thebullshead.com ● thebullshead.com ● Ⓜ *Hammersmith,* puis bus n° 209 jusqu'à Barnes Bridge (10 mn de trajet). Concert tlj à 20h30 plus dim à 13h. Entrée : 6-12 £ (9-18 €). Ce vieux pub indéboulonnable est excentré, certes, mais les amateurs viennent de loin pour ses concerts de jazz et de blues de très bonne tenue. Ici, pas de paillettes ni de strass à la mode de Soho, mais de solides formations à leur aise dans une salle accueillante et bien équipée. Et les 80 sortes de *malt whiskies* récompensent les courageux à l'arrivée !

Shepherd's Bush Empire *(centre 2, K10)* : Shepherd's Bush Green, W12 8TT. ☎ 0208-740-15-15. ● shepherds-bush-empire.co.uk ● Ⓜ *Shepherd's Bush.* L'une des meilleures salles de concert de tout l'ouest londonien, appréciée pour son acoustique excellente et sa programmation aussi variée que soignée.

Théâtres

The Bush Theatre *(centre 2, K10)* : 1 Shepherd's Bush Green, W12 8QD. ☎ 0207-610-42-24. ● bushtheatre.co.uk ● Ⓜ *Shepherd's Bush.* Au-dessus du pub O'Neill's, *situé sur la place à l'angle de Goldhawk Rd. Pièce en général* jeu à 20h. Spécialiste des succès d'avant-garde. C'est ici notamment que fut jouée la pièce *Trainspotting* avant de devenir un film à succès.

Lyric Hammersmith Theatre *(centre 2, K11)* : King St, W6 0QL. ☎ 0870-050-05-11. ● lyric.co.uk ●

Ⓜ *Hammersmith. Entrée sur le côté du Mall, accessible par la place donnant sur King St. Pour chaque spectacle, certains soirs les prix sont fixés à 9 £ (13,50 €). Qui l'eût cru ? Cette grosse bâtisse de verre et de béton n'est qu'un leurre dissimulant une salle historique ! Superbe théâtre d'architecture traditionnelle à l'inté-* rieur victorien (balcons, moulures aux plafonds). En contraste avec les lieux, une programmation d'avant-garde très pointue – musique, théâtre, spectacles musicaux, animations pour les enfants, etc. Également une cafétéria lumineuse à l'étage avec terrasse surplombant la place.

Shopping

✆ Depuis la station de métro Shepherd's Bush au nord-ouest, on peut s'offrir un petit tour du monde gastronomique en longeant ***Uxbridge Road*** *(centre 2, K10),* qui abrite de nombreuses épiceries exotiques. *Anna's Polish Deli* et *John & Sons* (Pologne, Russie...), *Nutcase* (café, fruits secs et douceurs orientales), *Al Abbas* (produits de Turquie et du Moyen-Orient), *Roti Hut* et *Ochi Caribbean* (excellents plats caraïbes à emporter), ou encore *Damas Gate,* superbe *delicatessen.*

Marché

– ***Shepherd's Bush Market*** *(centre 2, K10)* **:** *dans la ruelle étroite longeant la ligne de métro entre Shepherd's Bush (la station située à l'ouest de Wood Lane) et Goldhawk Rd Stations. Lun-sam 10h-17h (14h jeu).* Poissons frais, épices, fruits et légumes, vêtements et jouets bon marché. Très populaire.

À faire

– ***BBC Backstage Tours*** *(centre 2, K9) :* Wood Lane, W12. ☎ 0870-603-03-04. ● bbc.co.uk/tours ● Ⓜ *White City. Tlj sf dim. Entrée : env 9 £ (13,50 €) ; réduc.*
On découvre les immenses studios et la régie de la célèbre chaîne de TV British. Pour les passionnés et les autres, un tour de 2h dans les coulisses de la TV. Et pour les insatiables, possibilité d'assister à un enregistrement (consulter le programme). Réservation impérative.

➢ ***Balade le long de la Tamise*** *:* point de départ depuis les Riverside Studios (voir plus haut « Où boire un verre ? Où sortir ? »). Puis passer sous le Hammersmith Bridge et suivre la Tamise vers l'ouest (plus loin, nombreux passages souterrains pour rejoindre King St en passant sous Great West Rd). Reposant et étonnamment calme. On compte les jonquilles, les avions qui se posent à Heathrow tout proche, les péniches, les barques, les avirons, les vélos, les joggers poursuivis par les mouettes... Une vraie tranche de vie londonienne.

HAMMERSMITH ET SHEPHERD'S BUSH

HOLLAND PARK ET KENSINGTON

Juste à l'ouest de Hyde Park et Kensington Gardens, un quartier « villageois » plein de charme par endroits, qui reste toutefois très bourgeois et bien sage... En tout cas, c'est l'un des parcs les plus séduisants de Londres. En plus, opportunément situé sur la Central Line du métro, très... centrale.

Où dormir ?

Vraiment bon marché

🏠 *Holland House Youth Hostel (YHA ; centre 2, L10, 85) : Holland Walk (c'est la rue qui borde à l'est Holland Park ; entrée au niveau du Duchess of Bedford's Walk), W8 7QU.* ☎ *0207-937-07-48.* ● *holl landhouse@yha.org.uk* ● *yha.org. uk* ● **Ⓜ** *Holland Park ou High St Kensington. Résa impérative. Env 18-22 £ (27-33 €) en dortoir, petit déj compris. Carte de membre obligatoire. Possibilité de ½ pens ou pension complète.* Dans une immense bâtisse historique très largement modernisée, cernée par le charmant Holland Park... devenu l'annexe du salon commun ! Dortoirs fonctionnels assez exigus de 12 à 20 lits (séparés quand même par des cloisons en agglo), tous avec sanitaires complets, laverie, Internet, cuisine (mais les repas servis sont à prix imbattables et changent tous les jours)... Bref, très formel, mais les 201 lits (pas un de plus, pas un de moins !) ne suffisent plus.

Plus chic

🏠 *Abbey House Hotel (centre 2, M10, 87) : 11 Vicarage Gate, W8 4AG.* ☎ *0207-727-25-94.* ● *ab beyhousedesk@btconnect.com* ● *ab beyhousekensington.com* ● **Ⓜ** *High St Kensington ou Notting Hill Gate. En été, résa au moins un mois à l'avance. Selon saison, doubles 55-75 £ (82,50-112,50 €), triples 75-90 £ (112,50-135 €), quadruples 78-100 £ (117-150 €), petit déj anglais compris. CB refusées.* Dans une rue résidentielle cossue, une agréable maison de ville qui date de 1860. Intérieur élégant et soigné typique de l'époque, sans excès de fioritures. Les chambres sont dans le même esprit, à la fois spacieuses et accueillantes, mais simples et sans extravagances. En revanche, douches et w-c sur le palier pour tout le monde. Comme à la maison !

🏠 *Vicarage Private Hotel (centre 2, L-M10, 88) : 10 Vicarage Gate, SW8 4AG.* ☎ *0207-229-40-30.* ● *re ception@londonvicaragehotel.com* ● *londonvicaragehotel.com* ● **Ⓜ** *High St Kensington ou Notting Hill Gate. Doubles 60-75 £ (90-112,50 €) l'hiver, 85-110 £ (127,50-165 €) l'été, avec ou sans sanitaires privés. Prix comprenant le petit déj à l'anglaise, très copieux. Réduc de 10 % sur présentation de ce guide.* Dans une rue calme aux maisons bourgeoises, un petit hôtel qui a tout d'un *B & B*. Sa taille d'abord, limitée à une poignée de chambres, puis sa localisation dans une belle maison victorienne à l'intérieur cossu, dégageant un délicieux charme rétro. Un escalier orné de tableaux et de statues conduit aux chambres spacieuses, à la déco rustique soignée et au confort excellent. Salon TV tout aussi chamarré. Accueil agréable.

Où manger ? Où boire un verre ?

Bon marché

I●I *Brampton's Café (centre 2, L10, 294)* : 10 A Earl's Court Rd, SW8. ☎ 0207-938-15-56. **M** High St Kensington. Lun-sam 8h30-17h. Plats 3-5 £ *(4,50-7,50 €)*. Un minuscule snack tout simple et propret à deux pas de Holland Park. Large choix de bons sandwichs frais, *baked pota-*toes et quelques plats du jour *(today's specials)* à prix démocratiques. Bien aussi le matin pour un copieux *English breakfast* et un véritable *espresso*. Accueil sympathique. Un bon plan dans le quartier pour déjeuner sans se ruiner.

Prix moyens

I●I ❦ *Sticky Fingers (centre 2, L10, 230)* : 1 A Phillimore Gardens, W8 7QG. ☎ 0207-938-53-38. ● stic kyfingers.co.uk ● **M** High St Kensington. Dans une petite rue perpendiculaire à High St Kensington. Tlj 12h-23h (22h dim). Plats 10-22 £ *(15-33 €)*. Sticky Fingers... voilà un nom (d'album) qui dit quelque chose aux enfants du rock ! Pas étonnant : le patron des lieux n'est autre que Bill Wyman, membre fondateur des Stones. Tous les souvenirs du groupe mythique qui « envahissaient son appart' ! » sont exposés dans la vaste salle au look de bar américain : éclairés par une guirlande de néons rouges, une collection de disques d'or, quelques guitares, des photos d'époque et des unes de journaux du monde entier. La cuisine est « rock », entendez américaine : *burgers, T-bones* et *spare ribs.* Le tout est bien cher payé pour une cuisine somme toute assez quelconque. On peut aussi se contenter d'y boire un *Start me up* ou un *Jumpin' Jack Flash.*

Plus chic

I●I ❦ *Julie's Wine Bar (centre 2, K9, 247)* : 135 Portland Rd, W11 4LW. ☎ 0207-229-83-31. ● info@juliesres taurant.com ● **M** Holland Park. Tlj 9h-23h (22h dim) ; afternoon tea 15h-18h30. Plats 10-18 £ *(15-27 €)*. Donnant sur une jolie place pleine de charme, le *Julie's Wine Bar* est toujours le chouchou des élégants du quartier. Avec ses lourds chandeliers, ses lustres étincelants et ses miroirs immenses, il se donne les airs d'un café-resto chic à la française. Et c'est fort justifié ! Un côté bar à vin avec des plats abordables (plats du jour revisitant les classiques *shepherd's pie, Irish stew*...), un côté restaurant et *champagne bar* plus sélect. Musique jazz et personnel très accueillant pour parfaire l'ambiance. Belle sélection de portos.

Pubs

❦ *Prince of Wales (centre 2, K-L10, 370)* : 14 Princedale Rd, W11 4NJ. **M** Holland Park. Évidemment, dans ce quartier huppé, les piliers de comptoir n'ont pas les mains calleuses et arborent la tenue réglementaire chic du moment, mais ce pub nouvelle école offre un bon compromis pour ceux qui veulent s'en jeter un petit dernier derrière la cravate. De sa prime jeunesse, il reste de bien belles vitres ciselées et une engageante terrasse pavée, assez grande pour accueillir deux équipes de rugby, leurs entraîneurs et leurs supporters. De sa reconversion, on retiendra surtout le bric-à-brac rigolo de chaises (même si le fauteuil de dentiste ne rappelle pas que des bons souvenirs !). Au final, l'une des meilleures ambiances du coin.

Ⓨ *Elephant & Castle (centre 2, L10, 371)* : 40 Holland St, W8 4LT. ☎ 0207-368-09-01. **Ⓜ** *High St Kensington.* Mais sommes-nous bien à Londres ? On pourrait en douter en découvrant ce petit pub de quartier, dont la terrasse empiète sur le croi-

sement de rues résidentielles provinciales à souhait. À l'intérieur, que des réguliers, ou presque, accoudés au comptoir le temps de commenter les derniers cancans du voisinage. Un peu hors du temps, un peu loin de tout, un havre de paix pittoresque et authentique. *Pub grub* classique pour les affamés.

Où prendre le thé ? Où manger des pâtisseries ?

Ⓨ I●I *The Orangery (centre 2, M10, 372)* : Kensington Gardens, W8 4PX. ☎ 0207-376-02-39. **Ⓜ** *High St Kensington.* Tlj 10h-17h. Plats 8-10 £ (12-15 €). Commodément installé dans l'orangerie du palais royal, un salon de thé *so chic* mais pas si cher. Déco épurée : tout est blanc, des colonnes en ronde-bosse aux moulures du plafond, avec quelques bouquets de fleurs fraîches sur les tables rondes. Loin de l'agitation de la rue, un endroit idéal pour le déjeuner ou pour un *tea break* servi avec des petits sandwichs au concombre. Joli choix de *scones*, gâteaux à l'ancienne et autres douceurs. Évidemment, les jeunes ne forment pas la majorité de la clientèle. Service attentif, malgré la foule en été.

Ⓨ I●I *The Muffin Man (centre 2, L10, 373)* : 12 Wrights Lane, W8. ☎ 0207-937-66-52. **Ⓜ** *High St Kensington.* Tlj 8h (9h dim)-20h. Breakfast 7,80 £ (11,70 €) et Devon cream tea 4,70 £

(7 €). Insolite ! À l'heure où les restos et bars se la jouent déco métallisée et couleurs criardes, ce petit salon de thé très sobre perpétue la tradition des nappes blanches et vaisselle en porcelaine fleurie. Il ne lui manque qu'une poignée de bibelots et de napperons à l'ancienne mode ! Parfait pour un déjeuner léger (très bons petits sandwichs) ou un *teatime* dans les règles de l'art (*scones*, crème, thé).

Ⓨ I●I 🏃 *Pâtisserie Valérie (centre 2, L10, 374)* : 27 Kensington Church St, W8 4LL. ☎ 0207-937-95-74. **Ⓜ** *High St Kensington.* Tlj 8h (9h30 dim)-19h. Une autre annexe de cette célèbre pâtisserie française qui se reproduit... comme des petits pains à Londres ! Jolie déco rétro, viennoiseries, *pasteis* portugais, pâtisseries *Frenchies* et gâteaux anglais pour le thé... ou un bon *espresso*. À déguster sur place (nombreuses tables) ou à emporter.

Monuments et balades

Voir la partie sur le *Londres résidentiel* dans le chapitre « Brompton, Chelsea et South Kensington. Monuments et balades ».

🦌 *Leighton House Museum (centre 2, L10, 562)* : 12 Holland Park Rd, W14 8LZ. ☎ 0207-602-33-16. ● *rbkc.gov.uk/leightonhousemuseum* ● **Ⓜ** *High St Kensington.* À 10 mn du métro. De High St Kensington, prendre Melbury Rd, puis Holland Park Rd. Tlj sf mar 11h-17h30. Fermé 25-28 déc et Nouvel An. Entrée : 3 £ (4,50 €) ; réduc. Visites guidées (50 mn) en anglais mer-jeu 14h30 (prévoir 6 £, soit 9 €) et animations régulières ; se renseigner. La très belle maison de l'artiste lord Leighton (1830-1896), ancien président de l'Académie royale (la très sélecte *Royal Academy of Arts* sise sur Piccadilly), réunit les peintures, dessins et sculptures de ce dernier, ainsi que celles de ses contemporains (John Everett Millais, Edward Burne-Jones, George Frederick Watts...). Une notable collection, certes, mais la magnifique décoration intérieure de la période victorienne mérite à elle seule une visite. Entre tous, on retiendra surtout le faste délicat du magnifique hall arabe. Leighton, grand voyageur, l'a fait tapisser d'anciens carreaux bleus et verts rapportés du Caire, de Rhodes et d'Iznik. En son centre, une fontaine reflète les perles lumineuses filtrées par les moucharabiehs de Damas. Un goût pour l'orientalisme qui n'est pas sans rappeler celui d'un autre homme de lettres, Pierre Loti. Les autres salons, chambres et pièces d'apparats sont en partie meublés et décorés comme à l'époque de Leighton, si possible avec des objets d'origine. À l'étage, on verra notamment la *Madone au Candélabre*, œuvre Renaissance en terre cuite polychrome de Rosselino. *Jardin ouv d'avr à fin sept.* Pour les inconditionnels de la période victorienne, des visites animées par des comédiens en tenue (sauf la 1re visite de 11h15) présentent une autre maison célèbre du quartier, la **Linley Sambourne House**. *Ouv le w-e, de mi-mars à mi-déc, à 11h15, 13h, 14h15 et 15h30, au 18 Stafford Terrace.* ● *rbkc.gov.uk/linleysambournehouse* ● *Entrée : 6 £ (9 €).* C'est ici que vivait le caricaturiste Sambourne avec sa femme Marion. Une intéressante plongée en apnée dans le quotidien d'une famille bourgeoise de la fin du XIXe siècle.

NOTTING HILL (PORTOBELLO) ET BAYSWATER

Jamaïcain et encore populaire (mais pour combien de temps ?) à la lisière nord, Notting Hill s'est largement embourgeoisé dans sa partie sud. Très largement même. Cela reste toutefois l'un de nos coins préférés de Londres tant ses rues bordées d'élégantes demeures revêtent l'aspect d'un gros village tranquille avec son petit côté encore secret à l'est. Mais restos et bars à la mode y attirent des noctambules toujours plus nombreux. Question hébergement, le rapport qualité-prix n'est pas extra. À ne pas rater : le marché aux puces de Portobello Rd le samedi, et le carnaval jamaïcain le dernier week-end d'août.

Où dormir ?

Bayswater est un quartier bourré d'hôtels (chers, au regard de la qualité), bordé au sud par Hyde Park et Kensington Gardens. Pas mal d'AJ également (mais gare aux petites AJ privées : le correct côtoie le n'importe quoi). Plus d'excuses pour manquer le footing matinal !

Auberges de jeunesse et *student halls*

🛏 *Bowden Court House* (centre 2, L9, 89) : 24 Ladbroke Rd, W11 3NN. ☎ 0207-727-56-65. ● bowden@london-hostels.co.uk ● london-hostels.co.uk ● Ⓜ Notting Hill Gate. Compter 21-27 £ (31,50-40,50 €) par pers, en chambre simple, double ou triple à partager, petit déj et dîner au self inclus. Le bon plan : cette grande résidence étudiante a un look pas franchement sexy de bunker, mais est idéalement située dans une rue tranquille à deux pas de Notting Hill. Chambres sobres qui mériteraient un petit coup de peinture, dotées de meubles en bois standard. Sanitaires vétustes sur le palier. Salons pour lire les journaux, regarder la TV, disputer une partie de baby-foot, sillonner Internet ou étudier. Laverie, coffres-forts. Bref, sans charme, mais fonctionnel. Plutôt fréquenté par des pensionnaires au long cours (nombreux Français), donc réserver à l'avance. Accueil chaleureux et serviable.

🛏 *Hyde Park Hostel* (centre 2, M9, 90) : 2-6 Inverness Terrace, W2 3HU. ☎ 0207-229-51-01. ● hydepark@astorhostels.com ● astorhostels.com ● Ⓜ Bayswater ou Queensway. À partir de 11 £ (16,50 €) en dortoir de 12 lits, jusqu'à 25 £ (37,50 €) par pers pour une double. Petit déj compris. Grosse AJ pleine de vie nichée dans une vieille demeure pleine de cachet. Bien équipée : dortoirs corrects, douches entretenues et w-c séparés, salle Internet, laverie, coffres-forts et cuisine à disposition. Voilà pour le logement. Pour la fête : salons aux couleurs psychédéliques ornés de moulures au kilomètre, et bar avec DJ ou concerts live pour décoller le papier peint ! Ambiance résolument jeune et internationale pour cet établissement très *flower power*, à 50 m de Hyde Park. Impératif de réserver. Attention : a la fâcheuse habitude de vous débiter dès la réservation par téléphone, même 2 mois à l'avance !

🛏 *London House Hotel (centre 2, M9, 96)* : 81 Kensington Gardens Square, W2 4DJ. ☎ 0207-243-18-10. ● reservations @londonhouse hotels.com ● londonhousehotels. com ● Ⓜ Bayswater. Dortoirs 5-8 lits 15-22 £ (22,50-33 €) avec ou sans douche privée ; doubles 45-75 £ (67,50-112,50 €), petit déj continental inclus. Fréquentes promos sur Internet. AJ ou hôtel, cet établissement idéalement situé sur une place résidentielle n'a pas encore tranché. Tant mieux, chacun y trouvera son bonheur : dortoirs très basiques (tout en commun), dortoirs classiques avec douche et w-c privés, chambres vétustes et fonctionnelles (pas de double vitrage), ou chambres fraîchement rénovées dans un style conventionnel, pas bien grandes, mais impeccables et tout confort (TV écran plat, salle d'eau nickel...). Pas de salle commune ni de cuisine (pas très fraternel tout ça !), mais accès gratuit à Internet. Bref, efficace et sans fioritures.

🛏 *Sandeman Allen House (centre 2, M9, 95)* : 40 Inverness Terrace, W2 3JB. ☎ 0207-727-27-19. ● sandeman @london-hostels.co. uk ● london-hostels.co.uk ● Ⓜ Bayswater ou Queensway. Compter 21-27 £ (31,50-40,50 €) par pers, en chambre simple, double, triple ou quadruple, petit déj et dîner au self inclus. Cette résidence étudiante de taille moyenne (mais ouverte à tous... du moins jusqu'à 50 ans !) a le mérite d'occuper une bâtisse de caractère, située dans un quartier résidentiel agréable. Charme des plus fonctionnel, pour ne pas dire clinique, mais le tout est bien conçu et très bien tenu. Douches et w-c en commun, salle TV et laverie. Réservez longtemps à l'avance, car c'est avant tout une adresse occupée par les expat's. Accueil sympa et population internationale. Pour plus d'indépendance, la toute proche résidence **Leinster House** (centre 2, M9, **128** ; 46, Leinster Gardens, W2 3AT ; ☎ 0207-723-78-03 ; ● leinster @londoh-hostels.co. uk ● london-hostels.co.uk ●) propose des chambres à la sem autour de 20 £ (30 €) par nuit pour une twin, avec salons, laverie et cuisine à dispo.

🛏 *Astor's Quest Hostel (centre 2, M9, 93)* : 45 Queensborough Terrace, W2 3SY. ☎ 0207-229-77-82. ● quest@astorhostels.com ● astorho stels.com ● Ⓜ Queensway ou Bayswater. À 2 mn à pied de Kensington Gardens. Compter 14-18 £ (21-27 €) en dortoirs de 4 à 9 lits et 25-30 £ (37,50-45 €) par pers en chambre double. Moins cher à la sem. Petit déj inclus. Auberge espagnole très sympa, même si l'organisation et l'entretien relèvent parfois du flou artistique. Dortoirs très basiques et sanitaires ornés de fresques, le tout peuplé de jeunes fêtards. Connexion Internet, cuisine à disposition, lave-linge et minuscule salle TV à l'entrée. Sympa, mais pas la plus cosy de la chaîne.

Prix moyens

🛏 *Britannia Court Hotel (centre 2, M9, 86)* : 80 Inverness Terrace, W2 3LD. ☎ 0207-243-01-42. ● britan niacourthotel @gmail.com ● britan niacourthotel.co.uk ● Ⓜ Bayswater. Doubles avec salle de bains 60-70 £ (90-105 €), petit déj inclus. Si l'accueil charmant est déjà de bon augure, les petites chambres pimpantes sont une vraie bonne surprise dans un quartier où le passable flirte avec le n'importe quoi. Elles offrent un bon niveau de confort (TV, sèche-cheveux...) et font même preuve de coquetterie à l'occasion (vasques design dans les salles de bains, tableaux contemporains, etc.). Mais la vraie perle de ce petit hôtel façon B & B, c'est la chambre triple à l'arrière qui bénéficie d'une terrasse fleurie privative. Le grand luxe !

🛏 *Palace Court Hotel (centre 2, L9, 77)* : 64-65 Princes Square, W2 4PX. ☎ 0207-727-44-12. ● form@palace courthotel.co.uk ● palacecourthotel. co.uk ● Ⓜ Bayswater. Doubles 55-95 £ (82,50-142,50 €) selon période. Le genre d'hôtel de quartier qui peut se révéler une bonne affaire ou un affreux piège en fonction de la période. En semaine et hors saison, les petites chambres nickel constituent un bon point de chute. Il y a bien deux ou trois choses à revoir (matériel parfois vieillissant, absence de double vitrage), mais l'ensemble est malgré tout convenable : bon entretien et bonne localisation dans un coin calme (surtout lorsque les chambres donnent à l'arrière sur un joli square), proche de Notting Hill et de Hyde Park. Petit déj (inclus) servi dans une salle agréable. En dehors de ces périodes, les tarifs délirants ne se justifient pas.

Vraiment plus chic

🏠 *The Portobello Hotel* (centre 2, L9, *127*) : 22 Stanley Gardens, W11 2NG. ☎ 0207-727-27-77. ● info@portobello-hotel.co.uk ● portobello-hotel.co.uk ● Doubles à partir de 180 £ (246,50 €), petit déj continental compris. L'hôtel de charme de Notting Hill. Bon, d'accord, c'est pas donné, mais pas une chambre ne ressemble à une autre : la marocaine avec ses *guetalis* et ses coussins moelleux, la coloniale avec ses persiennes qui filtrent la douce lumière tamisée, ou encore la circulaire avec son lit tout en rondeurs voluptueuses conseillé aux amoureux... Sans oublier les lits à baldaquins victoriens, les salles de bains et leurs vieilles baignoires à pied de bronze, les couleurs si chaleureuses des boiseries et des tentures... Quelle élégance ! Tout confort naturellement, salon cosy pour le *teatime,* salle fitness, et prestations soignées. De nombreux artistes (et des Français !) y élisent souvent domicile. On dit aussi que c'est ici que Jimi Hendrix se serait éteint...

Où manger ?

Beaucoup de bonnes surprises attendent le pèlerin au hasard de ses pérégrinations... À Notting Hill, All Saints Rd concentre quelques bars et restos et des disquaires spécialisés en reggae. Beaucoup de petits restos et snacks sympas autour de Westbourne Grove.

Bon marché

|●| *Aphrodite Café* (centre 2, L9, *240*) : 15 Hereford Rd, W2 4AB. ☎ 0207-229-22-06. Ⓜ Bayswater. English breakfast et petits plats 4-6 £ (6-9 €). Gentil petit café-sandwicherie retranché derrière une grande baie vitrée. Simple et bon, surtout accompagné d'un jus de fruits frais. Voir aussi plus bas la rubrique « Prix moyens ».

|●| *Books for Cooks* (centre 2, L9, *245*) : 4 Blenheim Crescent, W11 1NN. ☎ 0207-221-19-92. Ⓜ Notting Hill Gate. Mar-sam 10h-18h (mais les marmites sont vides dès 14h-15h). Fermé les 3 dernières sem d'août et 10 j. à Noël. Menu 7 £ (10,50 €). Que vaudrait la théorie sans la pratique ? Dans cette librairie minuscule considérée par tous comme le temple de la littérature gastronomique, l'arrière-boutique est devenue une cuisine de maison de poupée (6 tables !) où l'on concocte chaque jour un menu différent. Et c'est du sérieux : les produits sont bio et le pain est pétri avec amour. Et si on a particulièrement apprécié le plat du jour, on peut repartir avec le livre de recettes de la maison.

|●| *Mr Christian Delicatessen* (centre 2, L9, *214*) : 11 Elgin Crescent, W11 2JA. ☎ 0207-229-05-01. Ⓜ Ladbroke Grove. Lun-sam 6h-18h30, dim 7h-17h. Un vrai personnage que ce Mr Christian. Il n'a pas son pareil pour vanter ses sandwichs et ses produits frais, les pains aux céréales en passant par les olives, les fromages et les saucissons. De quoi s'en

payer une tranche pour pas trop cher ! Uniquement à emporter.

I●I Sausage and Mash Café *(centre 2, L9, 235)* : 268 Portobello Rd, W10 5TY. ☎ 0208-968-88-98. Ⓜ Ladbroke Grove. *Juste sous les arcades de Kingsway. Lun-ven 11h-22h30, w-e 9h-23h. Plats 5-9 £ (7,50-13,50 €).* Banquettes de moleskine et papier peint *vintage* ne font pas rêver, mais cette cantine ne manque pas de réguliers. Il faut dire qu'ils ont eu la bonne idée de décliner toutes les possibilités d'un plat phare de la gastronomie britannique : les *bangers and mash*. Festival de saucisses à toutes les sauces et de purées plus ou moins crémeuses. Pas d'envolée gastronomique, mais de quoi tenir une douzaine d'heures par grand froid sibérien !

I●I Fresco *(centre 2, M9, 241)* : 25 Westbourne Gr, W2 4UA. ☎ 0207-221-23-55. Ⓜ *Bayswater. Tlj 8h-23h. Compter moins de 5 £ (7,50 €).* Joli snack libanais aux couleurs vives, idéal pour s'offrir un succulent cocktail de fruits frais ou un milk-shake bien épais. Pour caler sa faim, beau buffet de *mezze*, copieuses salades ou *falafels* parfumés à prix démocratiques. Le cadre est sympa, l'accueil est souriant et les produits de qualité.

I●I Café Diana *(centre 2, L9, 234)* : 5 Wellington Terrace, Bayswater Rd, *juste en face de Kensington Palace Gardens.* ☎ 0207-792-96-06. Ⓜ *Notting Hill Gate.* La mine d'or ! Un jour béni, Lady Di s'est arrêtée un moment dans ce minuscule snack (photos à l'appui)... et depuis, la maison vend T-shirts et porte-clés. Une récupération commerciale pénible qui ne satisfera que les fans transis. On peut aussi y manger des kebabs, des *falafels*, etc.

I●I Lazy Daisy Café *(centre 2, L9, 237)* : 59 A Portobello Rd, W11 3DB. ☎ 0207-221-84-16. Ⓜ *Notting Hill Gate. Lun-sam 9h-17h, dim 12h-14h30.* Un petit café au fond d'une cour dallée toute mignonne qui sert de terrasse aux beaux jours. Sandwichs, quiches, salades, *baked potatoes* (patates fourrées) et *today's special*, le tout à prix très corrects. Rien de très nouveau à la carte, mais la grande salle lumineuse au mobilier de bois brut et l'atmosphère bio-bohème offrent une pause agréable. Bon accueil.

I●I Voir aussi plus loin le **Market Bar,** dans « Pubs ».

Prix moyens

I●I Aphrodite Taverne *(centre 2, L9, 240)* : 15 Hereford Rd, W2 4AB. ☎ 0207-229-22-06. Ⓜ *Bayswater. Env 25 £ (37,50 €) le repas.* D'un côté le petit café pour se ravitailler sans chichis en journée, de l'autre la taverne hyper-kitsch pour passer une soirée chaleureuse. Un de nos meilleurs souvenirs ! Clientèle d'habitués, ambiance du tonnerre de Zeus. Dans l'assiette, on ne s'y trompe pas, cuisine grecque savoureuse. On pioche dans la carte *dolmades* (feuilles de vignes farcies), *sheftalias* (porc aux herbes) ou encore un *tzatziki* maison qui vous fera à coup sûr oublier tous les autres... Accueil agréable et service très efficace.

I●I Nyonya *(centre 2, L9, 229)* : 24 Kensington Park Rd, W11 3BU. ☎ 0207-243-18-00. ● info@nyonya. co.uk ● Ⓜ *Notting Hill Gate. Tlj 11h30-22h30. Set lunch 8 £ (12 €) en sem ; plats 7-9 £ (10,50-13,50 €).* Métisses sino-malais, les *Baba Nyonya* forment une communauté à part en Malaisie. Ils ont développé une culture et une cuisine originales, dont l'utilisation des épices n'est pas le moindre des atouts. Déco sobre et design façon aquarium qui n'a rien de commun avec les *foodstalls* traditionnels, mais on s'installe quand même aux tables communes pour goûter des spécialités du pays préparées dans les règles. Après avoir tenté sa chance avec un *otak-otak*, poisson mixé avec des épices et du lait de coco, ou bien un *laksa* (soupe très relevée)... on en reste baba !

I●I Geales *(centre 2, L10, 244)* : 2 Farmer St, W8 7SN. ☎ 0207-727-75-28. Ⓜ *Notting Hill Gate. Lun-ven*

12h-15h, 18h-23h ; sam en continu ; dim 11h-22h30. Plats 9-16 £ (13,50-24 €). À près de 70 printemps, le *Geales* porte plutôt bien son âge. La maison s'est considérablement embourgeoisée avec les années (on trouve même du caviar à la carte !), mais sa charmante salle d'humeur marine est devenue une petite référence locale pour les spécialités de poisson. Et ce n'est pas la spécialité de la maison, la *fish pie* (tourte de poisson), qui nous contredira ! Quant aux nostalgiques, ils ne pourront faire l'impasse sur son célèbre *fish and chips* : tendre, juteux et servi avec largesse. Divin.

l●l **Food @ The Muse** (centre 2, L9, **221**) : 269 Portobello Rd, W11 1LR. ☎ 0207-792-11-11. ● manager@foodatthemuse.co.uk ● Ⓜ Ladbroke Grove ou Notting Hill Gate. Tlj sf lun 11h-23h (18h dim). Plats 10-15 £ (15-22,50 €). Un peu à l'abri de l'agitation du samedi matin, carrément au calme le soir. Une table d'hôtes nouvelle génération au milieu d'une galerie d'art sur de hautes et larges tables blanches unies. Les Anglais l'ont fait ! Au fond, l'atelier de l'artiste invité à exposer ses œuvres aux murs. Dans la cuisine, ça s'agite sec, mais ça tombe parfois à plat. Certaines spécialités internationales simples et colorées sont tout à fait réussies, d'autres sont un peu moins convaincantes. Peut mieux faire.

l●l **Hafez** (centre 2, L9, **240**) : 5 Hereford Rd (à l'angle avec Leinster Sq), W2 4AB. ☎ 0207-229-93-98. Ⓜ Bayswater. Tlj 12h-minuit. Plats 7-15 £ (10,50-22,50 €). Petit resto iranien d'apparence anodine, mais il est doté d'un four à bois orné de superbe céramique, où sont préparés de savoureux pains frais. Spécialités de viandes grillées marinées, dont les classiques kebabs. Les plats sont bons et l'accueil est très aimable. Plats à emporter pour les plus pressés. Bonne ambiance en soirée.

l●l Voir aussi **Westbourne Tavern,** dans « Où boire un verre ? ».

Plus chic

l●l **The Cow** (centre 2, L9, **246**) : 89 Westbourne Park Rd, W2 5QH. ☎ 0207-221-00-21. ● thecow@thecow.freeserve.co.uk ● Ⓜ Royal Oak ou Westbourne Park. Tlj 12h-16h, 18h-22h30 (22h dim). Env 25 £ (37,50 €) le repas. Très à la mode et souvent bondé, *The Cow* appartient au fils de Terence Conran, Tom. *Saloon bar* au rez-de-chaussée, à l'ambiance assez cosy et décontractée, et petite salle de restaurant à l'étage, où la cuisine se veut plus raffinée. Plats copieux, service efficace et souriant. Pas donné, mais moins cher dans la partie bar, où l'on peut déguster poissons et fruits de mer, voire tout simplement une douzaine d'huîtres avec un verre de blanc. Excellente sélection de whiskies, bières et vins. Gentiment branché, mais beaucoup moins m'as-tu-vu que chez papa Conran. Un coup de cœur !

l●l **Prince Bonaparte** (centre 2, L9, **232**) : 80 Chepstow Rd, W2 5BE. ☎ 0207-313-94-91. Ⓜ Royal Oak. Tlj 12h-23h (22h30 dim). Plats 8-15 £ (12-22,50 €). Un vaste gastropub trendy à souhait. Large comptoir en fer à cheval sous une boule à facettes et ses faux lustres en cristal (*DJ session* dimanche après-midi pour le *roast dinner*). Mais c'est sur l'arrière que l'action se joue : cuisine généreuse et bien maîtrisée avec les traditionnels *bangers and mash*. D'autres plats où fleure bon la Méditerranée, si chère à Bonaparte. Ambiance très joviale assurée par une foule de jeunes gens frivoles.

l●l **Fairuz** (centre 2, M9, **241**) : 27 Westbourne Gr, W2 4UA. ☎ 0207-243-84-44. Ⓜ Bayswater ou Royal Oak. Tlj 12h-23h. Env 25 £ (37,50 €) le repas. C'est l'une des adresses les plus réputées pour manger libanais à Londres, plébiscitée par les expatriés du cru. À juste titre. Mets raffinés, servis avec le sourire dans une salle à la déco blanche, sobre et classe. Belle sélection de vins à prix honnêtes. Superbe plateau de fruits frais en dessert, à moins que vous ne vous laissiez tenter par une délicieuse pâtisserie !

Où boire un verre ?

♟ *Portobello Star* *(centre 2, L9, 377) : 171 Portobello Rd, W11 2DY.* ☎ *0207-229-80-16.* Ⓜ *Ladbroke Grove ou Notting Hill Gate.* Le samedi, c'est quelque chose, ce petit pub ! Fusion de *freaks,* d'étudiants, d'antiquaires, de snobs et de jeunes prolos descendant des litres de bière (pas moins de 10 à la pression), accoudés au comptoir fatigué ou assis sur des banquettes usées jusqu'à la trame. Ambiance authentique. Quelques tables sur le trottoir aux beaux jours. Le reste de la semaine, l'atmosphère est plutôt celle d'un sympathique troquet de province gardé jalousement par une joyeuse bande d'habitués.

♟ *B.B.B.* *(Beach Blanket Babylon ; centre 2, L9, 378) : 45 Ledbury Rd, W11.* ☎ *0207-229-29-07.* Ⓜ *Notting Hill Gate. Tlj 12h-23h.* Il s'agit d'un bar-restaurant, mais c'est en début de soirée qu'il faut venir y faire son apparition, pour voir... et être vu. Car cet endroit original est l'un des plus prisés du coin. Agréable l'été quand les tables débordent sur le trottoir, engageant l'hiver avec sa cheminée délirante où le feu fait sacrément illusion, même s'il ne crépite pas. La décoration, en hommage à Gaudí, mêle les styles modernes et orientaux dans un genre des plus extrava-gants. Levez les yeux sur le merveilleux lustre rococo à l'entrée.

♟ |●| *E&O* *(centre 2, L9, 245) : 14 Blenheim Crescent, W11.* ☎ *0207-229-54-54.* Ⓜ *Notting Hill Gate. Tlj 12h-15h, 18h-22h30 (plus tard pour le bar).* Une institution à Londres, que les stars ne boudent pas encore pour leur début de soirée. Nous non plus, malgré le côté un peu snob et bien mis du lieu, très design. Derrière le bar en zinc, le resto blanc et net sert une *fusion food* – comme le font les 3 autres adresses de la chaîne à Londres – et une sélection de *dim-sum* dont il a découvert les vertus nutritionnelles.

♟ |●| *Westbourne Tavern* *(centre 2, L9, 380) : 101 Westbourne Park Villas, W2 5ED.* ☎ *0207-221-13-32.* Ⓜ *Royal Oak ou Westbourne Park. Tlj 12h (17h lun)-23h.* Pub très accueillant et pas prétentieux pour un sou, un peu dans le style vieille brasserie avec son parquet usé, ses tables disparates, ses sofas informes et ses affiches anciennes. Fait aussi resto (attention, la cuisine ferme dans l'après-midi) : menu différent chaque jour et bonne formule brunch le week-end. Cheminée pour les journées d'hiver, beaucoup de lumière et une immense terrasse pour les jours d'été.

Où prendre le thé ? Où manger des pâtisseries ?

♟ |●| *Tea Palace* *(centre 2, L9, 242) : 175 Westbourne Gr, W11 2SB.* ☎ *0207-727-26-00.* Ⓜ *Notting Hill Gate. Boutique tlj 10h-18h30 ; afternoon tea tlj 15h-19h. À partir de 12 £ (18 €). High Tea :* voilà qui sonne comme un sésame, porteur de valeurs et de tradition. Au *Tea Palace,* la déco chic et moderne est à l'opposé des salons ampoulés victoriens, mais pour le reste, c'est le grand jeu : théière, pot à lait et pot d'eau chaude pour chaque convive, des passoires, les tassés et le fameux plateau à 3 étages. En haut les gâteaux, au milieu les mini-sandwichs, et en bas les *scones.* Et pour le thé, faire son choix parmi les dizaines de crus à la carte (vendus à la boutique attenante). Une expérience à vivre au moins une fois.

♟ |●| 👣 *Tom's* *(centre 2, L9, 238) : 226 Westbourne Gr, W11 2RH.* ☎ *0207-221-88-18.* Ⓜ *Notting Hill Gate. Lun-sam 8h-18h, dim 9h-17h. Thé env 3 £ (4,50 €).* Un charmant café-épicerie fine tenu par le fils du célèbre Terence Conran. On aime bien l'ambiance maison de poupée, avec son demi-étage en haut, son demi-étage en bas. Mais où est Mary Poppins ? Restent des piles de boîtes de bonbons, des tablées de pudding et des *fairy cakes* revigorants. Une petite adresse bien sympathique.

|●| *Hummingbird (centre 2, L9, 236) :* 133 Portobello Rd, W11 2DY. ☎ *0207-229-64-46.* ⓜ *Notting Hill Gate. Lun-sam 10h-17h30, dim 11h-17h.* À l'heure du goûter, il est pres-que impossible d'atteindre le comptoir de cette minuscule *bakery.* Car ses *American cakes* sont célèbres : fraîcheur, qualité, quantité, qu'il s'agisse d'une *lemon pie,* d'un *brownie* ou d'un *blueberry cake,* on en a pour ses *pounds.* Assis en terrasse avec un bon café ou un thé, c'est le bonheur assuré.

Pubs

🍷 *Market Bar (centre 2, L9, 381) :* 240 Portobello Rd (à l'angle de Lancaster), W11 1LL. ☎ *0207-460-83-20.* ⓜ *Ladbroke Grove. Tlj jusqu'à 23h.* Un bar bien dans l'esprit de Notting Hill : déco baroque, à grand renfort de chandeliers qui croulent sous des sculptures de cire et de grosses tentures en velours se reflétant dans les miroirs aux moulures extravagantes. Grands fauteuils pour se prélasser ou pour sursauter pendant les matchs de rugby. Atmosphère relax en journée, lorsque promeneurs et locaux s'approprient les lieux. Le soir, la musique forte ravit une faune bigarrée et tapageuse qui s'abreuve de bières et autres nectars enivrants.

🍷 |●| *Windsor Castle (centre 2, L10, 369) :* 114 Campden Hill Rd, W8 7AR. ☎ *0207-243-95-51.* ● wind sor-castle-pub.co.uk ● ⓜ *Notting Hill Gate ou High St Kensington. Tlj 12h-23h.* Un vrai pub de brochure touristique ! Les grosses lanternes éclairent une enseigne grinçante et une façade blanche, dont les huisseries noires laissent deviner un intérieur sombre comme une caverne. Du bois partout, un comptoir de compétition et des portes très basses à déconseiller aux éthyliques. La cerise sur le gâteau : une cour intérieure des plus charmante chauffée pendant l'hiver ! Cuisine traditionnelle de pub très correcte à prix démocratiques.

🍷 |●| *Churchill's Arms (centre 2, L10, 383) :* 119 Kensington Church St, W8 7LN. ☎ *0207-727-42-42.* ⓜ *Notting Hill Gate. Fait resto jusqu'à 21h30.* Pub fidèle au poste depuis des décennies et réputé pour son incroyable collection d'objets divers pendus au plafond : pots de chambre, chopes de grès, lampes et chaudrons de cuivre, portraits de sir Winston depuis son enfance jusqu'à sa retraite de peintre amateur. Ajoutez à cela une moquette bien épaisse et une cheminée assoupie, vous obtenez un cocon des plus chaleureux, plébiscité par une joyeuse clientèle d'habitués et de touristes. Le resto sert une cuisine thaïe de bonne qualité à prix raisonnables.

Où sortir ?

♪ *Neighbourhood (hors centre 2 par L9) :* 12 Acklam Rd. ☎ 0207-524-79-79. ● guestlist@neighbou rhoodclub.net ● neighbourhoodclub. net ● ⓜ *Ladbroke Grove. Ouv jeudim à partir de 21h. Entrée :* 7-15 £ (10,50-22,50 €) ; gratuit avt 22h. Situé sous les arcades de la voie rapide, à 200 m à l'est de Portobello Rd (environnement un peu glauque). Un des temples de la *house music,* funk, *deep.* Bonne programmation. Invités réguliers.

♪ 🍷 *Notting Hill Arts Club (centre 2, L9, 458) :* 21 Notting Hill Gate, W11 3JQ. ☎ 0207-460-44-59. ● in fo@nottinghillartsclub.com ● notting hillartsclub.com ● ⓜ *Notting Hill Gate. Tlj 18h (16h w-e)-2h. Entrée :* 4-8 £ (6-12 €) ; gratuit jusqu'à 20h. À des années-lumière des bars chic et branchés du quartier, cette petite salle de concerts fait de la résistance avec un programme musical le plus éclectique possible (rock, latino, reggae, disco, électro) et une clientèle aussi hétéroclite que décontractée. De vrais passionnés en somme. Deux petites salles aux murs bruts et un bar proposant des cocktails détonants, comme le *one-shot* d'absinthe... Pour coller à l'actu, cochez dans l'agenda les soirées *death disco* du mercredi : ce sont les plus courues du moment.

Shopping

Les fans le savent déjà : c'est dans ce quartier bourré de charme que Hugh Grant a séduit Julia Roberts dans *Coup de foudre à Notting Hill...* À vos mouchoirs ! Mais le pèlerinage serait incomplet sans une visite au *Travel Bookshop (centre 2, L9, 245)*, situé au 13-15 Bleinheim Crescent (lun-sam 10h-18h, dim 12h-17h). C'est la librairie de voyages que tient Hugh Grant dans le film. Dans un coin de la boutique, un panneau est couvert de coupures de presse qui firent et font encore la gloire du magasin. Mais, au risque de vous décevoir, celle que l'on voit dans le film a été reconstituée pour les besoins du tournage. N'empêche...

DVD, disques et vidéos

❀ Plusieurs boutiques de disques autour du métro Notting Hill Gate et de Portobello's Market. On aime bien *Rough Trade (130 Talbot Rd, à l'angle avec Portobello Rd ; centre 2, L9 ; lun-sam 10h-18h30, dim 12h-17h)*, avec beaucoup de vinyles en tout genre ; *Honest John (278 Portobello Rd, juste de l'autre côté du périph')*, avec beaucoup de *second hand* (occase) de qualité ; ou encore *Minus Zero,* en plein marché.
❀ *Music and Video Exchange (centre 2, L9) :* 42, 38 et 36 Notting Hill Gate, W11. ☎ 0207-221-27-93.

Ⓜ *Notting Hill Gate. Tlj 10h-20h.* Le temple local du troc et de l'occase. Au n° 42 de la rue, *Soul and Dance Exchange* s'est spécialisé dans la house, la soul, le jazz, le hip-hop, le reggae et le *R & B,* tandis que le n° 38 fera le bonheur des amateurs de rock, *indie,* folk et blues. Au n° 36, *Classical Exchange* propose des CD... classiques, mais également des vinyles, des vidéos et des DVD. Une petite chaîne efficace (plusieurs adresses dans Londres) et pas sectaire pour un sou !

NOTTING HILL ET BAYSWATER

Marché aux puces

– *Portobello Road (centre 2, L9) :* ● portobelloroad.co.uk ● Ⓜ *Notting Hill Gate. Boutiques ouv lun-sam ; marché sam 6h-18h. Venir tôt car dès 10h il y a plein de monde.* Le reste de la semaine, l'endroit perd de son charme et toutes les boutiques n'ouvrent pas forcément. Procurez-vous le guide officiel sur Portobello (dans la rue, les hôtels ou chez les antiquaires directement), très complet, avec toutes les adresses d'antiquaires (traduit en français).
Un des marchés aux puces les plus célèbres de Londres et le plus fréquenté par les touristes. Il s'étale sur toute la longueur de Portobello Rd. On y trouve des antiquités et des objets de collection, mais chers. Beaucoup de copies aussi, malheureusement vendues souvent comme authentiques. Si vous êtes un chineur invétéré, allez plutôt dans les marchés de l'East End ou, encore mieux, dans les *car boot sales* (les vide-greniers anglais). D'ailleurs, on préfère l'extravagance de Camden ou l'authenticité des marchés de Brick Lane ou Spitafields. Sinon, attendre sagement la fin de la journée, heure fatidique à laquelle les camelots se laissent plus facilement fléchir.

– Également quelques disquaires d'occase (voir « Shopping », plus haut), des stands de T-shirts rigolos, beaucoup de bijoux (hippies), un tatoueur, etc. Bien pour rapporter un petit souvenir typiquement londonien. Vous pourrez peut-être faire encore des affaires en remontant Portobello à partir de Golborne Rd (Ⓜ Ladbroke Grove). Les étals sont de moins en moins chic au fur et à mesure que l'on remonte la rue.

PADDINGTON ET MARYLEBONE

On ne trouvera pas ici le charme du voisin Notting Hill, mais plutôt l'ambiance tranquille et ronronnante d'un grand quartier bourgeois avec des immeubles somptueux (vers Regent's Park) ou étonnamment rouges (vers Marylebone). Au nord, un des parcs les plus élégants de Londres, Regent's Park, et au sud, Hyde Park, idéal pour le footing matinal. Le quartier dispose d'ailleurs d'hébergements d'un bon rapport qualité-prix.

Où dormir ?

De vraiment bon marché à prix moyens

🛏 *Wake Up !* (plan général A3, *106*) : 1 Queens Gardens, W2 3BB. ☎ 0207-262-44-71. • wakeuplondon.co.uk • Ⓜ Paddington. Cette excellente AJ privée est malheureusement fermée pour travaux. C'était très bien avant, cela devrait être encore mieux après ! À surveiller de près !

🛏 *New Mansion House* (plan général A4, *129*) : 39 Lancaster Gate, W2 3NA. ☎ 0207-723-44-21. • newmansion@london-hostels.co.uk • london-hostels.co.uk • Ⓜ Notting Hill Gate. Compter 21-27 £ (31,50-40,50 €) par pers, en chambre simple, double ou triple, petit déj et dîner au self inclus. Un autre rejeton de cette chaîne londonienne de résidences étudiantes (mais ouvertes à tous), offrant des chambres sobres et bien tenues dans un environnement fonctionnel. Donne sur une place très cossue et très calme. Salle TV et laverie. Assez petite en comparaison de ses homologues (moins de 90 résidents), donc plus conviviale.

🛏 *Lancaster Hall Hotel* (plan général A3, *92*) : 35 Craven Terrace, W2 3EL. ☎ 0207-723-92-76. • info@lancaster-hall-hotel.co.uk • lancaster-hall-hotel.co.uk • Ⓜ Lancaster Gate. Doubles 44 £ (66 €) avec lavabo. Également des triples et familiales (55-72 £, soit 82,50-108 €). Petit déj continental inclus. Dans un vaste bâtiment pas très folichon datant des années 1970, mais situé dans une rue très calme. La partie de l'hôtel qui abrite les chambres les plus économiques *(youth wing)* est moderne et parfaitement tenue : ça n'a aucun charme, certes, mais c'est confortable et plutôt spacieux. Sanitaires en commun impeccables et nombreux (en moyenne, 2 chambres se partagent une douche). Dommage pour les couples, rien que des *twins* ! Une bonne affaire pour le quartier, contrairement aux chambres *en suite,* bien équipées et nickel, mais au rapport qualité-prix discutable.

De prix moyens à plus chic

🛏 *Stylhotel* (plan général B3, *130*) : 160-162 Sussex Gardens, W2 1UD. ☎ 0207-723-10-26. • info@stylhotel.com • stylotel.com • Ⓜ Paddington. Doubles à partir de 75 £ (112,50 €) et familiales à partir de 90 £ (135 €),
petit déj compris. Le *Stylhotel* n'en manque pas ! Vive l'hôtellerie du XXIe siècle ! Les fans de Star Trek vont adorer cet OVNI où les vieux papiers peints à fleurs ont fait place à l'alu et au bois brut, le tout

rehaussé de bleu électrique. Tout confort, avec cabines de douche un peu riquiqui, TV, sèche-cheveux, etc. Petit bar au rez-de-chaussée tout aussi spatial. Accueil tout sourire. On aime beaucoup !

🛏 **Balmoral House Hotel** (plan général B3, **130**) : 156-157 Sussex Gardens, W2 1UD. ☎ 0207-723-74-45. ● info@balmoralhousehotel.co.uk ● balmoralhousehotel.co.uk ● Ⓜ Paddington. Doubles 70 £ (105 €), petit déj anglais inclus. Malgré un accueil parfois un peu bourru, le *Balmoral* laisse de bons souvenirs. Car c'est le genre d'hôtel qui alimente la querelle séculaire entre les décorateurs d'intérieur retranchés de part et d'autre du Channel. Papier peint à fleurs, couvre-lits à gros ramage et doubles rideaux cramoisis défendent les couleurs du bon goût populaire britannique ! On aime ou pas, mais impossible de rester insensible aux chambres confortables du *Balmoral*. C'est bon pour le moral (French humour) !

🛏 **St David's Hotel** (plan général B3, **91**) : 16-20 Norfolk Square, W2 1RS. ☎ 0207-723-49-63. ● info@stdavidshotels.com ● stdavidshotels.com ● Ⓜ Paddington. Doubles avec ou sans douche privée 59-75 £ (88,50-112,50 €), mais fréquentes promos. Petit déj anglais inclus. Bonne ambiance et accueil chaleureux caractérisent ce petit hôtel sans chichis, benoîtement posé sur une jolie place. Chambres pas bien grandes parfois un peu datées, remises aux normes grâce à des blocs douches moulés très fonctionnels. Pas très excitant, mais l'ensemble est bien tenu et calme.

🛏 **Elysee Hotel** (plan général A4, **99**) : 25-26 Craven Terrace, W2 3EL. ☎ 0207-402-76-33. ● info@hotelelysee.co.uk ● hotelelysee.co.uk ●

Ⓜ Paddington ou Lancaster Gate. Doubles à partir de 74 £ (111 €). Petit déj continental inclus. Réduc de 10 % sur le prix de la chambre, sur présentation de ce guide. À deux pas de Hyde Park, un petit hôtel moderne idéalement situé dans une rue calme. Chambres fonctionnelles un peu tris-tounettes, relativement vastes, impeccables et de tout confort (TV à écran plat, sèche-cheveux...). Les prix sont fixes et l'accueil est vraiment élyséen.

🛏 **Nayland Hotel** (plan général B3, **101**) : 132-134 Sussex Gardens, W2 1UB. ☎ 0207-723-46-15. ● info@naylandhotel.com ● naylandhotel.com ● Ⓜ Paddington. Doubles à partir de 68 £ (102 €), petit déj inclus. Une quarantaine de chambres très bien équipées, desservies par ascenseur ! Hôtel moderne caractéristique des hôtels de chaîne, sans grand charme, standardisé mais clair, propre et confortable, organisé autour d'une cour centrale. Son annexe, le **Beverley City Hotel,** a subi le même type de rénovation, ascenseur en moins.

🛏 **Oxford Hotel London** (plan général A4, **100**) : 13-14 Craven Terrace, W2 3QD. ☎ 0207-402-68-60. ● info@oxfordhotellondon.co.uk ● oxfordhotellondon.co.uk ● Ⓜ Paddington ou Lancaster Gate. Doubles avec tt le confort à partir de 66 £ (99 €), petit déj inclus. Également des triples et familiales. Petit hôtel familial à quelques foulées seulement de Hyde Park. Accueil pas toujours souriant, à l'inverse de la déco aux couleurs pimpantes des chambres très confortables. Et puis ça sent bon ! On y trouve même un frigo, un micro-ondes en cas de petites faims intempestives et une TV ! Une adresse intime.

Plus chic

🛏 **Unique Georgian Town House** (plan général C3, **51**) : 22-24 York St, W1U 6PX. ☎ 0207-224-29-90. ● mc@22yorkstreet.co.uk ● 22yorkstreet.co.uk ● Ⓜ Baker St. Double env 120 £ (180 €), petit déj compris.

Attention, adresse de charme ! Ce *B & B* cosy en diable fera le bonheur des visiteurs en quête d'authenticité : il rassemble une poignée de chambres volontairement à l'ancienne mode, qui ne manquent pas de cachet avec leurs vieux meubles, leur couvre-lit rétro et leur plancher qui craque. À l'étage, le salon permet de s'exercer au piano ou de bouquiner l'un des nombreux ouvrages à disposition, mais c'est dans la cuisine que les résidents feront sans

doute connaissance, autour d'un excellent *traditional breakfast*. Il n'y a pas d'enseigne au-dessus de la porte, mais c'est tellement sympa que le secret risque de ne pas être gardé bien longtemps !

Spécial coup de folie

🛏 *The Cumberland* (plan général C3, **58**) : Great Cumberland Pl, W1A 4RF. ☎ 0870-333-92-80. • enquiries@thecumberland.co.uk • guoman.com • Ⓜ Marble Arch. À deux pas de Hyde Park. Doubles à partir de 160 £ (240 €), petit déj non compris. On a tout d'abord l'impression d'avoir poussé par erreur la porte d'une annexe de la Tate Modern. C'est presque ça, car cet hôtel nouvelle génération a investi une fortune dans son hall, grand comme une galerie et conçu comme telle : verre, lumières et blancheur se mêlent pour

varier d'intensité et de couleur tout au long de la journée, de façon à mieux mettre en valeur les sculptures et photos exposées. Et l'hôtel dans tout cela ? Immense, avec plus de 1 000 chambres (un vrai labyrinthe !), décorées dans un style minimaliste du même acabit. Elles sont toutes différentes, mais on retrouve partout le bois, les tissus et la technologie qui cohabitent en parfaite harmonie (superbes écrans plasma). C'est sobre, dépouillé, clinique diront les détracteurs, mais architecturalement surprenant.

Où manger ?

Bon marché

I●I *Mandalay* (plan général B2, **216**) : 444 Edgware Rd, W2 1EG. ☎ 0207-258-36-96. Ⓜ Edgware Rd. Lun-sam 12h-14h30, 18h-22h30. Menu midi 6 £ (9 €) ; plats 5-7 £ (7,50-10,50 €). Petit resto très accueillant dans un quartier qui l'est moins... ce qui permet aux habitués de veiller jalousement sur leur cantine préférée ! Avec des toiles cirées sur les tables et des couleurs vives aux murs, le tout agrémenté de quelques objets et photos d'Asie pour la forme, on se doute bien que ce n'est pas la déco basique qui fidélise les amateurs. C'est effectivement la cuisine familiale qui justifie le détour : fraîche et savoureuse, avec une variété de *curries, noodles*, plats de légumes et riz sautés. L'accueil adorable est assuré par une famille birmane, toujours ravie de parler du pays ! Et si l'attente est un peu longuette, c'est que les plats sont préparés avec soin, à la commande.

I●I *Satay House* (plan général B3,

249) : 13 Sale Pl, W2 1PX. ☎ 0207-723-67-63. • info@satay-house.co.uk • Ⓜ Edgware Rd. Tlj 12h-15h, 18h-23h. Plats 6-10 £ (9-15 €). Réduc de 10 % sur présentation de ce guide. Ce petit resto malais a malheureusement revu sa déco dans un style épuré au goût du jour, mais il a préservé l'essentiel : cette authenticité sans fard qui fait sa force. On y travaille en famille dans le respect de la tradition, assaisonnant les *kuew teow* (nouilles) et rôtissant les *satay* (brochettes) comme au pays. On en ferait bien sa cantine !

I●I *Ranoush Juice Bar* (plan général B-C3, **198**) : 43 Edgware Rd, W2 2JR. ☎ 0207-723-59-29. Ⓜ Marble Arch. Tlj 8h-15h. Sandwichs env 3-4 £ (4,50-6 €). Tous les Libanais de Londres connaissent ce petit snack clinquant, où ils attrapent entre 2 rendez-vous de délicieux *shawarmas* (viandes extra) et des jus de fruits frais à se damner.

I●I *Pathog* (plan général B3, **227**) :

8 Crawford Pl, W1H 5NE. ☎ 0207-262-40-15. Ⓜ Edgware Rd. Tlj 12h-minuit. Plats 6-10 £ (9-15 €). Difficile d'adhérer à la déco, franchement pas terrible, mais ne ratez pas l'occasion de goûter un vrai kebab que vous emporterez dans un square voisin. Aucun rapport avec les pseudo-sandwichs indigestes vendus dans les baraques à frites. Ici, tout est archifrais, des grandes galettes cuites sous vos yeux aux brochettes grillées à la commande, en passant par les légumes chinés le matin au marché du coin. Goûteux.

|●| **Phoenix Palace** (plan général C2, 285) : 3-5 Glentworth St, NW1 5PG. ☎ 0207-486-35-15. Ⓜ Baker Station. Tlj 12h-23h (22h dim). Menus 16-24 £ (24-36 €), plats à partir de 6 £ (9 €). À quelques enjambées de Madame Tussaud's, vaste resto chinois assez chic connu pour ses spécialités de noodles. Bon, généreusement servi et bien présenté, ce qui explique l'affluence. Un dernier mot sur le décor qui réunit tout le folklore habituel : dorures rococo, aquarium, fontaine glougloutant, etc.

|●| **Pret A Manger** (plan général C3, 279) : 556 Oxford St, NW1. ☎ 0207-724-63-98. Ⓜ Marble Arch. Presque en face de Speaker's Corner. Tlj 7h30 (9h w-e)-19h. Une autre annexe de cette excellente chaîne de snacks, salades, sandwichs, yaourts au muesli... Fraîcheur et originalité garanties. Idéal pour s'offrir un pique-nique dans Hyde Park. En cas de pluie, notez que celui-ci, à la différence de la plupart de ses homologues, propose une poignée de tables sur la mezzanine.

|●| **Mawar** (plan général B3, 248) : 175 A Edgware Rd, W2 2HR. ☎ 0207-262-16-63. Ⓜ Edgware Rd. Tlj 12h-22h30 (22h dim). Menus 4-5 £ (6-7,50 €), sans boisson. Compter 10 £ (15 €) à la carte. Selamat Datang ! Bienvenue en malais, pour ce self en sous-sol qui offre un buffet correct le midi, très apprécié des étudiants et des cols blancs du quartier, et une carte plus élaborée le soir. Délicieux bœuf rendang et lamb (agneau) korma, bien relevé. Cadre simple, on s'en doute, mais les baies percées entre les salles évitent l'écueil de la claustrophobie.

Pubs

🍴 |●| **The Chapel** (plan général B3, 250) : 48 Chapel St, NW1 5DT. ☎ 0207-402-92-20. Ⓜ Edgware Rd. Tlj 12h-23h ; service jusqu'à 14h30 et 22h. Fermé à Pâques et à Noël. Plats 9-13 £ (13,50-19,50 €). Cette chapelle propose un genre de messe qu'on irait bien célébrer tous les soirs. Car il s'agit d'un bon compromis. La carte des vins bien montée, les journaux à disposition et les toiles modernes disposées çà et là sont les attributs d'un troquet intello, mais le parquet usé et les rangées de pintes et de bouteilles alignées comme à la parade étourdissent les amateurs de pubs. Atmosphère détendue et spécialités du jour à l'ardoise copieuses très correctes. Jardin de poche coincé entre Marylebone et Chapel St. Coup de cœur !

🍴 ∞ **Canal Cafe Theatre** (plan général A3, 287) : The Bridge House Pub, Delamere Terrace, W2 6ND. ☎ 0207-289-60-56. ● mail@canalcafetheatre.com ● canalcafetheatre.com ● Ⓜ Warwick Avenue. À Little Venice, juste en face du canal et de l'embarcadère des bateaux pour Camden ou le zoo. Tlj 12h-23h (22h30 dim). Plats 5-9 £ (7,50-13,50 €). Roast dinner traditionnel dim. Le joyeux pub et cabaret que voilà ! Déco hétéroclite et cosy gentiment branchée : cheminée, chesterfield moelleux, tentures de velours cramoisi et lustres de perles au-dessus d'un comptoir en bois patiné. Sympa pour boire une bière et manger un plat classique de pub grub, avant d'assister aux excellents spectacles de comédie d'avant-garde donnés presque tous les soirs (6-10 £, soit 9-15 €, par personne). Quelques tables en terrasse pour profiter de la vue sur le canal.

Théâtres

∞ 🏃 **Open Air Theatre** *(plan général C2)* : Inner Circle, Regent's Park, NW1. ☎ 0870-060-18-11. ● *openair theatre.org* ● Ⓜ *Baker Street.* Entrée : 10-31 £ (15-46,50 €). En plein air, de fin mai à mi-sept. On y joue principalement les pièces de Shakespeare, mais également des comédies musicales et des specta-cles pour enfants. Concerts gratuits parfois. Possibilité de pique-niquer sur place avant la représentation (bar et petite restauration).

🍷 ∞ **Canal Cafe Theatre** *(plan général A3, 287)* : The Bridge House Pub, Delamere Terrace, W2 6ND. Voir ci-dessus la rubrique « Pubs ».

Shopping

Concentration de *magasins spécialisés hi-fi* sur Edgware Rd, à droite en sortant de la station de métro du même nom. Moins connu que Tottenham Court et donc prix peut-être plus intéressants. D'autres boutiques pour les fans :

🛍 **Beatles Store** *(plan général C2, 563)* : 231 Baker St, NW1 6XE. ☎ 0207-935-44-64. ● *beatlesstore london.co.uk* ● Ⓜ *Baker St.* Tlj 10h-18h30. Une boutique entièrement dédiée aux fans des « quatre garçons dans le vent » : posters, livres, *mugs*, disques... et même du savon ! Le tout ne respire pas vraiment le bon goût, mais l'endroit vaut quand même un petit détour si vous êtes accro. Musée de poche au sous-sol, avec quelques photos et souvenirs pour justifier le droit d'entrée (1 £, soit 1,50 €).

🛍 **Elvisly Yours** *(plan général C2, 563)* : 233 Baker St, NW1. ☎ 0207-486-20-05. ● *elvisly-yours.com* ● Ⓜ *Baker St.* Mêmes heures d'ouverture que le *Beatles Store* et exactement le même esprit, sauf que là, c'est le King Elvis qui règne ! Avec une collection de babioles encore plus foisonnante (un must : la maison natale de la star en miniature)... Et des prix toujours surestimés.

Galeries et musées

🏃🏃 **Madame Tussaud's** *(plan général C2, 564)* : Marylebone Rd, NW1. ☎ 0870-060-30-00. ● *madame-tussauds.com* ● Ⓜ *Baker Street.* Lun-ven 9h30-17h30, w-e 9h-18h. Entrée (incluant le **Stardome**) : selon la période (prix réduit à partir de 15h), 15-23 £ (22,50-34,50 €), 10-20 £ (15-30 €) moins de 16 ans (gratuit en dessous de 5 ans). Prévoir 2 £ (3 €) supplémentaires pour la Chamber Live. On note une augmentation des prix scandaleuse ! Attention : prévoir de faire la queue (souvent 2h en été) ; c'est l'un des musées les plus fréquentés de Londres (3 millions de visiteurs par an !). Pour éviter cette attente, on conseille de réserver à l'avance par téléphone ou sur Internet. Depuis, de nombreux musées de cire se sont créés un peu partout dans le monde, mais *Madame Tussaud's* reste inégalé dans le genre. Malgré la foule et le prix d'entrée délirant (pour une visite de 3h maxi), l'endroit séduit encore petits et grands. Il faut dire que certains personnages sont saisissants de réalisme et très accessibles. Les visiteurs sont d'ailleurs invités à toucher leurs stars préférées, et le grand jeu consiste à se faire photographier auprès d'elles. Six mois sont nécessaires pour réaliser ces figures, d'après les mensurations exactes (tenues secrètes !) des modèles originaux. Les cheveux sont piqués un à un et régulièrement lavés par la suite, comme ceux des êtres humains ! Ne soyez pas étonné qu'il n'y ait pas de fenêtres : c'est pour éviter que la cire ne fonde au soleil. La visite est décomposée en plusieurs grandes sections où évoluent les centaines de figures, qui « déménagent » d'ailleurs régulièrement d'une salle à l'autre selon les aléas de l'actualité. Le musée se laisse même aller à quelques compositions... hardies. Parmi les classiques, on ne se lasse pas de ce décor hollywoodien (*Blush* et *Premiere Night*) évoquant la première d'un film et de la garden-party réunissant pas mal de stars contemporaines : l'imposant John Wayne et son sourire si caractéristique ; Brad Pitt avec Angelina Jolie réunis au grand jour ; Hugh Grant, moins séduisant qu'en vrai ; Jean Paul Gaultier, plus vrai que nature, avec son kilt ; Tom Cruise sur une marche ; toute l'équipe de *Sex and the City*, David Beckham et

RIEN À CIRER !

Tout le monde a entendu parler de ce musée de cire, où l'on peut côtoyer tous les grands de l'histoire dans la plus stricte intimité, ou presque, mais on connaît moins les origines de cette Mme Tussaud. Née à Strasbourg en 1761, elle vécut chez un médecin-sculpteur qui lui apprit l'art de modeler la cire. Douée et passionnée, elle réalisa très tôt les figures des people de l'époque, comme Voltaire ou Benjamin Franklin, avant d'être engagée à la cour de Versailles où elle créa les portraits de Louis XVI et de sa famille (toutes ces figures sont encore exposées au musée). La Révolution lui permit d'élargir ses talents, avec l'élaboration des masques mortuaires de célébrités exécutées, parmi lesquelles Marie-Antoinette. Exilée en Angleterre, elle ouvrit son musée à l'âge de 74 ans, non loin de l'actuel.

madame, etc. Les petits nouveaux font régulièrement leur entrée, comme la star de Bollywood Shah Rukh Khan. C'est tout de même l'attraction *Marry me George* qui l'emporte, et de loin... Elles sont des dizaines à faire la queue pour connaître l'indicible bonheur d'être demandée en mariage par le beau George Clooney !
Changement de décor avec le Grand Hall et son atmosphère XVIIIᵉ siècle. Les souverains anglais y sont bien représentés : Henri V, Victoria, Henri VIII et ses femmes et, bien sûr, la famille royale au grand complet, incroyablement réaliste, au milieu de laquelle on peut se faire photographier (succès assuré auprès des potes, mais ajouter quand même près de 7 £, soit 10,50 € !). Scène assez émouvante, Diana a toujours sa place, un peu plus loin, aux côtés de son fils, le prince William. Le gratin politique n'est pas en reste avec de nombreux chefs d'État d'aujourd'hui et d'hier : en vrac, Blair, De Gaulle, Chirac, Bush, Arafat, Gandhi, Nelson Mandela, Fidel Castro, Lénine, Napoléon Bonaparte, le dalaï-lama... Enfin, plein de personnalités des arts, parmi lesquelles les Beatles faisant les fous sur un canapé, Picasso, Gitane au doigt et regard pénétrant, Oscar Wilde, songeur, etc. Pour dynamiser le tout, quelques shows animent régulièrement le grand hall. Au fond, café t' pour boire un coup. Gare à ne pas vous asseoir à côté d'un mannequin de cire !

La chambre des horreurs

Bienvenue dans le temple de l'horreur. Toutes les tortures du Moyen Âge (roue, cages de fer, Jeanne d'Arc sur son bûcher...) y sont représentées. La partie Révolution française n'est pas mal non plus. Également une représentation des plus grands criminels anglais dans leurs cellules et, enfin, une mise en scène avec des comédiens, *Chamber Live*, qui ne mérite vraiment pas les 2 £ (3 €) supplémentaires (à moins d'éprouver une quelconque jubilation pour les rencontres fortuites avec des types beuglant à chaque embranchement).

Spirit of London

Traverser la bibliothèque avant d'embarquer dans un taxi londonien sur rails. Il vous emmène pendant environ 10 mn à travers une sympathique reconstitution de Londres à travers l'histoire, de l'époque élisabéthaine à nos jours ! Un kaléidoscope de décors, de sons et de fumigènes, ponctué d'une quarantaine de personnages de cire et d'effets « animatroniques ». On revit ainsi la grande peste et l'incendie de la ville, la reconstruction, l'ère industrielle (rigolo : Dickens déclamant tandis que Victoria, sirotant un thé, mène le train), le *Blitz* (Churchill derrière ses sacs de sable), le *swinging London* et le Piccadilly des *bobbies,* des punks et des touristes. Une attraction sympa, très Disneyland.

Pour terminer, le *Stardome* projette sur son écran géant à 360° un film d'animation conçu par le créateur génial de *Wallace et Gromit.*

🔫 👣 ***Sherlock Holmes Museum*** *(plan général C2, 563) :* 239 *(même si la plaque indique 221 B) Baker St, NW1.* ☎ *0207-935-88-66.* ● *sherlock-holmes.co.uk* ● Ⓜ *Baker St. Tlj 9h30-18h. Dernière admission à 17h. Entrée : 6 £ (9 €) ; réduc.*

L'un des endroits les plus surprenants de Londres. Tout simplement parce qu'il s'agit d'une maison occupée par une personne... n'ayant jamais existé ! Il n'y a d'ailleurs pas une allusion à son créateur pour mieux préserver le mythe. Le 221 B Baker Street est certainement l'adresse la plus connue de Londres (avec le 10 Downing Street), puisque sir Conan Doyle l'avait attribuée au héros de ses romans, qui continue d'y recevoir régulièrement des lettres d'admirateurs lui demandant de résoudre des cas personnels... À recommander uniquement aux fans de Sherlock Holmes. Cette charmante demeure victorienne de 1815 (classée Monument historique) fut acquise par la très sérieuse Sherlock Holmes Society qui eut l'idée d'y recréer fidèlement l'intérieur du célèbre détective ! Sur le plan purement esthétique, et pour l'atmosphère globale qui s'en dégage, il faut reconnaître que l'expérience est assez amusante si on adhère. Un *bobby* vous accueille devant le perron, avant de vous confier à l'une des « gouvernantes » de votre hôte prestigieux, navrée que celui-ci ne puisse vous recevoir... En l'attendant, vous pouvez profiter de son bon vieux fauteuil, au coin du feu, dans le salon (la plus jolie pièce de la maison), et éventuellement vous entretenir avec ce cher Dr Watson. Dans chaque pièce (6, sur 3 étages), des indices laissés par le fantôme des lieux : loupe, bien sûr, machine à écrire, violon, longue-vue, trousse de médecin, casquette de tweed, vieux journaux, ouvrages scientifiques et souvenirs rapportés de missions. Sans oublier le pistolet de Watson. Tout compte fait, vous pouvez garder vos *pounds,* c'est vraiment cher pour ce que c'est. Boutique à la sortie, évidemment.

🔫🔫 ***Wallace Collection*** *(plan général C3, 565) :* Hertford House, Manchester Sq, W1U 3BN. ☎ *0207-563-95-00.* ● *wallacecollection.org* ● Ⓜ *Bond St. Tlj 10h-17h. Fermé 24-26 déc. Entrée gratuite (sf pour les expos temporaires). Guide audio à 3 £ (4,50 €). Visites guidées gratuites plusieurs fois/j.* Il fallait bien la noblesse d'un grand hôtel particulier à Marylebone pour présenter cette très riche collection de mobilier, d'objets d'art et de tableaux, la plus grande collection privée du pays, qui fut léguée à l'État à la fin du XIXᵉ siècle par la veuve de sir Richard Wallace. Elle fut rassemblée par les marquis de Hertford, puis complétée par sir Richard Wallace, le fils illégitime du quatrième du nom. C'est à lui que l'on doit les fameuses fontaines Wallace de Paris. Cet esthète fit ses emplettes à partir de son pied-à-terre parisien, le château de Bagatelle, au bois de Boulogne. Il profita de la cession à prix imbattable du mobilier des châteaux et demeures d'aristocrates pendant la Révolution. Les meubles et objets d'art français du XVIIIᵉ siècle sont donc bien représentés, formant certainement la plus belle collection du genre hors de France. Il acheta par ailleurs des toiles de maîtres espagnols, flamands, hollandais et italiens des XVIᵉ et XVIIᵉ siècles. Ajoutons une importante collection d'armes et d'armures et l'on obtient un assemblage disparate dans un intérieur très aristo, quelquefois un peu chargé, mais toujours soumis à un grandes considérations esthétiques. Si vous n'avez jamais su faire la différence entre les styles Louis XV et Louis XVI, vous serez incollable en sortant de ce musée. De plus, il offre une alternative intéressante aux immenses salles des grands musées ! Tout est calme et cosy, même le tic-tac des pendules omniprésentes (festival de carillons à 12h) ! Mais ne ratez pas pour autant l'heure du lunch au *Café Bagatelle*. Le jardin et la cour centrale, sous verrière, accueillent les convives dans un vaste espace décoré de palmiers et d'une fontaine venue du château de Bagatelle. Petite visite guidée du site... mais sachez toutefois que les œuvres se promènent en fonction des expositions temporaires.

Rez-de-chaussée

On commence la visite au rez-de-chaussée, en passant à gauche derrière l'escalier.
– **Dining Room :** lever la tête pour apercevoir, au-dessus des portes, les tableaux sublimes de Boucher, marotte de l'ancien propriétaire des lieux. Lustres étincelants.
– **Billiard Room :** plusieurs meubles signés Boulle, dont une formidable armoire en marqueterie de cuivre et d'écaille, ornée de bronzes ciselés et rehaussés d'or. Boulle fut le célèbre ébéniste de Louis XIV, dont les créations sans égales sont devenues les références absolues pour des générations d'artisans. Profitez-en, on n'en trouve pratiquement plus en France. Superbe pendule du XVIIIe siècle.
– **Back State Room et Front State Room :** le bureau à cylindre est une copie du bureau de Louis XV à Versailles, complétée de beaux médaillons Wedgwood. Belle console Louis XV (recouverte d'une plaque de marbre polychrome), pendule astronomique baroque et tableaux de grande classe (Oudry, Boucher, Reynolds). Également une délicate collection de porcelaines de Sèvres.
– **Sixteenth Century Gallery :** miniatures de cire des XVIe et XVIIe siècles (d'un mauvais goût évident ; c'est probablement pour cela qu'ils les cachent avec des sous-mains en cuir !). Manuscrits enluminés de différentes époques. Série de 24 émaux peints de Limoges (XVIe siècle). Très belle *Allégorie de l'Amour* de Pourbus et belle lampe de mosquée du XIVe siècle.
– **Smoking Room :** sous une vitrine, bijoux Renaissance d'une grande finesse. Ne manquez pas de jeter un coup d'œil à l'alcôve, à côté de l'escalier, décorée de carreaux en céramique (d'époque et inspirés du style d'Iznik en Turquie mais produits en Angleterre). La salle était totalement recouverte de ces carreaux jusqu'en 1937. Une autre vitrine renferme d'intéressants plats hispano-mauresques réalisés en Espagne par des musulmans pour des chrétiens. Dans un autre genre, nettement plus fantaisiste, ce sont les œuvres surprenantes de Bernard Palissy qui captent l'attention. Ce potier et émailleur français du XVIe siècle, une star de la Renaissance française, fut instantanément célèbre en décorant ses terres cuites avec des animaux moulés au naturel. Une idée brillante, qui lui valut l'admiration de ses pairs et permit à la profession de faire de grands progrès techniques.
– **European Armoury I, II et III :** collection d'armes et d'armures européennes présentées chronologiquement du Moyen Âge au XIXe siècle, qui n'a rien à envier à la collection de la Tour de Londres. Deux armures équestres particulièrement imposantes (coup d'œil sur les pieds !), des rondaches, des casques ciselés et des armes aux mécanismes ingénieux.
– **Oriental Armoury :** en Orient, l'art du raffinement en matière militaire est très poussé, comme le prouvent ces cimeterres (sabres) sertis de pierres précieuses, nacre et ivoire. Des objets de l'Inde, de l'empire Ottoman et d'Asie du Sud-Est, ainsi que des tableaux orientalistes intéressants d'Horace Vernet, comme *La Chasse au lion,* et des masses d'armes qu'on n'aimerait pas recevoir sur la tête !
– **Housekeeper's room :** remarquez le tableau de Delacroix, *L'Exécution de Marino Faliero,* inspiré d'un poème de lord Byron (assez mal exposé cependant).

Premier étage

– Toiles imposantes de Boucher, dans le hall d'escalier et sur le palier, dont *Le Lever* et *Le Coucher du soleil* (1752-1753), ayant appartenu à la marquise de Pompadour. Fraîcheur et grâce à la limite du licencieux (on entendrait presque les angelots nous parler des petits secrets de la Cour).

– **Boudoir :** Greuze, pourtant contemporain de Boucher, s'oppose radicalement à sa légèreté et à ses thèmes favoris en préférant peindre des sujets plus sérieux (gracieuse allégorie de *L'Innocence*). Le peintre anglais Reynolds s'en est beaucoup inspiré. Notez aussi le secrétaire de Dubois (1765), orné de dorures et velours vert.

– **The study :** encore de prestigieux artistes français, comme Greuze, Vigée-Lebrun et Fragonard. À noter, plusieurs pièces de mobilier ayant appartenu à Marie-Antoinette, provenant du Petit Trianon et de Versailles.

– **The Oval Drawing Room :** différents Boucher et *La Balançoire* de Fragonard, au regard ludique.

– **West Room :** Guardi, Canaletto, et l'un des portraits en pied de *Madame de Pompadour* par Boucher.

– **West Gallery :** une collection de miniatures. Plusieurs Watteau, pas les plus beaux pour autant.

– **Great Gallery :** la plus grande galerie du musée et aussi la plus prestigieuse, avec son éventail haut de gamme de toiles de maître du XVIIe siècle. *Le Cavalier riant* de Frans Hals, à la mine plus vantarde que rigolarde, est une réussite dans l'art du portrait. *La Femme à l'éventail*, portrait de Velásquez, jouant avec le noir, le rose et le blanc. Portrait de *Titus*, le fils de Rembrandt, où l'on peut déceler des signes de tendresse. Le *Paysage à l'arc-en-ciel* de Rubens, peint au crépuscule de sa vie. Ne pas manquer également *Persée et Andromède* de Titien, *Mrs Robinson* de Gainsborough, ou encore l'émouvant *Shepherd Paris* de Van Dyck. Enfin, *Miss Nelly O'Brien* de Reynolds (1762) semble avoir été peinte par un impressionniste avant l'heure.

– **East Galleries II et III :** de nombreuses peintures des écoles hollandaise et flamande, datant du XVIIe siècle. Certains peintres hollandais avaient développé une véritable passion pour l'Italie, et donc peignaient les paysages en Hollande comme s'ils se trouvaient en Toscane.

– **East Gallery I :** quelques tableaux du studio de Rembrandt et beaucoup de paysages champêtres.

Monuments et balades

Le Londres bourgeois : Marylebone, Regent's Park et Little Venice

🎍 **Marylebone** *(plan général C-D2) :* avant tout, prononcer « Merilbeune ». Quartier bourgeois délimité au sud par Oxford St et à l'est par Regent St. Il fut bâti à la fin du XVIIIe siècle et au début du XIXe siècle. Nombreux petits squares bordés de maisons géorgiennes. Marylebone a son lot de célébrités. Dickens y vécut une dizaine d'années, pendant lesquelles il écrivit entre autres *David Copperfield*. Chateaubriand y séjourna quelque temps pendant la Révolution française et y rédigea son premier ouvrage. Mais le plus fidèle habitant fut sir Conan Doyle, qui logeât son personnage, le mythique Sherlock Holmes, dans Baker St (voir « Galeries et musées »).

🎍🚶 **Regent's Park** *(plan général B-C-D1-2) :* grand espace vert au nord de la ville, entouré au sud et à l'est de *terraces* de style Régence. Ces grands corps de bâtiments aristocratiques recouverts d'une couche de stuc ressemblent à de véritables façades de palais. Le parc et ses alentours furent aménagés par Nash au début du XIXe siècle comme point final de son axe triomphal partant du Mall. Il prévoyait de découper le parc, à l'origine une aire de chasse royale, en de somptueuses propriétés, dont l'une servirait de palais au prince-régent. Mais son projet n'a pas abouti, faute de moyens. Il atteignit le summum de son art dans les façades majestueuses de *Park Crescent* donnant sur Marylebone Road. Le parc est très plaisant. Autant dire qu'une balade est vivement conseillée. Magnifique roseraie (en fleurs dès le début de l'été) dans *Queen's Mary Gardens*.

🦋 Au nord, Regent's Park est prolongé par **Primrose Hill Park.** C'est là que Paul McCartney venait promener son chien Martha (comme dans la chanson *Martha my Dear*).
Non loin de là, les fameux studios d'**Abbey Road** et le plus célèbre des passages piétons, qui orne la pochette de l'album *Abbey Road*.

🦋🦋 🚶 **London Zoo** (plan général C1) : au nord de Regent's Park, NW1 4RY. ☎ 0207-722-33-33. ● london zoo.co.uk ● Ⓜ *Camden Town ou Baker St. Compter 20 mn à pied depuis Baker St, 10 mn*

depuis Camden, ou prendre le bus n° 274 qui dessert les deux stations. Possibilité d'y aller aussi en bateau depuis Little Venice ou Camden Lock (lire ci-dessous). Entrée sur Outer Circle. Tlj 10h-17h30 (16h de fin oct à mi-mars). Entrée : 14,50 £ (21,75 €) ; 11,50 £ (17,25 €) pour les enfants de 3 à 15 ans. Aire de pique-nique et plusieurs possibilités pour se restaurer sur place.
L'un des plus vieux zoos du monde, fondé par la Société de zoologie entre 1826 et 1828. Un must pour les bambins. Au début du siècle passé, il innova en offrant aux animaux un environnement proche de leur habitat naturel. Grand vivarium rempli de reptiles (celui-là même où Harry Potter fait la rencontre du serpent dans le premier tome de ses aventures), intéressant « noctarium » pour observer les animaux nocturnes après s'être accoutumé à l'obscurité (dont une vaste vitrine de chauves-souris). Aquariums en pagaille. Et puis, bien sûr, lions, girafes, gorilles, ours... Impossible de les énumérer en détail, puisque la famille s'agrandit chaque année... Les enfants pourront approcher (et même caresser) les animaux de la ferme au *Children's Zoo.* Ne manquez pas le *Web of Life,* la partie la plus intéressante du zoo. Dans un récent bâtiment entièrement écologique, c'est la première expo zoologique au monde consacrée à la biodiversité et aux moyens de la préserver. Une démarche ludique et didactique pour sensibiliser les plus jeunes à la protection de l'environnement.

🦋🦋 🚶 À l'ouest de Marylebone, **Little Venice** (plan général A2-3) est un bassin triangulaire formé par la rencontre de deux canaux, qui relient le port de Londres à Birmingham. Au milieu, petit morceau de terre recouvert d'arbres. La comparaison avec Venise est très excessive. Néanmoins, les berges tranquilles de *Grand Union Canal,* sur Maida Ave, ont un petit charme. Un coin peu connu de Londres, insolite sans plus. *Navettes fluviales pour le zoo (en 30 mn) et le marché de Camden Town (en 45 mn). Départs ttes les heures pile, tlj 10h-17h (restreint l'hiver). Rens :* ☎ *0207-482-26-60 auprès de la* London Waterbus Company. ● *londonwaterbus.com* ● *Ticket à partir de 5,80 £ (8,70 €).* On n'avance pas plus vite que les piétons, mais la balade est agréable dans l'ensemble, surtout avec des enfants.

BLOOMSBURY, KING'S CROSS ET EUSTON

Bloomsbury l'intellectuel, voilà la réputation qui colle aux murs de ce quartier depuis longtemps. Il faut dire que quelques groupes d'écrivains et d'artistes y ont autrefois élu domicile, tel le Bloomsbury Group au début du XXe siècle, et que des gens comme Virginia Woolf et son mari y organisaient des cercles de discussion dans leur maison. Aujourd'hui, cette renommée perdure grâce à la présence de deux symboles culturels forts : le British Museum et l'université de Londres. Résolument calme et bourgeois, Bloomsbury devient animé et populaire à mesure que l'on s'approche des gares de Euston et King's Cross. Ce quartier très vivant concentre la majorité des hôtels pas (trop) chers. Ça tombe bien, car c'est désormais à la gare de Saint Pancras que vous dépose l'Eurostar !

Où dormir ?

Auberges de jeunesse et *students halls*

Si vous êtes en famille, on vous conseille quand même, avant de vous ruer sur les AJ, de comparer les prix et de surveiller les chambres familiales dans les hôtels cités plus loin. Il arrive en effet que ce soit plus économique (ou à peine plus cher) de partager à plusieurs une « belle » chambre d'hôtel qu'un dortoir d'AJ.

🏠 *Journey's Hostel* (plan général F1, **98**) : 54-58 Caledonian Rd, N1 9DP. ☎ 0207-833-38-93. ● king scross@stayjourneys.com ● journeys hostels.com ● Ⓜ King's Cross. Ouv 24h/24, pas de couvre-feu. Par pers, 10-20 £ (15-30 €) selon période et chambre (2 à 10 lits). Petit déj inclus. Tarifs dégressifs et promos sur le site internet. AJ récente de 88 places, assez familiale et nettement plus calme que beaucoup de ses consœurs. Peintures violettes pleines de gaîté, propreté correcte, bons équipements. Salle TV et Internet, cuisine en libre accès au sous-sol, terrasse sur le toit. Grâce à ces bonnes prestations et à une super ambiance entretenue par un accueil complice, c'est vraiment devenu l'une de nos AJ préférées ! Une autre adresse à Southwark, près de l'*Imperial War Museum*.

🏠 *Ashlee House* (plan général F1, **103**) : 265 Gray's Inn Rd, WC1X 8QT. ☎ 0207-833-94-00. ● ashleehouse.co.uk ● Ⓜ King's Cross. À 300 m de la station King's Cross. Ouv 24h/24. Fermé à Noël. Doubles 25 £ (37,50 €) par pers et 14-23 £ (21-34,50 €) en dortoir de 4 à 16 lits. Les prix augmentent d'env 2 £ (3 €) le w-e. Breakfast continental compris. Réduc proportionnelles à la durée du séjour et prix spéciaux en basse saison ; également 10 % de réduc sur présentation de ce guide. Vaste AJ de 170 lits, basique mais avec de vagues efforts sur la déco (on aime bien la banquette ondulante en peau de yack à la réception !). C'est surtout sa bonne ambiance internationale qui lui sauve la mise. Dortoirs qui sentent le fauve et chambres pas bien grandes (mais c'est le lot des AJ), avec sanitaires et douches propres sur le palier. Draps fournis. Digicode pour chaque chambre. Cuisine aux allures de réfectoire, TV et jeux vidéos dans la salle commune et Internet (payant) à disposition. Cette AJ doit ouvrir une gigantesque « annexe » (environ 400 lits prévus !) sur King's Cross.

🏠 *Astor Museum Inn (centre 1, F3, 117) :* 27 Montague St, WC1B 5BH. ☎ 0207-580-53-60. ● *museum@astorhostels.com* ● *astorhostels.com* ● Ⓜ *Holborn* ou *Russell Square. Ouv 24h/24. Compter 17-21 £ (25,50-31,50 €) par pers, selon la taille du dortoir ou de la chambre (4 à 12 lits), petit déj continental simple compris. Moins cher à la sem. Promos sur Internet.* Une petite AJ simple et peu équipée, mais on aime bien son atmosphère fraternelle et pas compliquée. Surtout, excellente situation qui justifie le séjour. On est seulement à 15 mn à pied de l'animation débridée de Covent Garden ou Soho, et pourtant dans un quartier fort paisible la nuit. Dortoirs basiques mais propres, répartis dans 2 bâtiments (à quelques rues d'écart), douches et w-c en commun et petite cuisine conviviale. Le salon TV et Internet est un peu miteux, mais le charmant Russel Square voisin vaut mieux que n'importe quelle salle commune (par beau temps !).

🏠 *Pickwick Hall (centre 1, F3, 116) :* 7 Bedford Pl, WC1B 5JE. ☎ 0207-323-49-58. ● *reception@pickwickhall.co.uk* ● *pickwickhall.co.uk* ● Ⓜ *Russell Square. Ouv 24h/24. Compter 20-23 £ (30-34,50 €) par pers avec sanitaires communs et 23-30 £ (34,50-45 €) avec sanitaires privés. Petit déj continental compris.* Le jeune Dickens n'aurait probablement pas boudé cette adresse atypique. À l'inverse d'une auberge de jeunesse lambda, brouillonne et échevelée, la maison se définit plutôt comme un curieux mélange entre une pension à l'ancienne mode et un *B & B*. La belle bâtisse occupe une rue chic, renferme un salon TV (et Internet) cosy, une laverie, une cuisine comme à la maison et seulement une douzaine de chambres de 1 à 4 lits pour préserver l'intimité des hôtes. Certaines chambres pos-

sèdent un frigo et un micro-ondes. Globalement parfait, d'autant que le patron est un homme adorable. Réserver très à l'avance, vu le nombre limité de places.

🏠 *International Students House (plan général D2, 104) :* 229 Great Portland St, W1W 5PN. ☎ 0207-631-83-10. ● *ish.org.uk* ● Ⓜ *Great Portland St. Ouv tte l'année. Doubles 26 £ (39 €) par pers, 18,50 £ (27,75 €) en dortoir de 4 lits et 12 £ (18 €) en grand dortoir. Serviettes et draps fournis. Prix très intéressants pour les longs séjours et les étudiants (carte ISIC). Petit déj offert en chambre double sur présentation de ce guide.* Grand immeuble blanc qui donne sur le très agréable Crescent Park. Rempli en permanence de jeunes étudiants qui viennent des 5 continents. Tout pour l'étude : bar, restaurant (pas cher du tout), coin cuisine avec micro-ondes, salles de sport, *snooker* (sorte de billard) et Internet. Salle de cinéma avec projection de films tous les dimanches. Idéal pour ceux qui n'aiment pas se sentir seuls. Bonne nouvelle pour les couples : la chambre double est une vraie *twin*. Pas de grand lit (faut pas rêver !) mais, pour une fois, les lits sont au même niveau ! Écrire ou téléphoner pour réserver, il y a toujours beaucoup de monde. Attention, ne rien laisser en consigne. Vérifier que le *key deposit* (la caution pour la clé) est bien enregistré dans l'ordinateur.

🏠 *The Generator (plan général F2, 105) :* Compton Pl, au 37 Tavistock Pl, WC1H 9SE. ☎ 0207-388-76-66. ● *res@generatorhostels.com* ● *generatorhostels.com* ● Ⓜ *Russell Square* ou *King's Cross. Accueil 24h/24. Compter, par pers, 13-20 £ (19,50-30 €) en dortoir de 4 à 14 lits, 25-28 £ (37,50-42 €) pour une* twin. *Grosse augmentation pdt les 4 j. autour du 1er janv et prix majorés le w-e. Tarifs à la sem à étudier. Petit déj continental léger inclus.* Une immense AJ à mi-chemin entre une version ratée de l'*Enterprise* et une usine futuriste. Beaucoup de métal et des couloirs aux néons bleus précédant des dortoirs minuscules, très dépouillés mais modernes, avec chacun un lavabo en inox et des casiers. Vite pris d'assaut, mieux vaut réserver. Avec pas moins de 800 places, intimité illusoire et douches parfois en nombre insuffisant. En revanche, atmosphère jeune trépidante et pas mal d'animations dans l'un des bars ou restos de la maison, ouverts du petit déj jusqu'à des heures tardives. Pas de cuisine, mais salle TV avec écran géant, salle de jeux, salle de conférences, accès à Internet, laverie... La radio hurle dans les couloirs et la propreté n'est pas toujours au rendez-vous. Demander à visiter sa chambre avant de payer.

🛏 Dans cette catégorie bon marché, on peut tenter sa chance dans les *résidences universitaires* voisines, **Commonwealth Hall** (☎ 0208-387-03-11) et **Hughes Parry Hall** (☎ 0207-121-75-00 ; • lon.ac.uk •) sur *Cartwright Gardens* (plan général F2, **121**). Ⓜ *King's Cross ou Euston.* Elles occupent des bâtiments vieillots et anonymes, mais bordent une place agréable où l'on peut jouer au tennis. Chambres théoriquement disponibles l'été.

🛏 **Carr-Saunders Hall** (plan général E2, **108**) : *18-24 Fitzroy St, W1T 4BN.* ☎ 0207-107-58-88. • lsevacations.co.uk • Ⓜ *Warren St ou Goodge St. Juste derrière la tour British Telecom. Ouv pdt vac scol de Pâques et de juil à fin sept.* Compter 42-52 £ (63-78 €) la nuit, selon saison et confort, en chambre double avec le petit déj. *Négocier les prix pour un long séjour.* Bâtiment moderne pas très agréable vu de l'extérieur, mais chambres spacieuses et confortables. Serviettes et draps fournis. Cuisine et machines à laver (payantes) à disposition. Ping-pong, billard et bonne atmosphère générale. Les lieux appartiennent à la célèbre *London School of Economics.*

🛏 **Campbell House** (plan général E2, **110**) : *5-10 Taviton St, WC1H 0BX.* ☎ 0207-679-14-79. • ucl.ac.uk/residences • c.house@ucl.ac.uk • Ⓜ *Euston Square ou Russell Square. Ouv de mi-juin à mi-sept. À partir de 24 £ (36 €) la double sans le petit déj ; réduc au-delà de 7 j.* La vie de la maison s'organise autour de sa charmante terrasse. Chambres plutôt petites, mais pas si mal aménagées. Salles de bains sur le palier. TV, piano. Cuisines à disposition dans les sous-sols.

🛏 **St Pancras YHA** (plan général F2, **113**) : *79-81 Euston Rd, NW1 2QS.* ☎ 0207-388-99-98. • stpancras@yha.org.uk • yha.org.uk • Ⓜ *King's Cross. Pas de couvre-feu. Doubles 60-65 £ (90-97,50 €) avec ou sans salle d'eau, lit en dortoir 26,50 £ (39,80 €),* breakfast compris. *Ajouter 3 £ (4,50 €) par pers et par nuit pour les non-membres. Petites réduc en hiver.* Une AJ pimpante et bien sécurisée, stratégiquement située à deux pas du métro et face à la British Library. Secteur archifréquenté mais bonne isolation sonore. Chambres simples, claires, les plus chères avec salle de bains, w-c, TV. Équipements très complets : cuisine et laverie à disposition (avec tables à repasser !), accès à Internet. Enfin, salle de resto agréable et aérée avec, à la carte, des plats copieux à prix attractifs. Accueil sympa. Pour les périodes de vacances, réserver bien en avance.

BLOOMSBURY, KING'S CROSS ET EUSTON

Très bon marché

🛏 **Budget Hotel** (plan général F1-2, **107**) : *23 Swinton St, WC1X.* ☎ 0207-837-28-30. Ⓜ *King's Cross. Doubles 20 £ (30 €) sans petit déj.* On n'a pas trouvé plus déglingué, mais on n'a pas trouvé moins cher non plus ! Un hôtel comme il n'y en a plus guère à Londres, destiné aux fauchés. Après un escalier étroit et branlant, on atteint les chambres spartiates, dotées d'un lavabo et de lits fatigués – mais les draps sont propres. Sanitaires du même acabit, pas chauffés en hiver mais acceptables. Mobilier de récup', isolation douteuse. Mais comme on y trouve facilement de la place, ça peut dépanner.

De bon marché à prix moyens

Les quartiers de King's Cross et du British Museum rassemblent de nombreux hôtels, à prix honnêtes, certains dans de belles demeures géorgiennes retirées en bordure de squares paisibles. Privilégier notamment les secteurs d'Argyle St (à ne pas confondre avec Argyll St, près d'Oxford Circus), de Gower St et des Cartwright Gardens (où l'on pourra jouer au tennis). Depuis l'aéroport de Gatwick, prendre la Thames Link de Gatwick à King's Cross, plus rapide et plus pratique que de passer par Victoria Station.

🏠 *Alhambra Hotel* (plan général F1, 114) : 17-19 Argyle St, WC1H 8EJ. ☎ 0207-837-95-75. • reservations@ alhambrahotel.com • alhambrahotel. com • Ⓜ *King's Cross. Petite rue peu passante à deux pas du métro et de la gare. Doubles 50-70 £ (75-105 €), triples 70-90 £ (105-135 €) et quadruple 95 £ (142,50 €). Petit déj anglais inclus. Petite commission pour tt paiement par carte.* Hôtel tenu à la perfection par une Française. Une cinquantaine de chambres confortables, de petites dimensions mais pimpantes, dotées d'une moquette bleu nuit et d'un mobilier fonctionnel. Les chambres les plus chères dans chaque catégorie ont douche et w-c privés (et même accès wi-fi !). Excellente literie. Si c'est plein de ce côté de la rue, vous vous retrouverez peut-être en face, dans l'une des 2 annexes ; même genre de déco et de prestations.

🏠 *Travelodge King's Cross* (plan général F1, 120) : 356-364 Gray's Inn Rd, WC1X 8BH. ☎ 0870-191-17-57 ou 0870-085-09-50 (nᵒˢ payants). • travelodge.co.uk • Ⓜ *King's Cross. Doubles tt confort tarifées à 70 £ (105 €) sur place. Mais en réservant (jusqu'à 12 mois à l'avance) sur Internet, certaines chambres sont bradées à moins de 25 £ (37,50 €) ! Petit déj-buffet en sus et cher (7,50 £, soit 11,25 €) : vous pouvez le prendre ailleurs.* Cette chaîne d'hôtels propose, pour Londres, des prix défiant toute concurrence. Ridicules, même ! D'autant plus que sa façade majestueuse, sa situation à deux pas de King's Cross et son confort sans charme mais fonctionnel en font une vraie bonne adresse. Les chambres, sobrement habillées de blanc et de marine, sont impeccables et toutes équipées de salle de bains et

de lit *king size*. Le credo de la maison, c'est de ne fournir que l'indispensable : une seule serviette par personne, téléphone non direct, câble TV payant, etc. Une formule intelligente et économique. Une douzaine d'autres *Travelodge* à Londres. Ils sont souvent plus grands, d'aspect plus moderne, et toutes les chambres se ressemblent.

🏠 *The Crestfield Hotel* (plan général F1, 93) : 2-4 Crestfield St, WC1H 8AT. ☎ 0207-837-05-00. • info@crestfieldhotel.co.uk • crestfieldhotel.co.uk • Ⓜ *King's Cross. Doubles avec petit déj 47-65 £ (70,50-97,50 €) avec ou sans salle de bains ; triples 75-80 £ (112,50-120 €), quadruples 90-100 £ (135-150 €).* Un joli petit hôtel propre sur lui et idéalement situé, dans une rue paisible juste en face de la station de métro. Certes, il ne déborde pas de charme (la rénovation de cette bâtisse géorgienne lui a ôté pas mal de son charme) mais sa cinquantaine de chambres décorées dans les tons jaunes et bleus feront le bonheur des amateurs de calme et confort. Bon accueil et prestations convaincantes, vu les tarifs encore raisonnables.

🏠 *Ridgemount Private Hotel* (centre 1, E2, 115) : 65-67 Gower St, WC1E 6HJ. ☎ 0207-636-11-41. • info@ridgemounthotel.co.uk • ridgemounthotel.co.uk • Ⓜ *Goodge St. Doubles avec ou sans douche et w-c 52-68 £ (78-102 €), petit déj anglais compris. Triples 69-81 £ (103,50-121,50 €), quadruples 82-92 £ (123-138 €) et même des chambres pour 6 pers.* Les chambres familiales peuvent s'avérer moins chères qu'un dortoir dans certaines AJ. À surveiller donc ! Petit hôtel familial à l'ancienne, alignant quelques chambres pas bien grandes mais propres et confortables, revêtues d'une épaisse moquette rouge. Elles se révèlent même très tranquilles et agréables côté jardin, surtout lorsqu'elles profitent d'une jolie cheminée en déco. Accueil attentionné. Accès Internet gratuit.

🛏 *Garth Hotel* (centre 1, E2, **115**) : 69 Gower St, WC1E 6HJ. ☎ 0207-636-57-61. ● garth.hotel@virgin.net ● garthhotel-london.com ● Ⓜ Goodge St. Doubles 65-90 £ (97,50-135 €), triples 99 £ (148,50 €), quadruple 120 £ (180 €). English *(ou Japanese !)* breakfast *compris*. *Réduc de 10 % sur présentation de ce guide.* Salle de bains à partager pour les moins chères. Dans une belle maison géorgienne typique du quartier. Malgré un accueil indifférent, on ne peut que vanter les mérites de cette jolie adresse. Plus proche d'un *B & B* que d'un hôtel, cet établissement très cosy chouchoute sa poignée de chambres : papiers peints à motifs, couvre-lits tapageurs et bibelots extravagants occupent l'espace... et la rétine.

🛏 *County Hotel* (plan général E2, **94**) : Upper Woburn Pl, WC1H OJW. ☎ 0207-387-55-44. ● info@imperial hotels.co.uk ● imperialhotels.co.uk ● Ⓜ Euston Square. Doubles 52 £ (78 €), petit déj compris. Ce grand hôtel, qui a connu des jours meilleurs, fait figure de parent pau-

vre auprès de ses confrères et voisins. Tous appartiennent pourtant au même groupe : les *Imperial London Hotels*. Si les autres se veulent plus chic et plus chers (rien de bien terrible pourtant), celui-ci a le mérite de proposer 175 chambres à des prix franchement intéressants. Évidemment, pour une escapade amoureuse, on a connu plus glamour. Salles de bains sur le palier (une pour 4 chambres), TV et lavabo à l'intérieur, ensemble résolument sans charme. Mais bon, c'est propre, abordable et ouvert toute l'année (contrairement aux *students halls*).

🛏 *Celtic Hotel* (plan général F2, **118**) : 61-63 Guilford St, WC1 N1DD. ☎ 0207-837-67-37 ou 92-58. Ⓜ Russell Square ou Holborn. Doubles 60 £ (90 €), triples 79 £ (118,50 €) et quadruples 90 £ (135 €), petit déj anglais inclus. Une adresse historique, présente dans le *Guide du routard* depuis des décennies ! Évidemment, à ces prix planchers (n'oubliez pas que vous êtes au centre de Londres), les meubles ne sont guère vaillants et la moquette est râpée comme du gruyère. Bien que peu romantique, cette modeste adresse s'avère néanmoins intéressante et fait partie de nos bons plans londoniens. Douches et w-c communs propres, à défaut d'être neufs, grand salon TV et accueil très nature des vieux proprios.

De prix moyens à plus chic

🛏 *Regency House Hotel* (centre 1, E2, **119**) : 71 Gower St, WC1E 6HJ. ☎ 0207-637-18-04. ● bookings@re gencyhouse-hotel.com ● regencyhou se-hotel.com ● Ⓜ Goodge St. Doubles 93-95 £ (139,50-142,50 €) selon taille et vue. Triples 99-115 £ (148,50-172,50 €) et une chambre pour 4-5 pers à partir de 125 £ (187,50 €). Bon English breakfast *compris. Réduc de 10 % sur présentation de ce guide à partir de 2 nuits réservées.* Petit hôtel engageant, avec un soupçon de personnalité. Le patron, très prévenant et attentif au confort de ses hôtes, y est pour beaucoup. Chambres pas très grandes mais tenues à mer-

veille, avec une bonne literie et la TV. Élégantes et discrètement *British*, toutes disposent de sanitaires privatifs. Double vitrage efficace. Celles à l'arrière ont une belle vue sur le jardin. Accès Internet.

🛏 *Crescent Hotel* (plan général F2, **121**) : 49-50 Cartwright Gardens, WC1H 9EL. ☎ 0207-387-15-15. ● en quiries@crescenthoteloflondon.com ● crescenthoteloflondon.com ● Ⓜ Euston Square ou Russell Square. Doubles avec w-c et douche 95 £ (142,50 €) ; triples et quadruples 108-118 £ (162-177 €). L'indication « hôtel » convient assez mal à la maison, bien plus proche d'un *B & B* dans l'esprit. Pas mal de personnalité, à l'image du petit salon cossu envahi de babioles, des chambres coquettes avec doubles rideaux à gros ramages et quelques estampes japonaises en déco, ou encore de la salle de petit déj cosy en diable. Quant aux œufs de l'*English breakfast* (compris dans le prix), ils seront cuits à votre convenance... Accueil charmant. Accès Internet (payant).

♔ *Euro Hotel (plan général F2, 121)* : 53 Cartwright Gardens, WC1H 9EL. ☎ 0207-387-43-21. • reception@eurohotel.co.uk • eurohotel.co.uk • ⓜ Euston ou Russell Square. Une trentaine de chambres doubles : 76 £ (114 €) avec lavabo ; 95 £ (142,50 €) avec salle de bains ; familiales 94-140 £ (141-210 €) selon taille et confort. Full English breakfast *inclus. Réduc de 10 % sur présentation de ce guide.* Donne sur une aimable place à l'anglaise, arborée et dotée de courts de tennis. Hôtel charmant, excellent accueil. Chambres sans fioritures mais agréables, certaines avec douche et w-c, toutes avec TV et téléphone. Très propre. C'est tellement réjouissant de se réveiller le matin face à ce square et de profiter encore de cette jolie vue en prenant son petit déjeuner.

♔ *Avalon Private Hotel (plan général F2, 121)* : 46-47 Cartwright Gardens, WC1H 9EL. ☎ 0207-387-23-66. • reception@avalonhotel.co.uk • avalonhotel.co.uk • ⓜ Euston ou Russell Square. Selon la période, doubles 63-79 £ (94,50-118,50 €), avec ou sans sanitaires privés ; triples 70-89 £ (105-133,50 €) ; quadruples 80-99 £ (120-148,50 €). Petit déj anglais compris. Prix réduits si l'on réserve par Internet. Toute la vieille Angleterre s'est figée dans cet hôtel à la décoration désuète. Seule touche de modernité : TV dans les chambres et ordinateur avec connexion Internet derrière la réception. Chambres sans prétention et qui auraient besoin d'un petit rajeunissement.

♔ Si les adresses précédemment citées sont complètes, n'hésitez pas à tenter votre chance dans l'un des autres hôtels de Cartwright Gardens *(plan général F2, 121)*. Prestations, confort et prix comparables.

♔ *Saint Margaret's Hotel (centre 1, F3, 122)* : 26 Bedford Pl, WC1B 5JL. ☎ 0207-636-42-77. • reception@stmargaretshotel.co.uk • stmargaretshotel.co.uk • ⓜ Russell Square ou Holborn. Doubles sans sanitaires 68 £ (102 €), 95 £ (142,50 €) avec douche et w-c. Triples 93-110 £ (140-165 €). English breakfast *compris. Petite surtaxe si l'on ne reste qu'une nuit.* Demeure de caractère, entretenue avec soin par la même famille depuis plus de 50 ans. Vue sur les jardins à l'arrière. Tapis rouge dans l'escalier, bow-windows, salons coquets et une soixantaine de chambres confortables et parfaitement tenues : une bonne adresse dans sa catégorie, éminemment *old style*. Londres n'est pas la cité du design pour tout le monde ! Idéal pour un séjour au calme et chaleureux au cœur de Londres.

♔ *Thanet Hotel (centre 1, F3, 123)* : 8 Bedford Pl, WC1B 5JA. ☎ 0207-636-28-69. • thanethotel@aol.com • thanethotel.co.uk • ⓜ Russell Square ou Holborn. Doubles 100 £ (150 €) ; triples 112 £ (168 €) ; quadruples 120 £ (180 €). Petit déj anglais compris. Sur présentation de ce guide, réduc de 10 % en janv-fév. Petit établissement plein de charme. Chambres classiques bien tenues, d'un bon niveau de confort malgré les matelas peu épais, donnant sur la rue (bruyante) ou sur un jardin intérieur.

Où manger ?

Bon marché

|●| *Pâtisserie Deux Amis (plan général F2, 262)* : 63 Judd St, WC1H 9QT. ☎ 0207-383-70-29. | ⓜ King's Cross ou Euston. À l'angle de Leigh St. Lun-sam 9h-17h30, dim 9h30-14h. Snacks à partir de 2 £

(3 €). Tout est possible à Londres, même déguster de vrais croissants légers et croustillants. Et quitte à bien faire, les *Deux Amis* confectionnent des sandwichs préparés avec des baguettes à la mie moelleuse et des quiches savoureuses. Un zeste de musique classique et quelques petites touches de déco bien vues donnent aussitôt envie de jouer les prolongations dans ce petit salon de thé bourré de charme.

I●I *The Place Café* *(plan général E2, 254)* : 17 Duke's Rd, WC1H 9PY. ● info@theplace.org.uk ● **Ⓜ** *Euston Square ou King's Cross. Tlj sf dim 8h30-20h. Ferme à 18h30 les j. sans spectacle. Petit déj, en-cas et petits plats 2-5 £ (3-7,50 €).* La cafétéria de *The Place,* l'institut et la salle de spectacle de Robin Howard. Salle toute simple en sous-sol, à l'atmos-phère chaleureuse et brouillonne, et quelques tables sur un coin de trottoir ! Salades, soupes, quiches, sandwichs et plats chauds d'une belle fraîcheur. Fréquenté par les danseurs et danseuses de *The Place* et par ceux qui ont flairé la bonne affaire.

I●I *Ruskins Coffee Shop* *(centre 1, F3, 252)* : 42 Museum St, WC1. ☎ 0207-405-32-11. **Ⓜ** *Tottenham Court Rd ou Holborn. Tlj 8h30-18h. Sandwichs autour de 3 £ (4,50 €).* Petit café tout proche du British Museum, agréable surtout par beau temps avec quelques tables en terrasse. Idéal pour prendre des forces avant la visite de ce superbe musée ou en reprendre après : petit déj, salades fraîches, quiches et tartes sucrées, le tout sans génie mais correct.

Prix moyens

I●I *Casa Mamma* *(plan général F1, 253)* : 339 Grays Inn Rd, WC1X 8PX. ☎ 0207-837-63-70. ● casamammafranco@yahoo.co.uk ● **Ⓜ** *King's Cross. Tlj midi et soir. Plats 7-15 £ (10,50-22,50 €) ; pizzas 6-8 £ (9-12 €).* On y trouve toute la panoplie des saveurs italiennes à prix serrés et préparées avec grand sérieux. De lumineuses aquarelles et une fresque représentant Capri apportent ce rayon de soleil qui, il faut bien l'avouer, manque parfois à l'appel. Pour ne rien gâcher, le patron jovial vient en personne moudre le poivre et râper le parmesan dans votre assiette. Service diligent et franc du collier, comme on l'aime. La carte des vins, exclusivement tournée vers les crus de la Botte, met en valeur la qualité de la cuisine. Pas étonnant que ce resto ne désemplisse pas !

I●I *North Sea Fish* *(plan général F2, 168)* : 7-8 Leigh St, WC1H 9EW. ☎ 0207-387-58-92. **Ⓜ** *Russell Square ou King's Cross. Face à « Sandwich St » ! Lun-sam 12h-14h30, 17h-23h. Horaires un peu plus larges pour le take-away. À emporter, petits délices de la mer à partir de 4,30 £ (6,50 €).* Sur place, plats 9-18 £ (13,50-27 €). Que ce soit pour ses poissons grillés ou son *fish and chips*, cette brasserie se fait à l'ancienne, livrée chaque jour en poisson frais, s'impose comme une des valeurs sûres du quartier.

I●I *Wagamama* *(centre 1, F3, 170)* : 4 A Streatham St, WC1A 1JB. ☎ 0207-323-92-23. **Ⓜ** *Tottenham Court Rd. De New Oxford St, remonter sur Bloomsbury et prendre à droite dans Streatham. Lun-sam 12h-23h, dim 12h-22h. Plats 5-10 £ (7,50-15 €).* Les années passent, mais le *Wagamama* a toujours autant de succès. Un point de repère : arrivé en haut des escaliers, il n'y a plus que 15 mn d'attente ! Les Londoniens adorent la grande salle bondée en sous-sol à la déco aseptisée, la cuisine japonaise à déguster sur de longues tables communes et surtout le concept marketing de *positive eating* qui enrobe le tout. *Pan-fried noodles, ramen* (des nouilles chinoises dans un bouillon servies avec des morceaux de poulet et des légumes). Portions copieuses. La formule plaît : nombreux autres *Wagamama,* notamment au cœur de

BLOOMSBURY, KING'S CROSS ET EUSTON

Soho (voir « Où manger ? » dans le chapitre « Le centre touristique : Soho, Piccadilly, Covent Garden et Oxford Circus »).

|●| Pasta Plus Italian Restaurant *(plan général E1, 256)* : 62 Eversholt St, NW1 1DA. ☎ 0207-383-49-43. ⓜ *Euston Square. Lun-ven 12h-15h, 17h30-23h ; sam 17h30-23h. Fermé sam midi et dim. Congés annuels : de mi-déc à mi-janv. Pâtes 7-8 £ (10,50-12 €) ; viande ou poisson 10-15 £ (15-22,50 €). Menu autour de 12 £ (18 €).* Ce petit resto qui ne paie pas de mine fait office de havre de paix, dans ce quartier vraiment pas folichon. L'attente est parfois un peu longuette, mais sera largement récompensée par une cuisine italienne fine et copieuse. Bons *antipasti*, des pâtes fraîches maison... Bref, une bonne adresse relativement douce pour le porte-monnaie et à l'accueil prévenant.

Plus chic

|●| Smithy's *(plan général F1, 281)* : 15-17 Leeke St, WC1X 9HZ. ☎ 0207-278-59-49. ● info@smithyslondon.com ● ⓜ *King's Cross. Lun-mer 11h-23h, jeu 11h-minuit, ven-sam 11h-1h, dim 11h-21h. Tapas 3-6 £ (4,50-9 €), plats principaux 11-15 £ (16,50-22,50 €). Bref, compter env 25 £ (37,50 €) le repas. Sur présentation de ce guide, avec un repas (2 plats min), liqueur offerte.* Non loin de King's Cross, dans un coin un peu planqué et très calme, un séduisant restaurant installé dans un ancien atelier de maréchal-ferrant décoré de photos du vieux Londres. Sols pavés, canapés en cuir, verrières et vieux bois lui confèrent une atmosphère authentique, avec quelques touches design pour surfer sur les dernières tendances. Très belle carte des vins et bonne cuisine internationale. La nourriture, bien que savoureuse, paraît tout de même très chère au vu des quantités servies, d'autant que les accompagnements viennent en supplément.

Où boire un verre ?

🍷 Voir, ci-dessus, le resto **Smithy's** *(plan général F1, 281)* pour siroter un verre de vin dans une atmosphère chaleureuse et un brin sophistiquée.

🍷 **Café in the Gardens** *(plan général F2)* : dans le Russell Square. ⓜ *Russell Square. Tlj plus ou moins 7h-17h.* Sans doute la plus jolie terrasse du quartier, idéalement située au cœur du jardin typiquement à l'anglaise de Russell Square. Comment résister au charme d'une fin d'après-midi ensoleillée, lorsque les derniers rayons enflamment les jets d'eau de la fontaine centrale ?

Où écouter du rock, du blues, du jazz, de la soul, du funk, du rap... ?

♪ **Ulu** *(plan général E2, 461)* : Malet St, WC1E 7HY. ☎ 0207-664-20-00. ● ulu.co.uk/ululive ● ⓜ *Goodge St. Rue parallèle à Gower St. Entrée à partir de 5 £ (7,50 €).* En Angleterre, tous les groupes de musique passent dans les salles des universités avant de pouvoir espérer faire de grandes tournées. C'est donc dans un lieu comme celui-ci que vous verrez les groupes qui feront peut-être, dans 2 ou 3 ans, la une des journaux. Attention, les concerts (une dizaine par mois) commencent vers 19h30.

Où sortir ?

Deux adresses excentrées vers le nord, mais qui valent le coup. Pour y aller, soit à pied (si vous logez dans le quartier), le métro (mais c'est galère), ou le taxi (bien plus simple !). Et une autre adresse, plus centrale.

♪ *The Cross* *(plan général F1, 462)* : King's Cross Goods Yard, N1. ☎ 0207-837-08-28. • info@the-cross.co.uk • the-cross.co.uk • ⓜ *King's Cross. Pour y accéder, prendre York Way, la rue qui longe King's Cross Station par la droite, puis à gauche sur le pont. Ven-dim 22h-5h, sam 22h-6h. Entrée : 15-20 £ (22,50-30 €). Pour les plus de 21 ans. Sur-prenante boîte sous les voûtes d'anciens entrepôts. Ses 5 salles aux murs de brique assurent son charme, et par là même la constance du suc-cès. Aux platines, DJs pro-techno qui font gigoter une jeunesse plutôt bien mise. Le vendredi, soirée* fiction *pour une clientèle gay. L'été, on peut pro-fiter du patio et de ses confortables fauteuils, installés entre bambous et statues de Bouddha.*

♪ *Canvas* *(plan général F1, 462)* : juste en face de The Cross. ☎ 0207-833-83-01. • canvaslondon.net • info@canvaslondon.net • ⓜ *King's Cross. Ven-sam à partir de 22h. Entrée : 10-20 £ (15-30 €). Trois immenses arènes où se désarticuler* et un bar, de beaux arguments pour un club qui pulse dans le bon rythme. L'été, ceux qui trouvent qu'Ibiza, ça fait vraiment trop loin, peuvent aller se déhancher sur la terrasse du toit, habillée de palmiers et de bambous.

♪ *The End* *(centre 1, F3, 457)* : 18 West Central St, Saint Gile's, WC1A 1JJ. ☎ 0207-419-91-99. • info@endclub.com • endclub.com • ⓜ *Holborn ou Tottenham Court Rd. Lun-jeu 22h-4h, ven 22h-5h, sam 22h-7h. Téléphoner pour le dim. Entrée 6-15 £ (9-22,50 €), boissons en plus ; réduc pour les étudiants munis de leur carte. Un gros club avec double* dance floor, *complété en rez-de-chaussée par le célèbre* Aka Bar *et sa mezzanine (qui ouvrent à 19h)... le tout drapé dans une déco des plus minimaliste. Pour s'y déhan-cher sur de la* underground house, *de la techno (le samedi soir) ou de la* drum'n bass *(les mercredi et ven-dredi), servies par un* sound system *surpuissant qui vous fait sautiller sans aucun effort.*

Théâtre et danse

∞ *UCL Bloomsbury Theatre* *(plan général E2)* : 15 Gordon St, WC1. ☎ 0207-388-88-22. • thebloomsbury.com • ⓜ *Euston Square ou Goodge St. Ce théâtre propose des pièces mises en scène générale-ment par des étudiants de bon niveau.*

∞ *The Place – Robin Howard Dance Theatre* *(plan général E2)* : 17 Duke Rd, WC1. ☎ 0207-387-00-31. • theplace.org.uk • ⓜ *Euston Square, Russel Square ou King's Cross. Le meilleur de la danse contemporaine britannique et mon-diale ! Le lieu où se produisent les nouvelles générations de danseurs. Donc, une programmation très contemporaine.*

Shopping

Parapluies

❀ *James Smith & Sons* *(centre 1, F3, 600)* : 53 New Oxford St, WC1A 1BL. ☎ 0207-836-47-31. • james-smith.co.uk • ⓜ *Holborn. À l'angle avec Bloomsbury. Lun-ven 9h30-17h25, sam 10h-17h25 (tapan-*

tes !). Le grand spécialiste du parapluie, du pépin, du pébroque, de l'ombrelle et de la canne à pommeau. Tout cela depuis 1830 ! Plus

British... Les Anglais sont définitivement experts en matière de pluie ! De la très grande qualité à – presque – tous les prix. Un monument.

Livres

⚘ 🏃 *Gosh Comics* (centre 1, F3) : 39 Great Russell St, WC1. ☎ 0207-636-10-11. • *goshlondon.com* • Ⓜ *Tottenham Court Rd.* Tout près du British Museum. Tlj 10h-18h (jeuven 19h). Pour les dingues de B.D. américaines. Surtout de la science-fiction. Excellent choix et nombreuses raretés, dispersées sur les 2 niveaux de cette caverne d'Ali Baba. On y trouve aussi de la B.D. européenne, dans des éditions introuvables chez nous.

⚘ 🏃 *Orbital Comics* (centre 1, E3, *601*) : *148 Charing Cross Rd, WC2H 0LB.* ☎ 0207-240-76-72. • *or bitalcomics@aol.com* • Ⓜ *Tottenham Court Rd.* Lun-sam 10h30-19h, dim 11h30-17h. Boutique confidentielle planquée dans un sous-sol. Une véritable mine d'or pour les collectionneurs de B.D. américaines : des raretés par centaines !

⚘ *Housmans* (plan général F1, *602*) : 5 Caledonian Rd, N1 9DX.

☎ 0207-837-44-73. • *housmans. com* • Ⓜ *King's Cross.* Lun-ven 10h-18h30 (19h30 mer), sam 10h-18h, dim 12h-18h. Librairie libertaire, siège de nombreuses associations contestataires. Depuis 1945, elle propose une vaste sélection d'ouvrages (en anglais) sur l'écologie, le mouvement altermondialiste ou encore antinucléaire, la politique, la sociologie, etc. Conférences et pétitions sur les mêmes thèmes. Magazines du monde entier, fanzines et pamphlets. Également un mini-rayon consacré aux documentaires (DVD-VHS).

⚘ *Gays the World* (plan général F2, *603*) : 66 Marchmont St, WC1. ☎ 0207-278-76-54. Ⓜ *Russell Square.* Lun-sam 10h-18h30, dim 14h-18h. Librairie homo très connue (pour hommes et femmes), ayant un grand choix de bouquins et un petit café dans le fond de la boutique.

Papeterie

⚘ *Paperchase* (centre 1, E3, *604*) : 213-215 Tottenham Court Rd, W1T. ☎ 0207-467-62-00. • *paperchase. co.uk* • Ⓜ *Goodge St.* À 50 m de la sortie du métro. Lun-sam 8h30-9h30 à 19h-20h selon les j., dim 12h-18h.

Une immense papeterie où vous trouverez à coup sûr un choix énorme de cartes à pois bleus, de stylos roses et de pochettes *flashy*. Rayon beaux-arts. Nombreuses autres adresses dans Londres.

Maison

⚘ *Heal's* (centre 1, E2, *605*) : 196 Tottenham Court Rd, W1. ☎ 0207-636-16-66. • *heals.co.uk* • Ⓜ *Goodge St.* À l'angle de Torrington Pl. Lun-mer 10h-18h, jeu 10h-20h, ven 10h-18h30, sam 9h30-

18h30, dim 12h-18h. Tout pour décorer la maison, de la brosse à dents design à la cuisine équipée. Très chic. Le meilleur choix de Londres.

Galeries et musées

British Museum (centre 1, E-F3)

🍴🍴🍴 🏃 (pour les momies) Great Russell St, WC1. Autre entrée sur Montague Pl, moins fréquentée, mais moins spectaculaire. ☎ 0207-323-82-99.

Infos sur répondeur 24h/24 : ☎ *0207-323-80-00.* ● *thebritishmuseum.ac.uk* ●
Ⓜ *Holborn, Tottenham Court Rd ou Russell Square. Tlj 10h-17h30 ; jeu-ven,
ouverture d'une petite sélection de galeries jusqu'à 20h30. Fermé 24-25 déc,
Jour de l'an et Vendredi saint. Entrée gratuite. Audioguides en anglais et
espagnol, à 3,50 £ (5,25 €). Visites guidées en anglais de 90 mn, proposant
un rapide aperçu des principales œuvres du musée : 8 £ (12 €), sur la base
d'un groupe de 10 pers, à 10h30, 13h et 15h. Résa :* ☎ *0207-323-81-81.
Également de nombreuses visites à thème gratuites (se renseigner pour le
calendrier). Du 13 sept 2007 au 6 avr 2008, expo consacrée au Premier
empereur de Chine Qin Shi Huangdi et son armée de terre cuite.*

LE musée par excellence a fêté en 2003 ses 250 ans. Sa richesse est telle
qu'elle justifie pour beaucoup à elle seule une visite à Londres, c'est dire...
On y accède par la sublime *Great Court,* réaménagée en un large atrium par
l'architecte Norman Foster. Entièrement recouverte d'un toit translucide,
comme une immense résille tissée par une araignée, elle permet l'appoint
d'un espace culturel supplémentaire de 17 000 m². Cela en fait la plus grande
place couverte d'Europe, avec ses boutiques, sa cafétéria et ses comptoirs
d'information. En plein centre, impériale, se dresse l'imposante rotonde de la
salle de lecture, enlacée de deux escaliers monumentaux. La vénérable salle
fut fréquentée en son temps par Shaw, Dickens et Marx (il occupa le siège A6,
sur lequel il rédigea *Le Capital*). Le « British » couvre l'histoire de l'humanité
depuis ses origines jusqu'à nos jours, mais ce sont les collections d'antiquités qui occupent la plus grande partie des 26 000 m² de galeries. Impossible
de tout voir en une fois. Si vous voulez aller au fond des choses, il vaut mieux
choisir quelques sections et visiter le musée petit à petit. **Attention : c'est un
vrai labyrinthe ! Se procurer le plan au kiosque d'information.**

Vastes collections archéologi-
ques (sarcophages égyptiens,
vases antiques, les marbres de
lord Elgin volés au Parthénon...). Les sections consacrées à l'Assyrie, à la Grèce et
à l'Égypte sont d'une richesse
époustouflante. Celles sur l'art
oriental ne sont pas en reste. Il
abrite aussi des manuscrits
rarissimes et des collections de
monnaies inestimables, ainsi
qu'une galerie consacrée aux
civilisations mexicaines avant
la conquête espagnole.
Le tout est conservé en plein
cœur de Londres, derrière la
gigantesque façade d'un temple grec.

**COMMENT NAQUIT LE BRITISH
MUSEUM ?**

*Cette véritable institution britannique a
été fondée au milieu du XVIIIᵉ siècle
grâce à l'argent d'une loterie publique,
qui servit à acquérir de grandes
collections privées. À l'époque, il n'était
pas aussi simple de le visiter qu'aujour-
d'hui : il fallait faire une demande écrite,
visée par une commission, ce qui limitait
le nombre de visiteurs à une dizaine par
jour ! Par la suite, il s'est enrichi des
trésors dérobés par les armées britanniques lors des conquêtes. Un
hommage éloquent à l'empire ! Cela dit,
Napoléon fit de même pour le Louvre.*

Une visite éclair du musée

Pour ceux qui ont peu de temps à accorder au British Museum, voici une
balade de 3 h environ. En suivant cet itinéraire, vous verrez les pièces maî-
tresses du musée et les salles les plus intéressantes. Mais il ne s'agit que
d'une visite édulcorée pour les stakhanovistes. Ceux qui souhaitent voir le
musée à leur rythme doivent se reporter à la visite plus détaillée. Procurez-
vous **ABSOLUMENT** un plan du musée avant de commencer.
– Dès l'entrée du musée, dirigez-vous vers la ***King's Library.*** Soigneusement restaurée, cette magnifique bibliothèque restitue l'atmosphère des cabinets de curiosités du XVIIIᵉ siècle. Les collections sont aussi hétéroclites
qu'ordonnées, illustrant l'immense appétit de savoir des savants de l'époque.

Sept sections évoquent des sujets comme les religions du monde, les arts, l'écrit ou encore l'histoire naturelle, mais, plus que les objets présentés comme autrefois ou les lourds rayonnages chargés de livres anciens, on retiendra avant tout le vibrant hommage au musée balbutiant des premières heures... et au géant culturel qu'il est devenu.

– *Salle 4 :* à la place d'honneur au centre de la salle, la *pierre de Rosette* est l'objet de toutes les attentions. Elle fut découverte en 1799 par des soldats français dans le delta du Nil et cédée à Londres aux termes du traité d'Alexandrie. Un décret du conseil des prêtres de Ptolémée V (196 av. J.-C.) est gravé en trois écritures : hiéroglyphes, démotique et grec. Au début du XIXᵉ siècle, elle permit à Champollion de percer le secret des hiéroglyphes. C'est l'occasion d'essayer de déchiffrer un autre document célèbre, la *liste des rois,* hiéroglyphes récapitulant le nom des pharaons de Ménès (3100 av. J.-C.) jusqu'à Ramsès II (XIIᵉ siècle av. J.-C.).

– Plus loin dans la même salle, un buste colossal de Ramsès II (1270 av. J.-C.). Un peu mégalo, ce dernier éleva plus de statues à son effigie que tous les autres pharaons d'Égypte. Remarquez les deux couleurs de marbre. La tête claire symbolise la supériorité de l'esprit sur le corps plus sombre.

– Revenez sur vos pas en *salle 6.* Sur la gauche, les *portes de Balawat.*

– Continuez dans la *salle 10.* Les taureaux ailés à tête humaine gardaient les portes de la cité de Khorsabad, nouvelle capitale du roi assyrien Sargon II (VIIIᵉ siècle av. J.-C.). Ils faisaient office de gardiens contre l'infortune. Chacun pèse 16 t. Pour vous rappeler que l'Irak a été administré par les Anglais... et pas mal pillé. *Chasse au lion d'Assurbanipal,* le sport favori des rois assyriens. Le réalisme des scènes de cette grande frise montre la parfaite maîtrise de cet art au VIIᵉ siècle av. J.-C.

– Avancez dans la salle 23 et tournez à gauche vers la *salle 18.* La *frise du Parthénon* (Vᵉ siècle av. J.-C.) fut rapportée en Angleterre au XIXᵉ siècle par lord Thomas Bruce Elgin alors que le site était à l'abandon. Le Parthénon a été restauré depuis, mais les fresques sont encore à Londres, bien que les Grecs fassent campagne pour les récupérer. Les scènes sculptées nous font assister aux préparatifs des fêtes en l'honneur d'Athéna, à la procession et à la cérémonie. Inoubliable !

– En sortant de la salle, tournez à gauche dans la *salle 19* en passant derrière le remarquable *temple funéraire des Néréides à Xanthos.* Voici l'une des *cariatides de l'Érechtéion* (temple sur l'Acropole à Athènes). Sublime drapé plein de grâce.

– Passez dans la *salle 20,* contenant le tombeau de Payava, puis dans la *salle 21,* pour admirer les morceaux de la fresque des Amazones, provenant du mausolée d'Halicarnasse (Asie Mineure). Ce monument colossal figurait dans la liste très sélective des Sept Merveilles du monde antique (n'en subsiste que les pyramides du Caire).

– *Salle 22 :* tambour sculpté provenant du *temple d'Artémis* à Éphèse : une autre des Sept Merveilles ! Évocation de la période d'Alexandre le Grand et de la vie des plus célèbres philosophes grecs.

– Puis, direction le 1ᵉʳ étage en prenant l'escalier ouest au bout de la salle 4. Dans les *salles 62* et *63,* à gauche de l'escalier, collection de momies et de sarcophages égyptiens. La plus belle hors d'Égypte, mais cela ne justifie pas les pillages de tombes perpétrés « au nom de l'Histoire ». Notre préférée est dans la *salle 62,* après la salle des papyrus : *momie d'Artémidorus* du IIᵉ siècle av. J.-C. Mélange de stucs dans le style pharaonique, d'inscriptions grecques et de peinture romaine.

– Dans la salle 63, tourner à droite dans la *salle 56* pour apprécier le bélier tout en lapis-lazuli et or, cherchant à manger dans un arbre imaginaire. Tout simplement splendide. N'oubliez pas les *statues de Gudea* (remarquer ce bloc de roche noire d'où émergent deux pieds !) et les beaux *bronzes du temple de Ninhursag.* Les trésors sumériens sont nombreux : incroyable chapeau décoré de feuilles d'or, casque d'or trouvé à Ur, collection de harpes, de mosaïques, etc. Les Sumériens, comme on le rappelle à point nommé dans cette salle, sont aussi à l'origine de l'écriture !

– Revenez à l'escalier ouest et prenez à gauche pour la Grèce et Rome. Beaucoup d'objets, mais pas de chefs-d'œuvre. Signalons, tout de même, en *salle 70,* le *vase Portland* du Ier siècle av. J.-C., fabriqué dans une verrerie romaine suivant la technique du camée. Une pure merveille de goût et de raffinement. Allez tout au bout de la *salle 69,* puis à gauche, traversez la *salle 68* (salle des monnaies, de toutes les époques).

– *Salle 36,* découverte de l'art byzantin, des cultures celte et viking.

– Prenez en face de l'escalier sud et allez dans la *salle 41* pour voir le trésor médiéval de *Sutton Hoo* (VIIe siècle) provenant d'un vaisseau funéraire dans lequel un roi anglo-saxon fut enterré. Le plus riche trésor jamais découvert en Angleterre : casque en or orné de plaques de bronze et de fils d'argent, boucle de ceinture en or décorée d'entrelacs, agrafes et fermoir de bourse en or et grenats. Il faut toutefois une bonne dose d'imagination pour arriver à reconstituer certains objets. La cotte de mailles, par exemple, nous est parvenue sous la forme d'un agrégat de métal soudé.

– Puis, direction la *salle 50,* via la salle 49, pour admirer le *bouclier de Battersea,* la plus remarquable pièce de l'art celtique primitif en Angleterre. La fine décoration en volutes montre une grande maîtrise du travail du bronze. Sans oublier l'*Homme de Lindow.* Jeune garçon de 25 ans (il fait plus, non ?) mort il y a 2 000 ans et retrouvé au fond d'un marécage. L'examen du corps a montré que ce malheureux Celte a dû mourir lors d'un rituel horrible, après avoir été assommé, étouffé puis égorgé.

– Retournez sur vos pas jusqu'à l'escalier sud et descendez dans la Great Court.

– Contournez la bibliothèque jusqu'à l'escalier nord ; tout droit, la galerie asiatique *(salle 33)* et la salle d'art islamique *(salle 34).* Une très belle *aiguière Blacas* qui servait à verser toutes sortes de liquides (mais pas de vin, enfin, normalement !).

Une visite approfondie des collections

La visite qui suit s'adresse à tous ceux que le parcours éclair n'a pas sevrés. Se vouloir exhaustif serait impossible. C'est pourquoi cette visite suit nos préférences, comme d'habitude. Pas de bla-bla sur les figurines d'argile d'Italie du Sud ou sur l'art cypriote. Mais rassurez-vous, il en reste assez pour satisfaire les plus gros appétits. Compter ici cinq bonnes heures, un peu plus si vous flânez et beaucoup plus si vous vous arrêtez pour lire chaque étiquette... N'oubliez pas toutefois de commencer la visite par la *King's Library,* une plongée en apnée à travers les siècles à la découverte du *British Museum* tel qu'il était à l'origine (voir « Une visite éclair du musée »)... Pour la pause, on aurait aimé nous conseiller le cafét' du musée, mais elle n'est malheureusement pas terrible. Quant au resto, il est franchement très cher. On vous encourage donc à sortir. Face au musée, on vous a déniché deux adresses sympas pour un casse-croûte sur le pouce (voir « Où manger ? », le *Ruskins Coffee Shop* et *Wagamama).*

Antiquités égyptiennes

Le département le plus prestigieux du British Museum et, dans le genre, les collections les plus riches au monde avec celles des musées du Caire et du Louvre. Les découvertes faites dans la vallée du Nil par les archéologues anglais y sont bien sûr pour quelque chose, mais il faut ajouter que les pièces inestimables cédées par Napoléon (après le traité d'Alexandrie) ont été accueillies avec joie. L'histoire du voleur volé, en quelque sorte... On ne se lasse pas d'arpenter les salles consacrées à l'Égypte ancienne, comme ce fut le cas, entre autres, pour Flaubert... Il faut dire que les trésors ne manquent pas.

Pour compléter votre session égyptologique, on vous rappelle l'existence de la gigantesque expo sur *Toutankhamon et l'âge d'or des Pharaons*, qui revient à Londres après 35 ans sur les routes. Elle se tient au dôme O², à Greenwich (se reporter plus loin au chapitre « Les autres quartiers de Londres »).

Rez-de-chaussée

– **Salle 4 :** la plus grande salle du musée, vouée aux œuvres monumentales. On y trouve la fameuse *pierre de Rosette* (voir « Une visite éclair du musée ») et la *liste des rois,* autre pièce rare. Un peu plus loin, de remarquables fragments de murs gravés (dont un en granit rouge) rapportés de Gizeh. On ne peut pas rater les trois statues de granit noir représentant Sésostris III, ainsi que la tête colossale d'un roi de la XVIIIe dynastie. Son poing est posé à côté. Sur les deux côtés de la salle, des reliefs sculptés et peints, *quatre statues de la déesse Sekhmet* (XVIIIe dynastie ; 1400 av. J.-C.) avec sa tête de lionne, son disque solaire et, entre ses mains, la croix Ankh, symbole de la vie. Au centre de la salle (carrefour avec la salle 8), splendide babouin en quartz (1400 av. J.-C.). Impossible de passer à côté du buste imposant de Ramsès II, plus loin, dans la salle 4. Derrière lui, plusieurs cuves de sarcophage couvertes à l'intérieur et à l'extérieur de hiéroglyphes comme autant de messages de bienvenue dans l'au-delà. Noter dans la frise du sarcophage le pilier Djed, en forme de T, symbole de la stabilité. Un peu plus loin encore, deux monumentales colonnes en granit, mais surtout un scarabée géant de l'époque ptolémaïque qu'on n'aimerait pas rencontrer sous son édredon ! Vous voici arrivé au niveau de l'escalier ouest, qu'il vous faut grimper calmement pour apprécier de magnifiques *mosaïques d'Halicarnasse,* riches en gazelles, lions et autres poissons.

Premier étage

– **Salle 61 :** collection de papyrus. Très beaux parchemins couverts de hiéroglyphes, certains parfaitement conservés. Également des vitrines de bijoux (superbes) et de vases, des amulettes et une riche collection de figurines. Vie quotidienne dans l'Égypte ancienne. Pêle-mêle : vannerie, vêtements, sandales, instruments de musique (harpe, flûte, guitare...), meubles (de 1250 av. J.-C. !), vaisselle, jouets, outils... et un panier rempli de fruits.

– **Salles 62 et 63 :** momies et sarcophages. Essayez d'éviter les heures de pointe : c'est le coin préféré des groupes scolaires ! Les pièces sont saisissantes, il faut l'avouer. Certaines sont dorées ou peinturlurées, d'autres simplement emmaillotées ou recouvertes de chiffons usés (depuis le temps !). La pièce 6704 (à vous de chercher... Allez ! un indice : regarder sous les pieds !) est la plus frappante : les bandelettes épousent chaque partie du corps, créant comme une seconde peau à la dépouille ! Des radiographies permettent de connaître l'âge, le sexe et les problèmes médicaux des personnes momifiées... Vous vous imaginez ainsi « ausculté » dans deux millénaires ? Brrr... Dans les vitrines (à l'un des angles), adorables momies d'animaux : un chat mimi comme tout, un chacal, des poissons, de minuscules souris et même un ver de terre.

– **Salle 64 :** l'Égypte des débuts. Sculptures, amphores, etc. Le plus incroyable : la dépouille d'un homme, surnommé *Ginger* et ayant vécu 3400 ans av. J.-C. Comme le temps passe... La peau (on serait tentés de dire le cuir) a été conservée par le désert. Restent même quelques cheveux !

– **Salle 65 :** galerie d'Afrique et d'Égypte. Pierres sculptées, bijoux, statuettes et vases. Au fond, reconstitution d'un mur de la chapelle d'une pyramide, avec ses bas-reliefs.

– **Salle 66 :** pour la rejoindre, retournez salle 63 et prenez à droite. L'Égypte copte. Figurines, tapisseries, belles icônes...

Antiquités grecques et romaines

L'un des départements les plus riches. Il contribue, avec les antiquités égyptiennes, à la célébrité du musée. Les sculptures les plus grandioses se trouvent au rez-de-chaussée, qui présente l'évolution chronologique de l'art grec, de l'âge du bronze à l'époque romaine. Au 1er étage, art grec dans les colonies d'Italie du Sud, antiquités préromaines et romaines.

Rez-de-chaussée et sous-sol

– **Salles 11 et 12 :** les fondements de l'art grec. Art primitif des Cyclades (autour du IIIe millénaire av. J.-C.) avec sa statuaire en marbre très caractéristique, dont Brancusi s'est inspiré. Objets datant de la civilisation minoéenne qui s'était développée en Grèce pendant l'âge du bronze. Elle servit de fondation à l'art mycénien, dont on découvre quelques exemples, notamment des bijoux.

– **Salles 13 et 14 :** vases de la période géométrique qui débuta à Athènes au XIe siècle av. J.-C. Les motifs géométriques laissent peu à peu la place aux motifs figuratifs, très stylisés au début (hommes, dieux, animaux). Ce sont les éléments de base que les artistes grecs utiliseront désormais en les affinant. La Grèce archaïque (VIIe-VIe siècle av. J.-C.) : bronzes, céramiques et bijoux de la période orientalisante (VIIe siècle av. J.-C.), pendant laquelle les Grecs digérèrent le savoir-faire et le style des artisans du Proche-Orient. Voir surtout la parure trouvée dans une tombe

QUI A VOLÉ DES MORCEAUX DU PARTHÉNON ?

En 1802, lord Thomas Bruce Elgin, ambassadeur d'Angleterre à Constantinople, réussit un coup de maître en obtenant l'accord du sultan turc pour prélever des fragments du Parthénon, alors que la Grèce faisait partie de l'Empire ottoman. Ainsi, il rapporta dans ses bagages la quasi-totalité de la frise qui courait en haut de la galerie intérieure du temple. Précisons pour sa défense que le site était à l'abandon depuis son explosion, en 1687, lorsqu'il faisait office de poudrière ! Depuis l'indépendance grecque, le gouvernement tente désespérément de les faire revenir, et l'on comprend pourquoi.

à Rhodes. Superbe vase athénien à figures noires (vers 570 av. J.-C.). La frise supérieure représente les *Noces de Pélée* (le père d'Achille) *et de Thétis.* Remarquez le soin apporté à la décoration du col, la partie la plus visible lorsque le vase était posé sur son socle. La technique de la figure noire était en vogue à cette époque : les figures sont peintes en noir et les détails incisés. En revanche, la couleur blanche utilisée pour les visages et les parties visibles du corps n'a résisté au temps qu'à quelques endroits. Les dessins intacts conservés au *British* n'en sont que plus précieux. Impressionnante collection d'amphores et de coupes dans la salle du sous-sol. La salle 14 est consacrée à la technique de la figure rouge, inventée à Athènes à la fin du VIe siècle. C'est en fait l'inverse de la technique précédente : le vase est peint en noir, excepté les figures qui apparaissent dans la couleur rouge de l'argile. Les détails ne sont plus gravés à la pointe à tracer, mais sont peints au pinceau, ce qui permet de traiter avec plus de réalisme les corps et les drapés. Quelle révolution !

– **Salle 15 :** beaux cratères, coupes et lécythes à figures rouges. Les frises animalières de Xanthos nous amènent au début de la période classique, où le coup de ciseau s'affine considérablement. Au milieu des coqs et des poules, un satyre rôde.

– **Salle 16 :** autour de la mezzanine, superbe frise provenant du *temple d'Apollon à Bassae,* aux figures trapues et athlétiques (autour de 400 av. J.-C.).

214 BLOOMSBURY, KING'S CROSS ET EUSTON

– **Salle 17 :** reconstitution spectaculaire de la façade ionique du *temple funéraire des Néréides à Xanthos* (Lycie). Entre les colonnes, les nymphes laissent subtilement découvrir leurs formes sous un drapé presque transparent.
– **Salle 18 :** voici le clou du spectacle, les *marbres d'Elgin. Audioguide spécial (existe en français) : 3,50 £ (5,25 €), 5,50 £ (8,25 €) pour deux.*
Le thème choisi par Phidias, le sculpteur génial du Parthénon, est la *fête des Grandes Panathénées,* célébrée tous les quatre ans à Athènes en l'honneur de la déesse protectrice. À l'issue d'une longue procession rassemblant cavaliers, magistrats et serviteurs, le peuple apportait solennellement à Athéna un nouveau *péplos,* sa tunique de laine. Grande précision du trait et grand classicisme de ces visages sereins, qui semblent idéalisés au-delà des affres de la passion humaine. Le fronton, dont il reste peu de chose, représente la naissance peu banale d'Athéna en présence des autres dieux rassemblés pour l'occasion : elle sortit en armure de la tête de Zeus, après qu'Héphaïstos lui eut fendu le crâne d'un coup de hache. Le coup de ciseau adroit semble donner du poids aux étoffes. Les formes se laissent deviner sous les plis tourbillonnants. Notez que les sculptures sont aussi bien travaillées devant que derrière. Quelques métopes représentent le combat mythique des Lapithes contre les Centaures.
– **Salle 19 :** suite et fin du butin d'Elgin avec l'une des fameuses *cariatides de l'Érechthéion,* faisant toujours imperturbablement office de colonne. Les plis du *péplos,* couvrant la jambe tendue, rappellent les cannelures d'une colonne.
– **Salle 20 :** imposante *tombe de Payava* à Xanthos. Ce mélange d'art grec et oriental est caractéristique de l'art de Lycie, contrée d'Asie Mineure occupée par les Grecs. Plusieurs jarres et amphores, remarquables exemples des techniques de peinture rouge et de peinture noire.
– **Salle 20a** (en mezzanine) *:* salle entièrement consacrée aux différentes techniques de peintures utilisées sur des vases et des objets de vaisselle. Techniques de la figure rouge surtout, mais aussi vernis noir et *white ground.*
– **Salle 21 :** vestiges de deux des Sept Merveilles du monde, des œuvres monumentales de premier choix. Superbe tête de cheval qui appartenait au quadrige trônant au sommet de la *tombe du roi Mausole* à Halicarnasse (à l'origine du « mausolée »).
– **Salle 77 :** accès par la salle 21. « Remise » d'antiquités grecques et romaines, parmi lesquelles les sculptures de la *collection Townley* (vase en marbre, discobole et autres sculptures du IIe siècle apr. J.-C.).
– **Salle 22 :** salle consacrée à Alexandre le Grand et aux Ptolémées. Superbes fragments du tambour sculpté du *temple d'Arthémis* à Éphèse. Imaginez les dimensions de l'édifice par rapport à la taille des colonnes ! Beau travail du drapé sur la statue en marbre représentant une femme, qui a malheureusement perdu la tête. Notez aussi l'impression de douceur de la statue en marbre de Demeter, et l'élégance des petites figures en *terracotta.*
– **Salle 23 :** Aphrodite prend son bain, au grand plaisir des spectateurs...
– **Salles 82 à 85 :** avant d'aller se perdre dans les étages, les insatiables iront se repaître des sarcophages, sculptures et autres bas-reliefs de Cyrénaïque et d'Éphèse rassemblés dans les sous-sols (accessibles depuis la salle 10).

Premier étage

– **Salle 73 :** impressionnant ensemble d'amphores, cratères et lécythes d'Italie du Sud, parmi lesquels nos vases préférés : les cratères à volutes. Jarre en bronze du Ve siècle av. J.-C. et son couvercle très original, sur lequel des archers à cheval entourent une couple dansant.
– **Salle 72 :** antiquités chypriotes. Techniques du travail du bronze.
– **Salle 71 :** antiquités préromaines et en particulier étrusques, où l'on sent l'influence décisive des artistes grecs. Urne funéraire, sarcophage en terre cuite, superbes bijoux en or et armes en bronze parfaitement conservées (bouclier, casque...).

BLOOMSBURY, KING'S CROSS ET EUSTON

– *Salle 70 :* la salle la plus intéressante de l'étage. Ne manquez pas le fameux *vase Portland* (voir « Une visite éclair du musée »). Nombreux objets en bronze de tailles et de fonctions diverses. Les plus petits sont aussi les plus mignons, comme cette *Allégorie de l'Automne* portant des fruits dans son châle. Étonnant harnais de cheval du Iᵉʳ siècle apr. J.-C. et buste d'un homme au crâne rasé, aux traits particulièrement réalistes. Voir aussi la *tête en bronze d'Auguste de Méroé,* retrouvée au Soudan. Les billes de verre sont encore dans leur orbite. Veste et casque en peau de crocodile (ils ne se refusaient rien !) provenant d'une armure de parade utilisée par les soldats romains après l'invasion de l'Égypte.

– *Salle 69 :* intéressante exposition didactique sur les arts et les techniques dans l'Antiquité gréco-romaine. Belle collection d'objets en verre, parmi lesquels des petits flacons à parfum délicatement peints. Intéressant : face à face, les équipements d'un hoplite (soldat grec) et d'un mirmillon (gladiateur romain).

Antiquités du Proche-Orient

Les salles de ce département fantastique font revivre les anciennes civilisations d'Asie occidentale, notamment assyrienne, sumérienne, babylonienne et phénicienne. L'étendue géographique de ces royaumes méconnus (en gros, de l'Asie Mineure au Pakistan) et leur longévité (de 2500 av. J.-C. jusqu'au VIIᵉ siècle) expliquent la richesse des collections. L'Assyrie ancienne, qui occupe plusieurs salles du rez-de-chaussée, est la mieux représentée, grâce aux palais royaux mis au jour en Irak au XIXᵉ siècle et en partie reconstitués pour les visiteurs du musée. « Kolossal »...

Rez-de-chaussée

– *Salle 6 :* à l'entrée, les monumentaux gardiens de la porte du *palais d'Assurbanipal.* Notez qu'ils sont dotés de cinq pattes, pour qu'on puisse, d'où que l'on soit, de face ou de profil, toujours en apercevoir quatre. Ingénieux, non ? Mais également reconstitution des *portes de Balawat* (6 m de haut !), dont le bronze a survécu. De l'autre côté de l'allée, un des lions qui gardaient le *temple d'Ishtar.* Superbe gueule ouverte et corps entièrement sculpté.

– *Salles 7 et 8 :* sur des dizaines de mètres, des scènes sculptées racontent en détail les conquêtes assyriennes. Ces œuvres finement exécutées proviennent principalement du *palais de Nimrud* (IXᵉ siècle av. J.-C.). La représentation précise des chars, chevaux, guerriers et animaux blessés constitue un précieux témoignage sur les mœurs de l'époque. Noter, par exemple, les techniques des soldats pour attaquer les places fortes défendues par des fossés remplis d'eau : ils traversaient à la nage, soutenus par des outres gonflées. Du pain béni pour les historiens.

– *Salle 9 :* encore des scènes en relief, découvertes celles-ci dans le *palais de Nineveh,* plus connue sous le nom de Ninive (vers 700 av. J.-C.). Notez la diversité des motifs : guerre, chasse, pêche, agriculture... On remarque même des esclaves transportant l'un des colossaux taureaux ailés, emblèmes du royaume.

– *Salle 10 :* les taureaux ailés à tête humaine gardaient les portes de la cité de Khorsabad, nouvelle capitale du roi assyrien Sargon II (VIIIᵉ siècle av. J.-C.). Ils faisaient office de gardiens contre l'infortune. Fresques superbes retraçant des scènes de chasse au lion, rapportées du *palais du roi Assurbanipal* (645 av. J.-C.). Remarquer la lionne blessée par la flèche, première représentation de la douleur. Dans la galerie attenante, scènes sculptées glorifiant la prise de la cité biblique de Lakish par les Assyriens (700 av. J.-C.).

Sous-sol

– *Salle 88 :* accessible depuis la salle 10. Consacrée à l'Asie de l'Ouest et à l'art assyrien.

– *Salle 89 :* très beaux reliefs représentant la bataille de Til-Tuba. Remarquez le chameau parfaitement exécuté. Belles armes, comme un casque assyrien du VIIIe siècle, mais surtout d'étonnantes tablettes d'argile recouvertes de cette étonnante écriture cunéiforme propre aux anciennes civilisations assyro-babyloniennes.

Premier étage

Retournons à la salle 4 pour remonter au 1er étage par l'escalier ouest.
– *Salle 58 :* les premières cités. Reconstitution d'une tombe découverte à Jéricho.
– *Salle 57 :* Syrie. *Le roi d'Alalakh,* Idrimi, nous accueille avec des vêtements recouverts d'inscriptions ! À voir aussi : des bustes trouvés à Palmyre, des bijoux phéniciens, des vestiges de Carthage, d'étranges têtes de sarcophages philistins...
– *Salle 56 :* Mésopotamie ancienne, autrement dit, l'aube de la civilisation. Un panneau raconte l'histoire de la ville de Babylone. Un bélier original en lapis-lazuli et or, les *statues de Gudea* et les *bronzes du temple de Ninhursag* (voir « Une visite éclair du musée »). C'est aussi ici que l'on retrouve *l'étendard d'Ur* en ivoire et lapis-lazuli, illustrant les victoires du roi. Les Sumériens, comme on le rappelle à point nommé dans cette salle, sont aussi à l'origine de l'écriture ! On reconnaît aisément les caractères de cette écriture, dite cunéiforme, à leur dessin en forme d'encoches triangulaires creusées dans des tablettes d'argile. Les archéologues en ont découvert de nombreux spécimens parfaitement conservés par le climat sec du désert et par les incendies, qui en les cuisant ont rendu ces tablettes inaltérables.
– *Salle 55 :* Mésopotamie. Très belles pierres gravées. Une vitrine explique l'importance du royaume de Nabuchodonosor.
– *Salles 54 et 53 :* ancienne Anatolie. De bien jolies pièces parmi les figurines, poteries, bijoux, statuettes d'ivoire, etc. Remarquez le curieux casque pointu en bronze, ainsi que les pieds de lion en bronze.

Préhistoire, art celte et antiquités anglo-romaines

– *Salle 36 :* remarquer le couvre-épaules en or (voir « Une visite éclair du musée »).
– *Salle 37 :* âge de pierre et âge du bronze. Squelette humain, urnes funéraires et ex-voto trouvés à Barnack (vers 2100 av. J.-C.).
– *Salle 49 :* la Grande-Bretagne pendant la domination romaine (du Ier siècle av. J.-C. au Ve siècle apr. J.-C.). Belles pièces d'orfèvrerie, comme le *trésor de Mildenhall,* et son grand plat en argent orné de bacchantes.
– *Salle 50 :* ne ratez pas le plus étonnant, l'*Homme de Lindow* (voir « Une visite éclair du musée »). Cette salle concerne également l'art celte à l'âge du fer (2000 à 100 av. J.-C.). Les Celtes avaient des mœurs barbares mais un goût raffiné. Ils maîtrisaient le travail des métaux et avaient un faible pour les décorations exubérantes. *Flacons de Basse-Yutz* en bec de canard, ornés d'une anse délicate en forme de chien. Disque en bronze dans un style végétal d'une élégance surprenante. Leur art s'est déployé complètement dans les armes et les parures. *Bouclier de Battersea* et casque à cornes trouvés dans le port de Londres. Une pièce unique ! Splendides *torques d'Ipswich,* sortes de colliers formés d'une torsade en or.

Du Moyen Âge au XXe siècle

– *Salle 41 :* haut Moyen Âge. Salle d'une grande richesse. Collection d'ivoires, de bronzes et de bijoux byzantins. Somptueux ensembles d'objets ouvragés en métal, comme le *trésor de l'Esquilin* (vaisselle et harnais ; fin du IVe siècle) et surtout le *trésor de Sutton Hoo* (voir « Une visite éclair du musée »). *Coffret de Franks* (VIIIᵉ siècle) sculpté dans un os de baleine et orné de scènes à la fois chrétiennes et profanes.

– *Salle 42 :* consacrée à tous les arts du Moyen Âge, c'est-à-dire orfèvrerie, émaux, sculpture, peinture, etc. *Cristal de Lothaire* de l'époque carolingienne (IXᵉ siècle), taillé en creux. Magnifique ensemble de petites pièces d'échiquier du XIIᵉ siècle, sculptées dans une défense de morse et retrouvées dans l'archipel des Hébrides. Somptueuse *coupe en or et émail* du duc de Berry, récupérée par les Tudors. Elle est l'œuvre d'un orfèvre parisien du XIVᵉ siècle. Voir le bouclier de parade flamand du XVᵉ siècle. Enfin, ne ratez pas la superbe *gittern* en bois, ancêtre de la guitare qui ressemble à un violon. Sublime travail d'ornement du bois au dos de l'instrument, et tête de dragon au bout du manche.

– *Salle 43 :* exposition de carrelages et autre types de pavements.

– *Salle 44 :* consacrée à l'histoire de l'horlogerie du Moyen Âge à nos jours. Voir en particulier le *carillon astronomique d'Isaac Habrecht* et la *nef de Hans Schlottheim* (XVIᵉ siècle), d'une grande précision.

– *Salle 45 :* abrite la *donation Waddeston* du baron Ferdinand de Rothschild, rendant un bel hommage à la créativité des artisans européens des XVᵉ, XVIᵉ et XVIIᵉ siècles. Plats en argent, porcelaines, émaux de Limoges, etc. S'il n'y avait que deux pièces à voir, ce serait le ravissant *retable flamand* du XVᵉ siècle, si petit mais délicatement sculpté, et le *reliquaire en or et émail* commandé par le duc de Berry pour conserver une épine de la couronne du Christ.

– *Salle 46 :* arts du XVIᵉ au XVIIIᵉ siècle (vaisselle, émaux, bijoux, médailles et orfèvrerie).

– *Salle 47 :* somptueuse collection de *bijoux de Hull Grundy.* Un peu fourre-tout ; on y trouve même le masque mortuaire de Bonaparte, moulé 2 jours après sa mort.

Antiquités d'Extrême-Orient

Les collections asiatiques du musée sont disséminées dans plusieurs salles, d'autres présentées au gré des expositions. Une bonne partie est visible dans la salle 33, dans l'aile nord (bâtiment Édouard VII). Accès par l'escalier nord, derrière la bibliothèque.

– *Salle 33 :* à gauche, les pièces d'Inde et d'Asie du Sud-Est, à droite celles de Chine. En vrac : superbe *Çiva,* représentations de scènes d'amour indiennes, grande statue népalaise en bronze du XVIᵉ siècle. Sculptures du grand *stupa d'Amaravati* (en Inde) du IIIᵉ siècle av. J.-C. Un travail incroyable : des centaines de personnages inextricablement mêlés dans des scènes pleines de vie. Magnifiques jades chinois.

– Au 1ᵉʳ étage, *salles 92, 93 et 94 :* l'art japonais avec armures, sabres et paravents cinétiques et même un éventail géant impressionnant. Quelques estampes.

– *Salle 34 :* l'art islamique. Redescendre au niveau inférieur de la salle 33. Une très belle collection, appréciée de par le monde. Fragments de bouteilles de verre (vitrine 13), premier exemple de verre doré connu. Quelques gargoulettes de filtres pour protéger les becs de jarres (vitrine 11). Noter la présence de la somptueuse *aiguière Blacas* (vitrine 12) de l'époque ayyubide. Des *céramiques d'Iznik* splendides (vitrine 27) ; il y en a même une avec un lutin rigolo (vitrine 15). Au passage, appréciez le *vase Vescovali* (vitrine 23) avec les signes du zodiaque, en bronze incrusté d'argent, en provenance d'Iran ou d'Afghanistan. Un beau paon d'époque qadjar (vitrine 40 ; XIXᵉ siècle en Iran) qui semble nous observer. Dans la vitrine 36, une base de narguilé avec Khosrow et Shirin, les Roméo et Juliette de l'Orient ! Enfin, ne partez pas sans voir la somptueuse *tortue de jade de Kashgar* (vitrine 43) ainsi que la série d'astrolabes (vitrine 45) !

🐾🐾 *British Library* *(plan général F1, 566)* : 96 Euston Rd, NW1. ☎ 0207-412-73-32. • bl.uk • Ⓜ *King's Cross ou Euston Square. Lun, mer-ven 9h30-18h, mar 9h30-20h, sam 9h30-17h, dim 11h-17h. Fermé pour Pâques, Noël et le Nouvel An. Café, resto et coffee shop.Entrée libre.*

Occupe un vaste bâtiment aux lignes industrielles depuis son déménagement du British Museum. Son architecture de brique a fait l'objet de maintes controverses, mais suscite à présent l'admiration pour son aménagement intérieur aéré et agréable.

Le visiteur est d'abord ébloui devant l'impressionnante et magnifique *King Library*. Dans cette bibliothèque vitrée colossale, haute de 17 m (!), sont conservés les quelque 85 000 ouvrages de la collection personnelle du roi George III. On ne sait pas s'il a réussi à tout lire, mais cet héritage constitue un trésor inestimable pour les historiens...

La British Library abrite par ailleurs plus de 18 millions d'ouvrages dont une *Bible de Gutenberg* (XVe siècle), qui n'a pas inventé l'imprimerie (encore un mythe qui tombe !). Il a seulement amélioré la technique en inventant les lettres mobiles. Le fonds est d'une richesse inouïe et de vrais trésors sont visibles dans la *John Ritblat Gallery*, comme *The Lindisfarne Gospels* du VIIe siècle, un chef-d'œuvre de l'enluminure anglaise, les *Codex Sinaiticus* et *Alexandrinus,* deux des trois Bibles en grec du IVe siècle parvenues jusqu'à nous, ou la mythique *Magna Carta* de Jean sans Terre (1215), à laquelle les sujets de Sa Gracieuse Majesté vouent une passion bien compréhensible ; elle représente un rempart contre tout pouvoir arbitraire. Vous découvrirez également la première édition des œuvres de Shakespeare, le journal de bord de Nelson à Trafalgar, voisin de celui du capitaine Cook, et des manuscrits de Virginia Woolf, James Joyce, Lewis Carrol (l'original d'*Alice au pays des merveilles,* écrit à la main de façon très scolaire, avec des illustrations dans la marge !), Charles Dickens, ainsi que des gravures de William Blake, des partitions de Bach, Rossini et même des paroles des Beatles griffonnées sur des chiffons de papier *(Yesterday)* ! Belle sélection de cartes – guère précises – dont la plus ancienne, représentant la Grande-Bretagne, fut tracée vers 1250. Et ce n'est qu'un début, car la collection s'intéresse aussi à l'Asie et à l'Orient, représentés par des corans anciens aux délicates arabesques, des tantras bouddhistes ou encore de magnifiques enluminures chinoises... Pour en savoir plus, des bornes interactives permettent de tourner les pages virtuelles d'un cahier de notes de Leonardo et des images saisissantes de *Lindisfarne Gospels.* Des documents audio (la mémoire du futur ?) permettent d'entendre James Joyce faisant lui-même une lecture de son *Ulysse,* ou encore des enregistrements de Laurence Olivier ou des Beatles... *The Pearson Gallery* accueille des expositions temporaires, tandis que le *Workshop of Words, Sound and Images* retrace l'histoire du livre, des premiers documents écrits jusqu'à la production industrielle en passant par les manuscrits du Moyen Âge. Pour finir, signalons à nos lecteurs les plus timbrés la superbe section philatélique du rez-de-chaussée, halte indispensable pour les passionnés.

N'oubliez pas avant de sortir de faire un tour à la librairie, où l'on peut dégoter de bons guides thématiques de la ville, des reproductions de vieux plans de Londres, des livres de photos, etc.

🐾 *London Canal Museum* *(plan général F1, 568)* : 12-13 New Wharf St, N1 9RT. ☎ 0207-713-08-36. • canalmuseum.org.uk • *Dans une ruelle qui donne sur Wharfdale Rd. Mar-sam 10h-16h30. Fermé lun, 24-26 et 31 déc. Entrée : 3 £ (4,50 €) ; réduc.* Ce musée sympatoche présente un aspect méconnu de l'histoire de Londres : la vie de ses canaux. Le bâtiment servait, aux XIXe et XXe siècles, à stocker la glace que l'on importait par cargo depuis... la Norvège ! On la revendait en été, et c'est en péniche que le plus gros du transport se faisait. Le Regent's Canal, ouvert en 1820 pour relier Limehouse et Paddington, était une artère vitale pour le transport des marchandises à

Londres. Concurrencée par le rail et la route, la navigation fluviale a doucement périclité à travers le pays. Dans un bassin, derrière le musée, on peut admirer quelques spécimens de ces péniches étroites *(narrow boats)* et peinturlurées de toutes les couleurs, à la mode *« roses and castle »* de l'époque. Les familles vivaient à bord, et aujourd'hui encore, certaines péniches sont habitées. À l'étage, maquettes, photos et documentaire télé. En sortant, vous aurez peut-être envie de vous balader le long des canaux, voire dessus. Le musée organise parfois des découvertes en bateau ou à pied : appelez pour savoir. Si vous partez seuls en balade, on peut vous conseiller le coin de Camden Lock (l'écluse de Camden), l'un des plus bucoliques.

🕯 *Charles Dickens Museum (plan général F-G2, 567)* : 48 Doughty St, WC1. ☎ 0207-405-21-27. ● dickensmuseum.com ● Ⓜ Russell Square. Lun-sam 10h-17h, dim 11h-17h. Entrée : 5 £ (7,50 €) ; réduc. Brochure explicative en français.
Le célèbre écrivain a vécu ici d'avril 1837 à décembre 1839, deux années pendant lesquelles sa plume fut prolifique puisqu'il écrivit, entre autres, le célèbre *Oliver Twist.* La maison, caractéristique de l'époque, a été soigneusement meublée en suivant à la lettre les témoignages des visiteurs de Dickens. Les fans apprécieront sans doute la reconstitution de son bureau, de la bibliothèque ou encore du salon, et seront comblés par les lettres, portraits et autres « reliques » ayant appartenu au grand homme. À noter, une vidéo très intéressante sur sa vie. Accueil fort sympathique, ce qui rend la visite de la maison encore plus agréable.

🕯 *New London Architecture (centre 1, E3, 579) :* The Building Center, *26 Store St, WC1E 7BT.* ☎ *0207-636-40-44.* ● *newlondonarchitecture.org* ● *Lun-ven 9h-18h, sam 10h-17h. Fermé dim. Entrée gratuite.* Une maquette de Londres au 1/1500, des schémas, des croquis, c'est retour vers le futur, cette exposition ! Tous les projets, les grands chantiers à venir pour le Londres urbain de 2015, de la « Rape à fromage » (la tour *Leadenhall)* au « Toboggan » (la tour de *Bichopsgate)* dans le quartier de la City. Et aussi, les grandes constructions liées aux J.O. de 2012. Quelques expos temporaires.

CAMDEN TOWN

Au nord de Londres, le quartier de Camden Town est évidemment célèbre pour son marché aux puces, beaucoup plus « folklorique » et « fringues » que Portobello. Niveau hébergement, ce n'est pas le point de chute idéal pour explorer la ville. Le quartier est un peu excentré et l'ambiance se révèle franchement triste en dehors des week-ends bondés autour du marché. On y vient d'abord pour observer toute la foule d'excentriques urbains *typically* londoniens et pour la vie nocturne toujours aussi éclectique, du punk-rock alternatif à la disco en passant par le gothique et l'électro. Quand le marché se vide et que les visiteurs diurnes se font la malle, bars et clubs se remplissent. Grosse affluence les vendredi et samedi soir, nombreux groupes live et chaude ambiance. Une étape indispensable dans tout séjour londonien pour découvrir le *swinging London* du troisième millénaire !

Où dormir ?

Auberge de jeunesse

🛏 *St Christopher's Camden* (plan Camden Town, B3, 1) : 48-50 Camden High St, NW1. ☎ 0207-388-10-12. ● bookings@st-christophers.co.uk ● st-christophers.co.uk ● Ⓜ *Mornington Crescent*. En dortoir de 6 à 10 lits, compter 14-18 £ (21-27 €) par pers, petit déj inclus. Sinon, une seule chambre double avec salle de bains à 50 £ (75 €). Petite augmentation ven-sam. Tarifs réduits sur Internet. Bar ouv jusqu'à 1h en sem, 2h le w-e. Comme à son habitude, cette chaîne bien connue de *youth hostels* privées mêle ambiance festive et qualité des prestations. Au rez-de-chaussée, le désormais classique *Belushi's Bar,*

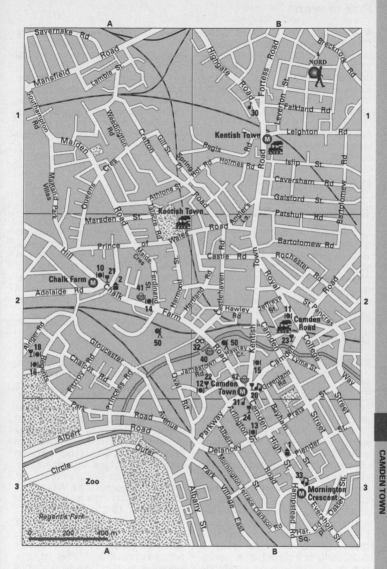

CAMDEN TOWN

toujours bondé le soir et servant quelques plats à prix doux ; à l'étage, bien défendus par des cartes magnétiques, les dortoirs, petits et basiques, mais acceptables et flanqués de douches et w-c pas mal tenus ;

au sous-sol, petite salle commune avec sofas, TV, Internet payant. Les plus : chauffé l'hiver et pas de couvre-feu. Un bémol : pas de cuisine... mais réductions spéciales au bar pour les résidents.

Prix moyens

⌂ *Camden Lock Hotel* (plan Camden Town, A2, **2**) : 89 Chalk-farm Rd, NW1 8AR. ☎ 0207-267-39-12. • info@camdenlockhotel.co.uk• camdenlockhotel.co.uk • Ⓜ Chalk Farm. À deux pas des entrepôts du marché aux puces. Doubles env 64 £ (96 €) ; 5 £ (soit 7,50 €) de réduc si l'on reste plus de 3 nuits. Petit déj compris. Voilà un petit hôtel sans prétention, à l'atmosphère relativement familiale, où l'on est bien accueilli.

Oh, rien d'exceptionnel, mais des chambrettes un peu exiguës, assez coquettes, toutes avec salle de bains, téléphone, TV, chauffage, nécessaire à thé, etc. La bonne tenue et la propreté sont de mise. Évitez si possible les chambres qui donnent sur le carrefour. Pour ceux qui veulent dormir dans un quartier atypique et qui savent bien jongler avec les transports en commun, dormir à Camden peut être un bon choix.

Où manger ?

Très bon marché

Le week-end, le marché est envahi de nombreux stands de cuisine exotique qui rivalisent pour titiller vos papilles. Les stands situés sous la partie couverte (nourritures chinoise, indienne, marocaine...) nous ont paru assez gras et de qualité moyenne. En revanche, il existe des gargotes d'aspect plus engageant, côté canal, près du cabaret *Jongleurs* : cuisine chypriote, libanaise, argentine... Vous voyez, on prend soin de vos artères ! Dans tous les cas, suivez votre flair (et votre bon sens) et installez-vous sur un coin de table avant de repartir à l'assaut des puces...

De bon marché à prix moyens

|●| *Marine Ices* (plan Camden Town, A2, **10**) : 8 Haverstock Hill, NW3 2BL. ☎ 0207-482-90-03. Ⓜ Chalk Farm. Tlj 12h-23h (22h dim). Fermé 15h-18h en sem. Pizzas et pasta 6-9 £ (9-13,50 €). Repas complet autour de 15 £ (22,50 €) si l'on opte pour une viande ou un poisson. Une escapade en Italie, à l'écart de la faune branchée du marché aux puces. La façade et la déco de la vaste salle lumineuse évoquent un peu les *diners* américains à l'ancienne, genre de cafétéria impersonnelle, mais la cuisine authentique vaut largement le détour. Clientèle familiale appréciant les plats copieux et les crèmes glacées (plus de 20 parfums !) qui ont fait la réputation de la maison. Une institution locale, établie à Camden depuis 1931 !

|●| *Lemongrass* (plan Camden Town, B2, **11**) : 243 Royal College St, NW1 9LT. ☎ 0207-284-11-16. Ⓜ Camden Town. Tlj 17h30-23h. Plats 4-9 £ (6-13,50 €). Réduc de 10 % si l'on vient avt 19h. Tout petit resto intime et tiré à quatre épingles, où le personnel souriant propose des spécialités fraîchement cuisinées (prévoir un peu d'attente, le chef travaille à l'ancienne), en provenance directe de la Thaïlande et du Cambodge. Les adeptes d'épices nous donneront des nouvelles du « poulet Phnom Penh ». C'est si bon qu'on en redemanderait bien *Angkor* un peu !

|●| *Haché* (plan Camden Town, B2, **12**) : 24 Inverness St, NW1 7HJ. ☎ 0207-485-91-00. • hache1@btconnect.com • Ⓜ Camden Town. Tlj 12h-22h30 (22h dim). Burgers 6-9 £ (9-13,50 €), accompagnements autour de 2 £ (3 €). Haché ? Avec ce nom pas possible, il fallait un challenge à la hauteur : rien de moins que des burgers... pour « connoisseurs » ! Tout un programme. Après avoir précisé à la commande la cuisson, le type de pain, la sauce et les accompagnements, le fameux hamburger s'avère effectivement digne d'éloges. Produits de qualité supérieure, frais, parfaitement cuits et

assaisonnés. Le bœuf vient d'Écosse. Il existe également des burgers végétariens. Et comme le cadre coquet, à base de miroirs et de guirlandes lumineuses, n'incite pas à plier bagages, on n'a aucune peine à s'éterniser devant un café ou une grosse glace !

De prix moyens à plus chic

I●I *Crown and Goose* (plan Camden Town, B3, *13*) : 100 Arlington Rd, NW1 7HP. ☎ 0207-485-80-08. Ⓜ Camden Town. Repas servis tlj jusqu'à 15h et 22h, dim en continu 12h-21h. Plats 9-13 £ (13,50-19,50 €). Sans fard ni artifices, ce pub authentique est un havre tout indiqué pour ceux que lassent les « néobars » survoltés. Un parquet usé par les habitués, des murs verts rehaussés de miroirs à moulures et quelques tables épaisses sont une bonne entrée en matière. La cuisine n'est pas en reste, solide et pas bégueule, à l'image du canard fumé goûteux ou du *falafel burger* généreux. Ceux qui envisageraient d'en faire leur cantine y trouveront un choix de plats du jour, toujours bien faits et souvent intéressants. Et pour faire passer le tout, rien de tel qu'une bonne London Pride sans chichis. Une adresse qui détonne dans ce quartier.

I●I *Cottons* (plan Camden Town, A2, *14*) : 55 Chalk Farm Rd, NW1 8AN. ☎ 0207-485-83-88. ● info@cottons-restaurant.co.uk ● Ⓜ Camden Town. Lun-ven 18h-23h, sam-dim 12h-23h30. Happy hours 17h-19h. Plats 12-15 £ (18-22,50 €). Lunch-menu servi 12h-16h le w-e : 10 £ (15 €) pour 2 plats. Pour faire son choix parmi la centaine de rhums à la carte, c'est plus coton que *Cottons* ! Faites confiance à l'inspiration du barman. Il aura le flair pour concocter un nectar digne de ce charmant restaurant caraïbe. Car ces cocktails délicieux ne sont qu'une belle entrée en matière pour une cuisine colorée, tout en saveurs, servie dans le cadre intimiste d'une enfilade de petites salles coquettes. Et quitte à bien faire, la maison invite chaque samedi soir un saxophoniste pour réchauffer l'atmosphère. Un remède idéal pour ceux qui fileraient un mauvais coton !

I●I *Mango Room* (plan Camden Town, B2, *15*) : 10 Kentish Town Rd, NW1 8NH. ☎ 0207-482-50-65. ● info@mangoroom.co.uk ● Ⓜ Camden Town. Lun-ven à partir de 18h30, sam-dim à partir de 17h30. Compter 20 £ (30 €) en moyenne pour un repas. Café offert sur présentation de ce guide. Intérieur à la fois élégant et un peu fou, comme la cuisine. Salles cosy rouge pétard ou en briques apparentes pointillées de toiles contemporaines. Réputé à juste titre comme étant l'un des meilleurs restaurants caraïbes de Londres. Cuisine de poissons, notamment le barracuda aux courgettes, et bonnes spécialités sucrées-salées (à la mangue, pardi !).

I●I *The Queens* (plan Camden Town, A2, *16*) : 49 Regent's Park Rd, NW1 8XD. ☎ 0207-586-04-08. Ⓜ Chalk Farm. Face au parc de Primrose Hill. Tlj 11h-23h. Plats élaborés 8-14 £ (12-21 €), ou snacks le midi 4-9 £ (6-13,50 €). Dans le joli village de Primrose Hill, non loin de l'agitation des puces de Camden. Un beau pub classique un rien pépère, fréquenté par les promeneurs du Regent's Park et les notables du quartier. Au 1er étage, la salle de restaurant à l'ambiance gentiment bourgeoise mais pas coincée. Bonne nourriture sans surprise et assiettes bien présentées, ce qui ne gâche rien. Service sympathique.

Où prendre le thé ? Où manger des pâtisseries ?

🍸 I●I *Café Seventy Nine* (plan Camden Town, A2, *18*) : 79 Regent's Park Rd, NW1 8UY. ☎ 0207-586-80-12. Ⓜ Chalk Farm. Lun-sam 8h30-

19h, dim 9h-18h. Snacks à moins de 5 £ (7,50 €), salades autour de 7 £ (10,50 €). Charmant salon de thé installé dans le quartier chic de Primrose Hill, proche de Regent's Park. Petite salle proprette et claire derrière une baie vitrée, photos et dessins encadrés, fleurs fraîches sur les tables en saison et lustres chargés de pampilles. Excellente sélection de gâteaux maison : *cheesecake* à la fraise ou traditionnels *scones* à se damner ! Thés et cafés corsés pour accompagner le tout. Idéal pour papoter ou bouquiner tranquille.

Où boire un verre ?

Quartier populaire, un brin prolétaire, qui contraste fortement avec le Londres aristocratique. À voir, ne serait-ce que pour se faire une idée plus précise des réalités sociales du royaume, mais aussi des nouvelles tendances de la mode. Pas mal d'adresses chaleureuses, où la jeunesse règne en maître. Sociologues en devenir et amateurs de musique, le coin est pour vous ! En revanche, les amateurs de pubs *old school* bien tranquilles iront étancher leur soif dans le quartier bourgeois de Primrose Hill voisin. On y trouve notamment le *Pembroke Castle* et l'*Engineer* sur Gloucester Ave, deux comptoirs bien connus disposant de terrasses ou de *beer garden,* bien agréables aux beaux jours.

Y ***Enterprise*** *(plan Camden Town, A2, 21)* : 2 Haverstock Hill, NW3 2BL. ☎ 0207-485-26-59. **Ⓜ** *Chalk Farm. Prévoir une petite participation les soirs de spectacle.* Eh non, tous ces bouquins faisant craquer les étagères ne font pas que de la figuration ! Chaque semaine, l'*Enterprise* propose des petites représentations théâtrales et organise des soirées lectures... mais pas n'importe lesquelles. Quelques-unes des meilleures plumes britanniques se prêtent parfois à l'exercice ! Pas de panique toutefois : le comptoir usé jusqu'à la corde, les épaisses tables communes et les fauteuils fatigués confirment que boire sa pinte en bonne compagnie demeure l'un des chapitres préférés des habitués !

Y ***Bar Vinyl*** *(plan Camden Town, B2, 22)* : 6 Inverness St, NW1 7HJ. ☎ 0207-681-78-98. **Ⓜ** *Camden Town. Ouv jusqu'à 23h, DJ à partir de 18h.* Rétro mais pas vieillot, un minuscule DJ-bar où pré-*clubbers* et fans de techno profitent des bonnes vibrations bien calés sur les banquettes en simili-cuir rouge. Convivial et chargé en décibels.

Y ***World's End*** *(plan Camden Town, B2, 20)* : 174 Camden High St, NW1. ☎ 0207-482-19-32. **Ⓜ** *Camden Town. Face à la station de métro. Ouv jusqu'à 23h (minuit le w-e).* Avec sa déco soignée imitant une rue victorienne, ce pub immense est considéré comme l'un des plus grands de Londres ! Du coup, c'est devenu le point de ralliement de tous les touristes en goguette dans le coin. Après avoir réussi à vous faufiler entre les rangées de buveurs pour passer commande, vous devriez dégoter sans problème un recoin plus intime dans l'une des salles ou en mezzanine. Atmosphère sympa et bonne musique (DJ les vendredi et samedi). Cuisine thaïlandaise à prix moyens.

Y ***The Grand Union*** *(plan Camden Town, B2, 23)* : 102-104 Camden Rd. ☎ 0207-485-45-30. ● grandunion camden.co.uk ● **Ⓜ** *Camden Town. Lun-jeu 12h-23h30, ven-sam 12h-1h30, dim 12h-22h30.* Une parfaite alliance de calme et de folie. Bonne musique, ambiance conviviale, quelques longues tables de bois usé et de moelleuses banquettes. Beaux miroirs, lustres rigolos, le *Grand Union* est un refuge plus calme que le reste du quartier. Pour ceux qui veulent décompresser.

Y ***Black Cap*** *(plan Camden Town, B3, 24)* : 171 Camden High St, NW1 7JY. ☎ 0207-428-27-21. ● the blackcap.com ● **Ⓜ** *Camden Town. Night-club ouv lun-jeu 22h-2h, ven-*

sam 22h-3h, dim 21h-1h. Pub à l'étage ouv 12h-1h. Entrée payante. Un des plus vieux cabarets et *dance bars* du circuit homo, toujours très populaire et animé. Les soirs en fin de semaine, c'est un véritable défilé d'excentriques aux looks et aux maquillages les plus fous. Pub séparé à l'étage, bien plus sage.

Où écouter un concert ? Où voir un spectacle ?

♪ *Forum* (plan Camden Town, B1, **30**) : 9-17 Highgate Rd, NW5. ☎ 0207-284-10-01. ● meanfiddler. com ● Ⓜ Kentish Town. C'est LA salle où les jeunes groupes doivent passer pour prétendre à une parcelle de gloire « rock'n rollesque ». Ce qui n'empêche pas les grosses cylindrées de revenir faire un tour de piste pour le plaisir... Excellente acoustique, et une bonne vue sur la scène du rez-de-chaussée comme de la mezzanine. Désormais, *Forum* accueille chaque samedi soir les incroyables soirées *school disco*, qui réunissent plus de 2 500 personnes ! Tenue d'écolier obligatoire sous peine de ne rien voir de plus engageant que le faciès du *bouncer* : pantalon noir ou jupette, chemise blanche et cravate de collège anglais (en vente sur Internet ou sur place). Entrée : 15 £ (22,50 €). *Church party* le dimanche 12h-15h30 (6 £, soit 9 €) ; idéale pour se défouler après une session shopping aux puces.

♪ *Jazz Café* (plan Camden Town, B2-3, **31**) : 5 Parkway, NW1. ☎ 0870-060-37-77. ● jazzcafe@mean fiddler.com ● jazzcafe.co.uk ● Ⓜ Camden Town. Ouv ts les soirs à partir de 19h. Résa conseillée.

Entrée env 10-25 £ (15-37,50 €) selon le concert. Menu à 20 £ (30 €) pour 2 plats, 26,50 £ (40 €) pour 3 plats. L'une des grosses références londoniennes en matière de musique noire. Ambiance mi-*trendy* mi-décontractée, mais tenue correcte exigée. Programmation musicale toujours du meilleur niveau. Concerts jazz, soul, funk, reggae... *Jam sessions* vendredi et samedi 23h-2h, avec DJs et musiciens qui s'en donnent à cœur joie.

∞) *Jongleurs* (plan Camden Town, B2, **32**) : Middle Yard, Camden Lock, NW1 8AD. ☎ 0870-787-07-07. ● info@jongleurs.com ● jon gleurs.com ● Ⓜ Camden Town. Au début de Chalk Farm Rd, à gauche après le pont au-dessus du canal. Spectacle ven-sam à partir de 19h. Entrée : 17 £ (25,50 €). Les Anglais appellent cela un *comedy club*, un genre de café-théâtre en plus grand, plus élaboré. *Jongleurs* est connu pour ses spectacles comiques bien montés, qui ne sont pas un prétexte pour servir une cuisine insipide. De quoi s'en payer une bonne tranche sans s'empoisonner avec le gigot ! Et après ? On danse jusqu'à l'aube.

Où danser ?

♫ *The Underworld* (plan Camden Town, B2, **20**) : 174 Camden High St, NW1. ☎ 0207-482-19-32. ● theun derworldcamden.co.uk ● Tlj à partir de 23h. Entrée : 4-10 £ (6-15 €). Sous l'immense pub *World's End* (face au métro Camden Town), une boîte connue pour ses « soirées délire » avec des groupes live : le mercredi, soirée *metal* ; le vendredi, les *eighties* remixées ; le samedi, rock indé et pop. Tickets en vente au *World's End*.

♫ *KoKo* (plan Camden Town, B3, **33**) : 1a Camden High St, NW1 7JE. ☎ 0870-432-55-27. ● koko.uk.com ● Ⓜ Mornington Crescent. Dans un ancien théâtre victorien. Droit d'entrée : 3-6 £ (4,50-9 €). Ancien théâtre (Chaplin y a joué) devenu

CAMDEN TOWN

cinéma, puis salle de concert, et enfin night-club ! Des groupes se produisent sur scène jusqu'à 22h30 (on y a vu Madonna, les Babysham-bles ou Life of Agony), puis le club prend le dessus. Dans la fosse ou à l'étage, bonne ambiance, bonne musique, bonnes *vibes*.

Shopping

Chaussures

☸ *British Boot Company* (plan Camden Town, B2, *42*) : 5 Kentish Town Rd, NW1 8NH. ☎ 0207-485-85-05. ● britboot.co.uk ● Ⓜ Camden Town. Lun-ven 9h30-18h, sam-dim 9h-19h. C'est LA boutique originale de Doc Martens. Visite impérative pour les amoureux de ces chaussu-res indestructibles. Pas donné, mais les fins de séries sont parfois sol-dées. Et puis, celles vendues moins chères au marché sont souvent des contrefaçons !

Disques

☸ *Rhythm Records* (plan Camden Town, B2, *40*) : 281 Camden High St. ☎ 0845-644-14-42 (n° payant). Ⓜ Camden Town. Tlj 10h-19h30. Une des boutiques qu'on préfère dans le coin, spécialisée dans les disques *vintage.* Au rez-de-chaussée, petite sélection d'occa-sions pop-rock, indé, etc. Au sous-sol, grand choix de soul, house et pas mal d'*oldies* de reggae et jazz (viny-les et CD).

Instruments de musique

☸ *Ray Man Eastern* (plan Camden Town, A2, *41*) : 54 Chalk Farm Rd, NW1. ☎ 0207-692-62-61. ● rayman easternmusic.co.uk ● Ⓜ Chalk Farm. Lun 13h-17h, mar-sam 10h30-18h, dim 11h-17h. Pour les fans de world music, cette petite boutique ali-gne une sélection éclectique d'instru-ments d'Orient, d'Afrique et d'Améri-que latine, à des prix raisonnables : gongs chinois, tambourins maro-cains, sitar pour gauchers, ukulélés, clochettes tibétaines... Choix très impressionnant !

Marché aux puces

🏃🏃🏃 *Marché aux puces de Camden Town* (plan Camden Town, A2 et B2, *50*) : ouv le w-e 10h-18h. Visite incontournable pour découvrir toute l'excen-tricité britannique. Très rapidement accessible en bus ou en métro. Et pour-quoi ne pas y aller par le chemin des écoliers ? Il suffit de prendre l'un de ces bateaux qui partent de Bloomfield Rd (Ⓜ Warwick Avenue) et suivent le canal jusqu'à Camden Town. Rens : ☎ 0207-284-20-84.
Au bord de l'eau, très vivant, on l'appelle le Camden Lock ou Dingwalls Mar-ket. Passer allègrement la première partie de Camden High, non sans admi-rer le délire fantasmagorique de la décoration des façades. Disquaires, bou-tiques de fringues branchées ou friperies has been, salons de piercing et tatouages. Un peu plus loin, il y a le marché proprement dit, coincé entre le canal et Camden High St, dont 90 % des antiquités sont plus jeunes que vous. Nombreux stands de vêtements psychédéliques, rastas ou gothiques, objets d'Asie, affiches de films, bouquins et beaucoup de gadgets seventies. Ne pas hésiter à s'enfoncer dans le dédale de ruelles, près du chemin de fer, là où sont installées les boutiques les plus délirantes au cœur des anciennes

halles *(Stable Market)*. Des tonnes de fringues de récup' et des magasins complètement déments ! Un incontournable, le **Cyberdog,** immense tunnel métallique où la techno pulse à fond et où vous trouverez de superbes tenues de l'espace pour frimer dans les raves les plus déjantées. Hors de prix, mais les mannequins décérébrés ne laissent pas indifférents ! Même les vendeurs et le DJ derrière ses platines cosmiques valent le coup d'œil... Les fétichistes de tout poil et les accros de *heavy metal* trouveront aussi leur compte au **Black Rose Gothic Emporium.** Qui n'a pas encore son sac à main en forme de cercueil ? Également des entrepôts de meubles design des années 1960-1970.

ANGEL, ISLINGTON ET STOKE NEWINGTON

Islington fait partie de ces anciens quartiers populaires accaparés par les nomades de la nuit. L'effet de mode a joué très rapidement, ajoutant aux bars de la première heure une foule de pubs, restos et boîtes. Du coup, Islington n'est déjà plus « branché » à proprement parler, mais fait assurément partie des incontournables de la nuit londonienne. La plupart des enseignes en vogue ont leur succursale sur Upper St, comme le très tendance *Medicine Bar*. Et le week-end, c'est carrément la foule des grands jours ! Toutefois, si Upper St concentre l'essentiel de l'animation, les ruelles immédiates demeurent très résidentielles avec leur lot de maisons individuelles à jardinets. N'hésitez pas à vous perdre du côté du canal, histoire de connaître un autre visage de Londres, vrai et naturel, loin des clichés. On y déniche toutes sortes de disquaires, librairies et antiquaires, ainsi que le Chapel Market, petit marché populaire bien sympathique. Le dimanche, les magasins restent ouverts, ce qui attire les foules et donne vie au quartier. Et puis il y a Stoke Newington, « Stokie » comme on l'appelle par là-bas. On craque pour ce quartier qui se résume à deux rues perpendiculaires pleines de vie, avec leurs devantures rigolotes et colorées, le luthier, le centre de thérapie alternative, le club de jazz et le cimetière romantique envahi d'herbes folles et médicinales. Pourtant la vie à Stoke Newington n'a pas toujours été paisible. Quartier chaud hier, c'est aujourd'hui le rendez-vous de la *working class* et de différentes communautés ethniques. Qu'y faire ? Mais garder le nez en l'air pardi, pour goûter cette atmosphère. C'est rafraîchissant après la turpitude du centre de Londres. Convaincu ? Alors, en route...

Comment y aller ?

➢ Pour rejoindre Islington en métro *(plan général G-H1)*, emprunter la Northern Line. Arrêt : **Angel** ou **Highbury & Islington**. Mais le trajet est tout de même plus agréable en bus : lignes 4, 19, 30 et 43. Elles remontent Upper St, ce qui permet de rallier nos adresses les plus éloignées vers le nord.

➢ Pour Stoke Newington, prendre le train à Liverpool St ou le bus n° 73 qui part de Victoria Station et passe par Marble Arch, Oxford St, Tottenham Court Rd, Euston, King's Cross, Angel *(Islington)* et enfin **Stoke Newington.** « Stokie » est au bout de Kingsland Rd *(hors plan général par J1)*, qui se transforme ensuite en Stoke Newington Rd, puis Stoke Newington St pour finir en Stoke Newington Church St. Logique !

Où manger ?

De bon marché à prix moyens

⦿ *Gufaa* (plan général G1, *300*) : 39 Upper St, N1 0PN. ☎ 0207-354-54-65. Ⓜ Angel. Lun-sam midi et soir. Fermé dim. Thalis complets 7,50-8,50 £ (11,25-12,75 €) ; à la carte, env 15 £ (22,50 €). Un joli resto indien qui, pour une fois, nous a épargné la déco gnan-gnan genre *Mille et Une Nuits*. Couleurs et lignes sobres, musique douce, éclairages parcimonieux. Bref, l'endroit est plutôt calme et romantique. On y sert une cuisine bonne et copieuse, comportant tous les classiques indiens et bengalis. Les *thalis* (plateaux-repas qui comprennent plusieurs sauces, la viande, les *chapatis,* le riz, etc.) constituent un repas sain, savoureux et assez économique. Les serveurs et -veuses, d'origine bengali, sont tous charmants et n'auront pas peur de faire un brin de causette avec vous.

|●| *Viet Garden* (hors plan général par G1, **190**) : 207 Liverpool Rd, N1 1LX. ☎ 0207-700-60-40. Ⓜ Angel. Tlj 12h-15h30, 17h30-23h (23h30 ven-sam). Repas complet autour de 10 £ (15 €). La cuisine revendique ses origines et refuse toute concession occidentale. Forcément, c'est la maman qui règne en

maître sur les fourneaux ! Soupes servies comme là-bas, avec soja, piment et quart de citron séparés, plats en sauce coco ou tamarin, nouilles délicieuses et nems frits à point, fraîchement farcis et enrobés d'une pâte fine. Même à Hanoi, on aurait du mal à trouver l'équivalent ! Le tout servi dans une salle élégante et apaisante, entre les plantes vertes et le glouglou de l'aquarium.

|●| *Sedir* (plan général G-H1, **259**) : 4 Theberton St (rue qui donne dans Upper St), N1. ☎ 0207-226-54-89. Ⓜ Angel. Tlj 12h-23h30. Lunch 8 £ (12 €), plats principaux 7,50-12 £ (11,25-18 €). Plats végétariens moins chers. Un des meilleurs restos turcs de Londres. Moussaka, *falafels* et kebabs frais et consistants. Cadre soigné à taille humaine, éclairages diffus et accueil charmant.

De prix moyens à plus chic

|●| *Crown* (plan général G1, **258**) : 116 Cloudesley Rd, N1. ☎ 0207-837-71-07. Ⓜ Angel. Lun-jeu 12h-15h, 18h-22h ; ven-sam jusqu'à 22h30 ; dim jusqu'à 21h30. Le bar ferme à 23h. Plats principaux 9-13,50 £ (13,50-20,25 €). Porté par la vague du renouveau de la cuisine anglaise, ce pub vieille école a gagné sa place au rang des gastropubs londoniens... sans renier pour autant ses origines ! Du coup, on s'accoude sur de solides tables de taverne réparties autour d'un ancien bar en chêne, tout en profitant d'une cuisine bien ficelée. Aucun génie, mais de bons plats de poisson ou de viande, copieux et très fréquentés. Carte des vins joliment fournie en crus français. Clientèle de bobos et d'habitués satisfaits du changement. Belle terrasse pour les beaux jours.

|●| *Duke of Cambridge* (plan général H1, **362**) : 30 Saint Peter's St, N1. ☎ 0207-359-30-66. ● duke@dukeorganic.co.uk ● Ⓜ Angel. Lun-sam 12h-23h, dim 10h-22h30. Plats 10-18 £ (15-27 €). Les quelques rues qui la séparent d'Upper St n'empêchent pas cette taverne « organique » de faire le plein. La clientèle,

on ne peut plus bobo, apprécie son parquet usé, ses grandes tables de bois et son brouhaha convivial dans lequel on aime se fondre. Soupes exotiques et salades végétariennes côtoient les grands classiques anglais cuisinés – lorsque cela est possible – avec des produits de saison achetés à la ferme. Une belle sélection de vins au verre ou d'excellentes bières *organic* à la pression (comme la rafraîchissante *Eco Warrior*) accompagnent à merveille cette cuisine anglo-*fusion*.

|●| *Le Sacré-Cœur Bistro* (plan général G-H1, **259**) : 18 Theberton St, N1. ☎ 0207-354-26-18. Ⓜ Angel. Tlj 11h-22h30. Lunch 2 plats 8,50 £ (12,75 €), sinon plats 7,50-12 £ (11,25-18 €) et snacks à partir de 5,50 £ (8,25 €) servis jusqu'à 18h. Un petit bistrot français convivial pourvu de tous les attributs propres à sa catégorie, des nappes à carreaux à l'ardoise pour le menu, en passant par les affiches de ciné-spectacles... On mange au coude à coude dans cet espace chaleureux, un p'tit bout de France recréé avec tant de conviction qu'on n'y voit que du feu ! À la carte, une cuisine régionale convenable : cuis-

ses de grenouilles *(shocking !)*, civet de lapin, crêpes et tarte Tatin... et quelques classiques anglais, comme un large choix de saucisses-purée. Pour les petits appétits ou les portefeuilles moins garnis, omelettes et croques pas trop chers.

|●| *Le Mercury (hors plan général par H1, 260) : 140 A Upper St (à l'angle de Almeida St), N1 1QY.* ☎ *0207-354-40-88.* Ⓜ *Angel ou Highbury & Islington. Lun-sam 12h-1h, dim 12h-23h30. Menu 10,50 £ (15,75 €) avec une entrée et un plat ; supplément pour les légumes.* L'une des bonnes adresses du circuit d'Islington : il suffit d'observer, à travers la vaste baie vitrée arrondie, le sourire satisfait des habitués pour en être convaincu. Les places sont chères pour qui veut pénétrer dans cette minuscule salle frétillante et déguster une cuisine d'inspiration française peu copieuse mais bien tournée et rehaussée d'une petite touche *so British.* Le cadre est à la hauteur : un genre de brasserie intime teintée d'une pointe d'élégance. Bon poisson.

Où boire un verre ?

🍸 Voir également plus haut dans « Où manger ? », *Duke of Cambridge (plan général H1, 362)* et *Crown (plan général G1, 258).*

🍸 *Island Queen (plan général H1, 396) : 87 Noel Rd, N1.* ☎ *0207-288-98-21.* Ⓜ *Angel. Tlj 11h-23h.* Immuable, cette île, pourtant battue par les flots de la branchitude, a su préserver sa délicieuse atmosphère *Old England.* On ne se lasse pas de détailler ses vitres ciselées, son haut plafond à moulures, ses boiseries éminemment victoriennes... Mais la vraie bonne surprise, c'est sa charmante clientèle de jeunes et de vieux habitués, qui donne l'impression d'appartenir à une grande famille.

🍸 *Old Red Lion Theatre & Pub (plan général G1, 301) : 418 St John St, EC1V 4NJ.* ☎ *0207-833-30-53.* ● *oldredliontheatre.co. uk* ● Ⓜ *Angel. Dim-jeu 12h-minuit, ven-sam 12h-1h.* Pub situé dans le hall d'un vénérable théâtre. Larges et moelleuses banquettes, tables patinées qu'occupe nonchalamment une clientèle jeune et visiblement portée sur les arts. Que ce soit avant ou après la pièce, on trouve la même ferveur théâtreuse, le même attachement aux valeurs *old school...* dont l'amour de la pinte fait partie intégrante !

🍸 *King's Head (hors plan général par G-H1, 400) : 115 Upper St, N1.* Voir « Théâtre » plus bas.

🍸 *Medicine Bar (hors plan général par G-H1, 400) : 181 Upper St, N1.* ☎ *0207-704-95-36.* ● *medicinebar. net* ● Ⓜ *Highbury & Islington ou Angel. Lun-jeu 12h-minuit, ven-dim 12h-2h. Droit d'entrée ven-sam à partir de 22h : 4 £ (6 €).* Un des endroits les plus dynamiques du quartier. Déco hétéroclite qui fait le bonheur des *post-teenagers,* ravis d'avoir enfin l'âge de boire un coup. Chaque vendredi et samedi soir, tout ce joyeux petit monde *groove* au bon vouloir du DJ. Bons cocktails.

🍸 *Gallipoli Bazaar (hors plan général par G-H1, 400) : 107 Upper St, N1.* ☎ *0207-226-53-33.* ● *cafegallipo li.com* ● Ⓜ *Angel ou Highbury & Islington. Dim-jeu jusqu'à 23h, ven-sam jusqu'à minuit. Plats* (mezze, köfte, *kebab) autour de 8 £ (12 €).* Dans une déco très *new age,* avec d'innombrables loupiotes des murs au plafond, l'odeur enivrante du narghilé se mêle à celle du thé à la menthe et aux effluves épicés de la cuisine. Mais autant vous prévenir, ce bar conceptuel hyper-tendance se préoccupe peu d'authenticité et nous abreuve plutôt de musique technoraï assourdissante, de *mezze* ordinaires et de thé décevant. Malgré tout, le *Gallipoli* figure parmi les adresses sympas d'Islington. D'ailleurs, le succès est tel que le *Gallipoli* a de nombreux petits frères dans la rue.

🍸 *Narrow Boat (plan général H1, 358) : 119 Saint Peter's St, N1.* ☎ *0207-288-05-72.* Ⓜ *Angel. Tout au bout de Noel Rd. Lun-sam 12h-*

23h, dim 12h-22h30. Un vrai bar populaire hors des sentiers battus, à la façade bien ordinaire. Mais le spectacle est à l'intérieur. Échouée au bord du canal, sa longue salle un peu impersonnelle s'étire le long de fenêtres donnant sur les flots. En fin de journée, les rayons de soleil, jouant parmi les gréements des quelques embarcations, distillent un charme irrésistible. En revanche, ce n'est pas ici qu'on fera la fête une fois la nuit tombée...

Théâtre

∞ *King's Head (hors plan général par G-H1, **400**) :* 115 Upper St, N1. ☎ 0207-226-19-16 (infos sur répondeur). • *kingsheadtheatre.org* • Ⓜ *Highbury & Islington ou Angel. Face à l'église St Mary. Lun-jeu 11h-1h, ven-sam 11h-2h, dim 12h-00h30.* Un endroit incroyable. Ce sont d'abord les corbeaux de cette vieille bâtisse du XIXᵉ siècle qui retiennent l'attention. On se glisse alors dans la chaude atmosphère d'un petit pub aux murs rouge opéra, où les habitués investissent les fauteuils de théâtre élimés quand ils ne sont pas accoudés au bar sous les antiques projecteurs. Et puis, derrière les portes battantes, un vrai théâtre de poche avec de vrais comédiens sur les planches ! Après 22h, la fête se termine systématiquement par un bon concert rock/blues bien arrosé.

Shopping

Bon à savoir, le quartier reste très animé le week-end et la plupart des boutiques sont ouvertes le dimanche (jusqu'à 17h environ) : *Marks & Spencer, Sainsbury's* entre autres, bien pratique si vous voulez faire le plein de produits anglais avant votre retour. La plupart des grandes enseignes ont une boutique sur Upper St ou les rues adjacentes. Effet pervers, les petits disquaires, libraires et commerces indépendants ont pratiquement disparu...

À voir

🏃 *Le cimetière d'Abney Park (hors plan général par J1) :* sur Church St. Avant de quitter Stoke Newington, allez vous promener au cimetière d'Abney Park, véritable havre de paix où la végétation luxuriante prend littéralement le dessus sur les tombes. Un endroit étonnant ! Certains arpentent ses chemins bucoliques pour s'approvisionner en herbes médicinales.

HOLBORN, FARRINGDON ET CLERKENWELL

En gros délimité au sud par le Smithfield Market, à l'est par Saint John St, au nord par Clerkenwell et à l'ouest par Farringdon Rd, encore un quartier qui monte et qui tient son petit bout de gras de l'animation nocturne londonienne. Toujours grouillant de cols blancs la journée, Farringdon s'anime le soir, rejoint par l'élégant Clerkenwell, dont les lofts et entrepôts ont trouvé quelques heureux repreneurs. C'est encore timide, mais les adresses de restos, bars et boîtes à la mode fleurissent et l'ambiance un peu « village » de ces quartiers apporte une certaine convivialité.

Coincé entre Covent Garden et la City, Holborn reste pour l'instant hermétique à cette agitation. Ce quartier est le bastion d'un certain classicisme à l'anglaise. Les *Inns of Court* et les grands pubs séculaires reclus dans d'étroites ruelles sont sa marque de fabrique (voir la balade « Le Londres des traditions et de la finance » dans le chapitre « La City, Tower Bridge et les Docklands »).

Où dormir ?

Prix moyens

⌂ *High Holborn Residence* (centre 1, F3, **124**) : 178 High Holborn, WC1V 7AA. ☎ 0207-107-57-37. ● vacations@lse.ac.uk ● lse.ac.uk/vacations ● Ⓜ Holborn. Ouv de mi-août à fin sept et pdt vac de Pâques et Noël. Doubles avec salle d'eau 70 £ (105 €), 49 £ (73,50 €) sans. Triples 80 £ (120 €). Résa obligatoire. À 10 mn de Covent Garden, une résidence universitaire récente, très bien tenue. Surveillée 24h/24 : contrôles des entrées et des sorties, cartes magnétiques. Chambres sans grand charme mais confortables et fonctionnelles. Cuisine sympa à dispo, salle de jeux et machines à laver.

Où manger ?

Bon marché

|●| *De Santis* (plan général H2, **288**) : 11-13 Old St, EC1V 9HL. ☎ 0207-689-55-77. ● desantislondon@aol.com ● Ⓜ Barbican ou Old St. Lun-sam 8h30-22h. Plats et panini 7-8 £ (10,50-12 €), snacks à moins de 5 £ (7,50 €). L'Italie n'a pas à rougir du *De Santis*... Ici, la déco épurée aux couleurs chaudes et le mobilier métal et bois ne sont pas un prétexte pour négliger la cuisine, mais participent au plaisir de goûter d'exquis panini. La carte comprend quelques plats du jour, mais il s'agit avant tout d'une *panineria* où l'on explore toutes les possibilités du fameux sandwich ! Préparés sous vos yeux avec de bons produits, ils s'accommodent parfaitement d'un verre de vin italien (large sélection), avant que vous ne finissiez en douceur avec un vrai *espresso*. Terrasse abritée à l'arrière.

|●| *Kolossi Grill* (plan général G2, **302**) : 56-60 Rosebery Ave, EC1R 4RR. ☎ 0207-278-57-58. ● in

fo @kolossigrill.com ● Ⓜ Farringdon. Tlj midi et soir sf sam midi et dim. Lunch 5,50 £ (7,75 €) avec entrée, plat et fruits. Spécialités autour de 9 £ (13,50 €) et gros menus incluant mezze, plat et dessert 14,50-15,50 £ (21,75-23,50 €). Un resto grec aux petits oignons, bonne introduction à ce quartier vivant et encore méconnu. Jugez plutôt : une cuisine saine et goûteuse à souhait, des serveurs chaleureux, un intérieur relaxant avec sa cuisine nichée dans une fausse maisonnette, des plantes qui dégoulinent du plafond et des murs lambrissés, le tout baignant dans un air de bouzouki. Et, cerise sur le gâteau, les fruits sont offerts à la fin du repas. Une adresse rare, et ça fait plus de 40 ans que ça dure. Les habitants du quartier l'ont compris, ils restent fidèles au Kolossi !

De prix moyens à plus chic

I●I Voir aussi un peu plus loin nos adresses de pubs, comme le **Cittie of Yorke,** où l'on mange bien et pour vraiment pas cher, qui plus est dans un cadre incomparable.

I●I **Eagle** (plan général G2, 289) : 159 Farringdon Rd, EC1. ☎ 0207-837-13-53. Ⓜ Farringdon. Bar ouv lun-sam 12h-23h, dim jusqu'à 17h. Cuisine ouv 12h30-15h, 18h30-22h30. Fermé dim soir. Plats 5-15 £ (7,50-22,50 €). Plus de 15 ans après son envol, l'un des pères fondateurs des gastropubs poursuit sa route sur les courants ascendants. On adore l'atmosphère sans chichis, le large bar hérissé de pompes à bières et les tables usées dispersées un peu au hasard. Un menu quotidien annonce sur le tableau noir des spécialités à tendance méditerranéenne souvent de bonne tenue, mais pas toujours diététiques. La formule plaît, mais les places manquent. On attendra donc son tour au bar, en profitant du spectacle haut en couleur de la cuisine ouverte.

I●I **Saint John** (plan général H2, 261) : 26 Saint John St, EC1 M4AY. ☎ 0207-251-08-48. ● reservations @ stjohnrestaurant.com ● Ⓜ Farringdon. Lun-sam 12h-15h, 18h-23h. Fermé sam midi et dim. Plats 16-26 £ (24-39 €), ou env 10 £ (15 €) au bar. Installé dans un ancien fumoir à jambon, ce restaurant, dont l'emblème est un cochon, obéit à une devise gourmande : « From the nose to the tail », littéralement « Du nez (en l'occurrence le groin) à la queue » ; cela rejoint notre « Dans le cochon, tout est bon » ! Il n'y a pas que du cochon à manger, rassurez-vous, mais on déniche à la carte des morceaux qu'on n'a pas forcément l'habitude de voir dans nos assiettes. Le talent du chef fera la différence et saura probablement convertir les réfractaires. Tout bonnement délicieux ! Déco moderne et minimaliste, salle immaculée comme le tablier des serveurs. Agréable véranda pour prendre l'apéro. So chic, la boulangerie intégrée.

I●I **Vic Naylor** (plan général H2, 261) : 38-40 Saint John St, EC1M 4AY. ☎ 0207-608-21-81. ● eat@vicnaylor.com ● Ⓜ Farringdon. Lun-ven 12h-22h, sam 18h-22h. Repas autour de 20 £ (30 €). Beau bistrot chic mâtiné de bar à vin. On a gardé les vieilles briques vernies, le bois et une belle cheminée qui réchauffe les fraîches journées d'hiver, le tout agrémenté de torchères stylisées. Le genre d'adresse où l'on prend un verre au comptoir avant de passer à table, et où l'on traîne volontiers en fin de repas. Cuisine internationale solide et clientèle de quadras bien mise mais décontractée, et atmosphère jazzy.

Où boire un verre ?

🍸 Voir aussi un peu plus haut nos adresses de restos, comme le **Vic** Naylor ou le **Eagle.**

🍸 **Cittie of Yorke** (centre 1, G3,

385) : *22-23 High Holborn, WC1.* ☎ *0207-242-76-70.* Ⓜ *Holborn ou Chancery Lane. Lun-sam 11h30-23h. Lunch 11h30-15h, dîner 17h-21h. Plats chauds à partir de 5,50 £ (7,75 €), accompagnements inclus !* Inauguré en 1430, ce pub formidable reconstruit en 1695 n'a jamais plus abdiqué, malgré les différentes campagnes de restauration. On adore la hauteur de plafond, les vitraux colorés, les vénérables boiseries, les passerelles métalliques, les immenses barriques (de 500 à 1 000 gallons)... Une clientèle fidèle, à laquelle se mêlent quelques touristes, se serre les coudes au bar ou autour du vieux poêle en fonte, quand elle ne préfère pas l'intimité des petits boxes à peine éclairés. Un monument !

Ⓣ Ye Old Cheshire Cheese *(plan général G3, 390) : 145 Fleet St, EC4A 2BU.* ☎ *0207-353-61-70.* • *in fo@yeoldcheshirecheese.com* • Ⓜ *Blackfriars. Lun-sam 11h-23h, dim 12h-15h. Plats 6-10 £ (9-15 €) servis tlj midi et soir.* Situé dans un petit passage perpendiculaire à Fleet St. Reconstruit l'année suivant le terrible incendie de 1666, ce vieux pub confit dans la bière n'a guère changé depuis. Il eut comme clients Carlyle, Dickens, Mark Twain, Theodore Roosevelt, Conan Doyle, Yeats. La mort du perroquet de la maison fut même annoncée par la BBC ! L'intérieur vaut le coup d'œil : un vrai labyrinthe avec plusieurs salles basses de plafond, toutes bardées de chêne noir et souvent dotées de cheminées, un chapelet de caves médiévales rescapées des flammes, un resto (cuisine de pub, correcte sans plus ; en tout cas, évitez leurs *fish and chips*) et des recoins intimes partout. Incontournable.

Ⓣ Jerusalem Tavern *(plan général H2, 387) : 55 Britton St, EC1M 5UQ.* ☎ *0207-490-42-81.* • *stpetersbrewery.co.uk* • Ⓜ *Farringdon. Lun-sam 11h-23h.* Difficile de repérer de loin l'étroite façade sombre de cette taverne parcheminée bâtie en 1720. Mais à l'intérieur, c'est une vraie poudrière ! Fidèles de toujours et novices d'un soir se partagent un minuscule espace compartimenté comme une ruche. Et toutes les jeunes abeilles sont occupées à butiner le nectar de la maison, une savoureuse bière artisanale brassée par St Peter dans le Suffolk. Génial.

Ⓣ The Three Kings *(plan général G2, 351) : 7 Clerkenwell Close, EC1R ODY.* ☎ *0207-253-04-83.* Ⓜ *Farringdon. Dans le village de Clerkenwell, face à l'église. Lun-ven 12h-23h, sam 19h-23h. Snacks à prix doux servis le midi slt.* Petit pub attachant à la déco rigolote : de petits personnages en papier mâché habitent les murs de ce repaire convivial. Clientèle d'habitués qui célèbrent l'esprit « grande famille » de la maison et trinquent volontiers à la santé des 3 rois, King Kong, Elvis et Henri VIII. Peu de touristes se perdent dans ce coin pourtant charmant, alors avant d'aller avaler une Guinness bien épaisse, musardez donc un peu au hasard des ruelles alentour.

Ⓣ Princess Louise *(centre 1, F3, 386) : 208 High Holborn, WC1V 7VW.* ☎ *0207-405-88-16.* Ⓜ *Holborn. Lun-sam 11h-23h, dim 12h-22h30. Petit menu pour grignoter 6,25 £ (9,10 €).* Pub magnifique hérité du XIXe siècle : doubles rideaux bien épais, lambris, superbes miroirs gravés recouvrant les murs, plafonds ciselés rouge profond... Très fréquenté et franchement bruyant. À l'étage, salle plus tranquille où les habitués se regroupent autour de la cheminée.

Ⓣ Olde Mitre Tavern *(plan général G3, 388) : 1 Ely Court, EC1N 6SJ.* ☎ *0207-405-47-51.* Ⓜ *Chancery Lane. Lun-ven 11h-23h. Fermé le w-e.* On hésite presque à donner l'adresse de cette pépite cachée dans un passage large comme une meurtrière entre Ely Place (cul-de-sac perpendiculaire à Charterhouse) et Hatton Garden. Créé en 1546, ce petit pub bourré de charme est l'un des plus vieux de la ville. Clientèle d'habitués en complet-cravate et de curieux doués d'un bon sens de l'orientation. Déco très cosy et atmosphère chaleureuse. Et pour les retardataires, quelques tonneaux à l'extérieur pour s'accouder quand la salle est pleine à craquer !

Ⓣ Old Bell Tavern *(plan général G-*

H3, 389) : 95 Fleet St, EC4. ☎ 0207-583-02-16. Ⓜ *Aldwych. Lun-ven 11h30-23h. Fermé le w-e. Bonne nourriture de pub servie 12h-22h.* En plein quartier de la presse, ce pub historique est le rendez-vous des journalistes, cela va de soi. Construit en 1670 pour abreuver les maçons qui reconstruisaient l'église Saint Bride après le Grand Incendie. Le dallage de l'entrée, son vieux parquet et son bar central accueillant en font une étape plaisante, d'autant que les plats servis sont frais et copieux.

Où sortir ?

♫ *Turnmills (plan général G-H2, 466) : 63 Clerkenwell Rd, EC1M 5NP.* ☎ 0207-250-34-09. ● *turn mills.co.uk* ● Ⓜ *Farringdon. Ven-sam soir.* Soirées variées ; appeler ou consulter le Web pour connaître le programme.

Marché

– **Smithfield Market** *(plan général H3) : halles centrales pour la viande.* Ⓜ *Barbican ou Farringdon. Lun-ven 4h-12h.* On vous conseille de venir avant 8h (après, il n'y a souvent plus rien !). Vous vous consolerez de ce réveil matinal avec un bon breakfast, accompagné comme il se doit d'une petite mousse, dans l'un des pubs installés tout autour du marché. Viande, volaille et gibier en gros depuis plus de 800 ans ! À l'endroit même où l'on brûlait les sorcières et les protestants... Brrr !

Galeries et musées

🚶🚶 *Sir John Soane's Museum (centre 1, F3, 569) : 13 Lincoln's Inn Fields, WC2A 3BP.* ☎ 0207-405-21-07. ● *soane.org* ● Ⓜ *Holborn. Mar-sam 10h-17h. Fermé dim-lun et j. fériés. Le 1er mar de chaque mois, visite supplémentaire 18h-21h. Entrée gratuite. Nombre limité de visiteurs, il faut donc parfois prévoir un peu d'attente (très peu).*
Bordant Lincoln's Inn Fields, l'une des plus vastes places de Londres, dessinée au début du XVIIe siècle, on ne soupçonne pas ce que dissimule la façade banale du n° 13. Voici la maison de l'excentrique sir John Soane, architecte et collectionneur d'objets de toutes sortes. Il l'a dessinée lui-même pour abriter ses très nombreux marbres, moulages antiques, tableaux et bibelots. Rappelons qu'il fut l'architecte de la *Bank of England* (il ne reste plus aujourd'hui que la façade extérieure du bâtiment d'origine). Voyez sa trombine au-dessus de la cheminée, dans la salle à manger. Ce musée étrange est tel qu'il l'a laissé à sa mort, en 1837. Tout est resté figé dans le temps, ou presque, car les vénérables horloges sonnent encore les heures. Et quel fouillis ! Un entassement de merveilles, une folie pure, un capharnaüm qui ferait rêver n'importe quel archéologue. Mais le plan de la maison est tout aussi intéressant que les objets exposés. On sent bien l'architecte torturé, romantique et mégalomane. Voyez plutôt l'agencement bizarre de la *chambre sépulcrale* recevant la lumière du soleil par le dôme et la *colonnade* à l'allure de temple antique. Ou le *Monk's Parlor* (« parloir du Moine »), décoré de moulages gothiques en plâtre pour tourner en dérision l'engouement de l'époque pour ce style remis au goût du jour. Ou encore le plafond surprenant de la *Breakfast Room,* en forme de coupole aplatie. Dans la *Picture Room,* système ingénieux de panneaux pivotants sur lesquels sont accrochés des tableaux... pour gagner de la place et les protéger de la lumière. Demandez

au gardien de vous les montrer. D'ailleurs, ils font bien de préserver *Les Noces* de Watteau, qui ont déjà terni. Bel ensemble de toiles à thème moralisant de Hogarth. Dans la *New Picture Room*, trois Canaletto, dont la superbe *Vue du Grand Canal à Venise*. On s'attardera également devant le brillant Turner, pieusement conservé à l'étage dans un salon aux teintes... jaune Turner pardi !

> ### SARCOPHAGE ACCUEILLI EN GRANDE POMPE
>
> *Si vous visitez la maison de Sir Soane, ne manquez pas au sous-sol le sarcophage de Séti Ier, le père de Ramsès II, taillé dans une variété de calcaire translucide et très bien conservé. Il est décoré de scènes et de hiéroglyphes décrivant aux Égyptiens le voyage des dieux Osiris et Râ au royaume des morts. Soane convia pas moins de mille invités pour fêter l'acquisition de cette superbe pièce !*

🦶 *Old Curiosity Shop (centre 1, F3, 570)* : 13 Portsmouth St, WC2. Ⓜ *Holborn.* Dans une jolie maisonnette blanc et vert en encorbellement, un petit magasin hors d'âge qui prétend avoir été immortalisé par Dickens dans le livre du même nom. C'est devenu une boutique de chaussures. Quoi qu'il en soit, la bâtisse date réellement du XVIIe siècle, et est l'une des très rares rescapées du terrible incendie de 1666. De quoi se faire une petite idée de l'aspect du quartier avant le désastre...

🦶 *Saint Bartholomew The Great (église Saint-Bartholomé ; plan général H3)* : près de Saint Bartholomew's Hospital. Ⓜ *Farringdon.* L'église la plus vieille de Londres. Elle a servi de cadre aux films *Quatre Mariages et un enterrement* et *Shakespeare in Love.*

LA CITY, TOWER BRIDGE ET LES DOCKLANDS

Le monde de la finance, à l'est celui des docks, en cours de réhabilitation et, entre les deux, autour de Tower Bridge et de la Tower of London, l'un des pôles touristiques les plus courus de Londres. Ambiance trépidante aux heures de bureau, mais beaucoup d'adresses fermées le week-end.

Adresses utiles

🛈 City Information Centre (plan général H3, **16**) : Saint Paul's Churchyard, EC4M 8BX. ☎ 0207-332-14-56. ● cityoflondon.gov.uk ● D'avr à fin sept, tlj 9h30-17h. Oct-mars, lun-ven 9h30-17h, sam 9h30-12h30.

🛈 Office de tourisme (plan général I-J3) : Liverpool St Station, EC2, dans la station de métro. ☎ 0207-234-58-00. Tlj 8h-18h.

Où dormir ?

Bon marché

🛌 City of London Youth Hostel (YHA ; plan général H3, **125**) : 36 Carter Lane, EC4V 5AB. ☎ 0207-236-49-65. ● stpauls@yha.org.uk ● yha.org.uk ● Ⓜ Blackfriars ou Saint Paul's. Derrière la cathédrale Saint-Paul. Réception 24h/24. À partir de 25 £ (37,50 €) par pers, en dortoirs de 3 à 10 lits. Une poignée de doubles à 60 £ (90 €). Supplément de 3 £ (4,50 €) pour les non-membres. Petit déj continental copieux inclus. Vaste AJ nichée dans une très belle maison ancienne de style victorien. L'intérieur est évidemment moins séduisant : les dortoirs basiques n'ont rien d'autre à offrir qu'un lit et éventuellement des casiers. Très bonne adresse toutefois, car fort bien située, dans une rue calme proche des transports. De plus, propre, personnel pro et plutôt accueillant. Sur place : agréable cafétéria (mais pas de cuisine), point phone, salon TV confortable, laverie et accès Internet payant.

🛌 YHA London Thameside (hors plan général par J4) : 20 Salter Rd, SE16 5PR, Rotherhithe. ☎ 0207-232-21-14. ● thameside@yha.org.uk ● yha.org.uk ● Ⓜ Rotherhithe. Prendre à gauche en sortant du métro et faire 300 m. Mais bien plus pratique avec le bus 381 (qui fonctionne également de nuit) depuis Trafalgar, Waterloo ou London Bridge. Prévoir 17-24 £ (25,50-36 €) par pers en dortoir de 4 à 10 lits, petit déj compris. Doubles env 52 £ (78 €) et familiales de 2 à 6 lits. La plus grande AJ de Londres est sans doute un peu excentrée, mais a l'immense avantage d'avoir presque toujours un lit de libre pour les étourdis qui auraient oublié de réserver ailleurs. Pas de panique toutefois, le métro n'est jamais qu'à 5 mn à pied et le quartier est si pépère et résidentiel qu'on peut vous garantir un séjour au calme. Chambres plaisantes et claires. Et comme les équipements sont corrects (cuisine, cafétéria, accès Internet), l'entretien très soigneux et l'accueil chaleureux, cette AJ se révèle tout à fait intéressante.

Où manger ?

De bon marché à prix moyens

l●l *Cafétéria du Museum of London* *(plan général H3)* : *lun-sam 10h-17h30, dim 11h30-17h30. Snacks à partir de 3,50 £ (5,25 €).* Idéal pour une pause : sandwichs, salades, soupes ou pâtisseries. Cadre agréable, avec vue sur un jardin des plus insolite car encerclé de buildings. On aime beaucoup aussi le **resto de la crypte de la cathédrale Saint-Paul** *(plan général H3)* : ☎ 0207-246-83-48. Un peu plus raffiné, un poil plus cher aussi. Parfait pour le *teatime.*

l●l *De Gustibus (plan général H3, 125)* : *53-55 Carter Lane, EC2.* ☎ *0207-236-00-56.* Ⓜ *Blackfriars ou Saint Paul's. Lun-ven 7h-17h. À partir de 4 £ (6 €).* Les lignes sobres et modernes de la boutique manquent sans doute de chaleur, mais ce qui enflamme l'imagination autant que l'appétit rôtit dans le fournil. Car la maison est connue dans tout Londres pour ses pains spéciaux : céréales originales, mies moelleuses et croûtes croustillantes ont conquis gourmands, gourmets et professionnels de la restauration. Autant dire que les sandwichs servis ici n'ont rien de commun avec l'inévitable pain de mie !

l●l *Wagamama (plan général J4, 170)* : *Tower Pl, EC3N.* ☎ *0207-283-58-97.* Ⓜ *Tower Hill. Tlj 12h-21h.* Un autre au 109 Fleet St *(*☎ *0207-583-78-89 ;* Ⓜ *Saint Paul's ; fermé le w-e).* Voir le texte sur l'autre *Wagamama (centre 1, F3, 170)* dans le chapitre « Bloomsbury, King's Cross et Euston », rubrique « Où manger ? ».

l●l *Davy's at the Vineyard (plan général J4, 278)* : *1 Saint Katherine's Way, E1 9UN.* ☎ *0207-480-66-80.* Ⓜ *Tower Hill. Au pied du Tower Bridge.* Attention, il ne faut pas s'engager à l'intérieur des *Saint Katherine Docks. Lun-mer 11h-21h, jeu-ven 11h-23h. Plats 10-16 £ (15-24 €). Menu express le midi slt* : *11 £ (16,50 €) avec un verre de vin.* À proximité de la Tour de Londres, cette chaîne de bars à vin (plusieurs dizaines à Londres) a choisi de perpétuer la tradition marchande des entrepôts de porto : pub au rez-de-chaussée avec petite restauration. Au sous-sol, joli décor rustique dans un dédale de caves voûtées et sol couvert de sciure. Suggestions du jour sur le *blackboard* (tableau noir). Poissons et viandes grillées bien préparés. On peut aussi se contenter d'un sandwich au bar. Fréquenté par les cols blancs de la City le midi et par les touristes le soir.

Très chic

l●l *Sweetings (plan général I3, 264)* : *39 Queen Victoria St, EC4N 4SA.* ☎ *0207-248-30-62.* Ⓜ *Mansion House. Lun-ven 11h30-15h. Plats 12-25 £ (18-37,50 €).* Plus *British,* introuvable ! Chaque midi, environ 200 costumes gris finement rayés et le même nombre de cravates voyantes dégustent les spéciali-tés de poisson, sans sophistication mais délicieuses, de chez *Sweetings.* Et cela dure depuis 150 ans ! La sole de Douvres est un must, le plat de référence qu'il faut goûter absolument. *Crumbles* et *puddings* comptent parmi les autres gloires de la maison.

Pubs

🍺 *Blackfriars (plan général H4, 391)* : *174 Queen Victoria St, EC4.* ☎ *0207-236-54-74.* Ⓜ *Blackfriars.* *Lun-sam 11h30-23h, dim 12h-22h30.* Avec un gros moine jovial en guise d'enseigne, le *Blackfriars* annonce la couleur : convivialité et bière bien tirée sont ici les seuls mots d'ordre ! La déco incroyable n'est pas en reste, livrant une version Art déco amusante des félicités monacales... le tout enrobé de dorures, moulures et autres mosaïques délicieusement kitsch. À voir. Bon *fish and chips* autour de 7 £ (10,50 €).

♆ *Prospect of Whitby (hors plan général par J4) : 57 Wapping Wall, E1W 3SJ.* ☎ *0207-481-10-95.* Ⓜ *Wapping. Tlj 12h-23h (22h30 dim).* Un pub historique. Le célèbre juge Jeffreys y assistait, une pinte à la main, aux pendaisons des pirates qu'il avait condamnés. Dickens, lui, préférait dîner tranquillou à l'étage en griffonnant quelques lignes. Les boiseries racornies et le dallage hors d'âge hérités du XVIe siècle n'ont guère changé... et la potence est toujours prête à l'emploi, avec une corde toute neuve ! Sans doute pour les mauvais payeurs. Très touristique, mais la vue sur la Tamise est splendide depuis la terrasse et les balcons suspendus au-dessus des flots. Au bar, plats de pub abordables et très corrects.

♆ *Dickens Inn (hors plan général par J4, 401) : Saint Katharine's Way, E1W 1UH.* ☎ *0207-488-22-08.* ● *mail @ dickensinn.co.uk* ● Ⓜ *Tower Hill. Juste à côté de Tower Bridge. Passer sous le Tower Hotel, puis sur le pont rouge à bascule. Lun-sam 11h-23h, dim 12h-22h30.* Le bâtiment, tout de brique et de bois, donne sur le quartier des docks, joliment réhabilité. Le tableau est pittoresque, avec des bateaux de plaisance au milieu des immeubles. C'est l'endroit le plus agréable que nous ayons trouvé ici pour prendre un verre, dans une immense salle à la déco nautique très chaleureuse l'hiver, ou en terrasse l'été. Cuisine moyenne et hors de prix (même les pizzas !).

♆ *Mayflower (hors plan général par J4) : 117 Rotherhithe St, SE16 4NF.* ☎ *0207-237-40-88.* Ⓜ *Rotherhithe. Du métro, prendre Railway Ave, qui longe la station et débouche sur le pub. Lun-ven 11h-23h, w-e 12h-23h.* Sur la rive sud, un pub du XVIIe siècle où les passagers du *Mayflower,* en route pour l'Amérique, éclusèrent leur dernier gorgeon... Intérieur digne des romans de pirates, avec force boiseries, recoins et cheminées. Mais si c'est bien le point de départ du *Mayflower,* il ne reste pas grand-chose du pub de l'époque... même si la rumeur prétend qu'une partie des matériaux proviendrait du célèbre navire ! On se consolera avec la belle vue sur la Tamise depuis la charmante terrasse.

Théâtre et concerts classiques

∞ ♪ *Barbican Centre (plan général I2-3) : Silk St, EC2Y 8DS.* ☎ *0207-638-88-91.* ● *barbican.org. uk* ● Ⓜ *Barbican ou Moorgate.* Salle de concerts, entre autres, du célèbre *London Symphony Orchestra.* Concerts pratiquement tous les soirs. Places à prix réduits pour les étudiants, vendues à partir de 9h le jour de la représentation. En parallèle, programmation du *BITE (Barbican International Theatre Event)* : danse et surtout théâtre... Lieu très éclectique puisqu'il accueille aussi quantité d'expos, de conférences, de films...

Marché

– *Leadenhall Market (plan général I3) :* l'accès principal se fait par Gracechurch St. Ⓜ *Bank ou Monument.* Petites échoppes ouvrant à des horaires différents, mais en général *lun-ven 7h-16h.* Ses origines remontent au XIVe siècle, ce qui en fait un des plus anciens marchés de Londres. Fruits et légumes au détail, volaille, viande et poisson.

Musée

🏃🏃 **Museum of London** *(plan général H3)* : London Wall, EC2Y 5HN. ☎ 0870-444-38-51 ou 52. ● *museumoflondon.org.uk* ● Ⓜ *Saint Paul's. Lun-sam 10h-17h50, dim 12h-17h50. Fermé 24-26 déc. Entrée gratuite, sf pour les expos temporaires. Audioguide (en anglais slt) : 2 £ (3 €). Sur place, cafétéria très chouette. Voir plus haut « Où manger ? ».*

Il présente une exposition plus didactique qu'artistique sur l'histoire de Londres, une sorte de résumé de la vie des Londoniens depuis plus de dix millénaires.

En 54 av. J.-C., César, qui avait déjà tout colonisé – sauf un petit village d'irréductibles Gaulois –, envahit l'île. L'histoire de Londres ne débute vraiment qu'à cette époque, soit il y a à peine 2 000 ans. Les salles « romaines » s'intéressent autant à la cuisine, à la santé qu'à l'architecture et à la vie quotidienne (frivole parfois, à l'image de l'ancêtre du bikini en cuir, parfaitement conservé !). Pour s'en rendre compte, des intérieurs de maisons et d'ate-

> ### LES PREMIERS BRITANNIQUES SONT VENUS À PIED !
>
> *Aux alentours de 8 000 ans avant notre ère, l'actuelle Grande-Bretagne était encore reliée au continent. Les premiers habitants chassaient l'aurochs et taillaient le biface comme tout le monde. La séparation ne se fit définitivement que 3 000 ans plus tard, empêchant ainsi toute migration. Peut-être le caractère insulaire des Britanniques s'est-il forgé à cette époque ?*

liers ont été soigneusement reconstitués en utilisant les nombreux objets d'époque découverts lors des fouilles. On s'y croirait ! Pêle-mêle, on trouve une vitrine consacrée au *temple de Mithra* (découvert à Londres en 1954) ou une évocation du premier Grand Incendie en l'an 60 de notre ère. La reine Boadicea, rebelle à l'autorité de Rome, avait donné l'ordre à ses troupes de détruire totalement la ville. Un mot d'ordre : « Pas de prisonnier ! » Bilan des viols, des crucifixions et des massacres : 70 000 morts ! Par la vitre, on peut apercevoir un vestige du mur médiéval (XIIIᵉ siècle), lui-même construit sur les fondations du mur romain.

Les sections suivantes s'intéressent à la période de transition entre la fin de l'époque romaine (datée vers 410) et l'aube de l'ère médiévale, marquée par l'arrivée des Saxons. Période trouble, violente, hantée par les raids des Vikings. De nombreuses armes retrouvées dans la Tamise attestent de la fréquence des pillages, tandis que la reconstitution d'une maison typique donne une idée de ce à quoi ressemblait l'habitat anglo-saxon il y a 1 000 ans. On entre ensuite de plain-pied dans le monde médiéval, transformé en profondeur lorsque s'amorce la période de la Renaissance. Édification de la *Tower*, du *London Bridge*, couvert de maisons, et de la première *Saint Paul's Cathedral*. Vitrines intéressantes sur Thomas Becket à Londres, évocation de la peste noire (1348-1349), qui emporta un tiers de la population (vidéo très bien faite). Vient ensuite l'époque des Tudors et des Stuarts. Commentaires sur la vie à la Cour ou la vie privée illustrés par différentes armures, meubles, bijoux, évocation de la guerre civile avec Cromwell (par son masque funéraire notamment) et du théâtre où l'on jouait les pièces de Shakespeare. Quelques somptueuses reconstitutions de salons laissent imaginer le faste de la vie à la cour...

Le Grand Incendie qui réduisit en cendres les quatre cinquièmes de la ville modifia, on s'en doute, considérablement le visage de Londres. Des toiles apocalyptiques et un diorama mollasson permettent d'imaginer quel impressionnant bûcher ça a été ! La reconstruction fut confiée à l'architecte Wren. Il y avait urgence, il fallait reloger l'immense majorité de la population. Le nouveau Londres fut bâti en un temps record et la « nouvelle » *Saint Paul's*

Cathedral, plus moche que l'ancienne, en est le symbole le plus marquant. Une large section du musée est consacrée à cette période, ainsi qu'à l'arrivée des huguenots français exilés par la révocation de l'édit de Nantes.

Les XVIIIe et XIXe siècles voient Londres devenir la capitale d'un empire rayonnant. Le petit personnel se colore par l'arrivée de domestiques et d'esclaves venus des colonies. Entre 1700 et 1800, la ville double sa population qui atteint le million d'habitants. La mode est aux cotonnades indiennes. Au début du XIXe siècle, expansion des docks où débarquent des ballots de marchandises du monde entier. Le prolétariat des manufactures s'entasse, lui, dans les quartiers mal famés.

Ne pas rater le *Victorian Walk,* la reconstitution habile d'un quartier londonien dont les échoppes, le pub et les w-c publics restituent l'atmosphère du XIXe siècle.

En 1851, la première Exposition universelle se déroule au *Crystal Palace,* une immense halle de verre et d'acier construite dans Hyde Park. Il n'en reste que la maquette et des photos, l'édifice ayant brûlé en 1936 après avoir été démonté et remonté au sud de Londres. Ce 30 novembre, la BBC avait inventé le scoop en interrompant pour la première fois ses programmes pour annoncer l'événement. Sous le règne de Victoria, Londres domine la planète : on inaugure l'acheminement du courrier par pneumatique en sous-sol. L'East End voit affluer les Chinois, les Indiens, les Juifs d'Europe centrale et même les Allemands et les Italiens. Nash urbanise pour la grande bourgeoisie, on creuse le métro et l'élite sportive de l'époque se donne rendez-vous aux Jeux olympiques de 1908.

Cette palpitante promenade dans l'histoire s'achève à l'aube de la Première Guerre mondiale. Juste avant de sortir, arrêtez-vous devant ce fastueux carrosse de 1757 que le maire de la City utilise pour sa parade annuelle. De quoi se prendre pour le roi !

Monuments et balades

Le Londres des traditions et de la finance : Holborn, la City et Tower of London

Aligné le long de la Tamise, du Waterloo Bridge au Tower Bridge, voici le Londres 100 % londonien, celui des hommes en perruque (quartier des *courts*), des chapeaux melon (la City), des journalistes (Fleet St) et des *Yeomen* (garde royale de la Tour de Londres)... Ici s'est forgée une grande partie de l'histoire du royaume, au milieu des cris de la Bourse, de la Cour de justice et de la vieille prison. Dans ces quartiers soigneusement entretenus sont jalousement conservés les plus grands trésors d'Angleterre : les lingots de la *Bank of England,* les secrets de la *Lloyd's* et les joyaux de la Couronne. Vous y verrez beaucoup de gens affairés, beaucoup de touristes, mais aussi le superbe *Tower Bridge,* qui garde avec fidélité l'accès à cette ville dans la ville... Pour se repérer, pas de problème ! Depuis 2004, le « cornichon », l'imposant immeuble de la compagnie foncière allemande IVG, sert de phare à la City. C'est simple, on le voit de partout ! Alors autant s'y habituer... Représentation phallique, obus, crayon, suppositoire... on a tout entendu. Et c'est vrai que l'architecture audacieuse de cette tour de verre de 180 m, arrondie et élancée, a fait couler beaucoup d'encre. Mais elle est rapidement devenue le symbole du nouveau Londres. Ville qui assume depuis toujours son goût pour l'audace et la provocation. Et puis allez, il faut avouer qu'elle a bien belle allure, cette tour...

🏃 Inns of Court (centre 1, F-G3) : à la lisière de la City, un quartier très secret, réservé aux juristes ! Pour y aller, métro jusqu'à la station Temple. Les

Inns of Court sont les quatre collèges d'avocats de Londres, établis depuis le XVIe siècle dans le quartier compris entre Holborn et Temple. Si Lincoln's Inn et Gray's Inn méritent largement une visite pour leur enchevêtrement de bâtiments séculaires et de beaux jardins, le quartier de Temple, siège des deux dernières écoles, est sans doute le plus emblématique.

La visite de ce lieu hors du temps est des plus intéressante, ne serait-ce que pour le charme du quartier, bourré de ruelles soignées, de passages pittoresques, de jolis jardins, de vieilles cours et de bâtiments anciens. Les visiteurs sont les bienvenus, excepté en période d'examens. Toutefois, la tranquillité légendaire des Inns est sérieusement mise à mal depuis le succès planétaire du *Da Vinci Code*. Car c'est au cœur de Temple qu'est dissimulée la désormais célèbre *Temple Church* (accessible

> ### UNE VILLE DANS LA VILLE
>
> *Les Inns of Court forment un microarrondissement indépendant, fonctionnant en circuit fermé. Ici vivent, étudient et plaident les avocats londoniens, qui trouvent sur place tout ce dont ils ont besoin : hébergement, centres d'étude, clubs privés et bien sûr pubs. Ils ont leurs rites, leur langage, leur code vestimentaire, leur hiérarchie et leur règlement intérieur. Un peu comme à Oxford... D'ailleurs, tout le quartier des Inns est bouclé la nuit (à partir de 19h) !*

par Middle Temple Lane, depuis Fleet St) ! Pistant les traces encore fraîches des héros de Dan Brown, de nombreux touristes auscultent les murs de la chapelle primitive du XIIe siècle, au plan circulaire caractéristique de l'ordre des Templiers, avant de s'engager dans la rotonde pour détailler les gisants. Le chœur à chevet plat est un ajout du XIIIe siècle, copieusement remanié au XIXe siècle. Le succès est tel qu'on y organise régulièrement des débats sur le thème : « Da Vinci Code, *quid* du mythe et de la réalité ? » Une publicité dont les juristes fréquentant les Inns se seraient probablement bien passés. Moins populaire mais d'un intérêt historique notable, le beau bâtiment *Middle Temple Hall* (sur Middle Temple Lane) est célèbre pour sa salle Tudor, où Shakespeare fit jouer l'une de ses pièces.

🎍 ***Royal Courts of Justice*** *(centre 1, G3) : Fleet St.* ☎ *0207-947-60-00.* Ⓜ *Temple. Lun-ven 9h-16h. Fermé le w-e, ainsi qu'en août-sept.*
Passé le dispositif de sécurité, on peut jeter un coup d'œil à l'impressionnant hall de la Cour de justice, vaste comme une nef de cathédrale, et assister à un procès civil (plusieurs salles d'audiences). Amusant à voir, avec juges et avocats portant perruque. Surtout, ne pas oublier de saluer les juges en entrant ! Une courbette suffit. Il vaut tout de même mieux connaître l'anglais... Sinon, on se consolera avec une petite exposition offrant un résumé de l'histoire du costume légal (perruques, capelines et tout le tremblement).

🎍 ***Le complexe Barbican*** *(plan général I2-3) : au Barbican Centre, Silk St, au nord d'Holborn et de la City.* Ⓜ *Barbican.* Seulement pour les fans d'urbanisme. Ne pas y aller un dimanche, vous n'y rencontrerez que le cafard. Une intéressante tentative d'architecture moderne. Bâtiments résidentiels, commerciaux et culturels fleuris, terrasses, pelouses, lacs intérieurs, jeux d'eau, galeries piétonnes aériennes. Mais le traitement de l'ensemble est résolument « brutaliste ». Le béton grisâtre et la brique sont laissés nus, ce qui donne cette impression d'inachevé un peu morose. Les Londoniens l'ont surnommé « la brosse à dents » ! Voir le *Barbican Centre* avec jardins suspendus et salles d'exposition. C'est aussi le temple de la musique classique, avec entre autres les concerts du *London Symphony Orchestra*.

🎍 ***Saint Paul's Cathedral*** *(plan général H3) : Ludgate Hill, EC4.* ☎ *0207-246-83-48.* ● *stpauls.co.uk* ● Ⓜ *Saint Paul's. Tlj sf dim 8h30-16h. Billet unique pour la totalité de la visite : 9,50 £ (14,25 €) ! Visites guidées (en anglais)* *à 11h, 11h30, 13h30 et 14h (90 mn : 3 £, soit 4,50 €) ; pour ceux qui ont encore des sous sur eux, audioguide en français à 3,50 £ (5,25 €).*

Du temps de Rome, un temple consacré à la déesse de la Chasse avait été construit à cet endroit. Dès l'époque saxonne, on y éleva une cathédrale de bois dédiée à saint Paul. L'église fut incendiée et reconstruite plusieurs fois. Après un dernier désastre en 1087, les Normands entreprirent la construction d'une cathédrale. De style romano-gothique, cette ancienne cathédrale, qui dépassait largement en taille l'actuelle, devint l'un des hauts lieux de la chrétienté. On venait de loin pour se recueillir ici, mais également pour voir la flèche la plus haute jamais construite à cette époque. En 1666, le Grand Incendie détruisit totalement l'édifice. On confia à Christopher Wren le soin de reconstruire la cathédrale : Saint Paul's représente l'apogée du savoir-faire de l'architecte.

On entre par le grand escalier de la façade ouest. Le portique, formé de colonnes corinthiennes géminées, est surmonté d'un tympan représentant la conversion de saint Paul. Si vous n'êtes pas un mordu de soutanes et de bondieuseries un peu kitsch, contentez-vous d'admirer l'intérieur depuis l'entrée. À notre avis, vu le prix de la visite, c'est nettement suffisant pour se faire une idée. D'autant que le site internet propose une bonne petite visite virtuelle... et gratuite !

Si vous décidez néanmoins de faire la visite, arrêtez-vous sous la coupole pour admirer le chœur. L'ensemble, avec les mosaïques, les stalles en chêne, le buffet d'orgue, le maître-autel à baldaquin (1958) et les grilles ouvragées, donne une impression de richesse pas forcément du meilleur goût. Derrière l'autel, la chapelle du Mémorial rend hommage aux 28 000 soldats américains qui étaient basés en Angleterre, morts durant la Seconde Guerre mondiale. Au bout du transept nord, superbes fonts baptismaux en marbre jaune du XVIIIe siècle. Dans la crypte – la plus grande d'Europe –, 200 tombes parmi lesquelles celles de Nelson, Wellington, Turner, Henry Moore, Lawrence d'Arabie, Wren et, depuis peu, un mémorial en l'honneur de Churchill. On trouve également un joli resto dans une belle salle voûtée (accès libre par le transept), parfait pour le *teatime*. Maquettes de l'actuel édifice et de l'ancienne cathédrale du XIIe siècle. Elle était beaucoup plus belle, mais on ne va pas le dire trop fort. Si vous êtes (très) en forme, tentez l'ascension du dôme. Il n'y a que 530 marches pour arriver au sommet, d'où la vue sur la City, par beau temps, est superbe. Entre-temps, vous aurez pu voir les fresques monochromes de Thornill (scènes de la vie de saint Paul) de la *Whispering Gallery* (galerie des Murmures). Son nom vient de son acoustique particulière : si vous murmurez un secret contre le mur, votre copain (ou copine) l'entendra sans problème de l'autre côté. Si vous beuglez la même chose vers l'extérieur, on n'entendra rien et on vous regardera bizarrement.

🕴 **La City** *(plan général H-I3) :* bordée par les *Inns of Court* à l'ouest, la *Tower of London* à l'est, Barbican au nord et la Tamise au sud. Considérée comme le vrai cœur de Londres, la City est surtout son centre vital, économique et financier. L'équivalent à l'échelle planétaire de Wall St et de la bourse de Tokyo. Et cent fois l'importance du quartier de la Bourse à Paris.

N'oublions pas que la City fut le centre économique du monde à l'époque de l'empire... Même si l'on ne peut plus aujourd'hui s'en rendre compte (à cause du Grand Incendie de 1666, puis du *Blitz*), nous sommes ici dans la partie la plus ancienne de Londres. On peut d'ailleurs, par endroits, observer des vestiges du mur d'enceinte romain mis au jour par les bombardements allemands. Exemple : dans la petite Noble St, entre London Wall et Gresham St, quelques restes du Fort romain. Artisans et commerçants prospérèrent entre les murs de la City, remplacés ensuite par les banquiers, assureurs, agents de change et autres as de la finance. Le *Royal Exchange* (la Bourse royale) devint, à la glorieuse époque des colonies, l'incontournable lieu d'échange des marchandises pour le monde entier. Le *Stock Exchange* faisant office, quant à lui, de Bourse la plus importante d'Europe, les Rothschild parvenant, de leur côté, à faire fixer ici même le cours de l'or, dans leur propre banque ! Avec tout cela (et le reste), on comprend comment cette cité dans la ville a pu conserver une telle autonomie : la Couronne s'est toujours appuyée sur ce centre névralgique, n'hésitant pas à y puiser l'argent nécessaire pour financer les guerres, quitte à y perdre de son pouvoir.

Aujourd'hui encore, la City possède certains privilèges : son lord (maire) élu chaque année (en 1984, ce fut pour la première fois une femme), une administration indépendante et sa propre police. La reine, chaque année, se fait remettre les clés de la City lors d'une pompeuse cérémonie.

🏃 **Bank of England** *(plan général I3)* : *Threadneedle St, EC2.* ☎ *0207-601-55-45.* Ⓜ *Bank.*

Les murs d'enceinte de 10 m de haut, équipés de caméras, signalent tout de suite la *Banque d'Angleterre,* dont les sous-sols regorgent d'or. Il fallut 45 ans (!) à son architecte, John Soane, pour achever les travaux. Pour ceux de nos lecteurs que les mécanismes bancaires passionnent, on trouve un *musée sur le côté droit de l'édifice (Bartholomew Lane) : lun-ven 10h-17h.* Rénové en 2006, il présente un historique bien ficelé de la *Banque d'Angleterre.* Cadre somptueux. Ça sent l'argent.

🏃 **Royal Exchange** *(plan général I3) : face à la banque.* Beau bâtiment aux colonnes corinthiennes, inauguré au XIXᵉ siècle. Cette bourse de commerce est pourtant bien plus ancienne et participa activement à l'enrichissement de la ville, à travers toutes sortes de transactions. Remarquez la sauterelle géante qui surmonte l'édifice. C'était l'emblème du fondateur des lieux, conseiller commercial de la Couronne, qui n'a pas hésité, selon la légende, à distribuer des lingots aux ouvriers pour que les travaux soient exécutés à temps ! La Bourse royale, supplantée par le *Stock Exchange,* s'est reconvertie dans les assurances. On peut y voir des expositions, ce qui permet d'admirer les vestiges du bâtiment antérieur (du XVIᵉ siècle), dont une jolie cour.

🏃 **Stock Exchange** *(plan général H3) : 10 Paternoster Sq, à côté de Saint Paul's Cathedral.* C'est la nouvelle Bourse de Londres : on y échange plus de titres qu'à Wall St. Les milliards y sont brassés dans l'allégresse générale. Ne se visite pas.

🏃 **L'immeuble de la Lloyd's** *(plan général I3, 572) : Lime St.* Ⓜ *Bank ou Monument.*

Le groupement d'assurances le plus important au monde. On remarque tout de suite cette immense structure de verre et d'aluminium, qui fit hurler plus d'un conservateur de la City lors de sa construction. Ce bâtiment moderne est dû à Richard Rogers, l'un des deux architectes de Beaubourg, et il y a, en effet, une ressemblance frappante. Le nom *Lloyd's* vient d'un aubergiste du XVIIᵉ siècle, chez qui se réunissaient armateurs et assureurs. D'ailleurs, ce bonhomme qui s'appelait Edward Lloyd fit bien des métiers, mais ne fut jamais lui-même assureur... La *Lloyd's* prend en charge tous les types d'assurances possibles : aussi bien la cargaison d'un pétrolier que les jambes d'une danseuse ou le temps qu'il fera à votre mariage. Fidèle à la tradition, le tintement fatidique d'une cloche signale les mauvaises nouvelles, les naufrages étant aussitôt inscrits sur le livre des sinistres, à la plume d'oie... Ne se visite malheureusement plus. À voir la nuit, illuminé.

🏃 **The Monument** *(plan général I4) : Monument St.* Ⓜ *Monument. Juste à la sortie du métro. Tlj 9h30-17h30 (dernière entrée à 17h). Entrée : 2 £ (3 €) ; réduc.*

Colonne d'une soixantaine de mètres de haut, élevée par Christopher Wren pour fêter la fin du Grand Incendie de Londres (1666). Celui-ci se déclencha tout près d'ici, dans une boulangerie de... Pudding Lane (ça ne s'invente pas). Du haut des 311 marches, beau panorama sur la Tamise et la *Tower of London.*

♥♥♥ ♟ ⊙ *The Tower of London* (plan général J4) : Tower Hill, EC3 N4AB.
☎ 0870-756-60-60. ● hrp.org.uk/tower ● Ⓜ Tower Hill. De début mars à fin
oct, mar-sam 9h-18h, dim-lun 10h-18h ; de début nov à fin fév, mar-sam
9h-17h, dim-lun 10h-17h. Dernière admission 1h avt la fermeture. Fermé
24-26 déc et 1er janv. Entrée : 16 £ (24 €) ; réduc. Durée de la visite : plus de
2h30. Guide officiel en français dans la boutique de souvenirs, audioguides
(3,50 £, soit 5,25 €), et visites guidées gratuites en anglais ttes les 30 mn.
Des billets jumelés existent pour Tower of London, Kensington Palace et
Hampton Court Palace.
Vraiment très cher... et pourtant il y a toujours 2h de queue en août. Ceux qui
ne chavirent pas d'émotion devant les joyaux de la Couronne et n'ont aucune
sensibilité médiévale peuvent toujours se contenter des extérieurs, très pho-
togéniques avec leur restauration victorienne très « Walter Scott ». En famille,
en revanche, la visite prend une tout autre dimension car elle plaira à coup
sûr aux enfants (et il existe un forfait famille assez « attractif »).
Ensemble fortifié très vaste dont le cœur (la Tour blanche) a été construit dès
la fin du XIe siècle par Guillaume le Conquérant à la suite de la bataille d'Hastings, pour servir de palais royal et défendre la ville. Aux XIIIe et XIVe siècles
ont été ajoutés deux enceintes concentriques, des bastions et des fossés
pour en faire une forteresse imprenable. Tour à tour résidence royale, atelier
de frappe pour la monnaie, ménagerie, observatoire et chambre du Trésor,
c'est surtout comme lieu d'exécution pour les têtes couronnées et comme
prison d'État que la « Tour sanglante » a acquis sa triste réputation. Les
opposants à la royauté, quels qu'ils soient, y étaient incarcérés.
D'ailleurs, il y eut des prisonniers célèbres, comme les bourgeois de Calais,
le roi de France Jean II le Bon, et même Rudolf Hess, la triste âme damnée
d'Hitler, emprisonné avant d'être remis aux Alliés pour être jugé au procès de
Nuremberg. Les deux femmes adultères d'Henri VIII, Ann Boleyn et Catherine Howard, furent exécutées dans la cour intérieure, près de la pelouse de
la tour. Vous marcherez sur les pas de Dickens qui, toute sa vie, fut obsédé
par le souvenir de son père faisant de la prison pour dettes.
Aujourd'hui, on n'enferme plus et on n'exécute plus, mais les hallebardiers,
les *Yeomen warders (The « Beefeaters »),* sont toujours là. Ils semblent participer à un jeu de rôle lorsqu'ils procèdent à la cérémonie des clés, tradition
nocturne où les portes de la tour sont fermées précisément à 21h53. Aucun
événement, aucune catastrophe n'a jamais pu empêcher son déroulement.
Et cela dure depuis sept siècles ! Malheureusement, il faut écrire (longtemps
à l'avance) pour y assister (gra-
tuitement !). *God save the
Queen !* Tiens, saviez-vous que
l'hymne national venait d'une
mélodie composée par Lully
pour Louis XIV (sauvé d'un
abcès mal placé !) ? Haendel
reproduisit celle-ci à la cour
d'Angleterre, et c'est devenu
l'hymne anglais ! Le reste du
temps, ces mêmes gardes
assurent l'accueil et les visites.
Au-delà des douves, on entre
dans la cour extérieure par la
tour du Mot-de-Passe *(Byward
Tower).* En face, dans la tour de la Cloche *(Bell Tower),* « Bloody Mary » fit
enfermer sa demi-sœur Elisabeth, future reine d'Angleterre. À droite, la porte
des Traîtres *(Trators Gate),* donnant sur la Tamise, servait à débarquer les
prisonniers qui venaient d'être condamnés à Westminster. Passez en face
sous la Tour sanglante *(Bloody Tower)* pour entrer dans la cour intérieure.
Son surnom est lié à un événement macabre de la monarchie anglaise : les

**ATTENTION, CORBEAUX DE
GARDE !**

*Des corbeaux, de bon augure pour une
fois, veillent également sur les vieilles
pierres. On dit que le royaume s'effon-
drera lorsqu'ils quitteront la tour.
D'ailleurs, un décret royal de 1662 (!)
fixe à six au minimum le nombre de ces
corbeaux la gardant. Pour éviter le pire,
on les gave de nourriture et on leur rogne
le bout des ailes.*

LA CITY, TOWER BRIDGE
ET LES DOCKLANDS

enfants d'Édouard IV y furent, selon la légende, exécutés en secret sur ordre de leur oncle, le futur roi Richard III, afin d'assurer son accession au trône. Un jeu non moins macabre attend les visiteurs dans l'une des salles : après avoir soigneusement étudié les faits de l'époque, chacun est invité à voter pour désigner le véritable assassin.

Les joyaux de la Couronne

Au sous-sol du bâtiment Waterloo, là où les gens font la queue. Il faut dire qu'ils sont nombreux, tous ceux qui viennent s'extasier devant ce trésor inestimable. Pour écouler le flux de visiteurs, il a fallu installer un tapis roulant, limitant à quelques secondes le passage devant les joyaux. Qu'on se rassure, plusieurs vidéos permettent, dans les salles précédentes, de les observer en détail. Hors saison, on est un peu plus tranquille. Si ce n'est pas le cas, vous pouvez vous hisser jusqu'à la rampe supérieure, d'où l'on voit aussi bien. Ces joyaux ne sont pas antérieurs au milieu du XVIe siècle, car, à la suite de l'exécution de Charles Ier et de l'instauration de la République, Cromwell décida de vendre les bijoux royaux. Parmi les objets les plus insolents, le sceptre royal de 1661 surmonté de l'*Étoile d'Afrique,* le plus gros diamant du monde, la couronne de feue la reine mère ornée du *Koh-I-Noor,* un autre diamant stupéfiant rapporté du Penjab à la reine Victoria lors des conquêtes britanniques, et surtout la couronne d'État d'Elisabeth II, éclairée par le rubis du Prince Noir et la deuxième Étoile d'Afrique. Victoria la porta pour son couronnement. Très kitsch tout de même... Ces joyaux sont encore utilisés dans la vie « courante » de la famille royale, c'est pourquoi on peut voir de temps à autre des étiquettes *« in use »*...

La Tour blanche (White Tower)

Donjon carré très massif trônant au milieu de la cour intérieure. Cette architecture militaire normande réduite à sa plus simple expression est la partie la plus ancienne de la forteresse (XIe-XIIe siècle). Ce fut la résidence de Guillaume le Conquérant, avant de servir de prison. Magnifique *chapelle de Saint-Jean,* émouvante de simplicité. Construite par Guillaume le Conquérant avec le donjon, c'est la plus ancienne chapelle de Londres. Une nef et un déambulatoire, surmontée de tribunes et d'une simple voûte en berceau, incarne la pureté du début de l'art roman. Surtout, très belle collection d'armes et d'armures dont une incroyable lance de tournoi pesant 9 kg (!) et une non moins impressionnante armure d'Henri VIII. Ne pas rater non plus l'exposition très intéressante sur la célèbre Conspiration des poudres. On insiste sur le souci pédagogique de la présentation. Résultat, les gosses adorent !

La chapelle de Saint-Pierre-aux-Liens

Chapelle funéraire rebâtie au XVe siècle dans le style gothique tardif. Ci-gisent les malheureuses épouses d'Henri VIII et les partisans jacobites du retour à une monarchie catholique. Attention, elle ne se visite que dans le cadre des visites guidées (gratuites). Joignez-vous à n'importe quel groupe.

Le musée des Fusiliers royaux

Pour les fans du service militaire et des uniformes. Petit musée à la gloire du premier régiment de fusiliers royaux évoquant toutes les campagnes, batailles et guerres, de Napoléon jusqu'aux Malouines, *sorry,* aux Falkland. Il faut quand même verser une obole de 1 £ (1,50 €) pour le visiter. Bof.

La tour Beauchamp

Elle abrita de nombreux prisonniers. Amusez-vous à déchiffrer leurs graffitis gravés sur les murs. Un de nos compatriotes enfermé ici en 1571, Charles Bailly, fut particulièrement prolixe.

Les nouvelles armureries

Pour faire le plein de munitions... caloriques ! Ce beau bâtiment abrite désormais un café agréable.

Saint Katharine Docks *(plan général J4) : tout près du Tower Bridge.* **M** *Tower Hill ou Tower Gateway.* Un vieux coin du port joliment transformé en luxueuse marina. Enclave de charme. Architecture récente au look ancien. Au milieu des voiliers, quelques vieux navires, histoire de faire bonne figure. Promenade agréable au milieu des bâtiments futuristes, par les quais et passerelles. On peut prendre un pot dans le gigantesque pub *Dickens Inn* (voir « Pubs » plus haut). Romantique le soir, quand les lumières se reflètent sur l'eau et incroyablement calme et vivifiant au petit matin.

Brunel Engine House *(hors plan général par J4) : Railway Ave, Rotherhithe, SE16 4LF.* ☎ *0207-231-38-40.* ● *brunelenginehouse.org.uk* ● **M** *Rotherhithe. Près du pub* Mayflower. *Tlj 10h-17h. Le reste du temps sur rendez-vous. Entrée : 2 £ (3 €) ; réduc.*
Ce modeste musée installé dans une salle des machines narre la construction du premier tunnel passant sous un fleuve navigable. Les travaux ont duré de 1825 à 1843. À l'origine destiné aux piétons, il fut intégré au réseau du métro londonien en 1948. Le tour guidé propose une visite dudit tunnel, qui relie le quartier de Rotherhithe à celui de Wapping/Shadwell... Précisons que le métro normal prend de toute façon cet itinéraire ! Encore un pan méconnu de l'histoire de Londres, que vous fera découvrir ce petit musée placé hors des sentiers battus.

Tower Bridge Exhibition *(plan général J4) :* ☎ *0845-166-43-77.* ● *towerbridge.org.uk* ● **M** *Tower Hill. De mars à fin sept, tlj 10h-17h30 (dernière admission) ; oct-fév 9h30-17h. Fermé 1er janv, 4e mer de janv et 24-26 déc. Entrée : 5,50 £ (8,25 €) ; réduc et forfait famille. Billet couplé avec le « Monument » pour 6,50 £ (9,75 €).*
Avec Big Ben, l'une des cartes postales les plus envoyées de Londres. Autant dire que le site est incontournable. Mais là encore, vu le prix, la visite ne s'impose pas.
Édifié à la fin du XIXe siècle dans le style néogothique cher à la reine Victoria, ce pont servit à désengorger le trafic du London Bridge et à favoriser le développement de la capitale vers l'est. Avec un peu de chance, vous verrez la chaussée se lever en quelques secondes pour laisser passer un gros navire, mais ces moments se font de plus en plus rares. Environ 900 fois par an ; les horaires sont annoncés sur place. Au milieu des années 1970, un système de levage électrique a remplacé l'ancien système hydraulique mais, bien sûr, on n'a pas touché à l'architecture d'origine du pont le plus célèbre du monde. Une anecdote : un milliardaire américain fou amoureux du pont décida, paraît-il, de l'acheter. Les Anglais lui livrèrent un pont en pierre sans grand intérêt. Le milliardaire, comme beaucoup d'étrangers, avait tout simplement confondu le Tower Bridge avec... le London Bridge ! La traversée offre déjà de bons points de vue et il n'est pas nécessaire pour cela de monter sur la passerelle, d'où le panorama n'a rien de spectaculaire. Cette passerelle permettait aux piétons de passer la Tamise pendant les incessantes manœuvres du pont. Quelques belles photos en noir et blanc retracent l'histoire de la construction du pont. À deux pas, sur la rive sud, la salle des machines. Pas inintéressant, mais décidément trop cher.

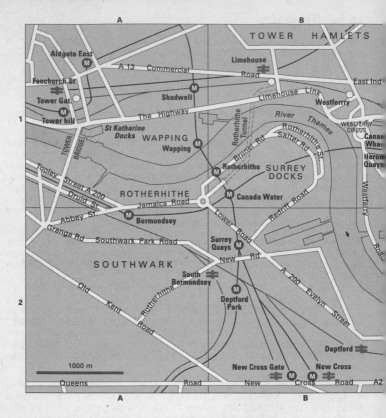

Le Londres futuriste : les Docklands

Au sud de l'East End et dans le prolongement de la City, juste après le *Tower Bridge (hors plan général par J3-4)*, on entre dans un nouveau royaume, celui de la mégalomanie des promoteurs immobiliers et que le gouvernement Thatcher rêvait de transformer en City de l'an 2000. Bienvenue aux Docklands ! Pour visiter les Docklands, prendre la « DLR », la ligne de métro Docklands Light Railway (sans chauffeur !) à la station Bank ou Tower Gateway. N'oubliez pas de payer pour 2 zones si vous ne voulez pas écoper d'une amende ! Coincé dans un méandre de la Tamise, cet ancien quartier portuaire servait autrefois de point d'ancrage pour les bateaux faisant la navette avec les Indes. Fini tout cela. Place à une minipole (on dit bien méga !) composée d'un centre d'affaires, de gratte-ciel, de centres commerciaux, d'un port de plaisance, de résidences pour yuppies et de sa propre ligne de métro. Bref, un mélange Manhattan-Silicon Valley, ou, pour prendre une image parisienne, une brochette La Défense-Bercy-Marne-la-Vallée ! Le chantier démarra sur les chapeaux de roues, puis les promoteurs, frappés de plein fouet par la crise immobilière entraînée par la récession, se rendirent compte qu'ils avaient vu trop grand. Les chantiers se ralentirent, certains s'arrêtèrent. On ne saura jamais combien de millions de livres furent perdues dans l'aventure. Toujours est-il que la population hésite encore à s'y installer. Malgré la venue d'éditeurs de journaux et de quelques grandes entreprises,

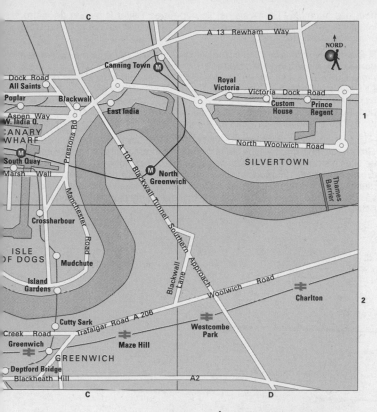

LA TAMISE, DE TOWER BRIDGE À THAMES BARRIER (LES DOCKLANDS)

de nombreux bureaux restent désespérément vides. Un gâchis monumental, dénoncé par la presse, et une pilule amère à avaler pour les classes sociales modestes qu'on avait délogées. Cela dit, il faut reconnaître que le projet ne manquait pas d'ambition. Le vieux dock pourri a été transformé en un village moderne et – parfois – animé au bord de la Tamise. Les amateurs d'architecture y découvriront des ensembles de buildings « pavés » de verre fumé, armés de fer, aux lignes audacieuses. Dans certains coins, les vieux pâtés de maisons ont été simplement restaurés, et les immeubles futuristes s'allient harmonieusement avec la brique rose. Les espaces ménagés donnent une respiration à l'ensemble, et l'on a même tenté de recréer une vie de quartier en maintenant la tradition des pubs et des restos. Une catastrophe surtout financière, donc, puisque les urbanistes, eux au moins, semblent avoir bien fait leur boulot.

🏃 *Canary Wharf Tower (plan Les Docklands, B1)* **:** nous voici au cœur du centre d'affaires des Docklands. Symbole des lieux : la *Canary Wharf Tower*, building de verre haut de 244 m, surmonté d'une pyramide. C'est l'immeuble le plus haut du pays, construit en 1991 par César Pelli. On peut monter jusqu'à la terrasse couverte, mais on ne peut pas, hélas, monter sur le toit de peur des attentats ! En revanche, vous pourrez visiter la station de métro, imaginée par Norman Foster, aussi large que la tour est haute ! Une vraie prouesse artistique.

🎏 Si vous avez le temps, une annexe du *Museum of London* a ouvert ses portes : le **Museum in Docklands** *(plan Les Docklands, B1), sur West India Quay, E14 4AL.* ☎ *0870-444-38-57.* ● *museumindocklands.org.uk* ● Ⓜ *Canary Wharf. DLR : West India Quay. Tlj 10h-18h. Fermé 24-26 déc et Nouvel An. Entrée : 5 £ (7,50 €) ; réduc.* Musée consacré à la Tamise, son port, son histoire, ses acteurs... Le bâtiment servait à entreposer le sucre et les épices en provenance des Indes. Intéressant, quoiqu'un peu onéreux.

– Une suggestion : terminez la visite des Docklands par un petit tour à *Greenwich,* charmant village de la périphérie londonienne qui abrite son lot de sites historiques et culturels (voir, plus loin, « Les autres quartiers de Londres »). Il suffit de poursuivre la ligne jusqu'à Island Gardens et de prendre le tunnel ou de s'arrêter aux stations Cutty Sark ou Greenwich. Les plus pressés prendront une navette depuis Westminster Quay et verront tout depuis le bateau !

WHITECHAPEL, SPITALFIELDS ET HOXTON

Notre cœur en pince beaucoup pour l'est de Londres. Habitants plus chaleureux, rapports plus spontanés et naturels. Vieux quartiers sentant encore bon leur XIXe siècle ouvrier. Dépêchez-vous cependant : comme chez nous, les promoteurs cassent tout et livrent des quartiers sans âme... En attendant, voilà un coin où ça bouge le soir : tranquille en semaine, surpeuplé et extatique les soirées de week-end, on se retrouve dans des bistrots et boîtes parmi les plus originaux de Londres. Pour n'en citer qu'un exemple, jetez un œil du côté des usines désaffectées de Brick Lane. Voici quelques bonnes adresses parmi d'autres pour ceux qui auront arpenté les pittoresques puces de Brick Lane et Cheshire St, ainsi que les rues plus au nord. Au nord-ouest, Shoreditch et Hoxton font partie des incontournables pour tous les oiseaux de nuit qui se respectent.

Où manger ?

Le quartier très populaire de Whitechapel fourmille de restos indiens ou bengalis. Le pire y côtoie le meilleur, notamment sur l'infernale Brick Lane, inondée de gargotes pour touristes, mais le dépaysement est assuré. Pas mal d'endroits hybrides également, où l'on mange, où l'on boit, voire les deux en même temps ! Bien sûr, ce quartier de plus en plus branché offre de moins en moins de bons plans. Déco et cuisine se font plus sophistiquées et les additions moins légères. Il reste malgré tout intéressant de venir se perdre dans l'*East End*. Vers Hoxton ou Spitalfields, restauration plus classique, mais tout aussi tendance.

Bon marché

|●| *Old Spitalfields Market* (plan général J2-3, *273*) : plein d'excellents bouis-bouis de cuisine exotique (voir le texte dans « Marchés »). Indonésien, hawaïen, chinois, libanais... et même des crêpes !

|●| *Beigel Bake* (plan général J2, *274*) : 159 Brick Lane. ☎ 0207-729-06-16. Ⓜ Shoreditch. Cette petite boutique ouverte 24h/24 vous fera fondre de plaisir. C'est une légende ! Si vous dites *« bagel »*, tout le monde vous enverra ici. Des *bagels* à emporter, bien frais (facile, vu le débit) et pour 3 fois rien (1 £, soit 1,50 €). Également toutes sortes de *pies and pastries*. Pour se caler un coin avant d'aller guincher.

|●| *Aladin* (plan général J2-3, *265*) : 132 Brick Lane, E1. ☎ 0207-247-82-10. Ⓜ Aldgate East. Tlj 12h-23h30 (minuit ven-sam). Formule lunch 6 £ (9 €) avec 3 plats. Compter 4,50-9,50 £ (6,75-14,25 €) le plat à la carte, un peu moins pour un mets végétarien. Cadre propret genre petit *coffee shop* sans fioritures. Qu'à cela ne tienne : les jeunes et les Pakistanais du quartier viennent ici nombreux pour la bonne cuisine *bengla*. Ne sert pas d'alcool, mais il y a du *lassi* !

|●| *Viet Hoa Café* (plan général J1, *263*) : 70-72 Kingsland Rd, E2. ☎ 0207-729-82-93. Ⓜ Old St. Tlj en continu 12h-23h30. Fermé à Noël et le Jour de l'an. Env 10 £ (15 €) le repas. En dépit d'un cadre très simple et de la concurrence de plusieurs autres enseignes vietnamiennes, ce

restaurant familial continue de remporter tous les suffrages. Même un dimanche soir, il n'est pas facile de dégoter une place parmi les longues tablées bourdonnantes ! On y plébiscite une cuisine traditionnelle vietnamienne irréprochable, des nems croustillants à souhait et délicats aux soupes épicées avec doigté, en passant par les plats de viande riches en saveurs. Une perle rare.

I●I Market Coffee (plan général J3, 268) : 50 Brushfield St, E2. ☎ 0207-247-41-10. Ⓜ Aldgate East. Tlj 9h-18h. Sandwichs et bagels 3-6 £ (4,50-9 €). Avec des lunettes de soleil sur le bout du nez, le Market Coffee a tout des vieilles cartes postales d'avant-guerre ! Mais ses boiseries sans âge, son comptoir à l'ancienne et ses vieilles pubs n'expliquent pas à eux seuls son succès. Les gourmands font la queue pour ses soupes de grand-mère, ses bons sandwichs et ses excellents scones, autres témoignages de la vieille Angleterre.

I●I Wild Cherry (hors plan général par J2) : 241 Globe Rd, E2. ☎ 0208-980-66-78. Ⓜ Bethnal Green. À l'angle de Roman Rd, en arrivant de Bethnal Green Rd. Mar-ven 10h30-19h, sam 10h30-16h. Repas autour de 9 £ (13,50 €). La devanture verte comme l'herbe fraîche apporte une touche de gaieté dans ce quartier sans grâce. Raison de plus pour aimer ce resto végétarien un peu katman (de Katmandou !) malgré des chaises tout droit sorties de l'imaginaire de Starck. Au menu : carrot cake, quiche aux épinards, salades, soupes, rien que du naturel ! L'été, quelques tables sont à disposition dans une courette au calme. Fait partie d'un grand centre bouddhique.

I●I ☂ ♪ Café 1001 (plan général J2, 267) : 1 Dray Walk, une ruelle qui donne sur Brick Lane, presque à l'angle de Hanbury St. ☎ 0207-247-96-79. Ⓜ Aldgate East. Lun-sam 6h-minuit, dim 6h-23h30. Sandwichs et salades à partir de 2,20 £ (3,30 €) et plats chauds autour de 4 £ (6 €). Un endroit complètement déjanté en plein milieu d'une ancienne usine, occupée aujourd'hui par toutes sortes de boutiques et de cafés. Atmos-

phère décontractée pendant la journée. En revanche, inutile de chercher une place assise le soir. Entre les étudiants affalés sur les sofas miteux de la mezzanine et ceux qui se déchaînent sur les rythmes ciselés par le DJ, mieux vaut battre en retraite vers la terrasse. Si on n'a pas encore les tympans éclatés, on appréciera l'ambiance conviviale et les petits plats corrects à prix doux. Concerts et mix pratiquement chaque soir de la semaine.

I●I Story Deli (plan général J2, 267) : 3 Dray Walk, 91 Brick Lane, E1. ☎ 0207-247-31-37. Ⓜ Aldgate East ou Liverpool St. Tlj 8h-17h ou 19h (selon affluence). Sandwichs, pizzas et quelques plats chauds 5-8 £ (7,50-12 €). On adore les miroirs partout, la grande table d'hôtes, les établis en bois brossé, les caisses pour s'asseoir... Ce snack baroco-rustico-bobo vous attend pour un petit creux ou un repas sur le pouce. On n'y trouve que des produits bio. Même la vaisselle est biodégradable, of course !

I●I S&M, Sausage & Mash (plan général J3, 268) : 48 Brushfield St. ☎ 0207-247-22-52. Ⓜ Aldgate East. Lun-ven 7h30-22h30, w-e 8h30-22h30. Plats 6-9 £ (9-13,50 €). Salades et soupes moins chères. On craque pour la déco années 1960 de ce petit troquet, un tantinet régressive avec ses vieilles pubs, ses nappes à carreaux et son menu « saucisse-purée ». De plus, l'accueil y est charmant. Quelques classiques anglais à la carte : pies, soupes, sandwichs, mais, on l'aura compris, la spécialité de la maison, c'est la saucisse... Avec pas moins de 15 sortes, de la plus traditionnelle à la plus originale (au gibier, aux asperges, au cheddar, voire aux tomates séchées...). Ne reste plus qu'à choisir sa ou ses purées : nature, cheddar, chou, poivre... et sa sauce...

I●I ☂ Dirty Dick's (plan général J3, 269) : 202 Bishopsgate, EC2. ☎ 0207-283-58-88. ● dirtydicks@youngs.co.uk ● Ⓜ Liverpool St. Dim-jeu 11h-23h, ven-sam 11h-minuit. Plats classiques 7-9 £ (10,50-13,50 €). Écoutez donc l'histoire de Nathaniel Bentley, ce riche quincaillier dont la promise mourut la veille de leurs noces. Fou de désespoir, il ferma sa porte à double tour et se négligea totalement, s'enlisant un peu plus chaque jour dans une saleté repoussante. Après sa mort, un promoteur transforma la désormais célèbre maison de *Dirty Dick's* en pub. Aujourd'hui, les cols blancs en goguette et la faune du quartier profitent des charmes de la maison, restaurée depuis belle lurette. Plusieurs salles obscures imbriquées les unes dans les autres : intime et populaire à la fois !

Prix moyens

|●| 🍸 ♪ *The Spitz* (plan général J3, 273) : 109 Commercial St, E1 6GB. ☎ 0207-392-90-32. ● mail@spitz.co.uk ● Ⓜ Liverpool St ou Aldgate East. Lun-mer 10h30-minuit, jeu-sam 10h30-1h, dim 10h-22h. Brunch autour de 8 £ (12 €) et plats principaux 6-10 £ (9-15 €). Sur un des côtés du marché de Spitalfields, un ancien magasin reconverti en bar-resto et salle de concerts (grand local avec petite scène à l'étage). Vaste salle à la déco dépouillée, flanquée d'une agréable terrasse sous les halles. Public assez mélangé, attiré autant par la programmation musicale éclectique (2 à 3 concerts par semaine) que par les bons petits plats.

|●| *Tayyab's* (hors plan général par J3) : 83-89 Fieldgate St, E1 1JU. ☎ 0207-247-95-43. ● info@tayyabs.co.uk ● Ⓜ Whitechapel. En sortant du métro, prendre à droite et tourner à gauche au niveau de l'immense cheminée de la fonderie. Tlj 12h-23h30. Compter 10-15 £ (15-22,50 €) par repas. Depuis l'ouverture de son 1er café en 1974, Mohammed Tayyab a bâti un vrai petit empire ! Le restaurant, qui s'est agrandi avec les années, bénéficie aujourd'hui d'un cadre moderne, rythmé de toiles contemporaines et de luminaires design. On regrette cette course à la branchitude et l'abandon de l'ancien cadre plus chaleureux, mais cette déco aseptisée n'a pas corrompu la cuisine pakistanaise : fraîche, bien tournée et authentique. Une partie du resto fait office de salon de thé : leur rayon pâtisserie est impressionnant !

|●| 🍸 *Cantaloupe* (plan général J2, 270) : 35-42 Charlotte Rd, EC2. ☎ 0207-613-44-11. ● info@cantalou pe.co.uk ● Ⓜ Old St. Tlj 11h-minuit. Résa conseillée le soir. Plats 9-20 £ (13,50-30 €), burgers env 7 £ (10,50 €) et tapas 2,50-6 £ (3,75-9 €). Le 1er bar branché ouvert dans le secteur a toujours le vent en poupe, malgré une concurrence acharnée. Chaque week-end, c'est la foule des grands jours qui se partage les 3 espaces de cette ancienne manufacture, baignant dans une assourdissante sauce techno-hispanique mitonnée par un DJ. Bref, ce n'est pas l'endroit idéal pour tenir une conversation (ou alors avec des sous-titres). Une vaste partie bar avec de grosses tables en bois et un long comptoir, un petit salon et, derrière, un autre bar plus moderne et le coin resto retranché sur une estrade. Cuisine d'inspiration hispanique bien tournée, ou sélection de tapas goûteuses (mais maigrichonnes).

|●| *Shish* (plan général J2, 303) : 313-319 Old St, EC1. ☎ 0207-749-09-90. Ⓜ Old St. Lun-sam 11h-minuit, dim 10h30-23h. Formule mezze + kebab + boisson à 8,50 £ (12,75 €) servie en sem et avt 19h. Sinon, à la carte, compter 15-20 £ (22,50-30 €) par pers. Tout part de la Route de la Soie. De la Turquie à la Chine en passant par l'Iran et les étendues d'Asie Centrale, la cuisine est un art et c'est cet art que chez *Shish*, on a voulu promouvoir. Si les influences orientales sont évidentes dans l'assiette, le décor résolument moderne et épuré y échappe complètement. Seules deux grandes photos murales rappellent le lointain Orient. Les cuisiniers s'affairent devant la poignée de clients qui a choisi de manger au comptoir. La salle fait l'angle de cette rue stratégique, on voit donc la jeunesse noc-

tambule défiler sans complexe derrière les baies vitrées. Bref, c'est un bon endroit pour manger tranquillement tout en étant aux premières loges pour jouir de l'agitation « old-streetienne ».

Très chic

|●| Fifteen *(plan général I1-2, 175)* : 15 Westland Pl, N1 7LP. ☎ 0871-330-15-15. Ⓜ *Old St. Resto ouv tlj 12h-15h, 18h30-23h. Trattoria ouv tlj 7h30-22h (dernière commande). Le midi en sem (hors j. fériés), menus 22-25 £ (33-37,50 €). Le soir, menus 50-60 £ (75-90 €). Trattoria plus abordable : 25-30 £ (37,50-45 €) à la carte.* Le petit prodige de la gastronomie londonienne s'est fait plaisir. Jamie Oliver (Jamie O pour les intimes) a développé un concept audacieux, mariant à la fois la fantaisie, la créativité et une pointe d'altruisme pour épicer le tout. Au rez-de-chaussée, la trattoria décontractée-chic séduit les amateurs avec sa *pasta* fraîche de haute volée, tandis que la carte du resto aligne des spécialités hautes en couleur de cuisine nouvelle anglaise, influencées par les saveurs méditerranéennes. Pour couronner le tout, il a choisi un staff de jeunes en difficulté. Tous les profits sont d'ailleurs reversés à l'école hôtelière qu'il a créée. Du coup, on lui pardonne tout, de sa déco excentrico-rétro aux couleurs acidulées à son carnet de bal plus que plein ! Compter plusieurs semaines pour espérer dîner au resto (réservation non obligatoire pour la trattoria, mais conseillée). Imaginez un peu : même les limousines font un détour par ce quartier populaire...

Où boire un verre ? Où sortir ?

C'est ce quartier de Londres qu'il faut venir arpenter, à la découverte de nouveaux coins qui bougent sans prendre encore la poussière. Faut dire que l'éclosion et le renouveau d'Hoxton Square sont encore frais, et on emboîte volontiers le pas à de nombreux artistes rapatriés vers des terres plus abordables, comme le designer de mode Alexander McQueen. C'est là en tout cas que la fête bat son plein.

Dans le quartier de Old Street

♟ New Foundry *(plan général I2, 370)* : 84-86 Great Eastern St, EC2A 3JL. ☎ 0207-739-69-00. ● foundry.tv ● Ⓜ *Old St. Sur le rond-point. Mar-ven 16h30-23h, sam 14h-minuit, dim 14h-22h30. Fermé lun.* Tout se recycle ! Avec une telle devise, on ne s'étonnera plus de voir de vieux ordinateurs traîner dans les recoins de cette ancienne banque, un mobilier chiné au petit bonheur la chance, ou des portes de voiture et des caleçons (vous avez bien lu caleçons !) en guise de déco. Ambiance tout aussi bruyante et anarchique, assaisonnée de performances de DJs, de mini-concerts, de lectures de poésie, et même d'expos de peintures et de photos. Bref, du bric et du broc pour une atmosphère loufoque !

♟ Dragon Bar *(plan général I2, 371)* : 5 Leonard St, EC2A 4AQ. ☎ 0207-490-71-10. ● dragon@dragonbar.co.uk ● Ⓜ *Old St. Dim-jeu 12h-minuit, ven-sam 12h-2h (attention, dernière entrée à minuit !). Entrée libre.* Chaude ambiance au *Dragon Bar*, à notre avis l'un des lieux nocturnes les plus *cool* de la ville. On ne distingue pas grand-chose de l'extérieur, mais c'est une vraie flambée de décibels qui jaillit à peine la porte entrouverte. L'antre du *Dragon* a tout d'une caverne, entre un bar dont les fenêtres sont obscurcies par des autocollants bigarrés et une cave baignant dans une pénombre rougeoyante. Le DJ attise le feu à grand renfort de tubes funk ou hip-hop... De quoi faire cracher des flammes à toute une joyeuse bande de noctambules !

Y *Great Eastern Dining Room (plan général J2, 270) :* 54-56 Great Eastern St, EC2. ☎ 0207-613-45-45. • greateasterndining.co.uk • **M** Old St. Lun-ven 12h-minuit, sam 20h-minuit. Fermé dim. Un grand bar-resto très design dans les tons gris et rouge. Sophistique, à l'image de la clientèle. Les DJs passent au club attenant *Below 54 (slt ven-sam 19h30-1h).*

Y ♫ *Sosho (plan général I2, 382) :* 2 Tabernacle St, EC2. ☎ 0207-920-07-01. • bookings@sosholondon. com • sosholondon.com • **M** Old St. Ouv 12h-minuit ou 6h... selon les jours ! Fermé dim. Le 1er cocktail coûte 6,50 £ (9,75 €), on préfère vous prévenir ! Entrée libre cependant. Si l'atmosphère est relativement calme en début de soirée, les cocktails réputés de la maison ont tôt fait de remplir leur mission. Il ne manque plus que le DJ pour célébrer la grand-messe. Les 2 niveaux de ce grand bar industriel se métamorphosent alors illico en piste de danse pour yuppies. Un endroit animé, mais visiblement destiné à une certaine clientèle.

Y ♫ *Mother (plan général J2, 271) :* 333 Old St (au 1er étage), EC1V 9LE. ☎ 0207-739-59-49. • 333mother. com • **M** Old St. Dim-jeu 20h-3h ou 4h, ven-sam 22h-4h ou 5h. Entrée : 5-10 £ (7,50-15 €). Une institution. Deux salles de taille moyenne, flanquées de larges fenêtres ouvertes sur la rue. Déco kitsch, curieux mélange de tapisseries à ramages, de fauteuils Louis XV et de lourds sofas. DJ tous les soirs et ambiance marrante, mais souvent surpeuplé et assez m'as-tu-vu.

Y *The Bricklayer's Arms (plan général J2, 393) :* 63 Charlotte Rd, EC2. ☎ 0207-739-52-45. • bricklayers@333mother.com • 333mother. com • **M** Old St. Lun-sam 11h-minuit, dim 12h-23h. On aime bien ce pub *roots* sur 2 étages, fréquenté par une jeunesse ouverte et bigarrée. Meubles bancals, objets chinés

et comptoir fatigué en font une enclave bohème rafraîchissante dans ce secteur très *fashion.* DJ les vendredi et samedi soir à partir de 21h, l'heure de fermeture pouvant être repoussée jusqu'au milieu de la nuit !

Y *Zigfrid (plan général J2, 372) :* 11, Hoxton Sq. ☎ 0207-613-19-88. • of fice@zigfrid.com • zigfrid.com • **M** Old St. Tlj 12h-1h. Zigfrid doit son succès à une bonne alchimie : un décor underground néorétro, légèrement baroque avec ses abat-jour et chandeliers d'une autre époque, des concerts en début de semaine et, en général, une bonne dose de musique électronique. Bien pour s'échauffer au début de la tournée des bars.

♫ *Club 333 (plan général J2, 271) :* 333 Old St, EC1V 9LE. ☎ 0207-729-42-23. • 333mother.com • **M** Old St. Mer-dim 22h-4h ou 5h. Entrée : 5 £ (7,50 €) avt 23h, 10 £ (15 €) après 23h. Tout près de Hoxton Square, au rez-de-chaussée du bar *Mother,* un des plus vieux clubs du quartier. Décor sans fioritures, tout comme la foule de *clubbers* qui s'égaie sur les 3 niveaux du lieu. Rendez-vous au sous-sol pour les fous de techno aux tympans increvables.

♫ *Herbal (plan général J1-2, 460) :* 10-14 Kingsland Rd, E2 8DA. ☎ 0207-613-44-62. • someone@her baluk.net • herbaluk.com • **M** Old St. Ouv en sem jusqu'à 2h, le w-e 21h-3h. Fermé lun. Entrée : 5-10 £ (7,50-15 €). Sur 3 *dance floors,* un excellent son, ce qui ne dément pas la renommée de cette *venue* en vogue depuis déjà quelques années. Y afflue une clientèle qui ingurgite avidement une musique *drum'n bass,* house et hip-hop assénée sans modération par de fameux DJs. Bar cosy pour se réhydrater entre deux tours de piste.

♫ *Cargo (plan général J2, 463) :* 83 Rivington St, EC2A. ☎ 0207-739-34-40. • cargo-london.com • **M** Old St. Sous les arches du chemin de fer. Lun-jeu 12h-1h, ven 12h-3h, sam 18h-3h, dim 13h-minuit. Entrée : 6-10 £ (9-15 €) selon les DJs. Avec ses plafonds voûtés, ses beaux volumes et surtout ses excellents concerts live, le *Cargo* fait d'ores et déjà figure d'étape incontournable pour les noctambules avertis. Les 2 salles en brique rassemblent la quintessence de la branchitude londonienne autour des meilleurs DJs. Par ailleurs, si vous voyez le plafond vibrer, ce n'est pas parce que vous êtes trop saoul, c'est seulement un train qui passe !

Dans le quartier de Brick Lane

Cette rue est devenue en quelques années l'un des points de chute favoris des noctambules londoniens. De nouvelles adresses de bars-boîtes apparaissent régulièrement. En voici quelques-unes qui nous ont bien plu – et qui durent :

♥ ♪ **Café 1001** *(plan général J2, 267)* : voir le commentaire dans « Où manger ? ».

♥ **Coffee Brick Lane** *(plan général J2, 274)* : 157 Brick Lane, E1. ☎ 0207-729-26-66. À côté de Beigel Bake. *Tlj 7h-20h.* Café tout en longueur fréquenté par une jeunesse relax confortablement calée dans des fauteuils hors d'âge. Bon *espresso*. Sert également des encas : soupes, *falafels...*

♪ **93 Feet East** *(plan général J2, 464)* : 150 Brick Lane, E2. ☎ 0207-247-32-93. • michael@93feeteast. com • 93feeteast.com • Ⓜ *Shoreditch. Lun-jeu 17h-23h, ven-sam jusqu'à 1h, dim 12h-22h30. Entrée : 5-10 £ (7,50-15 €), gratuit avt 23h.* Dans une annexe de l'ancienne *Brasserie Truman,* un célèbre DJ-bar-boîte très *Orange mécanique,* au mobilier minimaliste. Une ambiance dézinguée. Tout ce que la scène londonienne compte de nouvelles tendances musicales (et expérimentales !) passe par là. On y a même vu les *White Stripes* à leurs débuts ! En été, on apprécie la vaste terrasse pavée.

♥ ♪ ♪ **Vibe Bar** *(plan général J2, 267)* : 91-95 Brick Lane, E1. ☎ 0207-247-68-02. • info@vibe-bar.co.uk • vibe-bar.co.uk • Ⓜ *Aldgate East ou Liverpool St. Tlj 11h-23h30, le w-e jusqu'à pas d'heure !* Dans l'ancienne brasserie Truman, un vaste bar hybride mêlant toutes sortes d'influences dans la déco et la musique. À l'extérieur, une agréable terrasse pavée ; à l'intérieur, un DJ stimule l'atmosphère d'une salle cosy drapée de fresques. Concerts à peu près tous les soirs, et parfois ils sont gratos ! Pour manger : sandwichs et gamme de *pies* très réputées.

Shopping

Vêtements

⚜ **Burberry** *(hors plan général par J2)* : 29-53 Chatham Pl, Hackney, E9. ☎ 0208-985-33-44. Ⓜ *Bethnal Green. Du métro, prendre le bus n° D6 ou 106 (en face du musée) ; descendre à Hackney/Town Hall, prendre Morning Lane à 100 m, puis la 3e à droite. Lun-ven 11h-18h, sam-dim 10h-17h.* Incontournable pour les fans du fameux imprimé à carreaux, le stock *Burberry* brade le parapluie pour la belle-mère, le trench pour Colombo, le carré en soie pour la copine... Vraiment de bonnes affaires à faire, surtout en ce qui concerne les accessoires. En revanche, ne pas y aller avec une envie précise.

⚜ **Absolute Vintage** *(plan général J2)* : 15 Hanbury St, E1. ☎ 0207-247-38-83. Ⓜ *Liverpool St. Pas loin de Commercial St et du Old Spitalfields Market. Mar-sam 12h-19h, dim 11h-19h.* Grande friperie spécialisée dans le *vintage* de marque. Arrivages réguliers de trenchs *Burberry* à prix déjà plus abordables.

⚜ **The Laden Showroom** *(plan général J2)* : 103 Brick Lane, E1. ☎ 0207-247-24-31. • ladens *howroom.co.uk* • *Mar-sam 11h-18h30, lun 12h-18h, dim 10h30-18h.* Dans une rue riche en boutiques, cette friperie nous a tapé dans l'œil car elle accueille une quarantaine de

créateurs indépendants et de jeunes stylistes à prix relativement abordables, et parce qu'on peut y dénicher de superbes *vintages.*

Marchés

– **Petticoat Lane Market** *(plan général J3) : sur Middlesex St et ttes les rues adjacentes.* Ⓜ *Liverpool St ou Aldgate. Lun-ven 10h-14h30, dim 9h-14h.* C'est le dimanche que la fête bat son plein. Beaucoup de fringues bon marché, de sacs, de chaussures, de montres de pacotille... Le tout saupoudré d'un nuage d'antiquités dans les rues avoisinantes. Très touristique, très *cheap* aussi, mais rigolo.

– **Brick Lane Market** *(plan général J2) : le long de Brick Lane, mais surtout de Cheshire St et de Slater St.* Ⓜ *Bethnal Green, Shoreditch ou Liverpool St, puis 10 mn de marche. Dim 8h-13h ou 14h.* Authentique et fréquenté par les Londoniens. Pour l'ambiance de l'East End. Celui qu'on préfère de loin. Le paradis des chineurs : antiquités, bibelots, disques, vêtements, un amoncellement invraisemblable ! À côté du carrefour de Slater St et Brick Lane, grand entrepôt sous les arcades de brique : des tonnes de fringues, chemises, cuirs, etc. On dit qu'on vend ici ce dont les autres marchés ne veulent pas.

– Tout près, les quelques marchands du *Vallance Rd Market* s'abritent sous les voûtes d'un vieux chemin de fer. Y aller pour l'endroit. C'est indiqué.

– **Old Spitalfields Market** *(plan général J2-3) : entre Brushfield, Commercial et Lamb St.* • *visitspitalfields.com* • Ⓜ *Liverpool St. Bus n*os *6, 8 ou 22. Lun-ven 10h-16h, dim 9h-17h. Fermé sam.* Vaut surtout le coup le dimanche. Très touristique, mais agréable quand même. *The* marché *organic* (bio) de Londres. Une mode qui fait fureur auprès des bourgeois-bohèmes (« bobos ») qui ont investi en masse le quartier. Sous une grande halle entièrement rénovée en 2007, un mélange de marché aux puces (de moins en moins) et d'artisanat pseudo-exotique (de plus en plus), ainsi que de nombreux stands de cuisine du monde où l'on peut manger pour pas cher.

– **Marché aux fleurs** *(plan général J1-2) : Columbia Rd, près du coin de Ravenscraft St, à moins de 10 mn à pied de Brick Lane, dans le quartier de Shoreditch. Slt dim mat.* Tout le long de la rue. Assez animé en fin de matinée, quand les fleurs sont bradées à tout-va.

Galeries et musées

🎨 **Whitechapel Art Gallery** *(hors plan général par J3,* **573***) : 80-82 Whitechapel High St, E1.* ☎ *0207-522-78-88.* • *whitechapel.org* • Ⓜ *Aldgate East. Juste à côté du métro. Mar-dim 11h-18h, jeu 11h-21h. Fermé lun, 24-26 déc et 1*er *janv. Entrée gratuite, sf pour certaines expos.*
Une belle galerie d'art contemporain spécialisée dans les expos temporaires. Peinture, sculpture, photographie... Toujours des artistes de niveau international. Les soirs de nocturne, ciné, musique ou poésie à la cafét'. La galerie nouvelle version, qui doit être achevée courant 2008, s'est agrandie en absorbant l'ancienne bibliothèque voisine.

🎨 **Gallery White Cube** *(plan général J2,* **372***) : 48 Hoxton Square, N1.* ☎ *0207-930-53-73.* • *whitecube.com* • Ⓜ *Old St. Entrée gratuite.*
Peinture, vidéo, collages et autres œuvres plastiques trouvent toujours une place de choix dans cette galerie réputée. Expos temporaires renouvelées chaque mois.

🏃🏃 **Bethnal Green Museum of Childhood** (hors plan général par J2) : Cambridge Heath Rd. ☎ 0208-983-52-00. ● vam.ac.uk/moc ● Ⓜ Bethnal Green. À 200 m de la station de métro, en remontant vers le nord. Tlj 10h-17h45. Fermé 25-26 déc et 1ᵉʳ janv. Entrée libre.

Ce beau bâtiment de verre et de métal du milieu XIXᵉ siècle méritait une profonde restructuration, pour pouvoir continuer à accueillir décemment les riches collections de jouets du *Victoria and Albert Museum*. Rouvert depuis fin 2006, il présente un vaste panorama de l'évolution du jouet dans le monde, entre le XVIIᵉ siècle et aujourd'hui. Du cheval à bascule au théâtre animé, de la voiture à pédales de luxe à la poupée africaine, le voyage laisse rêveur. Et on finit par une touchante rétro sur les premières consoles de jeux, qui ont vieilli plus vite que n'importe quel autre joujou ! À l'étage, précieuse collection de maisons de poupées dont la plus ancienne date de 1673. Pour occuper les bambins, quelques jeux interactifs de-ci de-là (coin cuisine, malle de déguisements) et des ateliers de travaux pratiques encadrés. Également des expos temporaires sur le monde de l'enfance (personnages célèbres, illustrateurs...). On peut manger sur place car il existe une cafétéria.

🏃🏃 **Dennis Sever's House** (plan général J2, **571**) : 18 Folgate St, E1 6BX. ☎ 0207-247-40-13. ● dennissevershouse.co.uk ● Ⓜ Liverpool St. Attention, ouv slt les 1ᵉʳ et 3ᵉ dim du mois 12h-16h (8 £, soit 12 €, par pers), ainsi que les 1ᵉʳ et 3ᵉ lun 12h-14h (5 £, soit 7,50 €) et enfin, sur résa slt, chaque lun (sf j. fériés). « Nuit Silencieuse » avec visite à la bougie : prévoir 12 £ (18 €). Plus cher pdt vac de Noël.

Une expérience unique, sur les traces de Spitalfields. On a l'impression de rentrer à l'improviste dans une maison encore habitée. Seul souci : nous voici dans une famille du XVIIIᵉ siècle. Les odeurs, les couleurs, les lumières, mais aussi le mobilier sont vos seuls guides dans ces 10 pièces aménagées pour retracer l'histoire de cette famille, de ce quartier, de ces époques (sur plus de 2 siècles) et le tout en silence. Terriblement différent.

Monuments et balades

Le Londres des faubourgs : East End

Quel contraste entre la City, toute proche, et les quartiers populaires de l'East End, pauvres et cosmopolites, grouillants et colorés, héritiers directs des banlieues industrielles typiques du XIXᵉ siècle britannique... N'hésitez pas à venir y flâner, y a rien à craindre ! L'East End a su conserver un charme qui lui est propre, mélange de dérive urbaine et de poésie prolétarienne. On retrouve dans ses rues les héros de Dickens et de Stephen Frears, les exclus du Londres de la finance, les rescapés d'un empire planétaire naufragé. Si Piaf avait été anglaise, sans doute serait-elle née ici...

Après le Grand Incendie de 1666, c'est ici que les SDF de la ville vinrent s'établir, alléchés par les offres d'emploi des docks. Ils furent rejoints par des huguenots français victimes des persécutions religieuses, puis au XVIIIᵉ siècle par des milliers d'émigrés écossais, gallois et irlandais. Devant l'afflux croissant de réfugiés, la demande de main-d'œuvre dans le port et les usines de

GIN MADNESS

Au XVIIIᵉ siècle, l'essor des distilleries londoniennes contribua à la montée du taux d'alcoolisme. Ce que l'on appela par la suite la « folie du gin » entraîna l'East End dans la délinquance et le délitement des mœurs. Normal : tout le monde s'était mis à vendre des bouteilles, encouragé par les fabricants ! Une législation (votée en 1751) sur les alcools, puis le « boom » de l'industrialisation ramenèrent un semblant d'ordre.

textile cessa brutalement, entraînant un chômage puis une misère tels que l'East End acquit une réputation de quartier insalubre.

À la fin du XIXᵉ siècle, l'East End voit arriver les Juifs fuyant les pogroms russes. Grâce à la politisation des masses (Marx et Engels ont trouvé beaucoup d'écho dans le quartier), les prolétaires de l'East End découvrent la solidarité. Des millionnaires anglais, surtout influencés par Dickens, construisent des foyers ouvriers et lancent des projets ambitieux pour embellir les rues. Depuis, l'East End s'est bien assagi, mais n'est pourtant pas figé. Chacun de ses îlots conserve une certaine cohérence ethnique, tout en continuant à établir une grande tradition d'hospitalité et de tolérance... Anciennement industriels et ouvriers, ces quartiers se transforment aujourd'hui sous la patte des agents immobiliers et des promoteurs. La réhabilitation des usines et des entrepôts accompagne ces mutations sociales, comme en témoigne la reconversion de l'ancienne Truman Brewery en bars et boîtes à la mode. Les classes laborieuses y font peu à peu place à des gens en quête de nouveaux « territoires », des artistes en premier lieu. L'East End, vers Shoreditch, Brick Lane et Hoxton, en est un parfait exemple. Il suffit de se promener le nez en l'air dans certaines rues. De grands lofts rénovés y abritent agences de graphisme, ateliers, etc. Certains de ces quartiers vivent une douce mutation, comme à Brick Lane où la forte communauté indienne, présente depuis longtemps, continue de tenir restaurants et commerces, trouvant une nouvelle clientèle avec les nouveaux venus. D'autres coins, comme Hoxton, accueillent une population plus « mode » qui investit les vieux immeubles retapés par les promoteurs. La vie s'y reconstruit peu à peu et de plus en plus de chouettes bars, restaurants et clubs attirent le soir les noctambules de tous les quartiers de Londres. Les vendredi et samedi soir, la station de métro Old St en déverse des flots intarissables.

🔧🔧 **Spitalfields** *(plan général J3) : derrière la gare de Liverpool St.* Ⓜ *Aldgate East.* Pour son marché, l'ambiance de sa rue principale (Brick Lane) et son coin de campagne du côté de Shoreditch. Aujourd'hui, une vague d'immigration indienne et pakistanaise a quasiment remplacé la population juive. Ces changements ethniques sont symbolisés par la belle église au coin de *Fournier St* et de *Brick Lane.* Construite par les huguenots français, elle devint ensuite synagogue, mosquée puis à nouveau église. Noter en passant le bel alignement de maisons avec façades en escalier (en principe classées) sur *Hanburry St,* à droite en remontant Brick Lane.

Plus haut, le dimanche matin, toujours sur Brick Lane, se tient l'un des plus authentiques marchés aux puces de Londres. Sur *Brushfield* se déroule le marché aux fruits et légumes de Spitalfields (vieilles enseignes des anciennes corporations de la laine, des marchands fruitiers, etc.). Encore quelques maisons caractéristiques du XIXᵉ siècle.

🔧 **Le quartier de Whitechapel** *(plan général J2-3) : descendre à Whitechapel Station.* De nombreux Juifs russes s'installèrent ici dès 1881. Beaucoup de tailleurs et commerçants (Brady St). Ce quartier fut aussi le témoin des crimes de Jack l'Éventreur qui terrorisa les populations de Spitalfields et Whitechapel (voir ci-dessous). Bien plus loin à l'ouest, sur Middlesex St, marché de *Petticoat Lane,* tous les jours. Sur Heneage Place, parallèle à Creechurch Lane, synagogue datant de 1700. Tout le secteur se restructure rapidement, et les grands immeubles d'affaires poussent comme des champignons, ne laissant que de rares vestiges du passé. Sur Whitechapel Rd, au n° 34, vous trouverez la *Bell Foundry,* qui faisait de la concurrence à notre Villedieu-les-Poêles nationale pour la fabrication des plus belles cloches (et des plus grosses !) du monde. La cloche de Big Ben est tout droit sortie de ces usines.

➤ **Balade sur les traces de Jack l'Éventreur** *(plan général J4) : départ et retour au* Ⓜ *Tower Hill. Distance : 6 km. Durée : 2h30.*
Les Anglais l'appellent « Jack the Ripper ». Il secoua l'opinion publique en automne 1888, des deux côtés de la Manche. Il faut dire que Jack avait la

détestable habitude de trancher la gorge des prostituées dans les quartiers de Whitechapel et de Spitalfields. Scotland Yard ne parvint jamais à démasquer le coupable.

Pour cette balade, tout ce qu'il y a de moins romantique, le principal est de se mettre dans l'ambiance. Choisissez de préférence une soirée brumeuse, sans rater le dernier métro, histoire de ne pas jouer un remake, et imprégnez-vous de l'atmosphère de l'époque : le brouillard, les immeubles insalubres, les passages douteux, la réputation glauque du quartier. Un siècle plus tard, retour sur les lieux du crime.

Il existe une visite organisée sur ce thème : *Jack the Ripper Walk, tlj 19h30. Rendez-vous 15 mn avt à la sortie de la station de métro Tower Hill. Compter 6 £ (9 €) par adulte ; réduc (☎ 0207-624-39-78 ; ● jacktheripperwalk.com ●).* Un guide déguisé en Sherlock Holmes vous fait découvrir, à la tombée de la nuit, les ruelles et sombres passages du quartier. Ambiance garantie.

Sinon, pour mener votre enquête sans Sherlock, depuis la station de métro Whitechapel, rejoignez l'hôpital de Londres (construit en 1740) situé juste en face, de l'autre côté de l'avenue. Traversez le hall de l'hôpital, puis le jardin, passez devant la statue de la reine Alexandra. Contournez la *Garden House* par la droite, vous arriverez à la *Saint Philip's Church,* entièrement en brique. Dans la crypte se trouve le *Royal London Hospital Archives and Museum (ouv lun-ven 10h-16h30 ; gratuit et passionnant).* On y trouve le masque de Joseph Merrick, le tristement célèbre *Elephant Man* (John dans le film de David Lynch), ainsi que plein d'infos sur Jack the Ripper : un plan localisant sa quatrième victime et un couteau semblable à celui qu'il a utilisé. Retournez sur vos pas et retraversez Whitechapel Rd pour rejoindre Winthrop St, puis Durward St (autrefois Buck's Row). Mary Ann Nichols, 42 ans et mère de cinq enfants, y fut trouvée par un portier, assassinée, le 31 août 1888 à 3h45 du matin. Sa gorge avait été deux fois tranchée et son ventre lacéré. Premier indice : l'assassin est un perfectionniste.

Traversez le parking et prenez sur la droite par Vallance Rd, Old Montague St, Greatorex St, Hanbury St. La traversée de Brick Lane vous permet de continuer sur Hanbury St. Au niveau du n° 29, le corps de la deuxième victime, Annie Chapman, fut trouvé à 6h du matin, le 8 septembre 1888. Deuxième indice : c'est un noctambule, mais on s'en doutait avec l'histoire de la première.

Revenez à Brick Lane pour rejoindre Whitechapel Rd, puis Fieldgate St et tout de suite à droite Plumbers Row, Coke St, Commercial Rd et enfin Henriques St (autrefois Berner St). La troisième victime, Elizabeth Stride, une Suédoise de 45 ans, fut découverte au niveau de l'école actuelle, le 30 septembre 1888. Troisième indice : c'est un homme aux (dé)goûts éclectiques : Anglaises, Scandinaves...

Revenez à Commercial Rd pour rejoindre Aldgate High St et Mitre St. Les restes de la quatrième victime, Catherine Eddowes, furent identifiés ce même jour dans Mitre Square. Elle avait subi de nombreuses mutilations après sa mort. Quatrième indice : s'acharner au cours d'une même nuit sur deux pauvres femmes, ce n'est plus du zèle, c'est qu'il a vraiment un problème (avec sa mère peut-être ?).

Traversez Duke's Place et Houndsditch pour arriver sur Stoney Lane et Middlesex St, connue autrefois sous le nom de Petticoat Lane. Continuez par Commercial St et Thrawl St. La cinquième victime, Mary Jane Kelly, vivait au n° 18. Son propriétaire la renvoya, voyant son état d'ivresse avancé au milieu de la nuit. Elle retourna vers Buck's Row où elle eut la malchance de rencontrer Jack, à 2h du matin. Son dernier crime marqua l'apothéose de cette macabre série. Le corps fut retrouvé entièrement dépecé. Cinquième indice : et si on appelait Rintintin ?

Scotland Yard ne ménagea ni ses efforts, ni son imagination pour découvrir le coupable. On photographia même les yeux des victimes, suivant les méthodes policières de l'époque, espérant que leur rétine avait conservé la dernière vision de l'assassin. On soupçonna bien l'avocat John Druitt qui se suicida en se jetant dans la Tamise en décembre 1888, ou encore le Polonais George Chapman qui fut pendu en 1903. On alla même jusqu'à suspecter un membre de la famille royale – le duc de Clarence qui n'était autre que le petit-fils de la reine Victoria –, mais rien ne fut jamais prouvé. C'est ainsi que le « Ripper Case » entra dans la légende. Jusqu'à ce que Patricia Cornwell s'intéresse à son tour au personnage et publie son enquête sur l'enquête dans son ouvrage *Jack l'Éventreur* (Livre de Poche, n° 37007). Depuis, le cinéma s'est lui aussi emparé du mythe... L'un des derniers films en date : *From Hell* (2002), avec Johnny Depp, inspiré de la B.D. culte éponyme.

SOUTHWARK, SOUTH BANK ET WATERLOO

Contrairement à Paris où la ville s'est développée de façon égale sur les deux rives, Londres a longtemps ignoré le sud de la Tamise (sauf les quartiers résidentiels de l'Ouest, comme Putney ou Wimbledon). Bombardé en 1940, mutilé par la reconstruction, déserté par les habitants, le South Bank est désormais sorti du purgatoire, soutenu par une volonté urbanistique de rompre avec le bétonnage à tout-va. Au-delà de Waterloo Station, les quartiers, notamment Lambeth, à l'écart du fleuve, ne sont pas spécialement attirants. En revanche, la réhabilitation des docks de Southwark jusqu'au *Butler's Wharf* mérite une exploration approfondie. Depuis l'aménagement de la promenade le long de la Tamise, Londoniens et touristes s'y rendent en masse pour profiter de ses innombrables atouts : l'immense roue ou *London Eye,* les quais colorés du *Gabriel's Wharf,* la *Tate Modern* avec sa silhouette industrielle et le *Globe Theatre,* en hommage à Shakespeare... Sans oublier le *Millenium Bridge,* une élégante passerelle pour piétons qui enjambe le fleuve et relie la City à la « *Tate* ». Ce musée, consacré à l'art contemporain, symbolise aujourd'hui le renouveau de ce quartier et l'extraordinaire capacité de Londres à se réinventer sans cesse, à faire du neuf avec du vieux et à avancer de plain-pied dans le futur. C'est aussi devenu un incontournable de tout circuit londonien.

Adresses utiles

🛈 *Southwark Tourist Information Centre* (plan général I4, *394*) : Vinopolis, 1 Bank St, SE1 9BU. ☎ 0207-357-91-68. • *southwark.gov.uk* • Ⓜ *London Bridge.* Antenne de quartier ouv mar-dim 10h-18h.
■ *On your bike* (plan général I4,

20) : 52-54 Tooley St, SE1 2S. ☎ 0207-378-66-69. • *onyourbike. com* • Ⓜ *London Bridge.* Lun-ven 8h-19h, sam 10-18h, dim 11-17h. Tout pour le vélo, y compris la loc : compter 12 £ (18 €) la journée.

Où dormir ?

Auberges de jeunesse et *student halls*

🛏 *Saint Christopher's Inns* (plan général I5, *126*) : réception au Village, 161-165 Borough High St, SE1 1NP. ☎ 0207-407-18-56. • *garth. jackson@interpub.co.uk* • *st-christo phers.co.uk* • Ⓜ *London Bridge* ou Borough. Par pers, 14-25 £ (21-37,50 €) selon le type de chambre. Majoration de 3 £ (4,50 €) ven-sam. Chambres doubles 50 £ (75 €). Promos fréquentes sur Internet. Sur présentation de ce guide, 10 % sur le prix de la chambre et petit déj offert.

Cette chaîne d'AJ européennes en pleine expansion aligne pas moins de 3 adresses sur Borough High St. Ce n'est pas vraiment son confort (dortoirs basiques de 10 à 14 lits), ou sa propreté (parfois limite en haute saison) qui expliquent son succès, mais le concept porteur du « *Beds & Bars* ». Les auberges sont couplées aux désormais célèbres *Belushi's Bars,* où les résidents bénéficient de réductions sur les boissons, les plats et les soirées concerts. Bruyant, évidemment, mais les jeunes routards se couchent rarement avant la fin de la fiesta. Au *Saint Christopher's Inns,* au n° 121 de la rue, grande salle commune conviviale avec lecteurs CD, TV, accès Internet, etc. Sauna, jacuzzi sur le toit. Au rez-de-chaussée, grand pub (qui n'est pas un *Belushi's* !). Au *Village,* dortoirs mixtes et salle commune avec écran vidéo géant, mais pas de cuisine. Pour vos objets de valeur, coffres payants (à code) ou casiers gratuits (avoir son cadenas). Accueil sympa et ambiance fraternelle, mais nos lecteurs au sommeil léger choisiront la 3e option de la chaîne, *The Orient Expresso* (sans bar mais avec un petit *coffee shop* qui ferme tôt !).

🏠 *Friendship House (plan général H5, 102) : 3 Belvedere Pl, SE1 0AD.* ☎ *0207-803-09-50.* ● *friend ship@london-hostels.co.uk* ● *lon don-hostels.co.uk* ● Ⓜ *Borough. Dans une impasse perpendiculaire à Borough Rd. Env 20,50 £ (30,75 €) par pers en chambre double et 84,50 £ (126,75 €) la sem si on loue plus de 14 nuits. Ne prend pas de résa : appeler quelques j. avt pour savoir s'il y a de la place.* Tout neuf, ce vaste complexe étudiant de 200 chambres se distingue par ses lignes sobres et ses espaces aérés.

Ça change des habituels blockhaus ! Évidemment, la déco est à l'image de la maison, aseptisée mais très fonctionnelle. Bon confort (chambres *en suite* nickel) et équipements satisfaisants (salons TV, cuisines, laverie...).

🏠 ▣ *Bankside House (plan général H4, 73) : 24 Sumner St, SE1 9JA.* ☎ *0207-107-57-50.* ● *bankside-reser vation@lse.co.uk* ● *lsevacations. co.uk* ● Ⓜ *Southwark ou London Bridge. Juste derrière* la Tate Modern. *Ouv de début juil à fin sept. Doubles 67 £ (100,50 €), triples 86 £ (129 €), quadruples 95 £ (142,50 €). Petit déj compris. Résa conseillée très à l'avance. Réduc selon la durée du séjour.* Cette grande bâtisse de brique ne déroge pas à la règle de beaucoup de logements universitaires : fonctionnelle, propre et séduisante comme peut l'être un centre administratif. Cela dit, les chambres sont très convenables et l'établissement propose de nombreux équipements (ping-pong, billard, machines à laver, parking à vélos...). Ambiance sympa le soir dans le bar. Bien surveillé. Restaurant ouvert midi et soir. Dommage que les cuisines et la salle d'ordinateurs soient fermées en été. Dommage aussi que les tarifs soient si exorbitants ! En dépannage.

Plus chic

🏠 *Premier Travel Inn Southwark (plan général l4, 394) : Anchor, Bankside, 34 Park St, SE1 9EF.* ☎ *0870-990-64-02.* ● *premiertrave linn.com* ● Ⓜ *London Bridge. Doubles env 92 £ (138 €) en sem, 89 £ (133,50 €) le w-e. Réduc si l'on réserve par Internet.* Hôtel de chaîne, ultra-fonctionnel et confortable, mais qui, pour une fois, ne manque vrai-

ment pas de charme. Il occupe un bâtiment de brique typique du quartier et profite d'une jolie déco marine et bois... Les salles de bains font un peu penser à des cabines de bateau. Lits *king size* partout. Rapport qualité-prix digne d'intérêt, à condition d'éviter les chambres du rez-de-chaussée, trop exposées au tapage nocturne.

Où manger ?

Bon marché

▣ Nombreux stands et petits restos dans et autour de *Borough Market* : sandwichs bio, boulangeries à l'ancienne, poulet rôti tout chaud... De quoi se caler à pas cher dans ce

quartier si attachant et en plein renouveau.

▣ *Konditor and Cook (centre 1, G4, 275) : 22 Cornwall Rd, SE1 8TW.* ☎ *0207-261-04-56.* Ⓜ *Waterloo.*

Lun-ven 7h30-18h30, sàm 8h30-14h30. Cette boulangerie de compétition a tout pour plaire : une façade à croquer, des gâteaux fondants et quelques snacks délicieux, servis encore chauds par une équipe dynamique, au sourire inusable. De quoi faire son marché les yeux fermés, avant d'aller savourer son butin sur les berges de la Tamise.

l●l Market Porter (plan général I4, **191**) : 9 Stoney St, SE1. ☎ 0207-407-24-95. Ⓜ London Bridge. À l'angle de Park St. Cuisine ouv lun-ven 6h-9h, 12h-15h, 18h-21h ; sam-dim 12h-17h. Plats 7-12 £ (10,50-18 €), snacks et sandwichs autour de 7 £ (10,50 €). Coincé entre la voie ferrée et les halles du Borough Market, ce pub à l'ancienne n'a pas cédé grand-chose aux effets de mode et aux sirènes de la consommation. En effet, les boutiques chic investissent en force ce nouveau territoire branché. Du coup, la clientèle a bien changé – fini les livreurs, débardeurs et autres piliers du petit monde du marché – mais le Porter, lui, n'a pas bougé d'un inch. En bas, pub classique. À l'étage, salle surannée avec cheminée, mobilier cossu et tapisserie d'époque. On y mange une cuisine de pub solide, fraîche et généreusement servie, à l'image de ses bons plats du jour. Un excellent rapport qualité-prix.

Prix moyens

l●l Anchor & Hope (plan général G5, **304**) : 36 The Cut, SE1 8LP. ☎ 0207-928-98-98. Ⓜ Southwark. Lun 17h-23h, mar-sam 11h-23h, dim 12h30-17h. Fermé lun midi et dim soir. Plats 10-15 £ (15-22,50 €) et plats avantageux à partager à deux. L'un des derniers gastro-pubs à la mode, « L'Ancre et l'Espoir », ravit tous les suffrages pour sa cuisine inventive et sa magnifique sélection de vins, le tout à des prix encore tout à fait abordables. Ragoût de poisson, pigeon farci, cassoulet ou encore faisan rôti... On vous laisse saliver sur le menu. La déco hyper-sobre, à l'extérieur comme à l'intérieur, laisse toute sa place au contenu de l'assiette. On peut aussi venir prendre un verre et un en-cas le long du chaleureux comptoir, surtout s'il n'y a plus de place au resto. Car c'est le seul grand défaut de l'endroit : il faut souvent attendre pour obtenir une table.

l●l Tas Pide (plan général H4, **177**) : 20-22 New Globe Walk, SE1 9DR. ☎ 0207-928-33-00. Ⓜ Southwark ou London Bridge. Tlj 12h-23h30 (22h30 dim). Formules à partir de 8,25 £ (12,40 €) ; à la carte, env 16 £ (24 €). Café ou thé offert sur présentation de ce guide pour tout repas. Dans un cadre chaleureux et raffiné qu'on n'imagine pas de l'extérieur (charpente, bois sculpté, verres gravés...), on se régale d'une cuisine délicate, originaire d'une contrée secrète de Turquie, l'Anatolie. On redécouvre les mezze avec des falafels croustillants, on enchaîne avec un agneau rôti au four, et l'on termine par un voluptueux baklava. Ensuite, on ne rêve que de revenir pour goûter au reste de la carte... Notamment les pide, variante turque de la pizza, à la pâte ultra-fine et à la garniture parfumée. Service plein de gentilles attentions.

l●l Sans oublier le **resto de la Tate Modern** (voir plus loin). Bien sûr, on grimpera directement au 7e étage... Déj léger autour de 10 £ (15 €) ; pour un repas complet à la carte, 20-35 £ (30-52,50 €). Vue époustouflante sur Londres. Au 2e étage, cafétéria un peu moins chère, mais cadre moins sensationnel, on s'en doute. La vue n'a toutefois rien de déshonorant, embrassant un agréable jardinet avec Saint Paul en arrière-plan.

Plus chic

l●l Fish ! (plan général I4, **276**) : Cathedral St, SE1 9AL. ☎ 0207-407-38-03. ● borough@fishdinner.co.uk ● Ⓜ London Bridge. Lun-jeu

11h30-23h, ven-sam 12h-23h, dim 12h-22h30. Plats 10-18 £ (15-27 €) sans les accompagnements. Ici, on joue carte sur table ! Le concept est clair : du poisson, et encore du poisson... Cette volonté de transparence se retrouve aussi bien dans la structure translucide, genre aquarium de verre et métal, que dans la cuisine ouverte offerte aux regards des convives. Le menu est lui aussi un modèle de clarté : méthodes de pêche, d'élevage, calories, tout est détaillé. Selon les arrivages, une quinzaine de poissons au choix et cuisinés selon vos goûts. Fish and chips parfait et bien copieux (ce qui n'est pas toujours le cas des autres plats). Malgré un brouhaha généralisé, l'adresse reste très prisée, surtout sa belle terrasse aux pieds des vénérables tours gothiques de la cathédrale de Southwark. Un conseil : réservez ou venez en dehors des heures de pointe.

Où boire un verre ?

Bars à vin

Cantina Vinopolis (plan général I4, **394**) : 1 Bank End, SE1 9BU. ☎ 0207-940-83-33. ● cantina@vinopolis.co.uk ● Ⓜ London Bridge. Lun-sam 12h-15h, 18h-22h30 ; dim 12h-16h. Verre de vin 5-10 £ (7,50-15 €). Ce complexe œnologique (voir plus loin) se devait d'avoir une vitrine à la hauteur de ses ambitions. Bar et resto ont donc été aménagés dans deux superbes salles voûtées, tapissées comme il se doit de bouteilles aux étiquettes mythiques. Mais vu les tarifs élitistes du resto (menu à 30 £, soit 45 € !), on se contentera d'une visite au bar pour parfaire ses connaissances en vins de l'Ancien et du Nouveau Monde. Cela dit, on se permet de vous signaler la rare occasion de goûter un vin produit en Angleterre (dans le Kent plus exactement). Ce blanc se laisse tout à fait boire à l'apéro. Pour accompagner le tout, la maison propose toutes sortes d'assiettes et de petites choses à grignoter.

Oxo Tower (plan général G4, **368**) : Oxo Wharf, Barge House St, SE1 9PH. ☎ 0207-803-38-88. ● oxo.reservations@harveynicols.com ● Ⓜ Blackfriars ou Waterloo. Bar ouv lun-mar 11h-23h, mer-sam 11h-minuit, dim 12h-22h30. Difficile de s'en tirer à moins de 40 £ (60 €) dans la partie resto et 30 £ (45 €) à la brasserie. Les pieds dans la Tamise, cette tour, coiffée d'une belle verrière, abrite un grand complexe avec boutiques, galeries d'art, restaurant, bar, brasserie... le tout plutôt huppé. La cuisine est moyenne et très onéreuse, donc c'est surtout pour la vue extraordinaire et pour boire un verre au bar qu'on se hissera au 8e étage. Magique en soirée, lorsque le pianiste enchaîne quelques morceaux choisis de jazz.

Pubs et bars

The George Inn (plan général I4, **395**) : 77 Borough High St, SE1 1NH. ☎ 0207-407-20-56. Ⓜ London Bridge. Lun-sam 11h-23h, dim 12h-22h30. Plats env 9 £ (13,50 €) servis midi et soir (sf dim soir). Il fut un temps où Charles Dickens et William Shakespeare y avaient leurs habitudes ; aujourd'hui on croise surtout d'heureux touristes et les cols blancs du secteur. Mais ce pub historique, reconstruit en 1676 après le terrible incendie qui ravagea Londres, a conservé beaucoup de charme. Dissimulée dans une vaste cour pavée tranquille, cette immense bâtisse chaulée hérissée de grosses lanternes et parcourue par une galerie abrite une enfilade de salles confortables. Bonne cuisine de pub et bonnes bières, bref, une halte de choix fort pittoresque... d'autant plus qu'on joue parfois les pièces du grand Will dans la cour.

The Anchor *(plan général I4, 394)* : 34 Park St, SE1 9EF. ☎ 0207-407-15-77. **M** *London Bridge.* Malgré les bières un peu chères, la *food bar* médiocre (plats 8-16 £, soit 12-24 €) et le trop-plein de touristes, *The Anchor* reste une étape indispensable. Pour le souvenir surtout. Car ce vénérable pub londonien, miraculeusement épargné par les bombes du *Blitz,* a fini par perdre une partie de son cachet au fil des rénovations. En revanche, sa terrasse géniale, surplombant la Tamise au pied du pont de chemin de fer, fait partie des incontournables dans le secteur.

The Old Fire Station *(plan général G5, 397)* : 150 Waterloo Rd, SE1. ☎ 0207-620-22-26. ● firestation@wizardinns.co.uk ● **M** *Waterloo. À deux pas de Waterloo Station, au coin à droite en sortant par Waterloo Rd. Lun-sam 11h-23h, dim 12h-22h.* Le patron a eu la bonne idée de reconvertir en pub cette belle caserne abandonnée par ses pompiers. L'eau n'est plus le liquide le plus précieux, vous l'aurez deviné – aujourd'hui, c'est pour les bières d'usage qu'accourt dans la vaste salle une clientèle populaire et sympathique. Éviter la nourriture, très décevante. Concerts les vendredi et samedi soir. Pour mettre le feu ?

Cubana *(plan général G5, 398)* : 48 Lower Marsh (à l'angle de Baylis Rd), SE1 7RG. ☎ 0207-928-87-78. ● info@cubana.co.uk ● cubana.co.uk ● **M** *Waterloo. Lun-mar 12h-minuit, mer-jeu 12h-1h, ven 12h-3h, sam 17h-3h. Fermé dim. Happy hours 17h-18h30. Lunch menu comprenant 2 plats pour 6 £ (9 €). Soirées salsa et musique latine mer-sam à partir de 23h (entrée payante slt ven-sam après 23h30).* La charmante *salsera* peinte sur le mur extérieur fait l'effet d'une invitation au soleil. Entrez sans hésiter dans ce resto-bar cubain convivial, à la peinture arc-en-ciel écaillée, aux tables de bois bancales, avec une bonne musique latino pour enrober le tout. Si les cocktails délient les langues, ce n'est plus franchement pour planifier la révolution ! Les affamés se jetteront sur une cuisine colorée et riche en UV, les amateurs de cigares embrayeront par un petit *Monte Cristo* ou un *Cohiba,* en vente sur place. Concerts mercredi et samedi.

Concerts classiques

♪ À **South Bank,** on trouve le célèbre *Royal Festival Hall* à peine rénové, mais aussi deux valeurs sûres, le **Purcell Room** et le **Queen** **Elizabeth Hall.** ☎ 0870-380-04-00. ● sbc.org.uk ● **M** *Waterloo ou Embankment (et traverser la passerelle).*

Où sortir ?

♫ **Ministry of Sound** *(plan général H5, 465)* : 103 Gaunt St, SE1 6DP. ☎ 0870-060-00-10. ● arnie@ministryofsound.com ● ministryofsound.com ● **M** *Elephant and Castle. En sortant du métro, prendre au nord Newington Causeway, puis la 2ᵉ rue à gauche. Ouv mer jusqu'à 3h, ven jusqu'à 6h et sam jusqu'à 7h.* *Entrée : 5-20 £ (7,50-30 €) selon l'événement du jour.* Après avoir investi beaucoup d'argent dans son système de son, cette légende de la nuit londonienne est à nouveau sur le devant de la scène. Il suffit de voir la liste des DJs invités pour s'en convaincre...

Théâtres

∞ **Royal National Theatre** *(centre 1, G4)* : *South Bank, SE1.* ☎ 0207-452-34-00. ● nationaltheatre.org.uk ● **M** *Waterloo.* Une sélection judicieuse. Beaucoup de créativité. À la même adresse, le **National Theatre Bookshop** propose plus de 3 000 pièces, critiques ou essais sur le théâtre.

∞ **Royal Festival Hall** *(centre 1, F-G4)* : *Belvedere Rd, SE1 8XX.* ☎ *0870-401-81-81.* ● *rfh.org.uk* ● Ⓜ *Waterloo.* Ensemble de salles de spectacle qui vient tout juste d'être refait.

∞ ⁂ **Albany Theatre Empire** : *Douglas Way, SE8 4AG.* ☎ *0208-*

692-44-46. ● *thealbany.org.uk* ● Ⓜ *New Cross (East London Line, à prendre depuis Whitechapel). Très excentré, près de Greenwich.* Un des lieux qui vibrent le plus à Londres. Très bon théâtre pour enfants également.

∞ Sans oublier la programmation estivale du **Shakespeare's Globe Theatre.** Pour revivre *in situ* la splendeur du théâtre élisabéthain (voir, un peu plus loin, « Monuments, galeries et musées »).

Cinémas

■ **IMAX Cinema** *(centre 1, G4)* : *1 Charlie Chaplin Walk, SE1.* ☎ *0870-787-25-25.* ● *bfi.org.uk/imax* ● Ⓜ *Waterloo. Juste en face de la sortie de Waterloo Station.* Abrite l'un des plus grands écrans d'Europe.

■ **National Film Theatre** *(centre 1, G4)* : *Belvedere Rd, SE1.* ☎ *0207-928-32-32.* ● *bfi.org.uk/nft* ● Ⓜ *Waterloo.* Intéressante programmation de vieux films.

Shopping

⬦ **Neal's Yard Dairy** *(plan général I4, 191)* : *6 Park St.* ☎ *0207-645-35-52. Lun-ven 9h-18h, sam 8h-16h30. Fermé dim.* Encore plus beau, encore plus grand qu'à Covent Garden ! Cette incontournable boutique spécialisée dans l'affinage et la vente de fromages fermiers fait la

part belle aux fromages anglais. L'occasion de découvrir, si vous n'êtes pas encore convaincu, que l'Angleterre est aussi « l'autre pays du fromage »... Accueil gentil comme tout ; on se fera un plaisir de vous guider et de vous faire goûter.

Marchés

– **Borough Market** *(plan général I4)* : *Southwark St.* ● *boroughmarket.org.uk* ● Ⓜ *London Bridge. Jeu 11h-17h, ven 12h-18h, sam 9h-16h.* Un des plus beaux marchés alimentaires de Londres. Un peu bobo, mais bien pittoresque tout de même. Beaucoup de petits producteurs, pas mal de bio, et que du bon !

– **Bermondsey Market** *(plan général J5)* : *ven mat, sur Abbey St.* Ⓜ *Borough ou London Bridge.* Beaucoup de professionnels. Antiquités, bijoux, porcelaines, etc. Beau, mais tout de même cher.

Monuments, galeries et musées

⁂ ⁂ **Imperial War Museum** *(plan général G5, 574)* : *Lambeth Rd, SE1.* ☎ *0207-416-53-20.* ● *iwm.org.uk* ● Ⓜ *Lambeth North ou Elephant and Castle. Tlj 10h-18h. Entrée gratuite, sf expos temporaires. Audioguide en français 3,50 £ (5,25 €).*
On ne peut que saluer l'aspect éminemment ludique et pédagogique de ce musée passionnant, bien qu'entièrement consacré à la guerre (si, si, c'est possible !). D'ailleurs, la visite plaît beaucoup aux enfants et ce musée draine

en permanence une foule d'écoliers anglais. Outre la quincaillerie habituelle (avions de chasse, tanks et fusées), il a la bonne idée d'impliquer ses visiteurs (par exemple avec la *Blitz experience*, qui reconstitue les bombardements de Londres pendant la Seconde Guerre mondiale, avec bruits et odeurs !). Il les fait aussi réfléchir sur différents thèmes comme les histoires d'amour pendant la guerre, le sort des enfants, la propagande, les tranchées de 1914-1918 sous les attaques au gaz, ou encore les opérations high-tech de la guerre du Golfe. Dans le grand hall, quelques pièces rares ou curiosités en vrac : une torpille humaine italienne, un périscope allemand de 25 m de haut utilisé pour observer les tranchées ennemies en 1914-1918, une fusée V2, l'ancêtre des missiles balistiques, et même une sœur jumelle de la bombe lancée sur Hiroshima en 1945. Puis le musée aborde tous les conflits qui ont déchiré le XXᵉ siècle (et il y en a !). Ne pas rater la reconstitution très réaliste d'une tranchée et la fameuse machine à coder allemande Enigma. Sa découverte par les troupes alliées est l'un des tournants décisifs de la Seconde Guerre mondiale. Une exposition permanente, *Secret War*, retrace d'ailleurs l'histoire de l'espionnage britannique de 1909 à nos jours. Vous trouverez aussi un grand nombre de peintures. Arrêtez-vous principalement sur la toile *Gassed* (la plus belle du musée), inspirée de la parabole des aveugles. Le musée propose enfin une poignante évocation de l'holocauste, digne et sobre, ainsi qu'une vidéo insoutenable sur les crimes contre l'humanité (génocide au Rwanda, Indiens chassés de leurs terres en Amazonie...)... Et c'est là que l'on prend toute la mesure de ce musée intelligent : il n'exalte pas la guerre... mais la vie. Également des projections de films et, certains soirs, des exposés, conférences ou reportages sur des sujets d'histoire ou d'actualité.

🏃 *Florence Nightingale Museum* *(plan général F-G5, 575)* : 2 Lambeth Palace Rd, SE1 7EW. ☎ 0207-620-03-74. ● *florence-nightingale.co.uk* ● Ⓜ *Westminster ou Waterloo. Lun-ven 10h-17h, sam-dim et certains j. fériés 10h-16h30 (dernière admission 1h avt). Entrée : 5,80 £ (8,70 €) ; réduc.*
Sur le côté du Saint Thomas Hospital, intéressant musée consacré à l'une des grandes figures féminines en Angleterre : Florence Nightingale (1820-1910). Sa terrible expérience des séquelles des combats de la guerre de Crimée (1854-1856, une vraie boucherie) et sa volonté de fer lui permirent de surmonter tous les obstacles et la misogynie de la société victorienne pour créer la première école d'infirmières (au Saint Thomas Hospital, justement) et organiser un service médical d'assistance aux pauvres dignes d'une société industrielle moderne. Ses efforts ont largement contribué à une nette amélioration des soins et de l'hygiène en milieu médical. Nombreuses reconstitutions, photos, documents, uniformes et objets personnels dans une muséologie moderne et plaisante.

🏃 *Royal Mile* *(plan général F6)* : c'est à partir de Lambeth Bridge, côté Saint Mary-at-Lambeth, que débute la promenade aménagée et balisée le long de la rive sud de la Tamise. Beaucoup de choses à voir sur ce parcours qui mène jusqu'à Buttler's Wharf. Le meilleur point de vue pour contempler la rive nord et la City.

🏃 🧍 *London Eye* *(centre 1, F5)* : *South Bank, Jubilee Gardens, SE1.* ● *londoneye.com* ● Ⓜ *Waterloo. Tlj 10h-21h en été, 10h-20h en hiver. Fermé 1 sem en janv et le 25 déc. Départ ttes les 30 mn. Tarif : 14,50 £ (21,75 €) ; réduc. Réserver son tour à l'avance ; facile à faire via Internet (et tarifs préférentiels !). En face, dans le County Hall, billetterie pour réserver un tour dans la journée. Préachat possible par CB mais billets disponibles au guichet au mieux 14h plus tard :* ☎ *0870-500-06-00.*
Elle tourne, elle tourne, la grande roue construite par British Airways. En face de Westminster, elle projette ses reflets dans la Tamise en envoyant ses visiteurs au septième ciel à 135 m d'altitude pour goûter aux joies d'un pano-

rama incomparable. L'expérience dure environ 30 mn et permet, par temps clair, de distinguer les paysages jusqu'à une quarantaine de kilomètres. Possibilité de louer des jumelles au County Hall.

The London Aquarium *(plan général F5) : County Hall, Riverside Building, sur la rive sud, à deux pas du Westminster Bridge.* ☎ *0207-967-80-00.* ● *londonaquarium.co.uk* ● Ⓜ *Westminster. Tlj 10h-18h (19h juil-août) ; dernière admission 1h avt. Entrée : 13,25 £ (19,90 €) en saison ; réduc hors saison, enfants et forfait famille.*
Un des plus grands aquariums d'Europe. Sur deux niveaux sont présentées différentes espèces provenant des principaux océans, ainsi que la vie dans les milieux coralliens, la mangrove, la forêt tropicale, etc. Parmi les attractions phares de l'aquarium, on retiendra le très rare requin-zèbre et les raies que les visiteurs peuvent toucher du doigt. Sans danger, mais frissons garantis !

Hayward Gallery *(centre 1, G4) : South Bank Centre, SE1 8XX.* ☎ *0870-169-10-00.* ● *hayward.org.uk* ● Ⓜ *Waterloo. Tlj 10h-18h (20h mar-mer ; ven 21h). Entrée : 5 £ (7,50 €) ; gratuit pour les étudiants et moins de 16 ans ; lun, demi-tarif.* Expositions temporaires d'art anglais et international.

Tate Modern *(plan général H4) : Bankside, SE1 9TG.* ☎ *0207-887-80-00 ou 08.* ● *tate.org.uk* ● Ⓜ *Southwark ou Blackfriars. Accès depuis la City par la passerelle pour piétons construite pour le Millenium, pile dans l'axe de la cathédrale Saint-Paul. Tuyau : un bateau relie la Tate Britain à la Tate Modern. Une navette (payante) ttes les 40 mn 10h-17h30 env. Dim-jeu 10h-18h, ven-sam 10h-22h. Entrée gratuite, sf expos temporaires. Audioguide conseillé : 2 £ (3 €). Ils existent en français slt pour une sélection de tableaux du 3ᵉ étage. Sinon, visites guidées gratuites tlj 11h, 12h, 14h et 15h. Si vous êtes mordu, comptez large : on peut passer des heures dans cet endroit. Nos chères têtes blondes iront dare-dare au stand « start » au niveau 3 pour retirer leurs jeux à faire dans le musée.*
Depuis son inauguration par la reine en 2000, la nouvelle coqueluche des musées londoniens, consacrée à l'art moderne et destinée à rivaliser avec le centre Pompidou à Paris, le MoMA à New York et le Guggenheim à Bilbao, ne désemplit pas. Il faut dire que sa conception est vraiment audacieuse.
Herzog et de Meuron ont réussi la prouesse de faire littérale-

> ### UNE VRAIE USINE À GOUACHE
> *Imaginez une centrale électrique construite dans les années 1940, un gros parallélépipède disgracieux de brique rouge, coiffé d'une cheminée d'usine, voué à la pioche des démolisseurs et finalement transformé par le génie d'une paire d'architectes suisses en un gigantesque hall d'exposition de 34 000 m² et de 35 m de haut. C'est ça la Tate Modern !*

ment fusionner le passé industriel du bâtiment avec les collections exposées. À l'intérieur, attention au choc esthétique : on entre par l'impressionnante salle des turbines, aux dimensions dignes d'une nef de cathédrale. Cet espace en pente douce de 150 m de long, qui abritait les génératrices, est aujourd'hui le lieu de rendez-vous des visiteurs ! En étant attentif, on perçoit un ronronnement ambiant. Eh oui ! C'est bien un transformateur qui fonctionne toujours.
Le bâtiment compte 7 niveaux : le troisième et cinquième sont réservés aux expos permanentes, le quatrième et la salle des turbines aux expos temporaires. Les autres niveaux se partagent des salles pédagogiques, des auditoriums, des cafés, un restaurant (voir plus haut « Où manger ? ») et une boutique. La structure industrielle est atténuée par un éclairage tamisé, des planchers de bois brut et des coins lecture judicieusement disposés. Les vastes baies vitrées offrent d'extraordinaires points de vue sur la Tamise et le Millenium Bridge.

Au rayon du contenu, les temps forts sont légion : un accrochage intelligent, résolument anti-académique, multiplie les confrontations percutantes en réécrivant l'histoire complexe de l'art du XXᵉ siècle. Impossible de vous donner le nom d'œuvres précises, celles des expos permanentes changeant elles-mêmes régulièrement... de quoi y perdre son latin ! Le concept est souple et original : les œuvres sont réunies autour de thèmes suffisamment vagues pour oser les rapprochements les plus audacieux. Les nouvelles collections présentées depuis 2006 réunissent notamment des œuvres tournant autour des thèmes de la poésie et du rêve. D'autres mettent en lumière les grands courants artistiques du XXᵉ siècle, les filiations entre les artistes et les principales innovations qui découlent de la fusion des genres. Dans le désordre et au hasard des accrochages, vous croiserez des à-plats de Mark Rothko, des collages de Kurt Schwitters, des sculptures de Joseph Beuys, Epstein, Henry Moore, Giacometti, César et Arman, des photos d'Irving Penn, des tableaux de Matisse, Mondrian, Miró, Picasso, Dalí, Chirico, Magritte, Yves Klein, Jackson Pollock, Kirchner, et l'on en passe. Les réserves de la Tate Modern sont inépuisables !

🎭🎨🚶 *Shakespeare's Globe Theatre Tours and Exhibition* (plan général H4, *576*) : New Globe Walk, Bankside, SE1 9DT. ☎ 0207-902-14-00. ● shakespeares-globe.org ● Ⓜ Southwark. De début mai à fin sept, 9h-12h (à cause des représentations) ; d'oct à fin avr, 10h-17h. Dernière visite (avec guide en anglais, gratuit) pas toujours assurée... tout dépend de l'affluence et des répétitions. Si la porte principale est fermée, essayer une porte latérale. Entrée : 9 £ (13,50 €) ; réduc. Durée de la visite : env 1h. Il existe aussi une entrée à tarif réduit (3 £, soit 4,50 €) qui permet juste de visiter le théâtre sans assister au show.
Tout sur le théâtre shakespearien, depuis le règne de la grande Élisabeth jusqu'à nos jours. Contexte historique, costumes, musique, instruments, personnages... dans une muséologie moderne et interactive très réussie. À côté, la reconstitution du *Globe,* théâtre circulaire à ciel ouvert tel qu'il se présentait en 1616, avant sa destruction par les puritains : murs de torchis, colombages et magnifique charpente de bois. À l'époque, on ne comptait pas moins de quatre théâtres dans le quartier, tous construits sur le même modèle, inspiré des cours d'auberge où les acteurs avaient jusque-là l'habitude de se produire. L'un d'eux, *The Rose,* a été reconstruit en studio pour les besoins du film *Shakespeare in Love.* Il se visite (se renseigner à l'accueil). Détail insolite, le Globe possède le seul toit de chaume de Londres, désormais formellement interdit depuis le Grand Incendie de 1666.
Pendant la saison théâtrale (mai à septembre), nombreuses représentations des pièces du grand Will ou de ses contemporains (en anglais). Restaurant et cafétéria pour apaiser les petites faims.

🍴 *Vinopolis World of Wine* (plan général I4, *394*) : 1 Bank End, SE1. ☎ 0870-241-40-40. ● vinopolis.co.uk ● Ⓜ London Bridge. Tlj 12h-18h. Dégustations à partir de 16 £ (24 €) avec 5 vins.
Un immense complexe tout entier consacré au pinard ! En cette matière, les Anglais ne sont pas des manchots. N'oubliez pas qu'à une époque, c'est eux qui vendangeaient et vidangeaient l'Aquitaine. Bref, tout ce que vous voulez savoir sur le vin, sa fabrication, sa culture, son histoire, au travers d'expositions bien ficelées. Possibilité de boire un verre ou de manger sur place (voir « Où boire un verre ? »). Assez cher et commercial tout de même.

🍴🚶 *The Golden Hinde* (plan général I4) : Saint Mary Overie Dock, Cathedral St. ☎ 0870-011-87-00. ● goldenhinde.co.uk ● Ⓜ London Bridge. Lun-ven 10h30-17h30, sam-dim 10h30-17h. Mais horaires extrêmement fluctuants à cause de visites guidées, contées, privées et d'animations en tout genre. Entrée : 6 £ (9 €) ; réduc. Tickets à prendre dans la boutique toute proche, dans Clink St.

Ce bateau est la réplique fidèle d'un navire de guerre du XVIe siècle, avec lequel le redoutable sir Francis Drake fit le tour du monde de 1577 à 1580. Il rapporta de riches trésors et fit flotter le pavillon anglais sur des eaux jamais encore explorées par ses compatriotes. Il est aujourd'hui connu comme le corsaire britannique ayant remporté le plus grand nombre de duels, et n'est pas étranger à la défaite de l'Invincible Armada en 1588. Visite rapide, mais intéressante pour les passionnés d'histoire maritime et très appréciée des enfants. On devine les conditions de vie des quelque 60 hommes d'équipage en déambulant dans les cales et en lisant une petite brochure explicative.

🏃 The Clink Prison Museum (plan général I4, **394**) : 1 Clink St, Bankside, SE1 9DG. ☎ 0207-404-09-00. ● clink.co.uk ● Ⓜ London Bridge. Tlj 10h-21h en été, 10h-18h en hiver. Entrée : 5 £ (7,50 €) ; réduc.

C'est dans une ambiance de recueillement assurée par des chants d'église que l'on visite cette prison du XIIe siècle. Détruite en juin 1780 pendant les émeutes dites « de Gordon », elle a vu défiler maintes générations de truands dans ce quartier autrefois grouillant de scélérats de tout poil, de filles de peu de vertu et de dangereux hérétiques. Pour peu que vous lisiez l'anglais, vous apprendrez quantité de charmants détails sur le système carcéral du Moyen Âge. Par exemple, les prisonniers devaient payer pour leur détention (un comble, vu les conditions pourries !). On y apprend aussi que les femmes étaient souvent enfermées en compagnie de leurs enfants, et que certains prisonniers engraissaient des rats d'égout afin d'ajouter un peu de viande à leur pitoyable menu... C'est moins *gore* – et moins cher – que le *London Dungeon,* et autant le dire, beaucoup plus informatif. Même les instruments de torture sont présentés avec dignité. Une dernière anecdote : le prêtre jésuite John Gerard, incarcéré pour catholicisme, taillait des crucifix dans la peau des oranges qu'on lui apportait. Puis il écrivait des lettres avec leur jus, et faisait passer le tout sous forme de petit paquet à ses codétenus. Ce moyen de communication lui permit d'organiser avec succès son évasion, et de mourir peinard à Rome à l'âge respectable de 73 ans !

🏃 Southwark Cathedral (plan général I4) : sur la rive droite de la Tamise, près du London Bridge. ☎ 0207-367-67-00. Ⓜ London Bridge. En sem 7h30-18h, le w-e 8h30-18h. Entrée libre.

On ne s'attend pas à trouver un lieu de prière calme et verdoyant au milieu des voies ferrées et du trafic du London Bridge. Élevé au rang de cathédrale depuis 1905, cet intéressant sanctuaire fait pourtant remonter ses origines à l'aube du XIIIe siècle. Il occupe l'emplacement d'un ancien couvent de nonnes du VIIe siècle, devenu prieuré par la suite. Il reste de l'édifice d'origine, en gothique primitif, le beau chœur et son déambulatoire, les piliers massifs à la croisée du transept et la chapelle Notre-Dame derrière le chœur. Le reste fut remanié de nombreuses fois. Le transept date du XVe siècle et la nef imposante et haute, terminée par une abside profonde en plein cintre, a été reconstruite au XIXe siècle dans le style néogothique suite à un effondrement. Une cafétéria très agréable a été aménagée dans l'ancien réfectoire.

🏃🏃 Winston Churchill's Britain at War Experience (plan général J4, **577**) : 64-66 Tooley St, SE1 2TF. ☎ 0207-403-31-71. ● britainatwar.co.uk ● Ⓜ London Bridge. Tlj avr-sept 10h-17h, oct-mars 10h-16h. Fermé 24-26 déc. Entrée : 9,50 £ (14,25 €) ; réduc et forfait famille.

Une attraction assez réaliste qui permet de revivre, masque à gaz sur le nez, les conditions de vie des Londoniens sous les bombes des avions du maréchal Goering. Bonne restitution de l'humour et du flegme british qui permettaient de supporter ce calvaire. Effets spéciaux sonores, olfactifs et lumineux assez réussis, ambiance des nuits dans l'underground et les abris, approvisionnement et tickets de rationnement dans une épicerie de quartier, studio de la BBC, bar à G.I. avec les pin-up de Varga, jusqu'au grand *Blitz...*

🏃 London Dungeon (plan général I4, **578**) : 28-34 Tooley St, SE1 2SZ. ☎ 0207-403-72-21. ● thedungeons.com ● Ⓜ London Bridge. Sous la gare de

London Bridge. Tlj 10h30-17h30 (dernière admission) ; plus tard pdt vac scol. Entrée : 17 £ (25,50 €) ; réduc. Brochure en français.

Un « musée des horreurs » ; le prospectus déconseille d'y emmener les enfants de moins de 10 ans ! Pourtant, le donjon est toujours pris d'assaut par des hordes de gamins, et la file d'attente déborde jusque devant la bouche du métro ! Beaucoup de mauvais goût en cire sur le thème « torture, maladie et sorcellerie médiévales », pire que la chambre des tortures au sous-sol de Mme Tussaud's. Des exemples ? On y voit un pendu, une femme battue, des lépreux, des accessoires de sorcières et toutes les formes de sadisme : main bouillie, tête dans le feu, éviscération, arrachage des dents, des yeux, etc. Bon appétit ! Quelques informations à glaner, tout de même : sous Henri VIII (XVIe siècle), la mort par ébouillantage était une exécution officielle ! On trancha la tête de Charles Ier car on craignait sa résurrection... Richard II (XIVe siècle), grand coquet, se faisait saigner tous les jours pour garder un teint blême, très à la mode en son temps. On apprend aussi que la syphilis se disait *French evil* (le « mal français ») !

🕯 *Hay's Galleria* *(plan général I-J4) : Tooley St, SE1.* Ⓜ *London Bridge.* Belle réalisation architecturale, habile rénovation d'anciens entrepôts où étaient stockés les ballots de thé de Chine et d'Inde, coiffée d'une verrière sur piliers métalliques. Au centre, une fontaine cinétique de David Kemp qui rend hommage aux navigateurs. Chouette endroit pour avaler quelque chose sur le pouce dans un *sandwich bar* avant de reprendre la balade. Des concerts de jazz et des aubades de classique égaient régulièrement les lieux.

🕯🕯🕯 *HMS Belfast* *(plan général J4) : Tooley St, SE1.* ☎ *0207-940-63-00.* ● *iwm.org.uk* ● Ⓜ *London Bridge. Au pied du pont, côté ouest. Tlj 10h-18h (17h l'hiver). Dernière admission 45 mn avt fermeture. Entrée : 10 £ (15 €) ; réduc. Plan disponible en français.*

Ancré sur la Tamise, à deux pas du superbe Tower Bridge, ce beau croiseur, lancé en 1938, est l'un des rescapés de la flotte britannique ayant participé au débarquement en Normandie... et le seul à avoir échappé à la casse. On a la chance de pouvoir le visiter de fond en comble. Et quelle chance ! Annexe de l'*Imperial War Museum,* il cherche d'abord à témoigner des conditions de vie à bord à l'époque : batteries d'artillerie, dortoirs, cabinet de dentiste, infirmerie, carré des officiers, salle des machines, cuisines, magasins de munitions... Des mannequins hyperréalistes donnent vie à l'ensemble, sans parler des sons, des odeurs... Parfait pour une visite en famille (ateliers pendant les vacances scolaires). Cafétéria aménagée dans la cale.

🕯🕯 Au-delà du Tower Bridge, sur la rive sud toujours, le *Butler's Wharf* *(plan général J4)* est un quartier de docks en pleine résurrection à l'initiative de l'omniprésent Conran. La rénovation des vieux entrepôts de brique reliés par des passerelles métalliques suscite l'admiration. Les boutiques et les adresses du coin se positionnent résolument vers le haut de gamme branchouille. Les cols blancs y déboulent pour déjeuner et les loyers des appartements en front de Tamise atteignent des sommets inégalés. Le week-end, des badauds de tous horizons viennent flâner sur les quais et dans les ruelles.

🕯 *Design Museum* *(plan général J5, 580) : 28 Shad Thames, Butler's Wharf, SE1 2YD, dans les Docklands.* ☎ *0870-833-99-55 ou 0207-940-87-50 (lun-ven).* ● *designmuseum.org* ● Ⓜ *Tower Hill. Traverser le Tower Bridge et longer la Tamise sur 200 m. Tlj 10h-17h45. Fermé 25-26 déc et Nouvel An. Entrée : 7 £ (10,50 €) ; réduc. Un café au rez-de-chaussée, le* Design Museum Café *; un resto au 1er étage (mais entrée et gestion indépendantes), le* Blue Print.

Le musée est posé dans un quartier loufoque au bord de la Tamise, au cœur des Docklands réhabilités où les beaux immeubles de brique, fer, passerelles de bois ont remplacé les anciens entrepôts.

Musée à la gloire du design industriel, des années 1900 à nos jours. Le 1ᵉʳ étage est consacré à des expositions temporaires autour d'un thème, d'un produit ou d'un créateur. Un espace *New Design* suit l'actualité du design dans le monde. Au 2ᵉ étage, exposition permanente sur l'évolution des formes pour des produits aussi banals que la chaise, le téléphone ou l'aspirateur. De Charles Rennie Mackintosh à Starck, une communion solennelle entre le beau et l'objet. Là encore, l'accrochage change sans cesse. Intéressant plutôt pour les fans de la discipline ; les novices risquent d'être hermétiques aux collections. Et puis, c'est un peu cher, dommage ! En tout cas, les Anglais font bien de se demander pourquoi leur bouilloire ressemble à une bouilloire.

¶ *Fashion and Textile Museum (plan général J5, 581) : 83 Bermondsey, SE1 3XF (derrière le London Dungeon, dans une rue perpendiculaire à Tooley St). ☎ 0207-407-86-64. • ftmlondon.org • Mar-sam 10h-16h45, dim 12h-16h45. Entrée : 6 £ (9 €) ; réduc.*
Ce musée, appartenant à Zandra Rhodes, fameuse styliste britannique, a ouvert ses portes dans un quartier dévolu au « design vestimentaire » et à la création artistique. Il propose des expositions temporaires entièrement consacrées à la mode et aux créateurs.

Balade

➤ *Thames Path, balade pédestre sur les bords de la Tamise :* le Thames Path propose 16 miles (25 km) de randonnée le long de la Tamise et croise même le degré zéro du méridien à Greenwich. Un sentier à suivre depuis les sources du fleuve dans les Costwolds (Kemble, Gloucestershire) jusqu'à la mer, près du barrage de Greenwich (Thames Barrier). Les différents bureaux d'information du quartier proposent des brochures (gratuites) fort bien faites : *Walk this way*. Vous pouvez aussi les commander sur • *southbanklondon. com/walk_this_way* • Cinq itinéraires balisés (avec photos), dont un qui s'adresse spécifiquement aux familles et aux enfants.

BRIXTON

Ce quartier populaire et vivant du sud de Londres a perdu depuis long-temps son image de « coupe-gorge », repaire de dealers et théâtre de violentes émeutes en 1981, en 1985 et sporadiquement dans les années 1990. Ce que chantaient les *Clash* dans *Guns of Brixton*. Artistes et gays sont venus s'y installer en nombre et cohabitent sans heurt avec la communauté afro-antillaise. L'identité du quartier est étroite-ment liée à la musique : nombreux magasins de disques, folles soirées avec des concerts live endiablés jusqu'à pas d'heure... C'est aussi là, sur Stansfield Rd, que le petit Bowie David vit le jour. Dans des styles très différents, Van Gogh vécut un moment ici, ainsi que John Major, Premier Ministre conservateur de 1990 à 1997, qui y a passé une partie de son enfance, après que son paternel a fait faillite ! Décidément, Brix-ton accueille des destinées pour le moins variées...

Sinon, aucune difficulté pour se repérer : la plupart des restos, bars et boîtes se concentrent dans un petit périmètre autour de la station de métro.

Où manger ?

Bon marché

|●| *Eser Cafe* (plan Brixton, B2, 20) : 15-17 Market Row, SW9 LB. ☎ 0207-978-85-15. Lun-sam 7h-17h. Rien qui dépasse les 5 £ (7,50 €) ! Au milieu de l'agitation du marché couvert, on aime bien cette petite cantine populaire, avec ses banquettes en skaï, ses chaises en plastique vert pomme et ses tables en formica... éclairée aux néons comme il se doit ! *Breakfast all day*, sandwichs variés et burgers vous calent l'estomac pour à peine 2 £ (3 €), ce qui est exceptionnel à Londres. Service sans manières et gen-til comme tout, malgré l'avertisse-ment affiché au mur concernant la serveuse, censée « mordre, donner des coups de pied et manger vos enfants » !

|●| *New Fujiyama* (plan Brixton, B2, 21) : 5-7 Vining St, SW9. ☎ 0207-737-65-83. ● info @newfujiyama. com ● Lun-mar 12h-23h, mer-sam 12h-1h, dim 12h-minuit. Plats 6-10 £ (9-15 €). Ses 2 petites salles laquées n'en finissent plus de rougir de plai-sir, au regard des files d'attente les soirs de fêtes. Longues tables com-munes pour chanter en chœur les louanges d'une cuisine japonaise simple mais bien faite, comme les typiques *Bento Boxes* à arroser de bières du Levant. Et Brixton n'étant plus à un paradoxe près, ces spécia-lités nippones se dégustent l'été en profitant de concerts jazz de bonne tenue.

|●| *SW9* (plan Brixton, A1, 22) : 11 Dorrell Pl, SW9. ☎ 0207-738-31-16. À deux pas du métro, dans une ruelle qui part à gauche juste avant le pont de la voie ferrée. Dim-jeu 10h-23h, ven-sam 10h-1h ; la cuisine ferme à 22h. Happy hours *en sem* 16h30-19h. Plats 6-10 £ (9-15 €). On n'y voit pas la vie en rose, mais plu-tôt en violet ! Petite salle vite pleine à craquer ou terrasse dans la ruelle piétonne, le tout trusté par des étu-diants un brin tapageurs. Beaucoup de monde les vendredi et samedi soir pour ses concerts de jazz, ou même le matin pour le petit déj servi sur un rythme techno. Un peu violent pour ceux qui ne sortent pas directement de boîte ! Pour les affamés, cuisine internationale (*pasta,* burgers, assor-timents de *mezze...*), sans surprise mais convenable et bien servie.

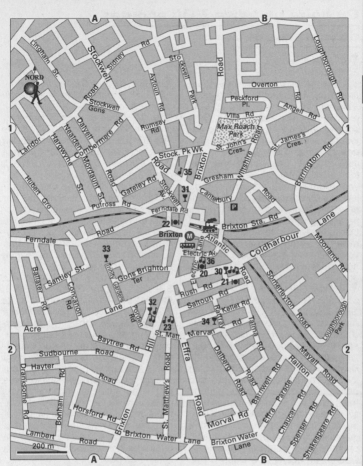

BRIXTON

Où boire un verre ? Où écouter de la musique ?

Effra Hall *(plan Brixton, B2, 34)* : 38 Kellet Rd, SW2. ☎ 0207-274-41-80. *Une rue perpendiculaire à Atlantic Rd, où les maisons victoriennes s'alignent comme à la parade. Dim-jeu 15h-23h, ven-sam 12h-1h. Quel cocktail détonant ! Ce vieux pub victorien, vieilli dans son jus, patiné par des générations d'ouvriers, vit aujourd'hui à l'heure brixtonnienne : toutes les communautés s'y retrouvent. Certains habitués arborent de longues* dreadlocks *et de larges bonnets, des anciens disputent d'âpres parties de dominos (avec les mises bien cachées sous le tapis), le tout stimulé par des concerts jazz de haute volée. Atmosphère bohème et fraternelle à savourer sans heurt, à petites gorgées. Vaut le déplacement.*

Dog Star *(plan Brixton, B2, 30)* : *389 Coldharbour Lane, SW9 8LQ.* ☎ 0207-733-75-15. ● *myspace.com/brixtondogstar* ● *À l'angle d'Atlantic Rd. Dim-jeu 12h-2h, ven-sam 12h-4h. Entrée : env 5 £ (7,50 €) ven-sam. Un des endroits* groove *de Brixton. Une jeunesse bigarrée et joviale déboule en force le week-end dans ce repaire* vintage *au plafond haut, avec son comptoir immense et sa déco brute. Accoudé au « zinc » ou socialisant autour de robustes tables en bois, on parle, on danse, on boit... on vit, quoi ! Mais dès l'entrée en scène des DJs, le pub devient club et techno, house et disco règnent alors en maîtres... Chaud !*

Plan B *(plan Brixton, B1, 31)* : *418 Brixton Rd, SW9 7AY.* ☎ 0870-116-54-21. ● *info@plan-brixton.co. uk* ● *plan-brixton.co.uk* ● *Lun-ven 17h-2h, 3h ou 4h ; sam 19h-5h ; dim 19h-3h. Entrée : 5-7 £ (7,50-10,50 €) jeu-sam selon l'heure d'arrivée. Happy hours* tlj jusqu'à 21h. *Néons bleus et lueurs rouges se reflètent sur la déco industrielle de brique et de métal, glissant sur les oiseaux de nuit réfugiés sur les banquettes en amphi ou dans les coins salon... à moins qu'ils ne brûlent la piste de leurs danses, sur un rythme house,* hip-hop, funk ou soul... Connu pour ses DJs de grande renommée.

The Fridge Bar *(plan Brixton, A2, 32)* : *à gauche de la boîte du même nom (voir « Où sortir ? »).* ☎ 0207-326-51-00. ● *info@fridgebar. com* ● *fridgebar.com* ● *Tlj depuis 18h-20h jusqu'à 3h-4h : tout dépend du spectacle. Happy hours jusqu'à 22h. Entrée : 5-10 £ (7,50-15 €), généralement gratuit en sem avt minuit. Exemple réussi d'une intégration harmonieuse. Le long du bar bigarré et fédérateur se côtoie gaiement une clientèle mixte, qui n'aspire qu'à suivre la cadence* R & B *ou hip-hop. Et comme les soirées à thème sont différentes chaque jour, chacun y trouvera son créneau.*

Trinity Arms *(plan Brixton, A2, 33)* : *45 Trinity Gardens, SW9.* ☎ 0207-274-45-44. *Accessible par la Brighton Terrace, perpendiculaire à Brixton Rd. Tlj 11h-23h. Les voyageurs un peu dépassés par la branchitude des bars de Brixton trouveront au* Trinity Arms *un bastion de la vieille Angleterre. Bien dissimulé sur une placette arborée paisible comme tout, il rassemble les inconditionnels de la bière au tonneau et les spécialistes des brèves de comptoir. Boiseries, bonne atmosphère et* beer garden *reposant. À la carte, on retrouve quelques grands classiques de la cuisine de pub.*

Brixton Carling Academy *(plan Brixton, A-B1, 35)* : *211 Stockwell Rd, SW9.* ☎ 0905-020-39-99 *(infoline) ou 0870-771-20-00 (tickets).* ● *mail@brixton-academy.co. uk* ● *brixton-academy.co.uk* ● *Au nord de la station de métro. Le grand théâtre de Brixton (capacité de 4 000 personnes) est l'endroit le plus chaud du sud de Londres. Ne pas s'étonner de voir des patrouilles de policiers à cheval devant la salle les soirs de concert. L'endroit est orienté rock et musique black (rap et funk en tête). Peu de chances de voir un groupe de folk à l'affiche !*

MASS *(plan Brixton, A2, 23)* : *voir « Où sortir ? ».*

Où sortir ?

♪ **The Fridge** (plan Brixton, A2, **32**) : Town Hill Parade, SW2. ☎ 0207-326-51-00. ● fridge.co.uk ● À 150 m du métro Brixton, sur Brixton Hill, juste après Acre Lane. Lun-jeu 22h-3h, ven-sam 22h-6h. Entrée : 10-20 £ (15-30 €). Monstrueuse machine à danser, recherchée pour son atmosphère frénétique et psychédélique. Un must du circuit nocturne londonien.

♪ **MASS** (plan Brixton, A2, **23**) : Saint Matthew's Church, SW2. ☎ 0207-738-78-75. ● mass-club.com ● Sous l'église. Jeu 22h-3h, ven-dim 22h-6h. Entrée : 5-15 £ (7,50-22,50 €). Un sanctuaire consacré aux musiques peu catholiques (hard house, R & B, garage, transe) et qui brasse, sur 3 salles et 2 étages, jusqu'à 1 500 personnes. Ça en fait des cartons d'hosties pour la communion !

♪ **Dog Star** (plan Brixton, B2, **30**) : voir le texte dans « Où boire un verre ? ».

♪ **Club 414** (plan Brixton, B2, **36**) : 414 Coldharbour Lane. ☎ 0207-924-93-22. ● info@club414ent.co.uk ● club414ent.co.uk ● Ven-dim 10h-6h (mais alcool servi jusqu'à 2h). After 6h30-14h le lendemain mat. Entrée : 8-10 £ (12-20 €) le w-e. Un des plus anciens clubs du quartier, dont le temps a permis d'aiguiser le caractère. Vendredi : soirée funk ; samedi : techno ; dimanche : trance, techno.

Marché

– **Brixton Market** : tlj sf dim à partir de 10h ; les parties alimentaires ferment vers 16h-17h, le reste un peu plus tard. On y trouve de tout : marché aux puces, mais aussi de nombreux stands exotiques avec légumes, viandes, des take away pas chers, de vieux disques, des ventes militantes du Socialist Worker ; on y fait des rencontres, on y écoute les harangues enflammées des orateurs d'un jour. Le tout sur fond de Bob Marley. Y aller le matin, comme pour la plupart des marchés.

BRIXTON

LES AUTRES QUARTIERS DE LONDRES

GREENWICH

Au sud-est de Londres, sur la rive droite, Greenwich se présente comme un adorable village, bien préservé, très animé le week-end. Si vous avez la chance de séjourner plusieurs jours à Londres, on ne peut que vous inciter à faire ce charmant petit détour sur les bords de la Tamise. Le site a si peu changé depuis les XVIIᵉ et XVIIIᵉ siècles, quand il était un lieu de villégiature royale et l'un des sujets de prédilection du peintre Turner... Hélas, le quartier a été tristement à l'honneur avec l'incendie du *Cutty Sark* en mai 2007. Espérons que ce clipper des mers soit remis à flot ! En attendant, il reste pas mal de choses à visiter, alors autant prévoir une bonne demi-journée. Entre autres curiosités : un joli port, un splendide musée de la Marine, et, à 5 mn à pied, un parc royal (encore un !) célèbre pour son observatoire. C'est ici, bien sûr, que fut tracé le méridien du même nom, « centre du temps et de l'espace », qui marque la longitude zéro ! Le nombril du monde, en quelque sorte.

Comment y aller ?

➤ *En train :* de Charing Cross Station, via Cannon St et London Bridge. Train toutes les 30 mn. Environ 20 mn de trajet.

➤ *En métro ou bus :* métro jusqu'à Bank ou Tower Hill, puis emprunter la Docklands Light Railway *(DLR)* en direction de Beckton ; changer ensuite à Westferry. Compter 20-25 mn au total (départs environ toutes les 10 mn). La *Travelcard* et l'*Oystercard* sont valables sur la *DLR* (Greenwich est en zone 2). Rapide et efficace, c'est la solution la plus simple pour le centre de Greenwich. Sinon, les bus nᵒˢ 177, 180, 188 (pratique : à prendre à Russell Square) et 199 conduisent également à Greenwich. Signalons encore le bus n° 381, qui assure la liaison avec Waterloo Station.

➤ *En bateau :* moyen le plus original pour s'y rendre. Toutes les 30 mn des ports (entre autres) de Westminster ou de la Tower of London, grosso modo entre 10h et 18h (16h en hiver). Durée : environ 50 mn. Compter 9 £ (13,50 €) l'aller-retour et 7 £ (10,50 €) le trajet simple ; réduc, notamment avec la *Travelcard*. Commentaires en anglais. ● *tfl.gov.uk/river* ● Pour des prix similaires, vous pouvez aussi embarquer avec la compagnie *Thames River Service* (☎ 0207-930-40-97 ; ● *westminsterpier.co.uk* ●) qui propose un itinéraire plus étendu, jusqu'au pied même du barrage sur la Tamise (voir plus loin la balade sur le *Thames Barrier*) ou avec *City Cruises* (☎ 0207-740-04-00 ; ● *citycruises.com* ●).

Adresse utile

i @ *Greenwich Tourism Information Centre* (plan Greenwich, B1) : *Pepys House, 2 Cutty Sark Gar-* dens, SE10 9LW. ☎ 0870-608-20-00. ● *greenwichwhs.org.uk* ● Derrière l'entrée du Cutty Sark. Tlj 10h-

17h. *Fermé à Noël. Propose 2 visites guidées/j. (à 12h15 et 14h15) ; durée 1h30. Prix : 5 £ (7,50 €) ; réduc et* gratuit moins de 15 ans. *Sur place, des infos, plusieurs bornes Internet, une expo sur Greenwich et un café.*

Où dormir ?

Si l'on arrive en voiture, c'est un très bon plan de loger à Greenwich pour éviter de se fourvoyer dans le centre de Londres. Greenwich est à 20 mn d'Oxford St par le *DLR,* mais attention, le dernier train est à 0h30 ! (23h30 le dimanche...). Plusieurs *B & B* à Greenwich, plus agréables que dans le centre, car ils ne possèdent que quelques chambres chacun. Le contact avec les hôtes y est beaucoup plus authentique. Idéal pour ceux qui recherchent du calme et des contacts humains. Adressez-vous au centre d'information pour obtenir la liste des hébergements.

Bon marché

🛏 Il existe à Greenwich un établissement de la fameuse chaîne d'auberges de jeunesse *Saint Christopher's Inn* (voir le texte sur ces AJ dans le chapitre consacré à Southwark, South Bank et Waterloo). *Il est situé au 189 Greenwich High Rd, SE10 (plan Greenwich, A2, 10).* ☎ *0208-858-35-91.* ● *st-christophers.co.uk* ● *Face à la gare principale. Lits en dortoir à partir de 10 £ (15 €).* Bien moins cher qu'au centre de Londres. Pas de couvre-feu. *Coffee shop,* accès Internet, laverie, etc.

De prix moyens à plus chic

🛏 *B & B St Alfeges (plan Greenwich, B2, 12) : 16 Saint Alfege Passage, SE10 9JS.* ☎ *0208-853-43-37.* ● *in fo@st-alfeges.co.uk* ● *st-alfeges. co.uk* ● *Juste derrière l'église, une adresse de charme cachée derrière les fleurs. Doubles 70 £ (105 €), petit déj compris.* Robert et Nicolas accueillent avec grand plaisir leurs hôtes dans l'une des 3 chambres de leur adorable petite maison remplie d'un bric-à-brac de qualité, glané au hasard des brocantes. Notre préférée : celle décorée en toile de Jouy, avec lit à baldaquin, bergère Louis XV et salle de bains privée. Deux autres jolies chambres (une double et une simple) aux meubles chinés, avec une salle de bains à partager. On vous conseille de réserver au plus tôt. Accueil sans pareil, comme à la maison.

🛏 *The Mitre Hotel (plan Greenwich, B2, 14) : 291 Greenwich High Rd, SE10 8NA.* ☎ *0208-293-00-37.* ● *en quiries@mitregreenwich.com* ● *mitre greenwich.com* ● *Doubles 85 £ (127,50 €) avec petit déj.* Au-dessus du pub du même nom, un bistrot de quartier pittoresque avec son lot

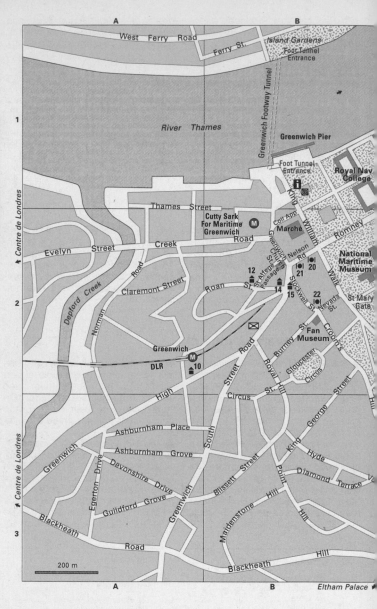

A · B

West Ferry Road

Ferry St.

Island Gardens
Foot Tunnel
Entrance

River Thames

Greenwich Footway Tunnel

Greenwich Pier

Foot Tunnel
Entrance

King William

Royal Nav
College

Thames Street

Cutty Sark
For Maritime
Greenwich ⓜ

Coll App

Marché

Romney

National
Maritime
Museum

Creek Road

Evelyn Street

Deptford Creek

Norman Road

Claremont Street

Roan St.

St Alfege Passage

Greenwich Church St.

Nelson Rd

12

20
21

14
15

Stockwell St.

22

Nevada St.

St Mary
Gate

Walk

Crooms

⊠

Greenwich ⓜ
DLR ▲10

St.

Burney Road

Royal Hill

Stockwell St.

Fan
Museum

Gloucester Circus

St.

High Circus

Ashburnham Place

Greenwich

Egerton Drive

South Street

Circus St.

King George Street

Hyde

Point

Diamond Terrace

Va

Ashburnham Grove

Devonshire Drive

Guildford Grove

Greenwich

Blissett Street

Mardenstone Hill

Hill

Blackheath

Road

Blackheath Hill

200 m

A · B

Eltham Palace ▸

GREENWICH

d'habitués, une poignée de chambres à l'ancienne, plutôt bien tenues et confortables. Simple et familial. Et puis, vous n'aurez pas à aller loin en sortant du pub, par ailleurs très convivial ! À l'angle d'une rue passante en journée, mais plus tranquille dès la nuit tombée. Accueil sympathique et pas compliqué.

≜ *Hôtel Ibis* (plan Greenwich, B2, 15) : 30 Stockwell St, SE10 9JN. ☎ 0208-305-11-77. ● h0975@accor.com ● ibishotel.com ● Central (face au marché). Compter 80 £ (120 €) la double tt confort en sem et 70 £ (105 €) le w-e ; petit déj non inclus et cher. Cet hôtel de chaîne tout en brique offre des chambres conventionnelles impeccables, bien que sans surprise côté déco. Il a en revanche l'avantage de ne pas être trop grand, et abrite au rez-de-chaussée un café-brasserie coquet, bien agréable pour le petit déj ou le *teatime*. Accueil multilingue et pro.

Où manger ?

Prix moyens

|●| *George* (plan Greenwich, B2, 20) : 19 Nelson Rd, SE10 9JB. ☎ 0208-305-30-70. Tlj 9h-18h. Sandwichs env 3-5 £ (4,50-7,50 €). Café, thé ou chocolat ? *Foccacia* ou crêpe fourrée ? Tartes salées ou sucrées ? Ce *deli* à la déco étudiée répondra avec panache à toutes ces exigences gourmandes. Car les produits sont de qualité, les petits plats honnêtes, les gâteaux tous plus appétissants les uns que les autres et le cadre mêlant l'ancien et le moderne se révèle tout à fait engageant.

|●| *Bar du Musée* (plan Greenwich, B2, 21) : 17 Nelson Rd, SE10. ☎ 0208-293-94-94. Lun-jeu 12h-1h, ven-sam 11h-2h, dim 11h-minuit. Baguettes garnies et salades 6,50-9 £ (9,75-13,50 €), plats principaux 10,50-16 £ (15,75-24 €). Brunch le w-e à partir de 7 £ (10,50 €). Bar à vin engageant, avec sa façade rouge, ses murs sombres, son plancher en bois, ses vieilles gravures... et un vieux drapeau français en lambeau. Un autre nostalgique de Trafalgar ? Au fond, véranda lumineuse super agréable et reposante. Belle sélection de bouteilles de tous horizons. Portions de fromages et de charcuteries en accompagnement et suggestions du jour au tableau noir.

Plus chic

|●| *The Spread Eagle* (plan Greenwich, B2, 22) : 1-2 Stockwell St, SE10 9FN. ☎ 0208-853-23-33. Fermé dim soir. Résa conseillée. Formules midi lun-sam 16-20 £ (24-30 €). Le soir, menus 27-31 £ (40,50-46,50 €). Resto-brocante tiré à quatre épingles, visiblement fier de ses boiseries chaudes et de son bel escalier tournant en fer forgé. Le service attentionné ajoutant au charme de la maison, on se laisse facilement convaincre par une cuisine franco-italienne raffinée et servie avec générosité. Le chef français a œuvré, entre autres, au *Chabichou* de Courchevel, au *Crillon* ou encore au *Saint-George*... Joli CV ! Une halte de choix.

Où boire un verre ?

♟ *Trafalgar Tavern* (plan Greenwich, C1, 30) : Park Row, SE10. ☎ 0208-858-24-37. Solidement ancré sur les bords de la Tamise, ce pub élégant déroule ses salles, ornées de marines et de portraits d'amiraux, le long de la berge. Génial les jours de tempête, lorsqu'on savoure sa bière bien au chaud en observant le ballet des flots en furie. Bonne cuisine de pub côté brasserie, plus élaborée mais bien plus chère dans la partie restaurant. Concerts de jazz l'été.

🍸 *Cutty Sark (plan Greenwich, C1, 31) :* Ballast Quay, SE10. ☎ 0208-858-31-46. À l'angle de Lassell St. Une vraie taverne à matelots, où

l'hiver les habitués s'accoudent aux tonneaux tout en se réchauffant auprès de la cheminée. L'été, c'est la terrasse qui fait le plein, stratégiquement perchée en surplomb de la Tamise. Rustique et convivial. Salles plus cossues à l'étage, coiffées d'une charpente apparente et ourlées de larges fenêtres panoramiques.

Shopping et marché

– **Greenwich Market** *(plan Greenwich, B2) : plusieurs accès dans Greenwich Church St.* ☎ 0208-293-31-10. *Jeu-dim 9h30-17h30. Marché aux antiquités jeu.* Sympa comme tout avec ses enfilades de stands et de boutiques, ses terrasses de cafés, sa clientèle bigarrée et sa marchandise hétéroclite. Fripes, fringues de créateurs, artisanat du monde, produits du terroir, déco, brocante... on trouve de tout. Un autre marché uniquement le week-end, dans Burney St, un peu plus au sud.

Monuments et balades

🎭 *Église Saint Alfeges (plan Greenwich, B2) :* église du XVIIIe siècle. Cimetière romantique à souhait à l'extérieur.

🎭 *The Queen's House (plan Greenwich, C2) :* dans l'enceinte du parc royal. ☎ 0208-858-44-22. • nmm.ac.uk • Tlj 10h-18h en été, 10h-17h le reste de l'année. Fermé 24-26 déc. Entrée gratuite. Cette villa de style palladien est signée par l'un des grands architectes du début du XVIIe siècle, Inigo Jones. Elle était destinée à devenir la résidence d'été de la reine Anne de Danemark, offerte par son mari, le roi James, pour s'excuser d'avoir insulté la pauvre femme après qu'elle a tué son chien à la chasse ! Rien que ça ! Mais la malheureuse mourut avant la fin des travaux... Aujourd'hui on y visite les collections de peinture du musée maritime – constituées principalement de portraits de marins et héros divers et variés –, ainsi qu'une exposition sur l'histoire de Greenwich... Un peu soporifique. On retiendra tout de même un beau portrait de sir Francis Drake, le célèbre corsaire, et un portrait de la non moins fameuse Élisabeth Ire. Prenez aussi le temps de vous attarder devant le Canaletto qui représente, une fois n'est pas coutume, une jolie vue de Greenwich... Vous verrez à quel point rien n'a changé ! Le bâtiment mérite par ailleurs le coup d'œil, notamment pour son *great hall* et son célèbre *Tulip Stairs*.

🎭🚶 *National Maritime Museum (plan Greenwich, B2) :* à côté de la Queen's House. ☎ 0208-858-44-22. • nmm.ac.uk • Tlj 10h-18h en été, 10h-17h le reste de l'année. Fermé 24-26 déc. Entrée gratuite. Les amoureux du monde de la mer seront comblés. D'emblée, la superbe barge du prince Frédéric, exposée dans le hall, donne le ton : elle annonce la richesse des collections et la muséographie exemplaire. Un étage est consacré au XXe siècle, notamment à ses grandes batailles navales, depuis le Jutland en 1916 jusqu'aux Malouines. Nombreux textes et photos. Superbe maquette du cuirassé *King George V* (1939). Sont également exposées des œuvres de *war artists* (artistes de guerre) comme sir Muirhead Bone, le premier d'entre eux, dont les dessins sont remarquables, ainsi qu'une partie de la collection du War Artists Advisory Committee, créé en 1939. Plus loin, splendides peintures navales de Whistler. Évocation de l'évolution du transport maritime, depuis le paquebot *Mauretania* et le temps des croisières transatlantiques, jusqu'à l'hyper luxe contemporain avec les palaces flottants comme le *Sovereign of the Seas*. Les aspects les moins reluisants du commerce sur la mer ne sont pas passés sous silence, comme le trafic des esclaves et la contrebande de l'opium.

La *Nelson Gallery*, passionnante, raconte la vie du célèbre amiral, ses batailles contre la flotte de Napoléon et sa victoire légendaire à Trafalgar. Une phrase terrible, extraite d'une de ses harangues aux marins : « Vous devez haïr un Français comme le diable. » Bigre ! Superbe maquette de la frégate *Sea Horse,* fabriquée avec un morceau du mât principal de l'*Orient,* navire coulé pendant la bataille du Nil – l'événement marqua l'arrêt de l'avancée de Napoléon en Égypte. Mais le véritable joyau de cette collection à la gloire du héros national, c'est sa tunique déchirée par la balle mortelle et imbibée de son sang, conservée pieusement comme une relique... Sinon, superbe collection de maquettes de navires de guerre de 1650 à 1815, souvent d'époque, ou encore des sections sur les explorateurs, les phénomènes naturels (reconstitution édifiante d'un tsunami), les naufrages célèbres (le *Titanic,* bien sûr), les uniformes... Scénographie géniale et une excellente salle interactive pour les enfants, où les grands ne sont pas les derniers à jouer.

☜☝ ☝☝ *Royal Observatory (plan Greenwich, C2) : dans le parc royal, au sommet de la colline. ☎ 0208-858-44-22. ● rog.nmm.ac.uk ● Tlj 10h-18h en été, 10h-17h le reste de l'année. Fermé 24-26 déc. Entrée gratuite (mais il faut tout de même prendre un ticket au guichet). Le planétarium, lui, est payant : 4 £ (6 €).*

Site ravissant, qui offre en prime un large panorama sur Londres. L'observatoire, fondé en 1675 par Charles II, a tout de ces petits châteaux pour savants fous qu'on voit dans certains vieux films de science-fiction ! Au sommet, un curieux ballon rouge surmonté d'une croix (la *Time Ball*), qui tombe tous les jours à 13h tapantes. Cette « balle » fut installée en 1833 pour permettre aux marins de régler leurs montres avec précision... Auparavant, un système moins pratique avait été mis au point : une *time lady* se rendait chaque jour au port pour donner l'heure exacte affichée à Greenwich ! Dans la cour d'entrée, le célèbre méridien, symboliquement représenté par des pointillés lumineux. Chevauchez-le, et dites-vous qu'à cet instant précis vous avez un pied dans l'hémisphère ouest et l'autre à l'est ! Le Royal Observatory se compose de deux bâtiments voisins, la *Flamsteed House* et le *bâtiment méridien.*

– *Flamsteed House :* petit bâtiment du XVIIe siècle où logeaient les astronomes. On y découvre les différentes pièces à vivre meublées comme à l'époque, ainsi qu'un petit musée sur l'histoire de l'astronomie. Amusant : dans la salle octogonale où l'on observait les étoiles, le grand télescope est simplement fixé... aux barreaux d'une échelle. Les curieux en seront d'ailleurs pour leurs frais, car la lunette ne montre aucun astre, mais Pluto (le chien de Mickey !). L'inimitable humour anglais... Dans les galeries du sous-sol, exposition interactive et très ludique mettant en scène de belles horloges anciennes, toutes sortes de sphères armillaires, des *time keepers* et d'autres instruments de mesure complexes.

– *Bâtiment méridien :* nombreux instruments de mesure, certains très anciens, et surtout le plus grand télescope à réfraction d'Angleterre, vieux d'un siècle et toujours en forme. Le bâtiment est lui-même étonnant : les murs sont constitués d'un assemblage de panneaux s'ouvrant sur commande pour mieux admirer le ciel... C'est en 1884, lors de l'*International Meridian Conference,* qu'on décida que le méridien de Greenwich serait longitude zéro et le *Greenwich Mean Time* la base du système de temps international. On verra enfin une petite exposition sur le temps, sa « domestication » et ses implications sur notre quotidien...

🎋 The Fan Museum *(plan Greenwich, B2) : 12 Crooms Hill, SE10 8ER.* ☎ *0208-305-14-41. ● fan-museum.org ● Mar-sam 11h-17h, dim 12h-17h. Fermé lun. Entrée : 4 £ (6 €) ; réduc. Audioguide (gratuit, mais en anglais) pour suivre la visite en 40 mn. Mar et dim à 15h,* afternoon tea *servi dans l'orangerie !*

Petit musée craquant comme une maison de poupée, entièrement consacré aux éventails (et non pas aux « fans » de Robbie Williams ou de lady Di !). Les amateurs feront sans hésiter un détour car il s'agit de la plus grande collection au monde, avec pas moins de 4 000 modèles en réserve. Exposés principalement par roulement en fonction du thème du moment. La première salle, qui renferme la seule collection permanente du musée, est consacrée en toute logique à l'histoire et à la fabrication de ces petits chefs-d'œuvre. Quelques pièces aussi fantastiques qu'extravagantes, en nacre, ivoire, plumes, dentelles et autres fanfreluches. Les expositions tournantes occupent deux charmantes salles à l'étage, encombrées de vitrines à la manière d'un cabinet de curiosités. Joli jardin et salon de thé dans l'orangerie.

🎋 🏃 Thames Barrier *(le grand barrage de la Tamise ; hors plan Greenwich par D1) : à l'est de Greenwich. Infos auprès de la compagnie Thames River Service :* ☎ *0207-930-40-97 ou ● westminsterpier.co.uk ● Compter 7 £ (10,50 €) l'aller simple et 9 £ (13,50 €) l'aller-retour ; réduc et forfait famille. Visitor Centre sur la rive sud de la Tamise (présentation audiovisuelle), ouv tlj 10h30-16h30 (11h-15h30 en hiver). Entrée : 2 £ (3 €). Mais il est bien plus attrayant de prendre le bateau au quai de Westminster pour découvrir le site. Réjouissante balade sur la Tamise et petits ronds autour du barrage. Plusieurs départs/j.*

Il s'agit de 7 portes monumentales en acier dont la forme en coquille rappelle celle du célèbre opéra de Sydney. Cette barrière doit servir, en cas de crue, à empêcher la Tamise de sortir de son lit. L'idée de sa construction remonte à 1953, année où des inondations catastrophiques ont noyé 2 000 Londoniens. Le barrage lui-même ne se visite pas. Au retour, vous pouvez faire escale à Greenwich et prendre un bateau plus tard, voire rentrer en *DLR*.

🎋 Eltham Palace *(hors plan Greenwich par B3) : Court Yard, off Court Rd, Eltham, SE9 5QE.* ☎ *0208-294-25-48. ● english-heritage.org.uk/london ● Prendre le bus n° 286 depuis Greenwich jusqu'à la gare d'Eltham et poursuivre quelques minutes à pied. D'avr à fin oct : dim-mer 10h-17h. Nov-déc et fév-mars : dim-mer 10h-16. Fermé la dernière sem de déc et tt janv. Entrée : 7,60 £ (11,40 €) ; réduc.*

Ceux qui en disposent consacreront un peu de temps à ce joyau Art déco. Ce manoir médiéval pur jus a été entièrement redécoré dans les années 1930 par les propriétaires de l'époque. Mobilier et mosaïques à couper le souffle.

HAMPSTEAD ET HIGHGATE

À quelques kilomètres du centre de la capitale et pourtant si loin dans l'esprit, Hampstead et Highgate, séparés par le grand parc Hampstead Heath, sont d'anciens villages que l'urbanisation a englobés au début du XXe siècle dans le « Grand Londres ». Ils ont su garder un caractère villageois et résidentiel, facilité par la configuration des ruelles (surtout à Hampstead), qui épousent les reliefs de la colline. Et malgré l'attrait touristique, ils sont toujours aussi authentiques avec leurs cottages géorgiens du XVIIIe siècle, leurs maisons blanches de style victorien et leurs pubs en embuscade au débouché des venelles pavées. Ce charme inné attire, depuis des siècles, artistes, écrivains et penseurs en mal d'isolement et de quiétude : Robert Louis Stevenson, George Orwell, le poète John Keats et, plus récemment, Elton John, Jeremy Irons ou Sting. Karl Marx a même « choisi » de mourir et de reposer ici (en 1883).

Comment y aller ?

➢ *En métro :* par la Northern Line, descendre à Hampstead (direction Edgware) pour le quartier du même nom, à Archway ou Highgate (direction High Barnet ou Mill Hill East) pour le quartier de Highgate.

Où manger ?

N'oubliez pas que les pubs cités plus loin servent aussi souvent des plats de bonne qualité, notamment le traditionnel *carvery lunch* du dimanche.

Bon marché

I●I ♀ ♀ *Giraffe :* 46 Rosslyn Hill, NW3. ☎ 0207-435-03-43. ⓜ Belsize Park ou Hampstead. Tlj 8h-23h. Repas à moins de 10 £ (15 €). Burgers, brunchs, salades... c'est la trilogie gagnante pour ce café sobre et coloré très apprécié des familles. Normal, il est *children friendly* ! Mais dans ces conditions, on préférera les délicieux jus de fruits frais à la carte des vins du Nouveau Monde. D'autres adresses à Londres, notamment à Marylebone et Kensington.

I●I ♀ *Brew House :* Kenwood House, Hampstead Heath, NW3 7JR. ☎ 0208-341-53-84. Mêmes horaires que la Kenwood House (voir plus loin). Plats 6-10 £ (9-15 €). Nichée dans les anciennes remises de ce beau manoir, la *Brew House* est le salon de thé typique des monuments historiques britanniques. Pas de quoi se rouler par terre d'émotion, mais ses soupes du jour, gâteaux maison et *today's special* se goûtent fort bien sur la très belle terrasse luxuriante. Délicieusement champêtre.

Prix moyens

I●I ♀ *The Horseshoe :* 28 Heath St, NW3 6TE. ☎ 0207-431-72-06. Tlj 12h-15h, 18h30-22h (en continu pour le bar). Plats 8-15 £ (12-22,50 €) ; menu le midi en sem 7 £ (10,50 €). Ce pub nouvelle génération ne retient pas vraiment l'attention, avec sa déco moderne proprette... mais tout se passe en coulisse ! Car la cave abrite une brasserie de poche, une vraie, qui fait le bonheur des amateurs de *real ale*, tandis qu'en cuisine, chefs et marmitons composent chaque jour un menu plein de bonnes idées. Ça change des *pub grub* étouffe-chrétiens !

Plus chic

I●I *La Cage Imaginaire :* 16 Flask Walk, NW3 1HE. ☎ 0207-794-66-74. Dans une petite rue perpendiculaire à Hampstead High St. Fermé lun midi. Menu 11 £ (16,50 €) le midi en sem, 16-18 £ (24-27 €) le soir. Env 23 £ (34,50 €) à la carte. Un resto chic aux prix serrés, niché dans une maison victorienne fort coquette. Une salle intime à l'atmosphère feutrée, propice aux confidences amoureuses. Que choisir : coq au vin ou filet de haddock sauce Mornay ? Et pour finir, tarte Tatin ou crème brûlée ? Les produits sont frais et variés, la cuisson est soignée et les portions très correctes. Si l'on ajoute l'accueil plus que chaleureux du personnel, on obtient une adresse à tous points de vue séduisante.

Où prendre le thé ?

Y |●| *Louis – Hungarian Confectio-nery :* 32 Heath St, NW3 6TE. ☎ 0207-435-99-08. Ⓜ *Hampstead. Tlj 9h-18h.* Un salon de thé resté intact depuis 1963. Déco vieillotte et kitsch à souhait, avec banquettes en moleskine et moquette fleurie. Pla-teau croulant de pâtisseries hongroi-ses qui défient l'apesanteur. Idéal pour accompagner les thés corsés ou le cappuccino bien crémeux. Même le service est *old fashion...* à l'image de sa clientèle.

Pubs

Y |●| *Spaniards Inn :* Spa-niards Rd, NW3 7JJ. ☎ 0208-731-65-71. Ⓜ *Hampstead. Tlj 11h-23h (minuit ven-sam).* Pub vieux de 500 ans, le plus célèbre de Hamps-tead. Le bandit de grand chemin Dick Turpin y préparait ses mau-vais coups et Byron, Keats, Dic-kens ou Bram Stocker y trouvaient l'inspiration entre 2 bières. Bref, ce mythe résiste encore aux siècles et offre un véritable saut dans le temps : plafonds bas, poutres mal dégrossies et vrai feu de bois ne décevront pas les amateurs de romans d'aventures. Vaste jardin ombragé à l'arrière, très apprécié aux beaux jours. Bons petits plats de pub et bières locales.
Y *Flask :* 14 Flask Walk, NW3 1HE. ☎ 0207-435-45-80. Ⓜ *Hampstead ou Belsize Park. Tlj 11h-23h (22h30 dim).* À l'opposé du *Flask* de Highgate, chic et tendance, voici une solide institution locale appré-ciée du voisinage depuis 1950. À l'avant, *public room* conviviale et large comptoir où officie le maître des lieux, puis 2 grandes salles sous verrière avec cheminée, boise-ries, papiers peints et moquettes fleuris comme il se doit. Le lieu idéal pour siroter tranquillement une bonne bière, en goûtant l'atmos-phère très populaire. Doisneau aurait sûrement fait des merveilles en tirant le portrait des mamies et des papis fringants qui fréquentent les lieux...
Y |●| *The Holly Bush :* 22 Holly Mount, NW3 6SG. ☎ 0207-435-28-92. ● info@hollybushpub.com ● Ⓜ *Hampstead. Du métro, remonter* Heath St, puis prendre Holly Bush Steps sur la gauche. *Tlj 12h-23h (22h30 dim).* Atten-tion, perle rare ! On est plongé dans l'Angleterre profonde en entrant dans ce pub hors d'âge, perché en haut de la colline d'Hampstead. Vieilli dans son jus depuis le milieu du XIXe siècle, il abrite 4 belles sal-les remplies de souvenirs, des recoins sombres pour les amoureux et de grandes tables patinées pour les familles ou les virées entre amis. Clientèle d'habitués qui se retrou-vent autour de la cheminée en hiver. La cuisine est à l'image des lieux, rustique et généreuse, notamment le *carvery lunch* du dimanche, fameux. Pour les amateurs, la *real ale* et les bières artisanales valent le détour.
Y |●| *Flask :* 77 Highgate West Hill, N6 6BU. ☎ 0208-348-73-46. Ⓜ *High-gate ou Archway. Tlj 11h-23h (22h30 dim).* Ces pubs de la « ceinture » de Londres ont vraiment du charme. Envolée la vieille patine de grand-papa, le *Flask* a fait peau neuve dans un style bobo pas mal du tout. Bien sûr, les habitués n'ont pas gagné au change avec ce mobilier moderne, bousculant sans ménagement les tables et tabourets imprégnés d'his-toire. Mais ses multiples recoins et ses plafonds bas dégagent toujours le même magnétisme, ce petit quel-que chose de chaleureux et de convivial qui maintient la maison au rang des bonnes escales sur la route de la bière. Et par beau temps, sa vaste terrasse ne se refuse décidé-ment pas.

Monuments et balades

Hampstead était, traditionnellement, un quartier d'artistes et d'intellectuels. Vu les prix de l'immobilier, il est devenu un repaire de riches financiers en quête de calme et d'élégance, avec toujours quelques stars du théâtre ou cinéma britanniques en mal de tranquillité. Le quartier est, en effet, un havre de paix avec de jolies maisons anciennes.

🎭🎭 Après les ruelles escarpées du vieux Hampstead, il faut aller savourer la tranquillité de *Hampstead Heath,* cette lande verdoyante qui fait la liaison entre Hampstead et Highgate. Un véritable coin de campagne à quelques kilomètres du centre ; sauvage et formidablement préservé. Les bois touffus, les étangs au bord desquels on se donne des rendez-vous galants et les grandes étendues de pelouses doucement vallonnées sont très prisés par les Londoniens du dimanche. Le matin, été comme hiver, ce sont les baigneurs téméraires que l'on croise aux abords des *ponds.* Car rien de tel qu'un plongeon dans l'eau glacée des étangs pour bien commencer sa journée ! De *Parliament Hill* au sud du parc, vue dégagée sur les environs. En marchant en direction du nord, on arrive dans le domaine de Kenwood, où des concerts ont lieu en plein air en été, dans un cadre très bucolique, tout près de *Kenwood House.*
Hampstead Heath est également l'un des points les plus élevés de Londres ; c'est le rendez-vous de tous les amoureux de cerfs-volants le dimanche matin, quand il ne pleut pas.

🎭🎭 *Kenwood House :* Hampstead Lane, NW3. ☎ 0208-348-12-86. • en glish-heritage.org.uk • Ⓜ Hampstead ou Archway, puis bus n° 210. Tlj 11h-17h (16h nov-mars). Entrée gratuite.
Au nord de la lande, cette belle demeure aristocratique du XVIIIe siècle dessinée par le célèbre architecte britannique Robert Adam (connu pour le *Charlotte Square* d'Édimbourg et *Hopetoun House* près de South Queensferry) se distingue par ses remarquables façades de stucs à l'antique. Elle abrite la *Donation Iveagh,* une collection prestigieuse qui intéressera les amateurs de peinture. Scènes pastorales de Boucher, marines de Turner, nombreux portraits de peintres anglais comme Gainsborough ou Reynolds, tableaux de Van Dyck et Frans Hals. Ne pas manquer le *Joueur de guitare* de Vermeer (profitez-en, seules 36 toiles de l'artiste sont répertoriées à ce jour), l'*Autoportrait* de Rembrandt, qui n'est pas à son avantage, et l'éclatante *Vierge à l'Enfant avec saint Joseph* de Rubens. On verra également de belles vues de Hampstead Heath par Constable, qui y passait tous ses étés. La bibliothèque est très originale avec sa riche décoration, ses deux absides et son plafond voûté orné de stucs. Ne pas manquer non plus de flâner dans le parc de Hampstead Heath, et de faire une pause au *Brew House Restaurant,* pour prendre le thé dans un cadre idyllique.

🎭 Profitez donc de votre flânerie dans Hampstead pour découvrir son vieux *cimetière.* En sortant du métro Hampstead, descendre Heath Street en face, puis, un tout petit peu plus loin, prendre Church Row à droite. N'y cherchez pas trop de tombes célèbres, ce sera juste le prétexte à une promenade agréable. On aime bien ce cimetière pentu et « en désordre », son côté romanesque : ses tombes simples et penchées, ses petites allées pavées grignotées par l'herbe folle, ses arbres en fleurs au printemps...

🎭 *Highgate Cemetery :* Swain's Lane, N6. ☎ 0208-340-18-34. • highgate-cemetery.org • Ⓜ Archway. Tlj 10h (11h w-e)-16h30 (15h30 de nov à fin mars). Entrée pour la partie est (plan à disposition) : 2 £ (3 €) ; et pour la partie ouest (visite guidée obligatoire, sur résa en sem) : 5 £ (7,50 €) à heure fixe (14h en sem, sf l'hiver ; ttes les heures le w-e). Supplément pour les appareils photo (1 £, soit 1,50 €) ! Karl Marx, qui repose ici, n'aurait pas forcément apprécié. Quand on commence à aimer l'exubérance de ce cimetière, dont les tombes et les monuments funéraires victoriens se perdent dans une végétation romantique, on devient vraiment anglais.

🍴 *Fenton House* : *Windmill Hill, NW3 6RT.* ☎ *0207-435-34-71.* Ⓜ *Hampstead. Ouv le w-e en mars 14h-17h ; d'avr à fin oct, ouv mer-ven 14h-17h, le w-e 11h-17h. Entrée : 5,50 £ (8,25 €).* En sortant du métro, prendre en face Holly Bush Hill. La maison est devant soi en arrivant à la fourche, ceinte par un charmant jardin à l'anglaise. Ses buissons de roses et ses parterres d'orchidées font d'ailleurs le bonheur d'une colonie d'abeilles, dont le miel est en vente à l'accueil !

Dans cette grande demeure de brique rouge de la fin du XVIIᵉ siècle, intérieur anglais tel qu'on se l'imagine : mobilier de style Régence, broderies, bibelots et porcelaines d'époque à faire tomber par terre les mamies anglaises. Nous, ça nous laisse plus sceptiques. En revanche, la belle collection de clavecins et d'épinettes des XVIIᵉ et XVIIIᵉ siècles mérite toute l'attention des mélomanes.

> ## DANS LES ENVIRONS DE HAMPSTEAD

🍴 *Freud Museum* : *20 Maresfield Gardens, NW3 5SX.* ☎ *0207-435-20-02.* ● *freud.org.uk* ● Ⓜ *Finchley Road (Jubilee Line). Bien indiqué en sortant du métro. Tlj sf lun-mar 12h-17h. Entrée : 5 £ (7,50 €) ; gratuit moins de 12 ans.* Une belle maison où papa Sigmund passa ses derniers mois, jusqu'à sa mort en 1939. D'origine juive, le père génial de la psychanalyse avait dû fuir l'Autriche, annexée par Hitler un an plus tôt. Installé ici, Freud reconstitua le célèbre intérieur de sa demeure viennoise : divan, bien sûr, bureau, bibliothèque... et une collection insolite d'antiquités égyptiennes, grecques et romaines. Un vrai cabinet de curiosités ! Une petite présentation vidéo et quelques textes où Freud lui-même évoque les grandes étapes de sa vie éclairent la personnalité du grand homme, sans oublier bien sûr une petite section sur l'interprétation des rêves et un joli jardin anglais pour les beaux jours.

LE GRAND LONDRES

Monuments et balades

🎭🚶👫 ***Windsor Castle :*** *à 20 miles (32 km) à l'ouest de Londres.* ☎ *0175-383-11-18 (répondeur) ou 0207-766-73-04.* ● *royal.gov.uk* ● *Accès direct en train de Waterloo Station en 45 mn, puis env 5 mn de marche. Train ttes les 30 mn dès 6h (dim, ttes les 45 mn à partir de 6h45). Retour jusqu'à 22h50 aux mêmes fréquences. Billet aller-retour env 7,50 £ (11,25 €). Service de bus également (nᵒˢ 700 et 702) avec la compagnie Green Line ; départ de Victoria Coach Station (plan général D6). Tlj 9h45-17h45 mars-oct ; jusqu'à 16h15 nov-fév ; dernière admission 1h15 avt. Fermé 25-26 déc, ainsi que lors des réceptions et cérémonies officielles. Entrée : 14,20 £ (21,30 €) ; réduc, audio-guide (en français) compris. Tarif réduit lorsque les State Apartments sont fermés (rare). Sont ouverts à la visite : State Apartments, George IV's Apart-ments (ouv slt oct-mars), Queen Mary's Dolls House et The Gallery, ainsi que les chapelles. Attention, celles-ci sont fermées le dim, sauf si vous participez à la totalité du culte. À 11h, relève de la garde (tlj sf dim avr-juil, sinon 1 j. sur 2).*

Paraît-il la plus grande forteresse du monde encore habitée. La reine y séjourne tous les ans au mois de juin, pendant quinze jours. À cette occa-sion, c'est bien évidemment l'étendard royal qui flotte au-dessus du donjon (la *Round Tower*), à la place du drapeau britannique. L'architecture de la propriété a de quoi surprendre, avec sa superbe silhouette médiévale tout en tours crénelées et mâchicoulis. Entièrement remanié au XIVᵉ siècle par Édouard III, puis à l'époque victorienne, Windsor n'a plus rien à voir avec la modeste forteresse de bois construite par Guillaume le Conquérant pour surveiller l'accès de Londres... Seule l'imposante *Round Tower* rappelle l'emplacement de la première motte et du donjon normand. Le même Édouard III est célèbre dans l'histoire pour être le créateur de l'ordre de la Jarretière, club très fermé des meilleurs chevaliers anglais. Tout le monde a entendu parler de la création de l'ordre en 1348 : lors d'un bal, une jeune comtesse perdit sa jarretière et le roi s'empressa de la lui remettre. Exaspéré par les éclats de rire dans son dos, il eut alors cette réplique : « Honni soit qui mal y pense, tel qui rit aujourd'hui demain s'honorera de la porter... ». Ce qui fut dit fut fait et le lendemain, les plus éminents seigneurs du royaume se voyaient obligés d'arborer une jarretière ! Le plus drôle, c'est que l'ordre existe toujours : ils sont actuellement 24 chevaliers, auxquels s'ajoutent la reine et le prince de Galles. Seule la reine est autorisée à porter la jarretière au bras...
Ça ne lui a pas porté chance, puisque l'aile sud du château brûla en 1992 !
S'ensuivit une vive polémique médiatico-politique : il fut pour la première fois question de reconsidérer les sommes énormes allouées par l'État à la reine...
Qu'à cela ne tienne, la couronne daigna payer la moitié de la facture (qui s'élève à 50 millions de livres), et près de 5 ans de travaux furent nécessaires pour rendre à Windsor son aspect d'origine.
La visite du château n'est autorisée que dans la partie nord. C'est largement suffisant, vu les proportions de l'ensemble qui font plus penser à une ville fortifiée qu'à un castel de hobereaux ! Outre les deux cours intérieures, les labyrinthes des jardins (immenses) et le beau panorama sur la Tamise procu-ré par les terrasses, on visite (avec les excellents commentaires de l'audioguide) :
– ***La chapelle Saint-Georges,*** du XVᵉ siècle. Immense, elle abrite les sépul-tures de 10 monarques, dont George V, George VI, Henri VIII et Charles Iᵉʳ.

Dans le chœur, on verra les stalles attribuées à chaque membre de l'ordre de la Jarretière, avec leurs emblèmes. En revanche, c'est dans la salle du trône des *State Apartments* qu'ont lieu les cérémonies officielles de l'ordre.

– **Les State Apartments,** la partie principale du château ouverte à la visite. On y verra notamment le **Grand Vestibule** (belle panoplie d'armes anciennes et la balle qui tua Nelson, pieusement conservée !), **Le salon Waterloo,** où se fête chaque année l'anniversaire de cette bataille tant aimée des Anglais (portraits des protagonistes), différents salons et cabinets décorés de toiles de maître (Rubens, Van Dyck, Holbein, Cranach...), la salle de bal de la reine, la salle du trône, ou encore **St George's Hall**, vaste salle magnifiquement restaurée depuis l'incendie où sont visibles les blasons de tous les chevaliers de la Jarretière.

– **Les George IV's Apartments** (*Semi-State Apartments*), dans le prolongement des *State Apartments*, ne sont malheureusement accessibles que d'octobre à mars. Très endommagé par l'incendie, un des plus beaux (et des plus riches) décors du château a retrouvé son panache d'antan.

– **La maison de Poupée (Dolls House),** adorable petit palais construit pour la reine Marie. Tout y est miniaturisé ! Un chef-d'œuvre du genre, car rien ne manque : électricité, système de plomberie opérationnel... et même un service complet en argent dressé dans la salle à manger.

– **The Drawings Gallery,** à ne pas manquer, expose par roulement une sélection de chefs-d'œuvre provenant de la collection royale. Avec un peu de chance, vous verrez une partie des 600 (!) dessins de Léonard de Vinci, quelques œuvres de Raphaël, Michel Ange, ou même Hans Holbein. Excusez du peu !

🎿 Si vous avez du temps, le fameux *collège d'Eton* est à 15 mn de Windsor. Fondé au XVe siècle, il eut quelques élèves prestigieux, parmi lesquels George Orwell, Aldous Huxley et... John Le Carré.

🎿 ⛹ **Legoland :** ☎ *0175-362-61-00 (depuis la France) ou 0870-504-04-04 (de Grande-Bretagne).* ● *legoland.co.uk* ● *À 3 km de Windsor et à 1h de Londres sur la B 3022, par les autoroutes M 4 et M 3, ou par le train jusqu'à Windsor avec un changement à Waterloo, puis navette vers Legoland. Bus n°s 700 et 702 de la compagnie* Green Line *; départ derrière Victoria Coach Station. Ouv de mi-mars à fin oct tlj 10h-17h (19h l'été). Entrée hyper-chère : 31 £ (46,50 €) ; 24 £ (36 €) pour les enfants.*

Fondée en 1932 par un Danois, la société Lego (du danois *leg godt,* qui signifie « bien joué ») a ouvert plusieurs parcs d'attractions de par le monde. La petite brique y est bien sûr à l'honneur. On y trouve des reconstitutions de villes à taille d'enfant comme Londres avec le Millenium, Paris (avec un impressionnant Sacré-Cœur), Amsterdam et même Honfleur (dernière colonisation britannique en terre normande !). En tout, plus de 800 bâtiments qui ont demandé trois ans de travail aux cent experts-monteurs en Lego. Le parc met l'accent sur sa vocation à la fois créative et éducative. Ainsi, les enfants peuvent, par exemple, conduire des petites voitures électriques (sur des circuits avec feux rouges et passages piétons), se promener dans une jungle tropicale ou encore descendre des rapides en canoë. Également des attractions plus classiques (du type montagnes russes) ainsi que des spectacles de marionnettes et de clowns. Il ne vous reste plus qu'à faire aussi bien à la maison !

Hampton Court Palace

🎿🎿 ⛹ *À 25 km au sud-ouest de Londres, lové dans une boucle de la Tamise.* ☎ *0870-752-77-77.* ● *hrp.org.uk* ● *Accès en 30 mn de train de la gare de Waterloo jusqu'au terminus. Si vous résidez dans l'ouest de Londres, prendre le métro par la District Line jusqu'à Wimbledon, puis le train jusqu'à Hamp-*

LE GRAND LONDRES

ton Court (moins cher et plus rapide que par Waterloo). Bateau du pont de Westminster en été, si vous avez plus de temps : 4 départs en matinée (dernier retour à 17h). Tlj 10h-18h (nov-mars 16h30). Fermé 24-26 déc. Entrée : 13 £ (19,50 €) pour les adultes ; réduc (notamment sur Internet). Des billets groupés existent pour Hampton Court Palace, Tower of London et Kensington Palace. Les jardins ferment à la tombée de la nuit (accès gratuit, sf pour le labyrinthe).

Château à deux faces, l'une Tudor en brique rouge, l'autre néopalladienne, d'un grand intérêt architectural vu les nombreux remaniements que ses hôtes successifs (des têtes couronnées) lui ont fait subir. Vous avez regretté Buckingham Palace, mais vous adorerez Hampton Court, bien que tout cela commence un peu à sentir la poussière ! Intérieurs fastueux et mobilier superbe, tapisseries et peintures appartenant à la collection royale. S'il fait beau, les jardins vous raviront.

Un peu d'histoire

Ce palais n'avait rien de royal à l'origine. Il fut construit au début du XVIe siècle pour servir de résidence au cardinal Wolsey, archevêque d'York et ministre d'Henri VIII (le Gros). « Une maison un peu trop luxueuse pour un catho ! », se dit le roi, mort de jalousie, d'autant que le cardinal s'opposait à la Réforme anglicane. Henri VIII profita de ses démêlés avec la papauté pour lui confisquer son jouet. Il ne faut jamais être plus royaliste que le roi. Il agrandit la demeure pour le plaisir de ses nombreuses femmes. C'est lui, d'ailleurs, qui inventa l'anglicanisme pour avoir le droit de divorcer. Six mariages. Chronologiquement : un divorce, une exécution, une mort naturelle, une répudiation, encore une exécution ; la dernière lui survécut. À part ça, c'était un souverain éclairé de la Renaissance. Il eut deux filles : Marie Tudor, dite « Bloody Mary », rétablit le catholicisme et fit enfermer sa demi-sœur, Élisabeth Ire, laquelle, ensuite, régna presque cinquante ans et rétablit l'anglicanisme. Pendant ce temps-là, une autre Marie catholique, Marie Stuart, princesse écossaise, se révoltait, d'abord encouragée puis exécutée sur l'ordre d'Élisabeth, la « Reine Vierge », qui avait pourtant des favoris. L'explorateur sir Walter Raleigh nomma la Virginie en son honneur et poussa la galanterie, un jour, jusqu'à étendre son manteau par terre pour qu'elle ne marche pas dans la boue et n'abîme pas les superbes robes brodées de diamants et de perles qu'on lui voit sur les tableaux.

Le troisième et dernier grand remaniement du palais fut entrepris à la fin du XVIIe siècle par Guillaume III et sa femme Mary. Ils choisirent Christopher Wren pour son inégalable style néo-Renaissance. Le but était de faire aussi bien que Versailles ! Heureusement, il manqua d'argent pour redécorer tout le palais et ne put s'attaquer qu'à l'aile orientale.

Visite

Entrée majestueuse du palais avec sa façade rouge de style Tudor, crénelée de blanc et ornée de fines cheminées en brique et de tourelles. Dans la cour de l'Horloge, étrange *horloge astronomique* datant d'Henri VIII : elle donne l'heure, la date, les phases de la Lune, ainsi que les marées au London Bridge ! Copernic n'ayant pas encore fait parler de lui, c'est le Soleil qui tourne autour de la Terre. À droite, colonnade de style antique qui tranche avec le reste de la cour.

Appartements royaux des Tudors

Entrée sous le porche d'Ann Boleyn. La partie la plus ancienne du palais est celle qu'on préfère. Le dépouillement des pièces attire l'attention sur les beautés architecturales de la période Tudor. La *Grande Salle* est ornée d'un superbe plafond en bois sculpté et ajouré. Tapisseries racontant l'histoire d'Abraham. Elles étaient déjà là au XVIᵉ siècle. Dans la grande *salle des Gardes,* plafond cloisonné et orné de pendentifs. La *Galerie hantée* mène à la *chapelle royale.* Notre bon roi Henri VIII avait fait enfermer ici sa cinquième femme (Catherine Howard) avant de la faire exécuter dans la Tour de Londres. Selon la légende, son esprit erre encore dans le palais... Également un plafond de bois sculpté dans la chapelle. Superbe retable sculpté.

Appartements officiels de la reine

Changement d'époque avec les fastes baroques des Stuarts à la fin du XVIIᵉ siècle. Succession de pièces lambrissées et décorées de peintures baroques ou de superbes tapisseries. Mobilier d'époque, *of course !*

Salles géorgiennes et cabinet de Wolsey

Enfilade de pièces datant de l'époque géorgienne, les appartements privés de la reine Caroline, la femme de George II. Au bout, la longue *galerie des Cartons,* recouverte du sol au plafond de lambris et pompeusement décorée par Wren. Elle contient les tapisseries de Bruxelles tissées d'après les cartons de Raphaël, exposés au Victoria and Albert Museum. La *galerie de la Communication* relie les appartements du roi à ceux de la reine. Au mur, les somptueuses *Beautés de Windsor* par l'Anglais Peter Lely, des dames de la cour de Charles II. Une manière d'affrioler le roi avant ses visites nocturnes. Un couloir mène au *cabinet de Wolsey.* Cette petite pièce adorable est tout ce qu'il reste des premières années du palais, avant qu'il ne devienne une demeure royale. Mais le cardinal ne se privait pas, comme le montre le faste de la décoration.

Appartements du roi

Entrée sous la colonnade de la cour de l'Horloge. Sans conteste les plus beaux appartements royaux qu'il soit donné de voir à Londres (mais on n'a pas vu Buckingham !). Et ils reviennent de loin après l'incendie qui eut lieu dans cette aile du palais en 1986. Les restaurateurs ont rendu leur splendeur à ces pièces décorées par Wren (jusqu'à l'écœurement) pour le compte de Guillaume d'Orange. Plafonds en trompe l'œil et panneaux de cheminée en bois de tilleul sculpté.

Salles Wolsey et galerie Renaissance

Peintures des écoles anglaise, italienne, hollandaise du XVIᵉ siècle. Voir en particulier le *Portrait d'Henri VIII* par Joss Van Cleve (1535) et celui du sénateur vénitien *Girolamo Pozzo* par le Tintoret. Destinée surprenante du *Massacre des Innocents* de Bruegel l'Ancien (1565). Au départ, l'artiste avait représenté le passage de la Bible où le roi Hérode décide de l'assassinat des jeunes garçons juifs. Mais la reine Christine de Suède, qui acquit la toile, ne jugea pas le sujet à son goût et lui demanda de repeindre sur les enfants pour en faire une scène villageoise. Des traces de ces ajouts sont encore visibles. Superbe *Jugement de Pâris* de Lucas Cranach. Un ange passe...

Les cuisines

Il fallait bien des cheminées gigantesques et des passe-plats aussi longs qu'un comptoir pour nourrir tout ce petit monde. Reconstitution lourdingue de l'ambiance à l'époque la plus faste du palais. Audiotour gratuit, mais pénible.

L'orangerie

Au sud du palais, à droite du jardin privé. On peut y admirer les *Triomphes de César,* neuf toiles imposantes peintes par Mantegna, un des maîtres de la Renaissance italienne. Grand souci du détail dans le traitement des costumes, des armes et des monuments.

Près de l'orangerie, remarquez la grande treille formée d'un seul cep de vigne qui pousse depuis plus de 200 ans !

Les jardins

Aussi plaisants que le palais qu'ils entourent. Les dessinateurs se sont largement inspiré des jardins de Le Nôtre à Versailles. Splendides au printemps. On ne se perd pas réellement dans le labyrinthe *(maze),* mais ça amuse beaucoup les bambins. Terrain de jeu de paume, l'ancêtre du tennis.

Kew Gardens : au sud-ouest de Londres, au bord de la Tamise. ☎ *0208-332-56-55.* ● *kew.org.uk* ● Ⓜ *Kew Gardens (à 30 mn du centre de Londres). Passer de l'autre côté de la voie ferrée et suivre en face Lichfield Rd. Également accessible en train (gare de Kew Bridge), en bateau du pont de Westminster d'avr à oct et en bateau-mouche de Victoria Embankment, près de Westminster. Tlj avr-août 9h30-18h (19h w-e) ; tlj sept-oct jusqu'à 17h30. Fermé Noël et Jour de l'an. Les serres ferment 1h30 avt les grilles. Entrée : 9,50-12,25 £ (14,25-18,40 €) selon saison.*

On vous le dit tout de suite, c'est une visite à ne pas manquer... Il faut compter au moins 3h pour profiter des serres principales. N'oubliez pas votre pique-nique, ce serait dommage, d'autant que les pelouses sont complètement libres d'accès.

Superbe jardin botanique d'une extraordinaire variété : 90 000 végétaux différents sur pas moins de 120 ha, le Jardin des plantes de Paris fait figure de square à côté ! C'est le résultat de la « collectionnite » aiguë dont souffraient les aristocrates anglais au XIXe siècle. La période idéale pour le visiter est bien sûr le printemps, lorsque les rosiers et les rhododendrons sont en fleurs.

Bel aménagement de la nature, où les changements surprenants de paysages rappellent que rien n'est laissé au hasard : au sud-ouest du parc, on passe brusquement d'une forêt de conifères à une forêt de feuillus. De là, vue sur la « Tamise à la campagne », calme et bucolique, et sur *Syon House,* un manoir du XVIe siècle un peu austère. Ne manquez pas de visiter les serres, immenses architectures de fer et de verre, en particulier le très design *Princess of Wales Conservatory* et ses *Victoria Amazonica,* des nénuphars géants de 2 m de diamètre. Huit zones climatiques différentes y sont reproduites, du désert jusqu'à la forêt tropicale : superbes orchidées, cactus géants et incroyables plantes carnivores. La *Palm House* abrite une forêt tropicale en miniature et toutes les espèces de palmiers du monde. Au sous-sol, des aquariums présentent des coraux multicolores et de superbes poissons. La *Temperate House,* encore plus grande que la précédente (4 800 m^2 et 42 m de haut !), abrite elle aussi des plantes tropicales, des bambous et des rhododendrons géants. Une coursive vous permettra d'apprécier les plantes vues d'en haut. Derrière celle-ci, on trouve l'*Evolution House,* ou comment la vie est apparue sur Terre. Une belle mise en scène avec terre en ébullition, volcan fumant et chants d'insectes géants (on s'y croirait !). Également une belle collection de papillons. Ne pas manquer le *Millenium Seed Bank* (« Banque de graines »), une heureuse initiative pour recueillir des spécimens de toute la flore britannique. Les graines y suivent un traitement spécial qui leur permet de résister à des températures de – 20 °C et d'être conservées plus de 200 ans !

Des festivals ont lieu tous les ans selon les saisons. Renseignez-vous !

Pour les fans de résidences royales, **Kew Palace** : *ouv mars-oct tlj sf lun, 10h-17h, entrée : 5 £ (7,50 €).* Il servit d'asile au roi George III lorsqu'il devint fou. À l'intérieur, collection de jouets royaux.

🏃 Si vous êtes venu jusqu'ici, ça vaut le coup de reprendre le métro jusqu'à la prochaine station (Richmond) pour voir la nature livrée à elle-même dans **Richmond Park,** une immense forêt qui servait de terrain de chasse à Charles Ier. Il n'est pas rare d'y croiser des daims. Balade très sympa et vue superbe sur les méandres de la Tamise du haut de *Richmond Hill,* le panorama le plus peint des îles Britanniques.

🏃 **Dulwich Picture Gallery** : *College Rd, SE21.* ☎ *0208-693-52-54.* • *dulwichpicturegallery.org.uk* • *Train jusqu'à West Dulwich à partir de la gare de Victoria ou de Brixton (ttes les 30 mn en sem et ttes les heures dim). Trajet en 12 mn. De la gare, prendre à droite sur Thurlow Park Rd, puis la 1re à gauche sur Gallery Rd ; ensuite continuer tout droit. Mar-ven 10h-17h, w-e 11h-17h. Fermé lun, ainsi que 24-26 déc et 1er janv. Entrée : 7 £ (10,50 €) ; réduc pour les étudiants. Plus cher pdt les grandes expos.*
Dans le « village » huppé de Dulwich aux belles façades géorgiennes – ne prononcez pas le « w » si vous voulez vous faire comprendre –, ce musée abrite la collection de peinture la plus intéressante du Grand Londres. C'est aussi la plus ancienne galerie publique, puisqu'elle fut ouverte en 1817, une dizaine d'années avant la National Gallery. Le fondateur du musée est aussi le père du *Dulwich College,* situé un peu plus loin sur College Road, réservé à l'origine aux enfants des familles pauvres. Détail insolite, il repose avec sa femme dans le mausolée du musée. Dans un délicieux environnement de pelouses et de champs, nombreux tableaux de maîtres, parmi lesquels Gainsborough *(Les Sœurs Linley),* Van Dyck *(Emmanuel Philibert de Savoie,* en armure de parade), Le Brun *(Le Massacre des Innocents),* Poussin *(Rinaldo et Armila),* mais aussi, pêle-mêle, Rembrandt, Watteau, Reynolds. Superbe *Fille aux fleurs* de Murillo, d'une grande délicatesse, un portrait de sa fille et peut-être aussi une « vanité ». Ce type de toile, en vogue au XVIIIe siècle, est une allégorie du temps qui passe. Les objets représentés sont souvent les mêmes (un fruit trop mûr, un crâne humain, etc.). Ici, l'association des fleurs qui fanent avec ce jeune visage ne symbolise-t-elle pas le caractère furtif du temps ? Voir aussi *Les Deux Jeunes Paysans.* Cafétéria, salle de conférences et un atelier pour les visiteurs scolaires.

🏃 **La vallée de la Tamise :** prendre le train jusqu'à Windsor (voir plus haut). Ensuite un excellent service de bus dessert les villes citées plus loin. Sinon, possibilité de prendre à nouveau le train.
Suivre la direction de ces deux charmantes villes : **Marlow** puis **Henley-on-Thames.** Descendre sur **Reading** par l'A 321, puis l'A 4 en n'oubliant pas le superbe village de **Sonning,** 3 km avant Reading. Jolies maisons de brique rouge, une petite église et son cimetière... Voir aussi la geôle où, de sinistre mémoire, moisit Oscar Wilde, coupable d'homosexualité patente.

🍴 **Sweeney and Todd :** *à Reading, derrière le Civic Centre.* Tout près du centre. Resto où l'on peut déguster | une grande variété de *pies,* spécialités du coin.

➤ Ensuite, monter vers Oxford par l'A 329 qui longe la Tamise, avec les *Berkshire Downs* aux splendides petits villages fleuris *(Bradfield, Yattendon, Hampstead, Noris,* etc.). Pour continuer vers Oxford, poursuivre sur l'A 329. Intéressants : *Wellingford, Brightwell, Dorchester* (abbaye).

🏃 **Osterley Park :** *à l'ouest de Londres, station de métro du même nom, encore techniquement dans l'enceinte londonienne.* ☎ *0208-232-50-50.* • *osterleypark.org.uk* • *Ouv avr-oct, mer-dim 13h-16h30. Entrée : 5,10 £ (7,65 €).*

LE GRAND LONDRES

Banlieue résidentielle très plaisante malgré le bruit de Heathrow ; on y loge souvent les étudiants en voyage linguistique. Le *château* et le *parc* valent la promenade si vous êtes dans le coin. Beau manoir de l'époque élisabéthaine, pompeusement remanié au XVIIIe siècle dans le style néoclassique. Entrée « à l'antique » avec fronton et colonnade, et déco très chargée des salles d'État. À l'intérieur, *salle des Tapisseries des Gobelins* et un surprenant *salon étrusque.*

Et si vous allez à Oxford par l'autoroute, en 1h30, en évitant les heures de sortie des bureaux, admirez à droite la belle usine Art déco de *Hoover.*

QUITTER LONDRES

EN BUS

● megabus.com ● Le site des bus *low-cost* qui relient Londres au reste de l'Angleterre à des prix défiant toute concurrence. Y jeter un œil !
🚍 *Compagnie National Express :* ☎ *0870-580-80-80.* ● *nationalexpress. com* ● La compagnie *National Express* dessert de nombreuses villes de Grande-Bretagne à partir de Londres, au départ de Victoria Coach Station *(plan général D6).* Ces trajets sont sans changement.
On vous donne les fréquences et certains horaires pour les principales villes et les bus directs uniquement. Attention, ces horaires fluctuent. Bien vérifier avant votre départ.

➤ *Pour Birmingham :* départ toutes les heures, non-stop. Trajet : 3h.
➤ *Pour Brighton :* toutes les heures, de 3h30 à 23h30. Trajet : 2h.
➤ *Pour Bristol :* toutes les heures environ, entre 7h et 23h30. Trajet : environ 2h30.
➤ *Pour Cambridge :* un direct au moins toutes les heures, non-stop. Trajet : environ 3h. Un stop souvent à l'aéroport de Stansted.
➤ *Pour Canterbury :* toutes les heures ou heures et demie, entre 7h et 23h45. Trajet : moins de 2h.
➤ *Pour Cardiff :* 12 départs, de 8h à 23h30. Trajet : 3h30 environ.
➤ *Pour Exeter :* 10 départs/j. entre 7h45 et 23h. Trajet : 4h15 à 5h.
➤ *Pour Glasgow :* 3 départs/j. directs, à 9h, 22h30 et 23h. Trajet : autour de 8h15.
➤ *Pour Leeds :* un départ/h, entre 8h30 et 23h30. Trajet : 4h à 4h30.
➤ *Pour Liverpool :* 8 départs/j., entre 8h et 23h30. Trajet : 5h à 6h40.
➤ *Pour Manchester :* 12 départs/J., entre 9h30 et 23h30. Trajet : entre 4h et 5h.
➤ *Pour Newcastle-upon-Tyne :* 5 départs/j., entre 9h30 et 23h30. Trajet : 6h30 à 7h45.
➤ *Pour Nottingham :* 11 départs/j., entre 8h30 et 23h30. Trajet : 3h à 3h30.
➤ *Pour Southampton :* 18 départs/j., entre 7h15 et 23h30. Trajet : environ 2h30.

Nombreux points de vente

– Victoria Coach Station (plan général D6) : Buckingham Palace Rd. Ⓜ Victoria.
– Résa par téléphone, avec une carte de paiement, au ☎ 0870-580-80-80. Ligne ouverte tlj 8h-22h. Ou sur Internet : ● nationalexpress.com ● Prévoir un délai de 5 j. pour l'envoi du ticket.

EN TRAIN

Le système de chemins de fer n'est pas très bien organisé. On sait à peine quand on part, et encore moins quand on arrive ! De plus, de nombreuses compagnies se partagent le gâteau. Pas facile dans ces conditions de donner une info précise. Voici ce qu'on a réussi à obtenir.

🚂 ***Départ de la gare de Euston*** *(plan général E1-2).*
➤ Trains pour Birmingham, Glasgow, Liverpool et Manchester.

🚂 ***Départ de la gare de King's Cross*** *(plan général F1).*
➤ Trains pour Édimbourg, Leeds et Newcastle.

🚂 ***Départ de la gare de Paddington*** *(plan général A3).*
➤ Départs pour Bristol, Cardiff et Plymouth.

🚂 ***Départ de Victoria*** *(plan général D6).*
➤ Départ pour Brighton.

🚂 ***Départ de Waterloo*** *(centre 1, G5).*
➤ Pour Portsmouth, 2 trains le matin très tôt, deux le soir très tard.

Renseignements

Tous les renseignements sur ● *nationalrail.co.uk* ● *ou au* ☎ *0845-748-49-50. Depuis l'étranger :* ☎ *(0044) 207-278-52-40.*
– ***En France :*** ces trajets sont vendus par *HMS Voyages* et *BMS Voyages*. Voir « Avant le départ. Adresses utiles. En France » dans « Londres utile ».

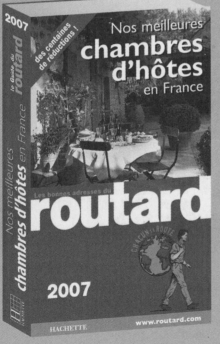

Des grands chefs

vous attendent dans leurs

petits restos

Plein de menus à moins de 30 €.

19.⁹⁰ €

HACHETTE

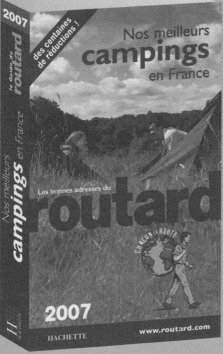

routard
ASSISTANCE
LIGHT
L'ASSURANCE VOYAGE
SPÉCIAL UNION EUROPÉENNE

VOTRE ASSISTANCE
SPÉCIAL UNION EUROPÉENNE

RAPATRIEMENT MEDICAL   **ILLIMITÉ**
(au besoin par avion sanitaire)
VOS DEPENSES : MEDECINE, CHIRURGIE,   (env. 50.000 FF)   **7.500 €**

BILLET GRATUIT DE RETOUR DANS VOTRE PAYS :   **BILLET GRATUIT**

En cas de décès (ou état de santé alarmant)   **(de retour)**
d'un proche parent, père, mère, conjoint, enfant(s)

BILLET DE VISITE POUR UNE PERSONNE DE VOTRE CHOIX   **BILLET GRATUIT**

si vous être hospitalisé plus de 7 jours

Rapatriement du corps – Frais réels   **Sans limitation**

FRANCHISE DE 30 € PAR SINISTRE POUR LES FRAIS MÉDICAUX

AVANCES DE FONDS
A L'ETRANGER

CAUTION PENALE .... (env. 49.000 FF)   **7.500 €**

HONORAIRES AVOCATS ....(env. 10.000 FF)   **1.500 €**

VOS BAGAGES ET BIENS PERSONNELS A L'ETRANGER

Vêtements, objets personnels pendant toute la durée de votre voyage à l'étranger :

vols, perte, accidents, incendie,   (env. 3.200 FF)   **500 €**
Dont APPAREILS PHOTO et objets de valeurs   (env. 1.600 FF)   **250 €**

POUR LES VOYAGES HORS UNION EUROPÉENNE,
DEMANDEZ : ROUTARD ASSISTANCE ET/ OU
ROUTARD ASSISTANCE SPÉCIAL FAMILLE
Nous consulter Tél. : 01 44 63 51 00
Souscription en ligne : www.avi-international.com

routard
ASSISTANCE
LIGHT
L'ASSURANCE VOYAGE
SPÉCIAL UNION EUROPÉENNE

BULLETIN D'INSCRIPTION

NOM : M. Mme Melle ⌞_____⌟

PRENOM : ⌞_____⌟

DATE DE NAISSANCE : ⌞_____⌟

ADRESSE PERSONNELLE : ⌞_____⌟

⌞_____⌟

⌞_____⌟

CODE POSTAL : ⌞_____⌟   TEL. ⌞_____⌟

VILLE : ⌞_____⌟

E-MAIL : ....

DESTINATION PRINCIPALE...
Calculer exactement votre tarif selon la durée de votre voyage

Pour un Long Voyage (2 mois…), demandez le ***PLAN MARCO POLO***
Nouveauté contrat Spécial Famille - Nous contacter

COTISATION FORFAITAIRE 2007-2008

JE VOYAGE DU ⌞_____⌟ AU ⌞_____⌟ = ⌞__⌟ JOURS
                                         SOIT

JUSQU'À 3 JOURS : **6,50 €**

POUR 4 ET 5 JOURS : **7,00 €**

POUR 6-7 ET 8 JOURS : **8,00 €**

JE N'AI PAS PLUS DE 65 ANS

Chèque à l'ordre de ROUTARD ASSISTANCE – *A.V.I. International*
28, rue de Mogador – 75009 PARIS – FRANCE - Tél. 01 44 63 51 00
Métro : Trinité – Chaussée d'Antin / RER : Auber – Fax : 01 42 80 41 57

ou Carte bancaire : Visa ☐   Mastercard ☐   Amex ☐

N° de carte : ⌞_____⌟

Date d'expiration : ⌞____⌟   ⌞____⌟   Signature

*Je déclare être en bonne santé, et savoir que les maladies
ou accidents antérieurs à mon inscription ne sont pas assurés.*

Signature :

Faites des copies de cette page pour assurer vos compagnons de voyage.

Information : www.routard.com / Tél : 01 44 63 51 00
Souscription en ligne : www.avi-international.com

NON aux mutilations

Chaque année, les bombes à sous-munitions tuent et mutilent des milliers de civils. Mobilisez-vous pour leur interdiction sur le site www.sousmunitions.org

HANDICAP INTERNATIONAL

Espace offert par le support

INDEX GÉNÉRAL

INDEX GÉNÉRAL

– F –

– G –

– H –

– I-J –

– K –

– L –

INDEX GÉNÉRAL

– M –

– N –

– O –

– P –

– Q –

– R –

– S –

INDEX GÉNÉRAL

– T –

– W-Y-Z –

OÙ TROUVER LES CARTES ET LES PLANS ?

INDEX GÉNÉRAL

Les **Routards** *parlent aux* **Routards**

Faites-nous part de vos expériences, de vos découvertes, de vos tuyaux.
Indiquez-nous les renseignements périmés. Aidez-nous à remettre l'ouvrage à jour.
Faites profiter les autres de vos adresses nouvelles, combines géniales... On adresse
un exemplaire gratuit de la prochaine édition à ceux qui nous envoient les lettres les
meilleures, pour la qualité et la pertinence des informations. Quelques conseils cependant :
– Envoyez-nous votre courrier le plus tôt possible afin que l'on puisse insérer vos
tuyaux sur la prochaine édition.
– N'oubliez pas de préciser l'ouvrage que vous désirez recevoir.
– Vérifiez que vos remarques concernent l'édition en cours et notez les pages du
guide concernées par vos observations.
– Quand vous indiquez des hôtels ou des restaurants, pensez à signaler leur adresse
précise et, pour les grandes villes, les moyens de transport pour y aller. Si vous le
pouvez, joignez la carte de visite de l'hôtel ou du resto décrit.
– N'écrivez si possible que d'un côté de la lettre (et non recto verso).
– Bien sûr, on s'arrache moins les yeux sur les lettres dactylographiées ou correcte-
ment écrites !
En tout état de cause, merci pour vos nombreuses lettres.

Le Guide du routard : 5, rue de l'Arrivée, 92190 Meudon

**e-mail : guide@routard.com
Internet : www.routard.com**

Le Trophée du voyage humanitaire ROUTARD.COM s'associe à VOYAGES-SNCF.COM

Parce que le *Guide du routard* défend certaines valeurs : Droits de l'homme, solidarité,
respect des autres, des cultures et de l'environnement, il s'associe, pour la prochaine
édition du Trophée du voyage humanitaire routard.com, aux Trophées du tourisme
responsable, initiés par Voyages-sncf.com.
Le Trophée du voyage humanitaire routard.com doit manifester une réelle ambition
d'aide aux populations défavorisées, en France ou à l'étranger. Ce projet peut concer-
ner les domaines culturel, artisanal, agricole, écologique et pédagogique, en favorisant
la solidarité entre les hommes.
Renseignements et inscriptions sur • www.routard.com • et • www.voyages-sncf.com •

Routard Assistance *2008*

Routard Assistance et Routard Assistance Famille, c'est l'Assurance Voyage Intégrale
sans franchise que nous avons négociée avec les meilleures compagnies, Assistance
complète avec rapatriement médical illimité. Dépenses de santé et frais d'hôpital pris en
charge directement sans franchise jusqu'à 300 000 € + caution + défense pénale +
responsabilité civile + tous risques bagages et photos. Assurance personnelle accidents : 75 000 €. Très complet ! Le tarif à la semaine vous donne une grande souplesse.
Tableau des garanties et bulletin d'inscription à la fin de chaque *Guide du routard* étranger. Pour les départs en famille (4 à 7 personnes), demandez-nous le bulletin d'inscription famille. Pour les longs séjours, un nouveau contrat *Plan Marco Polo « spécial
famille »* à partir de 4 personnes. Enfin pour ceux qui partent en voyage « éclair » de 3
à 8 jours visiter une ville d'Europe, vous trouverez dans les Guides Villes un bulletin
d'inscription avec des garanties allégées et un tarif « light ». Pour les villes hors Europe,
nous vous recommandons Routard Assistance ou Routard Assistance Famille, mieux
adaptés. Si votre départ est très proche, vous pouvez vous assurer par fax : 01-42-80-
41-57, en indiquant le numéro de votre carte de paiement. Pour en savoir plus : ☎ 01-
44-63-51-00 ; ou, encore mieux, sur notre site : • www.routard.com •

Photocomposé par MCP - Groupe Jouve
Imprimé en France par Aubin
Dépôt légal : septembre 2007
Collection n° 13 - Édition n° 01
24.4141-8
I.S.B.N. 978.2.0124.4141-5